Studien- und Übungsbücher der
Wirtschafts- und Sozialwissenschaften

Herausgegeben von

Dr. Heiko Burchert
und
Dr. Thomas Hering

Betriebliche Finanzwirtschaft

Aufgaben und Lösungen

Herausgegeben von
Dipl.-Ing. oec. Dr. Heiko Burchert
Dipl.-Kfm. Dr. Thomas Hering

Lehrstuhl für Allgemeine Betriebswirtschaftslehre
und Betriebliche Finanzwirtschaft,
insbesondere Unternehmensbewertung
Ernst-Moritz-Arndt-Universität Greifswald

mit Illustrationen von
Peter-Michael Glöckner

R. Oldenbourg Verlag München Wien

Die Deutsche Bibliothek - CIP-Einheitsaufnahme

Betriebliche Finanzwirtschaft : Aufgaben und Lösungen / hrsg. von Heiko Burchert ; Thomas Hering. Mit Ill. von Peter-Michael Glöckner. – München ; Wien : Oldenbourg, 1999
  (Studien- und Übungsbücher der Wirtschafts- und Sozialwissenschaften)
  ISBN 3-486-24863-4

© 1999 R. Oldenbourg Verlag
Rosenheimer Straße 145, D-81671 München
Telefon: (089) 45051-0, Internet: http://www.oldenbourg.de

Das Werk einschließlich aller Abbildungen ist urheberrechtlich geschützt. Jede Verwertung außerhalb der Grenzen des Urheberrechtsgesetzes ist ohne Zustimmung des Verlages unzulässig und strafbar. Das gilt insbesondere für Vervielfältigungen, Übersetzungen, Mikroverfilmungen und die Einspeicherung und Bearbeitung in elektronischen Systemen.

Gedruckt auf säure- und chlorfreiem Papier
Gesamtherstellung: R. Oldenbourg Graphische Betriebe GmbH, München

ISBN 3-486-24863-4

Vorwort

Die vorliegende Fallstudiensammlung zur Betrieblichen Finanzwirtschaft möchte zum Selbststudium und für Lehrzwecke an wissenschaftlichen Hochschulen geeignete Übungsaufgaben und Lösungen anbieten. Leitidee bei der Erstellung des Bandes war es, möglichst weite Teile des Faches in Grund- und Hauptstudium abzudecken und dabei eine Vielzahl von Autoren und „Denkschulen" zu Wort kommen zu lassen. An den 36 Fallstudien wirkten 32 Autoren mit. Auf diese Weise bietet das Buch Einblicke in das Lehrprogramm an zwölf Universitäten und einer Fachhochschule.

Zur Auflockerung des bisweilen trockenen Stoffes haben wir uns erlaubt, auf den Künstler Peter-Michael Glöckner zurückzugreifen, der eigens für dieses Buch die „Fiwi-Bande" und weitere Illustrationen geschaffen hat:

HEIKO BURCHERT und THOMAS HERING

Inhaltsverzeichnis

Seite

I. Grundlegende Fallstudien zur Betrieblichen Finanzwirtschaft 1

1. Investition 3

Statische Investitionsrechenverfahren (*Michael J. Fallgatter*) 3
Dynamische Investitionsrechenverfahren (*Thomas Hering*) 12
Investitionsrechnung mit dem Verfahren der vollständigen Finanzplanung
    (*Hubert Dechant und Bettina Niederöcker*) 16
Fisher-Hirshleifer-Modell (*Heinz Eckart Klingelhöfer*) 21

2. Finanzierung 28

Finanzierung aus Abschreibungen – der Lohmann-Ruchti-Effekt
    (*Helmut Maltry*) 28
Ordentliche Kapitalerhöhung (*Heiko Burchert*) 40
Leverage-Effekt (*Heiko Burchert*) 45

II. Vertiefende Fallstudien zur Allgemeinen Betrieblichen Finanzwirtschaft 51

1. Investitions- und Finanzierungstheorie 53

Investitionsbewertung auf arbitragefreien Kapitalmärkten bei Sicherheit
    (*Ulrich Johannwille*) 53
Investitionsplanung bei unvollkommenem Kapitalmarkt (*Thomas Hering*) 65
Investitionsplanung mit Hilfe linearer Optimierung (*Matthias Reicherter*) 72
Investitions- und Finanzplanung bei unscharfen Daten (*Udo Buscher*) 82
Simultane Investitions-, Finanz- und Produktionsprogrammplanung
    (*Roland Rollberg*) 96
Berücksichtigung des Risikos bei der Unternehmensbewertung
    (*Rainer Kasperzak*) 111
Unternehmensbewertung bei unvollkommenem Kapitalmarkt (*Thomas Hering*) .. 118
Die Irrelevanz der Kapitalstruktur nach Modigliani/Miller (*Alexander Dilger*) 124
Quantitative und qualitative Verfahren der Kapitalmarktanalyse
    (*Lambert T. Koch*) 131

Kapitalmarkttheoriegestütztes Portfoliomanagement: Ein Tag aus dem Leben
eines Fondsmanagers (*Peter van Aubel und Friedrich Riddermann*) ... 137
Hedging mit Derivaten (*Rainer Linde*) 147
Optionspreise auf vollkommenen Kapitalmärkten (*Martin Steinrücke*) 156
Zinsreaktionsfunktionen (*Gerhard Schünemann*) 166
Asymmetrieprobleme in Finanzierungsbeziehungen (*Udo Terstege*) 176

2. Angewandte Finanzwirtschaft 188

Projektfinanzierung (*Michael Olbrich*) 188
Unternehmensbewertung in Osteuropa (*Grazyna Bielicka*) 197
Österreichische Ertragsbesteuerung im Rahmen der Kapitalwertermittlung
   (*Wolfgang Nadvornik und Renate Fischer*) 202
Verweilzeitverteilungen als Instrument der Zahlungsprognose (*Malte Greve*) 210
Internationales Cash Management (*Andreas Hoffjan*) 216
Die Kapitalflußrechnung als Instrument der Finanzanalyse
   (*Wolfgang Nadvornik und Renate Fischer*) 222
Investitionsüberlegungen im Rahmen des Marketing-Mix (*Jürgen Bernhardt*) 231

III. Fallstudien zu speziellen Problemen der Betrieblichen Finanzwirtschaft 237

1. Bank- und Versicherungsbetriebslehre 239

Bestimmung des effektiven Jahreszinses nach Preisangabeverordnung (PAngV)
   (*Rainer Linde*) 239
Die Bewertung sicherer und unsicherer Zahlungsströme im Marktzinsmodell
   (*Michael Schmelz*) 246
Marktzinsmethode unter Berücksichtigung der Mindestreserve (*Stefan Kram*) 251
Rückversicherung (*Susanne Wähling*) 257

2. Kommunale Finanzierung 264

Kommunale Finanzierung mit Bausparverträgen (*Gerrit Brösel*) 264
Wirtschaftlichkeit bei kommunalen Pflichtaufgaben (*Gerrit Brösel*) 271
Kommunale Gebührenkalkulation (*Thomas Hering*) 277
Wirtschaftlichkeitsuntersuchung kommunaler Wohngebietserschließungen
   anhand einer simulativen Risikoanalyse (*Claudia Rothe*) 280

IV. Bibliographie von Übungsbüchern zur Betriebswirtschaftslehre und Betrieblichen Finanzwirtschaft
(Heiko Burchert) 289

1. Reine Übungsbücher zur Betriebswirtschaftslehre 291
2. Reine Übungsbücher zu Teilen der Betrieblichen Finanzwirtschaft 292
3. Lehrbücher zur Betriebswirtschaftslehre mit Aufgaben und Lösungen bzw. Fallstudien 293
4. Lehrbücher zu Bereichen der Betrieblichen Finanzwirtschaft mit Aufgaben und Lösungen bzw. Fallstudien 294

Die Autoren des Bandes 298

I. Grundlegende Fallstudien zur Betrieblichen Finanzwirtschaft

1. Investition

Michael J. Fallgatter

Statische Investitionsrechenverfahren

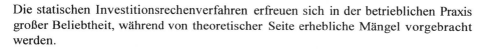

Aufgabe 1

Die statischen Investitionsrechenverfahren erfreuen sich in der betrieblichen Praxis großer Beliebtheit, während von theoretischer Seite erhebliche Mängel vorgebracht werden.

a) Welche Probleme hinsichtlich der Vergleichbarkeit von Investitionsalternativen bestehen?
b) Zu welchen Schwierigkeiten führen einperiodige Verfahren (Kosten-, Gewinn- und Rentabilitätsvergleichsrechnung) hinsichtlich des Bezugszeitraums sowie der verwendeten Erfolgsgrößen?
c) Warum müssen bei Verwendung der Amortisationsrechnung andere Erfolgsgrößen als bei der Kosten-, Gewinn- und Rentabilitätsvergleichsrechnung Anwendung finden?

Aufgabe 2

Ein Taxiunternehmen plant den Kauf eines neuen Wagens. Es soll eine Entscheidung zwischen zwei Fabrikaten (A und B) getroffen werden, wobei ein Zinssatz von 10% Gültigkeit besitzt. Zu welcher Empfehlung kommen Sie auf Basis der Kostenvergleichsrechnung, und wie beurteilen Sie dieses Ergebnis bei den vorliegenden Daten?

	Fabrikat A	Fabrikat B
Anschaffungskosten (AK)	40.000,- DM	50.000,- DM
fixe Kosten pro Jahr	28.000,- DM	27.000,- DM
variable Kosten pro Kilometer	0,4 DM	0,3 DM
voraussichtliche Fahrleistung pro Jahr	50.000 km	55.000 km
geplante Nutzungsdauer (ND)	5 Jahre	5 Jahre
Restverkaufserlös (RE)	4.000,- DM	6.000,- DM

Aufgabe 3

Die Rhein-Main Catering GmbH beliefert vor allem Universitäten, Krankenhäuser und Behörden mit fertig vorbereiteten Speisen. Die Firmenleitung überlegt, die bisher extern gelieferte „Grüne Soße" - ein für Frankfurt und Umgebung typisches, aus vielfältigen Kräutern, Eiern, Sahne, Joghurt u. a. bestehendes, mit Kartoffeln serviertes Gericht, das sich in der Zeit vor und nach Ostern größter Beliebtheit erfreut - selbst herzustellen. Für möglich wird es gehalten, auch den Umsatz von bisher 5.000 Litern (ein Liter reicht für rund fünf Hauptmahlzeiten) deutlich zu steigern. Die bisher fremdbezogene „Grüne Soße" kostet DM 16,- pro Liter. Für die Selbstherstellung muß in eine neue professionelle Hack- und Rührmaschine sowie in eine Verpakkungsapparatur investiert werden; diese beiden Positionen sind in der nachfolgenden Aufstellung als Anschaffungskosten zusammengefaßt. Des weiteren wird mit den angegeben Kosten sowie einem Zinssatz von 10% kalkuliert.

	Kosten bei Selbstherstellung
Anschaffungskosten	80.000,- DM
Nutzungsdauer	8 Jahre
Kapazität	10.000 Liter
Gehälter	16.000,- DM
Löhne (variabel)	62.000,- DM
Materialkosten pro Jahr	40.000,- DM
sonstige variable Kosten	6.000,- DM
sonstige fixe Kosten	4.000,- DM

a) Ist Selbstherstellung oder Fremdbezug kostengünstiger, wenn der Jahresabsatz 5.000 Liter, 10.000 Liter oder 15.000 Liter beträgt?

b) Ab welcher Menge ändert sich die Vorteilhaftigkeit zwischen Selbstherstellung und Fremdbezug? Stellen Sie das Ergebnis auch graphisch dar.

Aufgabe 4

Zur Betriebsaufgabe der neugegründeten Tennis-Service GmbH gehört unter anderem das Bespannen von Tennis-, Badminton- und Squash-Schlägern in Frankfurt am Main, Offenbach und Hanau. Neben privaten Schlägern werden vor allem in großem Stile Schläger der Firma „Dünner Lob-AG" bespannt. Die alte Bespannungsmaschine soll durch eine vollelektronische Maschine ersetzt werden. Zwei Modelle von unterschiedlichen Herstellern, deren Qualität keine nennenswerte Unterschiede aufweist, sind in die engere Wahl gekommen. Unterschiede bestehen vor allem hinsichtlich Anschaffungs- und Errichtungskosten, Nutzungsdauer, sowie fixer und variabler Kosten. Der Kalkulationszinssatz soll 10% betragen. Ausführliche Marktanalysen lassen als jährliche Aufträge 700 Schläger von privaten Kunden zu einem Absatzpreis von DM 32,- sowie 1.600 Schläger des Großkunden zu einem Absatzpreis von DM 27,- als realistisch erscheinen. Der Vertrag mit dem Großkunden ist auf genau diese Menge festgelegt. Weiterhin stehen die folgenden Daten zu Verfügung:

	Fabrikat A	**Fabrikat B**
Anschaffungskosten	18.000,- DM	32.000,- DM
Nutzungsdauer	6 Jahre	5 Jahre
bespannbare Schläger pro Jahr	2.000 Stück	2.400 Stück
variable Kosten pro Schläger	4,70 DM	3,90 DM
fixe Kosten (ohne AFA und Zinsen)	33.000,- DM	37.000,- DM

a) Welche Vorteilhaftigkeitsempfehlung resultiert aus einer Gewinnvergleichsrechnung, und welche Aussagekraft hat dieses Ergebnis?

b) Zu welchem Ergebnis kommt man auf Basis einer Rentabilitätsvergleichsrechnung, und wie ist dieses zu interpretieren?

Aufgabe 5

Die Inhaber der Tennis-Service GmbH sind mit den bisherigen Ergebnissen der Investitionsrechnung noch nicht recht zufrieden. Sie möchten vor allem wissen, „ab wann denn nun eigentlich Geld verdient wird." Zu welchem Ergebnis kommt man bei Zugrundelegung der Daten aus Aufgabe 4 mit einer Amortisationsrechnung?

Lösung

Aufgabe 1

a) Um zwischen zwei Investitionsalternativen entscheiden zu können, müssen diese vergleichbar sein. Im Rahmen einer statischen Betrachtung besteht immer dann keine Vergleichbarkeit, wenn die Investitionsalternativen unterschiedlich hohe Anfangsauszahlungen oder verschiedene Laufzeiten haben. Ist beispielsweise ein Investor in der Lage, DM 1.000,- zu investieren, und stehen ihm eine Anlagemöglichkeit zu DM 600,- sowie eine zu DM 800,- offen, so stellt sich die Frage, was mit den ungenutzt bleibenden finanziellen Mitteln geschehen soll. Das Problem unterschiedlich langer Laufzeiten ist ähnlich gelagert und verhindert ebenfalls die Vergleichbarkeit von Investitionsalternativen, sofern statische Verfahren angewendet werden.

b) Den einperiodigen Verfahren liegt als *Bezugszeitraum* die „buchhalterische" Abrechnungsperiode (meistens ein Jahr) zugrunde, während die gesamte Planungsperiode des Investitionsobjekts oftmals mehrere Jahre beträgt. Es muß also die Auswahl eines Jahres erfolgen, das nach Möglichkeit Repräsentativität für die anderen Jahre besitzt. Dies ist problematisch, da oft Ausgaben und Einnahmen nicht über den gesamten Planungszeitraum gleichmäßig anfallen. So sind zu Beginn einer Investition zumeist hohe Anfangsausgaben erforderlich, denen niedrigere Betriebsausgaben folgen, während Einnahmen oft erst gegen Ende der Planungsperiode ihr Maximum erreichen. Hinzu kommen marktinduzierte Absatzschwankungen und Konjunkturzyklen. Die Wahl eines repräsentativen Durchschnittsjahres stellt also eine wesentliche Fehlerquelle dar. Betrachtet man als Bezugszeitraum lediglich eine Periode, dann resultieren weitere Konsequenzen hinsichtlich der zu verwendenden *Erfolgsgrößen*. Statt Einnahmen und Ausgaben müssen periodisierte Erfolgsgrößen wie Umsatz minus Kosten vorhanden sein. So ist beispielsweise die Rechnung mit den tatsächlichen Anschaffungskosten nicht möglich, vielmehr müssen diese durch Abschreibungen auf die repräsentative Abrechnungsperiode bezogen werden.

c) Der Amortisationsrechnung liegt die Fragestellung zugrunde: Nach wie vielen Jahren macht sich eine getätigte Investition von selbst bezahlt? Durch Verwendung von periodisierten Erlösen und Kosten, wie bei der Kosten-, Gewinn- und Rentabilitätsvergleichsrechnung, kann man diese Frage nur ungenau beantworten. Da periodisierte Erlöse und Kosten sich auf alle betrachteten Perioden beziehen, ist vielmehr die kumulierende Gegenüberstellung oder der Vergleich von durchschnittlich anfallenden Einnahmen und Ausgaben erforderlich. Diese Gegenüberstellung bzw. dieser Vergleich erfolgt dabei so lange, bis die Einnahmen die Ausgaben übersteigen. Dieser Zeitpunkt sagt allerdings kaum etwas über die Vorteilhaftigkeit eines Investitionsobjektes aus, da die Struktur der Zahlungsströme weitgehend unbeachtet bleibt.

Aufgabe 2

Zur Ermittlung der periodisierten Gesamtkosten werden zunächst die (immer auf eine Periode bezogenen) Fixkosten übernommen. Die variablen Kosten lassen sich anhand der voraussichtlichen jährlichen Fahrleistung sowie der variablen Kosten pro Kilometer leicht ermitteln. Für die Abschreibungen wird von den Anschaffungskosten der Restwert subtrahiert und dieser Betrag durch die Nutzungsdauer dividiert. Die Zinsen auf das durchschnittlich gebundene Kapital lassen sich durch die halben Anschaffungskosten multipliziert mit dem Zins festlegen. Da im Beispiel noch von einem Restwert ausgegangen wird und auch dieser Betrag gebundenes Kapital darstellt, müssen die Anschaffungskosten vor der Halbierung um genau diesen Restwert erhöht werden.

	Fabrikat A	Fabrikat B
fixe Kosten pro Jahr	28.000,- DM	27.000,- DM
variable Kosten pro Jahr	20.000,- DM	16.500,- DM
Abschreibungen (AK – RE)/ND	7.200,- DM	8.800,- DM
Zinsen auf durchschnittlich gebundenes Kapital $0{,}1 \times (AK + RE)/2$	2.200,- DM	2.800,- DM
Gesamtkosten pro Jahr	57.400,- DM	55.100,- DM

Das Fabrikat B stellt nach der Kostenvergleichsrechnung die vorzuziehende Alternative dar. Unabhängig der generellen Problematik, daß Entnahmepräferenzen des Investors bei statischen Verfahren unberücksichtigt bleiben, fällt bei diesem Beispiel noch die Ungleichheit der Alternativen auf. So differieren sowohl die Fahrleistungen als auch das eingesetzte Kapital. Bezöge man auch diese Punkte mit ein, so würde aus einer derartigen Betrachtung möglicherweise eine andere Vorteilhaftigkeitsentscheidung resultieren.

Aufgabe 3

Da nach unterschiedlichen Produktionsmengen (x = Liter Grüne Soße) gefragt ist, müssen zunächst die Kostenfunktionen für die Alternativen Fremdbezug (FB) und Selbstherstellung (SH) ermittelt werden, um dann die mengenabhängigen Kosten berechnen und vergleichen zu können. Zur Ermittlung der Kostenfunktionen ist die Kenntnis der fixen (K_f) sowie der variablen Kosten (K_v) erforderlich.

a) K_f = Gehalt + sonstige fixe Kosten + kalkulatorische Abschreibungen + kalkulatorische Zinsen

K_v = Materialkosten + Löhne + sonstige variable Kosten

k_v = $\dfrac{K_v}{\text{Kapazität}}$

K = $K_f + k_v$

$K(FB)$ = $16\,x$

$K(SH)_f$ = $16.000 + 4.000 + \dfrac{80.000}{8} + \dfrac{80.000}{2} \cdot 0,1 = 34.000,\text{- DM}$

$K(SH)_v$ = $62.000 + 40.000 + 6.000 = 108.000,\text{- DM}$

$k(SH)_v$ = $\dfrac{108.000}{10.000\,x} = 10,80$ DM pro Liter

$K(SH)$ = $34.000 + 10,8\,x$

Durch Einsetzen der unterschiedlichen Mengen in die beiden Kostenfunktionen resultieren die folgenden Ergebnisse. Zu beachten ist, daß bei Selbstherstellung die Kapazitätsgrenze bei 10.000 Litern Grüner Soße besteht und demnach für die gewünschte Menge von 15.000 Litern genau 5.000 Liter fremdbezogen werden müssen:

	Selbstherstellung	Fremdbezug
Kosten für 5000 Liter	88.000,- DM	80.000,- DM
Kosten für 10.000 Liter	142.000,- DM	160.000,- DM
Kosten für 15.000 Liter	222.000,- DM	240.000,- DM

b) Die kritische Menge, ab der Fremdbezug gegenüber der Selbstherstellung nachteilig ist, läßt sich durch Gleichsetzen der beiden Kostenfunktionen ermitteln. Ab der

Menge von 6.538 Litern lohnt sich die Investition. Ab der Kapazitätsgrenze von 10.000 Litern ist ergänzender Fremdbezug erforderlich. Die graphische Darstellung veranschaulicht diese Zusammenhänge. Die Aussagefähigkeit einer solchen statischen Rechnung ist stark eingeschränkt. Allenfalls bei weitgehend identischen Produkten ist die Vernachlässigung von Erlösen denkbar. Die nachfolgende graphische Darstellung zeigt den Verlauf der Kostenfunktionen; aufgrund der Kapazitätsgrenze muß ab 10.000 Litern Grüner Soße auf Fremdbezug umgestiegen werden.

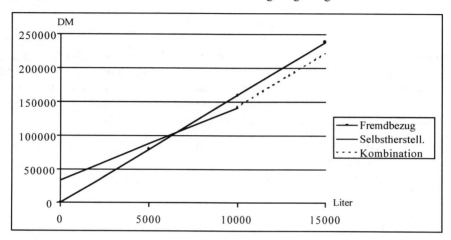

Aufgabe 4

a) Nach der Gewinnvergleichsrechnung wird jene Alternative gewählt, die den maximalen durchschnittlichen (periodisierten) Gewinn ermöglicht. Dieser Gewinn ist als Differenz zwischen den durchschnittlichen Erlösen und Kosten definiert. Zu den Kosten zählen üblicherweise auch kalkulatorische Kosten. Bei Beachtung der bestehenden Kapazitätsbeschränkungen sowie der vertraglichen Bindung, alle Schläger des Großkunden bespannen zu müssen, werden folgende Erlöse erzielt:

	Fabrikat A	**Fabrikat B**
Erlös Großkunden	43.200,- DM	43.200,- DM
Erlös Privatkunden	12.800,- DM	22.400,- DM
Gesamterlös	56.000,- DM	65.600,- DM

Die Kosten setzen sich aus beschäftigungsvariablen und -fixen Kosten zusammen. Zu letzteren gehören sonstige fixe Kosten, (lineare) Abschreibungen auf die Nutzungsdauer sowie Zinsen auf das durchschnittlich gebundene Kapital (Anfangsausgaben/ 2·i). Durch Aufsummieren resultieren die Kosten einer durchschnittlichen Periode:

	Fabrikat A	Fabrikat B
beschäftigungsvariable Kosten	9.400,- DM	8.970,- DM
beschäftigungsfixe Kosten		
• sonstige fixe Kosten	33.000,- DM	37.000,- DM
• kalk. Abschreibungen	3.000,- DM	6.400,- DM
• kalk. Zinsen	900,- DM	1.600,- DM
gesamte Kosten einer Periode	46.300,- DM	53.970,- DM

Subtrahiert man von den Erlösen einer Periode die ermittelten Periodenkosten, so erkennt man die Vorteilhaftigkeit der Investitionsalternative B:

	Fabrikat A	Fabrikat B
Periodenerlöse	56.000,- DM	65.600,- DM
− Periodenkosten	46.300,- DM	54.360,- DM
= Periodengewinn	9.700,- DM	11.630,- DM

Dieses so eindeutig erscheinende Ergebnis ist in zweierlei Hinsicht problematisch:

- Ein Investor, der über den Betrag von DM 32.000,- verfügt, wird diese Summe auch in jedem Fall vollständig anlegen. Da für Investitionsalternative A nur DM 18.000,- verbraucht werden, unterstellt die hier durchgeführte Gewinnvergleichsrechnung Kassenhaltung in Höhe von DM 14.000,- und bezieht eine gewinnbringende Anlage von DM 14.000,- nicht ein.
- Falls die Tennis-Service GmbH Investitionsalternative B verwirklicht, so stellt sich die Frage, was nach Ablauf des fünften Jahres geschieht. Da Alternative A ein Jahr länger läuft, wird mit der Gewinnvergleichsrechnung unterstellt, daß auch im sechsten Jahr DM 11.630,- als Gewinn resultieren. Trifft diese implizite Annahme aber nicht zu (dies liegt nahe, da die Nutzungsdauer für B nur fünf Jahre beträgt und keine Aussage über Anschlußinvestitionen vorliegen), so erweist sich Alternative A als günstiger, denn 6·9.700,- DM stellt einen höheren Gesamtgewinn als 5·11.630,- DM dar.

Eine Gewinnvergleichsrechnung führt nur dann zu verwertbaren Ergebnissen, wenn es sich um Investitionen mit gleicher Nutzungsdauer und gleichem Kapitaleinsatz handelt.

b) Im Unterschied zur Gewinn- sowie zur Kostenvergleichsrechnung berücksichtigt eine Rentabilitätsvergleichsrechnung, daß die einzelnen Investitionsalternativen unterschiedlich viel Kapital binden. Entsprechend werden die erzielbaren Gewinne auf ihren Kapitaleinsatz bezogen. Allerdings kann man nicht die oben ermittelten Gewinne verwenden, denn diese beinhalten kalkulatorische Zinsen und eignen sich deshalb nicht für den Vergleich mit einer von jedem Investor geforderten Mindestverzinsung. Aus diesem Grund rechnet man mit Gewinnen vor Zinsen und bezieht diese auf das durchschnittlich gebundene Kapital:

	Fabrikat A	Fabrikat B
Gewinn nach Zinsen	9.700,- DM	11.630,- DM
+ kalk. Zinsen	900,- DM	1.600,- DM
Gewinn vor Zinsen	10.600,- DM	13.230,- DM
durchschnittlicher Kapitaleinsatz	9.000,- DM	16.000,- DM
Rentabilität	1,18% x 100	0,83% x 100

Die Rentabilitätsvergleichsrechnung legt den Kauf von Fabrikat A nahe. Diese der Gewinnvergleichsrechnung entgegenstehende Vorteilhaftigkeitsempfehlung ist durch den verschieden hohen Kapitaleinsatz bedingt. Ebenso wie bei der Gewinnvergleichsrechnung lassen sich vor allem zwei Annahmen kritisieren:
- Realisiert ein Investor die Investitionsalternative A, so unterstellt die Rentabilitätsvergleichsrechnung, daß sich das nicht ausgeschöpfte Kapital in Höhe von DM 14.000,- ebenfalls zu 118% investieren ließe.
- Zudem läßt sich genauso fragen, ob nicht eine Anschlußinvestition für Investitionsalternative B im sechsten Jahr eine derart hohe Verzinsung ermöglichte, daß dieses insgesamt vorteilhafter wäre.

Aufgabe 5

Die Amortisationsrechnung – andere Bezeichnungen sind pay off- und pay back-Rechnung bzw. Kapitalrückfluß- und Kapitalwiedergewinnungsrechnung – soll die Frage beantworten: Nach wie vielen Jahren macht sich eine Investition von selbst bezahlt? Es wird also untersucht, zu welchem Zeitpunkt die bis dahin angefallenen Einnahmen die bis dahin getätigten Ausgaben übersteigen. Im Unterschied zur Kosten-, Gewinn- und Rentabilitätsvergleichsrechnung kann mit periodisierten (durchschnittlichen) Erlösen und Kosten nur dann gerechnet werden, wenn diese konstant, d. h. in gleicher Höhe und zu gleichen Zeitpunkten, anfallen. Um den genauen Zeitpunkt der Amortisation bestimmen zu können, bedarf es also einer genauen Kenntnis der anfallenden Einnahmen und Ausgaben. Es lassen sich zwei unterschiedliche Vorgehensweise der Amortisationsrechnung unterscheiden:

- Bei der Kumulationsmethode wird von den Anschaffungskosten solange die Differenz der periodenbezogenen Einnahmen und Ausgaben subtrahiert, bis die Anschaffungskosten getilgt sind. Diese Methode bietet sich an, wenn Einnahmen und Ausgaben unregelmäßig anfallen.
- Bei der Durchschnittsmethode werden die Anschaffungskosten mit dem durchschittlichen Rückfluß einer Periode dividiert. Der durchschnittliche Rückfluß (einfacher cash flow) ist die Summe von Jahresgewinn, kalkulatorischen Abschreibungen und kalkulatorischen Zinsen. Diese Methode ist weniger aufwendig und liegt bei nicht exakt periodenbezogen differenzierbaren Einnahmen und Ausgaben, wie im vorliegenden Beispiel unterstellt, nahe.

Für die Tennis-Service-GmbH ergibt sich bei Anwendung der Durchschnittsmethode die folgende Rechnung:

	Fabrikat A	Fabrikat B
Gewinn pro Jahr	9.700,- DM	11.630,- DM
kalkulatorische Abschreibungen	3.000,- DM	6.400,- DM
kalkulatorische Zinsen	900,- DM	1.600,- DM
durchschnittlicher Rückfluß	13.600,- DM	19.630,- DM

Amortisationsdauer von Fabrikat A: $\dfrac{18.000,\text{- DM}}{13.600,\text{- DM/Jahr}} = 1,32$ Jahre

Amortisationsdauer von Fabrikat B: $\dfrac{32.000,\text{- DM}}{19.630,\text{- DM/Jahr}} = 1,63$ Jahre

Auf Basis der Amortisationsrechnung sollte sich die Tennis-Service GmbH für das Fabrikat A entscheiden. Allerdings bleibt unbeachtet, welche Zahlungen wie lange nach dem Zeitpunkt der Amortisation anfallen. Falls der Investor einen möglichst großen Gewinn erwirtschaften möchte, so kann die Amortisationsrechnung allenfalls zufällig zu einem richtigen Ergebnis führen, da eben nur eine begrenzte Maschinennutzungsdauer Beachtung findet. Die Amortisationsrechnung kann lediglich einen zusätzlichen Beurteilungsmaßstab darstellen, der zum einen über das zeitliche Risiko informiert und zum anderen die Mindestnutzungsdauer verdeutlicht.

Literaturhinweise

BLOHM, H./LÜDER, K.: Investition. Schwachstellenanalyse des Investitionsbereichs und Investitionsrechnung. 8. Aufl., München 1995.

KRUSCHWITZ, L.: Investitionsrechnung. 6. Aufl., Berlin 1995.

KRUSCHWITZ, L./DECKER, R. O./RÖHRS, M. A.: Übungsbuch zur betrieblichen Finanzwirtschaft. 4. Aufl., München/Wien 1997.

PERRIDON, L./STEINER, M.: Finanzwirtschaft der Unternehmung. 9. Aufl., München 1997.

SCHIERENBECK, H.: Grundzüge der Betriebswirtschaftslehre. 13. Aufl., München/Wien 1997.

Thomas Hering

Dynamische Investitionsrechenverfahren

Die in Düsseldorf ansässige Unternehmensberatung SUHL & Partner hat mit einem Klienten auf der Insel Rügen einen Dienstleistungsvertrag abgeschlossen. In den nächsten vier Jahren werden jeweils (am Jahresende) Einzahlungsüberschüsse in Höhe von 400 anfallen (Beratungshonorare minus laufende Auszahlungen). Die für das Geschäft benötigte Niederlassung in Stralsund erfordert zu Beginn des ersten Jahres eine Investitionsauszahlung von 1.000. SUHL & Partner sind in der Lage, die Hälfte dieses Betrages aus Innenfinanzierung aufzubringen. Fremdmittel stehen zu einem Zins von 10% p.a. unbegrenzt zur Verfügung; aufgrund der guten Geschäftsbeziehungen gilt dieser Satz auch für eventuelle Geldanlagen während des Planungszeitraums.

Aufgabe 1

a) Wodurch ist ein vollkommener Kapitalmarkt gekennzeichnet? Erläutern Sie die *Fisher*-Separation!

b) Berechnen Sie für SUHL & Partner den Kapitalwert der Investition! Begründen Sie durch eine ökonomische Interpretation Ihres Rechenganges, warum ein nichtnegativer Kapitalwert auf die Vorteilhaftigkeit der Investition schließen läßt!

c) Dem Kapitalwert wird von Praktikern häufig geringe Anschaulichkeit vorgeworfen. Berechnen Sie den (Vermögens-) Endwert der Investition unter der Annahme, daß der Innenfinanzierungsspielraum zu Beginn des ersten Jahres voll ausgeschöpft wird! Warum ist die Investition nach dem Endwertkriterium vorteilhaft?

d) Zeigen Sie in allgemeinen Symbolen, daß Kapitalwert und Endwert äquivalente Vorteilhaftigkeitskriterien sind, d.h. immer zur gleichen Investitionsentscheidung führen!

Aufgabe 2

a) Ermitteln Sie die Annuität der Investition! Was sagt die Annuität ökonomisch aus?

b) Zeigen Sie, daß Kapitalwert und Annuität äquivalente Vorteilhaftigkeitskriterien sind!

Aufgabe 3

a) Existiert für die Zahlungsreihe der Investition ein eindeutiger interner Zinsfuß (warum)? Berechnen Sie den internen Zins auf zwei Dezimalstellen genau!

b) Beschreiben Sie grob den Verlauf der Kapitalwertfunktion in Abhängigkeit vom Kalkulationszins i! Nennen Sie dabei Achsenschnittpunkte und Asymptoten!

c) Interpretieren Sie den internen Zins als Rendite des gebundenen Kapitals!

d) Warum ist die Investition nach der internen Zinsfußmethode vorteilhaft?

Aufgabe 4

Beantworten Sie die Fragen a) bis d) der Aufgabe 3 für den Fall, daß der Einzahlungsüberschuß von 400 nicht viermal, sondern unendlich oft anfällt!

Lösung

Aufgabe 1

a) Sollzins und Habenzins sind gleich, und es existieren keine Obergrenzen für Kredite und Geldanlagen. Investitions-, Finanzierungs- und Konsumentscheidungen können unter diesen Voraussetzungen getrennt voneinander gefällt werden.

b) $C = -1.000 + 400 \cdot (1{,}1^{-1} + 1{,}1^{-2} + 1{,}1^{-3} + 1{,}1^{-4}) = -1.000 + 400 \cdot$ Rentenbarwertfaktor $= -1.000 + 400 \cdot (1{,}1^4 - 1)/(0{,}1 \cdot 1{,}1^4) = 267{,}95$. Der Barwert der vier künftigen Rückflüsse entspricht dem Kreditbetrag, der in $t = 0$ aufgenommen werden könnte, um die Zahlungsreihe von $t = 1$ bis $t = 4$ auf null zu stellen. Nach Subtraktion der Anschaffungsauszahlung von 1.000 verbleibt der Kapitalwert C als Liquiditätssaldo (Kassenbestand) in $t = 0$. Falls die Zahlungsreihe wie im Beispiel einen nichtnegativen Kassenbestand erzeugt, ist sie vorteilhaft.

c) Bei eigenen liquiden Mitteln (EK) von 500 braucht zur Finanzierung der Investition nur noch ein Kredit von 500 aufgenommen zu werden. Auf $t = 4$ aufgezinst, resultiert ein Endwert von $EW = -500 \cdot 1{,}1^4 + 400 \cdot (1{,}1^3 + 1{,}1^2 + 1{,}1 + 1) = -500 \cdot 1{,}1^4 + 400 \cdot$ Rentenendwertfaktor $= -500 \cdot 1{,}1^4 + 400 \cdot (1{,}1^4 - 1)/0{,}1 = 1.124{,}35$. Da der Endwert der eigenen Mittel bei Verzicht auf die Investition nur $500 \cdot 1{,}1^4 = 732{,}05$ beträgt, erwirtschaftet die Investition einen zusätzlichen Endwert von $\Delta EW = 1.124{,}35 - 732{,}05 = 392{,}3$ und ist deshalb vorteilhaft. *Probe*: Es gilt $\Delta EW = C \cdot 1{,}1^4 = 267{,}95 \cdot 1{,}1^4$.

d) Mit q als Zinsfaktor $1 + i$ gilt: $C > 0 \Leftrightarrow C + EK > EK \Leftrightarrow EW = (C + EK) \cdot q^n > EK \cdot q^n$ ($\Leftrightarrow \Delta EW + EK \cdot q^n > EK \cdot q^n \Leftrightarrow \Delta EW > 0$).

Aufgabe 2

a) Die Annuität a ist definiert als a = C · Annuitätenfaktor = C/Rentenbarwertfaktor. Sie entspricht der Verrentung des Kapitalwerts und gibt die Breite des aus der Investition fließenden gleichmäßigen Einkommensstroms an. Im Beispiel erhält man a = $267{,}95 \cdot 0{,}1 \cdot 1{,}1^4/(1{,}1^4 - 1) = 400 - 1.000 \cdot 0{,}1 \cdot 1{,}1^4/(1{,}1^4 - 1) = 84{,}53$.

b) Der Annuitätenfaktor ist positiv. Mithin gilt $C > 0 \Leftrightarrow C \cdot$ Annuitätenfaktor = a > 0.

Aufgabe 3

a) Die Zahlungsreihe weist genau einen Vorzeichenwechsel auf und besitzt deshalb einen eindeutigen internen Zins r im ökonomisch relevanten Bereich r > –100%. Mit Hilfe eines numerischen Näherungsverfahrens (z.B. NEWTON-Verfahren) resultiert r ≈ 21,86%. Der interne Zins ist derjenige (gedachte) Kalkulationszins, der zu einem Kapitalwert von null führt.

b) Die Kapitalwertfunktion fällt streng monoton. Achsenschnittpunkte: i = 21,86%, C = 600. Asymptoten: C → –1.000 für i → ∞, C → ∞ für i → –1.

c)

t	Kapitalbindung t–1	Zinsen 21,86%	Tilgung Σ = 1.000	Zinsen + Tilgung = Rückfluß	Kapitalbindung t
0					1.000,0
1	1.000,0	218,6	181,4	400	818,6
2	818,6	179,0	221,0	400	597,6
3	597,6	130,6	269,4	400	328,2
4	328,2	71,8	328,2	400	0,0

d) Die Kapitalbindung ist immer größer oder gleich null. Es läßt sich zeigen, daß dann die Äquivalenz $C > 0 \Leftrightarrow r > i$ gilt. Da der interne Zins 21,86% den Kalkulationszins i = 10% übersteigt, ist die Investition vorteilhaft (Harmonie von Kapitalwert- und interner Zinsfußmethode).

Aufgabe 4

a) Der Rentenbarwertfaktor für $n \to \infty$ beträgt $1/i$. Damit errechnet sich aus dem gleich null gesetzten Kapitalwert die eindeutige Lösung: $C = -1.000 + 400/r = 0 \Leftrightarrow r = 40\%$.

b) Die Kapitalwertfunktion fällt streng monoton. Achsenschnittpunkt: $i = 40\%$. Asymptoten: $C \to -1.000$ für $i \to \infty$, $C \to \infty$ für $i \to 0$.

c)

t	Kapitalbin-dung t–1	Zinsen 40%	Tilgung $\Sigma = 0$	Zinsen + Tilgung = Rückfluß	Kapitalbin-dung t
0					1.000
1	1.000	400	0	400	1.000
2	1.000	400	0	400	1.000
3	1.000	400	0	400	1.000
⋮	⋮	⋮	⋮	⋮	⋮

d) Die Investition ist wegen $r > i$ vorteilhaft. Es gilt nämlich $C = -1.000 + 400/i > 0 \Leftrightarrow i < 40\%$, was wegen $i = 10\%$ zutrifft.

Literaturhinweise

BLOHM, H., LÜDER, K.: Investition, 7. Aufl., München 1991.

HAX, H.: Investitionstheorie, 5. Aufl., Würzburg/Wien 1985.

HERING, TH.: Kapitalwert und interner Zins, in: WISU, 27. Jg. (1998), S. 899-904.

KRUSCHWITZ, L.: Investitionsrechnung, 6. Aufl., Berlin/New York 1995.

MATSCHKE, M. J.: Investitionsplanung und Investitionskontrolle, Herne/Berlin 1993.

Hubert Dechant und Bettina Niederöcker

Investitionsrechnung mit dem Verfahren der vollständigen Finanzplanung

Aufgabe 1

a) Charakterisieren Sie das Verfahren der vollständigen Finanzplanung.

b) Welche Konkretisierungsgrade sind beim vollständigen Finanzplan (VOFI) möglich?

c) Arbeiten Sie die Beziehungen zwischen Kapitalwert, Endwert und zusätzlichem Endwert heraus. Zeigen Sie die Beziehungen auch anhand folgender Datensituation: Ein Investitionsprojekt sei beschrieben durch die Zahlungsfolge in TDM:

t_0	t_1	t_2	t_3
−10.000	+4.000	+5.000	+5.000

Ferner steht Eigenkapital EK in Höhe von 6.000 TDM zur Verfügung, der Kalkulationszinssatz beträgt 10% p. a.

Aufgabe 2

Ein Investor habe mehrere Investitionsmöglichkeiten I_j mit $j \in \{1,2,3\}$ mit den folgenden geschätzten Zahlungsreihen in TDM:

	t_0	t_1	t_2	t_3
I_1	−2.500	+1.220	+1.500	+1.500
I_2	−800	0	+900	+900
I_3		−1.200	0	2.200

Die Investitionen I_1 und I_2 sind voneinander unabhängig. Für die Erweiterungsinvestition I_3 ist entweder die Investition I_1 oder die Investition I_2 Voraussetzung. Das vorhandene Anfangsvermögen in Form von Eigenkapital beträgt 800 TDM; Entnahmen sind nicht vorgesehen. Zur Finanzierung steht ein Darlehen bis zu einer maximalen Höhe von 1.700 TDM bei einem Zinssatz von 8% p. a. (100% Auszahlung) zur Verfügung, zu tilgen in zwei gleich hohen jährlichen Raten. Für kurzfristige Finanzierungsengpässe sind noch 80 TDM der Kontokorrentkreditlinie frei; der Zinssatz dafür beträgt 12%. Der Kontokorrentkredit sei nicht alternativ zur Darlehensfinanzierung einsetzbar. Überschüssige Geldbeträge können zu einem Zinssatz von 5%

p. a. angelegt werden; ihre Auflösung ist beliebig. Auch für die Opportunität, also die Anlage der eigenen liquiden Mittel, gilt der Zinssatz von 5%.

a) Bestimmen Sie für obige Datensituation die optimale Entscheidungsalternative anhand VOFI; Zielgröße sei der Vermögensendwert in t_3. Geben Sie für sämtliche Alternativen die entsprechenden Endwerte an. Steuern werden vernachlässigt.

b) Überprüfen Sie, ob die Investitionsalternativen ebenso vorteilhaft sind, wenn als Zielgröße die VOFI-Eigenkapitalrentabilität verwendet wird.

Lösung

Aufgabe 1

a) Die vollständige Finanzplanung stellt ein Verfahren zur Berechnung der Vorteilhaftigkeit von Investitionsprojekten dar. Zentraler Bestandteil dieses Verfahrens ist eine Tabelle: der VOFI (vollständiger Finanzplan). VOFI bezieht zusätzlich zu den einem Investitionsobjekt bzw. einer Geldanlage unmittelbar zurechenbaren Zahlungen *(originäre Zahlungen)* die aus der Datenbasis abgeleiteten Finanzierungs- und Steuerzahlungen *(derivative Zahlungen)* ein. Die wesentlichen Charaktereigenschaften von VOFI sind Transparenz (Explizierungs- und Darstellungsfunktion) und Ausbaufähigkeit.

b) VOFIs können die derivativen Zahlungen (Steuern und Finanzierung) verschieden detailliert einbeziehen. Hinsichtlich der Finanzierung sind folgende Konkretisierungsgrade möglich: Beim *niedrigsten* Konkretisierungsgrad wird ein einheitlicher Kalkulationszinsfuß unterstellt. Da ein solcher meist wirklichkeitsfremd ist, wird i. a. vereinbart, daß mit einem konstanten Mischzinsfuß – der als gewogenes arithmetisches Mittel von Soll- und Habenzinsfuß aufzufassen ist – gerechnet wird. Beim *mittleren* Konkretisierungsgrad wird zwischen Soll- und Habenzinsfuß bzw. Reinvestitionssatz unterschieden. Die Zinsfüße können im Zeitablauf variabel sein. Der *höchste* Konkretisierungsgrad zeichnet sich durch die Erfassung der Konditionenvielfalt des Finanzierungssektors aus. Im Unterschied dazu wird beim mittleren und beim niedrigsten Konkretisierungsgrad die Finanzierung nur global abgebildet.

c) Die Beziehungen lassen sich herleiten, wenn von den folgenden Bestimmungsgleichungen ausgegangen wird:

$$C_0 = -A_0 + \sum_{t=1}^{n} E\ddot{U}_t \cdot q^{-t}$$
$$EW^O = EK \cdot q^n$$

18   I. Grundlegende Fallstudien

$$EW^M = (-A_0 + EK)q^n + \sum_{t=1}^{n} E\ddot{U}_t \cdot q^{n-t}$$

Notation:

A_0:   Anschaffungsauszahlung zur Zeit t = 0
C_0:   Kapitalwert
$E\ddot{U}_t$:   Einzahlungsüberschüsse zur Zeit t
EW^O: Endwert ohne Investition, d.h. Endwert der Opportunität
EW^M: Endwert mit Investition
n: Nutzungsdauer
q: Zinsfaktor (1+i), wobei i = $\dfrac{Zinssatz(in\,\%)}{100}$

Konkret für die Datensituation ergeben sich:

$C_0 = -10.000 + 4.000 \cdot 1{,}1^{-1} + 5.000 \cdot 1{,}1^{-2} + 5.000 \cdot 1{,}1^{-3} = 1.525{,}17$
$EW^M = (-10.000 + 6.000) \cdot 1{,}1^3 + 4.000 \cdot 1{,}1^2 + 5.000 \cdot 1{,}1^1 + 5.000 = 10.016$
$EW^O = 6.000 \cdot 1{,}1^3 = 7.986$

Damit lassen sich folgende Zusammenhänge herstellen:

$$\Delta EW = EW^M - EW^O = -A_0 \cdot q^n + \sum_{t=1}^{n} E\ddot{U}_t \cdot q^{n-t} = \left(-A_0 + \sum_{t=1}^{n} E\ddot{U}_t \cdot q^{-t}\right) q^n = C_0 \cdot q^n$$

$\Delta EW = 10.016 - 7.986 = 2.030$
$\Delta EW = C_0 \cdot q^n = 1.525{,}17 \cdot 1{,}1^3 = 2.030$

Letzteres bedeutet, daß sich für den Fall eines einheitlichen Kalkulationszinssatzes der zusätzliche Endwert auch über eine Aufzinsung des Kapitalwerts ergibt.

Aufgabe 2

a) Ist das Anfangsvermögen auf 800 TDM beschränkt und hat der Investor über das gegebene Fremdfinanzierungslimit hinaus keine anderweitigen Möglichkeiten der Kapitalbeschaffung, dann sind für ihn I_1 und I_2 nicht gleichzeitig durchführbar. Ebenso ist es nicht möglich, I_1 nach einer Periode mit I_3 zu erweitern. Ein entsprechender VOFI zeigt, daß in t_1 ein unüberwindbarer Finanzierungsengpaß auftritt, der sich auch nicht durch eine Aufschiebung der Tilgung und eine Zwischenfinanzierung durch den Kontokorrentkredit beseitigen läßt. Die Alternativen I_1, I_2 und die Kombination I_2 mit I_3 müssen weiter untersucht werden:

Wie nachfolgender VOFI zeigt, ergibt sich für I_1 ein Vermögensendwert in t_3 von 2.369,08 TDM. Die Durchführung von I_2 führt zu einem Endwert von 1.845 TDM (auf die Darstellung in einem VOFI wird verzichtet).

Zeitpunkt	0	1	2	3
Zahlungsfolge der Investition I_1	−2.500	+1.220	+1.500	+1.500
Eigenkapital	800			
Standardkredit				
+ Aufnahme	1.700			
− Tilgung		850	850	
− Sollzinsen		136	68	
Standardanlage				
− Anlage		234	593,70	1.541,38
+ Auflösung				
+ Habenzinsen			11,70	41,38
Finanzierungssaldo	0	0	0	0
Bestandsgrößen				
Kreditbestand	1.700	850	0	0
Guthabenbestand	0	234	827,70	2.369,08
Bestandssaldo	0	−616	+827,70	+2.369,08

Die Durchführung von I_2 mit anschließender Erweiterung um I_3 erzeugt einen Vermögensendwert von 2.666,20 TDM (siehe nachfolgende Tabelle) und ist damit die vorteilhafteste Alternative.

Zeitpunkt		0	1	2	3
Zahlungsfolge	I_2	−800	0	+900	+900
der Investitionen	I_3		−1.200	0	+2.200
Eigenkapital		800			
Standardkredit					
+ Aufnahme			1.200		
− Tilgung				600	600
− Sollzinsen				96	48
Standardanlage					
− Anlage				204	2.462,20
+ Auflösung					
+ Habenzinsen					10,20
Finanzierungssaldo		0	0	0	0
Bestandsgrößen					
Kreditbestand		0	1.200	600	0
Guthabenbestand		0	0	204	2.666,20
Bestandssaldo		0	−1.200	−396	+2.666,20

Alle betrachteten Alternativen sind besser als die Anlage der eigenen Mittel zu einem Zinssatz von 5%. Die Durchführung der Opportunität führt nämlich nur zu einem Vermögensendwert von 926,10 TDM. Dies ergibt sich aus $EK \cdot (1 + i)^n = 800 \cdot 1{,}05^3$.

Anmerkung:
Die Berechnung weiterer VOFIs zeigt, daß sich der gleiche Entscheidungsvorschlag ergibt, selbst wenn man die getroffene Annahme „Der Kontokorrentkredit sei nicht alternativ zur Darlehensfinanzierung einsetzbar" aufhebt.

b) EK-Rentabilität für I_1

$$r_{EK,I_1} = \sqrt[n]{\frac{EW^M}{EK}} - 1 = \sqrt[3]{\frac{2.369{,}08}{800}} - 1 = 0{,}4360 \ (= 43{,}6\%)$$

EK-Rentabilität für I_2

$$r_{EK,I_2} = \sqrt[3]{\frac{1.845}{800}} - 1 = 0{,}3212 \ (= 32{,}12\%)$$

EK-Rentabilität für I_2 und I_3

$$r_{EK,I_2+I_3} = \sqrt[3]{\frac{2.666{,}2}{800}} - 1 = 0{,}4937 \ (= 49{,}37\%)$$

Die betrachteten Alternativen weisen eine höhere Eigenkapitalrentabilität auf als die Opportunität (5%). Die Vorteilhaftigkeitsentscheidung ändert sich somit nicht. Dies war auch nicht anders zu erwarten, weil die VOFI-Eigenkapitalrentabilität und der VOFI-Endwert äquivalente Entscheidungskriterien darstellen.

Literaturhinweise

GROB, H. L.: Investitionsrechnung mit vollständigen Finanzplänen, München 1989.
GROB, H. L.: Einführung in die Investitionsrechnung, 2. Auflage, München 1994.

Heinz Eckart Klingelhöfer

Fisher-Hirshleifer-Modell

Aufgabe

Einem Investor, dem 1.400 GE als Eigenkapital (EK) zur Verfügung stehen, bieten sich die beliebig teilbaren und höchstens einmal durchführbaren Investitionsprojekte I_1, I_2, I_3, I_4 an. Die Zahlungsreihen der Investitionen in Geldeinheiten (GE) seien:

t	0	1
I1	400	600
I2	300	700
I3	300	300
I4	400	500

Außerdem kann er Geld zu i_{Soll} = 30% Zinsen aufnehmen und zu i_{Haben} = 20% Zinsen anlegen. Seine Präferenzen für gegenwärtigen (C_0 in t = 0) und zukünftigen Konsum (C_1 in t = 1) ergeben sich entsprechend seiner Konsumnutzenfunktion U:

$$U = C_0 \cdot C_1$$

a) Bestimmen Sie die internen Zinssätze der einzelnen Investitionsprojekte.

b) Bestimmen Sie graphisch und rechnerisch die nutzenmaximale Konsumaufteilung.

c) Wie vereinfacht sich die Lösung im Falle eines vollkommenen Kapitalmarktes?

Lösung

a) Da es sich hier um ein Zwei-Zeitpunkte-Modell handelt, errechnet sich der interne Zins der Investitionsprojekte j einfach nach der folgenden Formel:

$$r_j = \frac{\text{Rückflüsse aus der Investition } I_j \text{ im Zeitpunkt 1}}{\text{Auszahlungen für die Investition } I_j \text{ im Zeitpunkt 0}} - 1$$

Damit ergeben sich für die einzelnen Investitionsprojekte die nachstehenden internen Zinsfüße:

$r_1 = 600/400 - 1 = 50\%$, $r_2 = 700/300 - 1 = 133{,}3\%$,

$r_3 = 300/300 - 1 = 0\%$, $r_4 = 500/400 - 1 = 25\%$.

b)

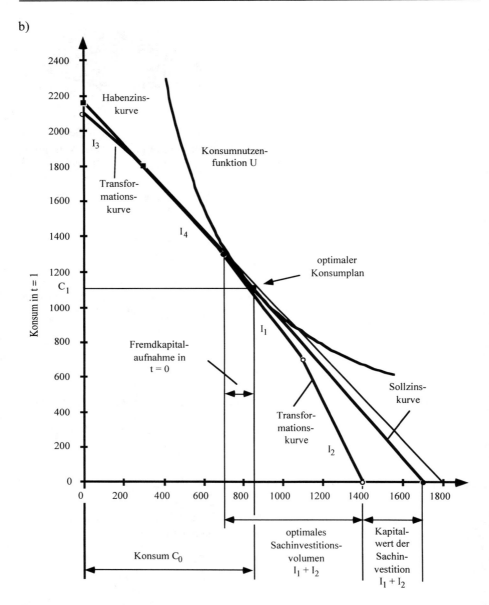

Ohne die Durchführung von Investitionen steht ein Eigenkapital von EK = 1.400 [GE] für den Konsum in t = 0 zur Verfügung. Wird ein Investitionsprojekt realisiert, sinkt dieser Betrag um die Investitionsauszahlungen. Im Gegenzug erhält der Investor aber in t = 1 Rückflüsse aus dieser Investition, die er verkonsumieren kann. Tätigt er dann noch eine zweite Investition, so sinkt der für Konsum in t = 0 vorhandene

Betrag weiter; dafür steigen aber die möglichen Konsumentnahmen in t = 1 auf die Höhe der Rückflüsse beider Investitionen. Entsprechendes gilt bei Fortführung dieser Überlegungen, wenn man weiter investiert. Da man aber zunächst diejenigen Investitionen realisieren wird, welche im Verhältnis zum eingesetzten Kapital die höchsten Rückflüsse versprechen, ergibt sich die *Transformationskurve*, indem die Projekte ausgehend vom vorhandenen Eigenkapital in Höhe von EK = 1.400 [GE] in der Reihenfolge abnehmenden internen Zinses in ein C_0C_1-Diagramm eingetragen werden – d. h. gemäß Aufgabenteil a) in der Reihenfolge $I_2 - I_1 - I_4 - I_3$. (Dies setzt voraus, daß die Investitionsprojekte unabhängig voneinander durchgeführt werden können und sich nicht gegenseitig ausschließen.)

Möchte man nun die **nutzenmaximale Konsumaufteilung** bestimmen:

$$U = C_0 \cdot C_1 \rightarrow \max.,$$

so kommt dies graphisch einem Nach-außen-Verschieben der Konsumnutzenfunktion U gleich (d. h. weg vom Ursprung). Im *Modell ohne Kapitalmarkt* ist U am weitesten zulässig vom Ursprung entfernt, wenn die Konsumnutzenfunktion zur Tangente an die Transformationskurve wird – die *optimale Konsumaufteilung* C_0/C_1 ist dann im Berührpunkt gefunden.

Beim *Vorliegen eines unvollkommenen Kapitalmarktes* (**Hirshleifer-Fall**) kann sich die nutzenmaximale Konsumaufteilung jedoch ebenso als Tangentialpunkt der Konsumnutzenfunktion an einer der beiden Zinskurven (in deren jeweils relevantem Bereich) ergeben. Dazu hat man zunächst die Haben- und die Sollzinskurve so an die Transformationskurve anzulegen, daß sie diese gerade tangieren.

Mathematisch handelt es sich bei dieser Suche nach einem nutzenmaximalen Konsumplan um die Maximierung einer Zielfunktion (U) unter einer Nebenbedingung in Gleichungsform, die je nach relevantem Bereich entweder von der Transformationskurve oder einer der beiden Zinskurven gebildet wird. Es ergeben sich also insgesamt drei mögliche Bereiche. Sie lassen sich ökonomisch wie folgt interpretieren:

1. Solange die Rendite der Investitionsprojekte größer ist als der Sollzins, kann man ein höheres Nutzenniveau erreichen, indem man Geld zum Sollzins aufnimmt und in die Projekte mit höherer Rendite investiert. Im Beispiel ist dies für das Intervall $0 \leq I \leq I_2 + I_1 = 700$ [GE] gegeben: Die Rendite der beiden Investitionen I_2 (133,3%) und I_1 (50%) ist größer als diejenige der Sollzinskurve (30%), so daß es sich *lohnt, beide Sachinvestitionen ganz durchzuführen*. Sie weisen betragsmäßig eine größere Steigung als die Sollzinskurve auf. Die dafür eingesetzten 700 GE erzielen in t = 1 Rückflüsse in Höhe von:

$$C_1 = I_2 \cdot (1+ r_2) + I_1 \cdot (1+ r_1) = 1.300 \text{ [GE]}.$$

Mit ihnen kann in t = 0 eine Geldaufnahme in Höhe von $C_1/(1 + i_{Soll}) = 1.000$ [GE] (zum Sollzinssatz von 30 %) finanziert werden. Da die Investitionen I_2 und I_1 zusammen aber nur 700 GE beanspruchen, steht auf diese Weise in t = 0 der **Kapitalwert des Sachinvestitionsprogramms**

$$K_{I0} = 1.000 - 700 = 300 \text{ [GE]}$$

zusätzlich zum Eigenkapital zur Verfügung, um auf gegenwärtigen und zukünftigen Konsum aufgeteilt zu werden. In der Abbildung läßt sich dieser Kapitalwert ablesen als Abstand, um den die Sollzinskurve die C_0-Achse weiter rechts als die (in EK beginnende) Transformationskurve schneidet. Insgesamt handelt es sich bei Durchführung des Sachinvestitionsprogramms I_2 und I_1 um folgenden Geldbetrag:

$$EK + K_{I0} = 1.400 + (-700 + 1.000) = 1.700 \text{ [GE]},$$

der heute und in t = 1 verkonsumiert werden kann:

$$C_0 + \frac{C_1}{1 + i_{Soll}} = 1.700 \text{ [GE]}.$$

Diese Gleichung, die nach C_1 aufgelöst die Funktionsgleichung der *Sollzinskurve* angibt, bildet anstelle der Transformationskurve die gesuchte Nebenbedingung:

$$C_1 = (1.700 - C_0) \cdot 1,3 \text{ [GE]}.$$

2. Im Intervall von **700 [GE] = $I_2 + I_1 \leq I \leq I_2 + I_1 + I_4$ = 1.100 [GE]** ist die Rendite der Investition I_4 mit 25% kleiner als der Soll-, aber größer als der Habenzinssatz, so daß es sich *nicht mehr lohnt*, Geld auf dem Kapitalmarkt aufzunehmen, und *noch nicht lohnt*, Geld am Kapitalmarkt anzulegen. Der Investor wird deshalb in diesem Bereich wie zuvor I_2 und I_1 durchführen und mit den dafür eingesetzten 700 GE Rückflüsse in Höhe von 1.300 GE erzielen. Von den verbleibenden 1.400 − 700 = 700 [GE] wird er *je nach Lage der Konsumnutzenfunktion* I_4 ganz oder teilweise durchführen und damit in t = 1 *zusätzliche* Rückflüsse in Höhe von C_1 − 1.300 [GE] erzielen. Dafür muß er (C_1 − 1.300) / (1+ r_4) [GE] aufwenden, die folglich über die schon angelegten 700 [GE] hinaus nicht in t = 0 konsumiert werden können. Also lautet die hier von der *Funktionsgleichung der Transformationskurve* gebildete Nebenbedingung im Bereich 2:

$$C_0 + \frac{C_1 - 1.300}{1 + r_4} = 1.400 - 700 = 700 \text{ [GE]}$$

oder – aufgelöst nach C_1: $C_1 = (700 - C_0) \cdot 1,25 + 1.300$ [GE].

3. Liegt schließlich der Habenzins über der Rendite der verbleibenden Investitionsprojekte – wie dies etwa im Intervall **1.100 [GE] = $I_2 + I_1 + I_4 \leq I \leq 1.400$ [GE]**

mit i_{Haben} = 20% ≥ 0% = r_3 gilt –, so läßt sich gegenüber der Transformationskurve wieder ein höheres Nutzenniveau erzielen, weil man dann sein Geld *besser am Kapitalmarkt als in weiteren Investitionsprojekten anlegt*. Deshalb wird der Investor hier die drei Investition I_2, I_1 und I_4 für 1.100 [GE] ganz durchführen, weisen sie doch eine höhere Rendite als die Habenzinskurve auf, und alles darüber hinaus am Kapitalmarkt anlegen. Dadurch erreicht er neben den Rückflüssen aus den drei realisierten Investitionsprojekten (1.800 [GE]) weitere, die für *zusätzlichen* Konsum in t = 1 zur Verfügung stehen:

$$(C_1 - 1.800) = (1.400 - 1.100 - C_0) \cdot (1 + i_{Haben}) \text{ [GE]}.$$

Die jetzt von der *Funktionsgleichung der Habenzinskurve* gebildete Gleichung der Nebenbedingung lautet demnach:

$$C_0 + \frac{C_1}{1 + i_{Haben}} = 300 + \frac{1.800}{1 + 0{,}2} = 1.800 \text{ [GE]}$$

oder – nach C_1 aufgelöst: $\quad C_1 = (1.800 - C_0) \cdot 1{,}2$ [GE].

Graphisch läßt sich nun der optimale Konsumplan C_0/C_1 bestimmen, indem die Nutzenfunktion U – wie zuvor beschrieben – vom Ursprung weg nach außen verschoben wird, bis sie in einem der drei angegebenen Bereiche zur Tangente am relevanten Teil entweder der Transformations-, der Haben- oder der Sollzinskurve wird. Anhand der Abbildung ist schon zu sehen, daß dies im Beispiel im Bereich der Sollzinskurve sein wird, da gegenwärtiger und zukünftiger Konsum gleich bewertet werden. Wachsender Nutzen bedeutet dann nämlich eine Verschiebung der von der Konsumnutzenfunktion gebildeten Hyperbel *auf der 45°-Linie*, während die Verbindungslinie vom Koordinatenursprung zum Berührpunkt der Sollzinskurve bei (700; 1.300) mit der Abszisse einen Winkel von *mehr als 45°* bildet.

Formal gesehen handelt es sich um ein Optimierungsproblem mit einer Zielfunktion (Maximierung der Konsumnutzenfunktion) und einer Nebenbedingung (die Budgetbeschränkung), bei dem im Extremfall alle drei Bereiche betrachtet werden müssen. Ein solches Problem läßt sich mit Hilfe des *Lagrange-Ansatzes* lösen. *Leichter* ist es allerdings, die Nebenbedingung jeweils nach C_1 aufzulösen, sie in die Zielfunktion einzusetzen und anschließend das unbeschränkte Optimierungsproblems zu lösen. Man erhält so für die drei Bereiche:

1. $0 \leq I \leq I_2 + I_1 = 700$ **[GE]** (Sollzinskurve stellt die Nebenbedingung dar):

$$U = C_0 \cdot (1.700 - C_0) \cdot 1{,}3 \to \max.$$

Dieses Maximum läßt sich leicht durch Nullsetzen der ersten Ableitung nach dem heutigen Konsum C_0 (und Überprüfung in der zweiten Ableitung) bestimmen:

$$\frac{dU}{dC_0} = 2.210 - 2{,}6 \cdot C_0 = 0.$$

Auflösen nach dem **heutigen Konsum** C_0 liefert: $C_0 = 850$ [GE].

Durch Einsetzen in die von der Sollzinskurve gebildete Nebenbedingung erhält man dann auch den **künftigen Konsum** mit: $C_1 = (1.700 - 850) \cdot 1{,}3 = 1.105$ [GE].

Man kann auf diese Weise einen Nutzen in Höhe von

$$U = C_0 \cdot C_1 = 939.250 \ [\text{GE}^2]$$

verwirklichen. Dazu hat man die beiden *Investitionsprojekte* $I_2 + I_1 = I = 700$ [GE] mit dem schon oben bestimmten Kapitalwert $K_{10} = 1.000 - 700 = 300$ [GE] *vollständig* durchzuführen und *Fremdkapital* in Höhe von $FK = C_0 + I - EK = 150$ [GE] aufzunehmen.

Die Überprüfung anhand der *zweiten Ableitung* $\quad \dfrac{d^2 U}{dC_0^2} = -2{,}6 < 0$

zeigt schließlich, daß sich mit den gefundenen Werten tatsächlich ein *lokales Nutzenmaximum* in diesem Bereich befindet. Weil ferner die *Nutzenfunktion und* der von der Transformationskurve und den relevanten Bereichen der beiden Zinskurven gebildete *Lösungsraum konvex* ist, ist damit auch das **absolute Maximum** gefunden. Im Falle eines *nicht-konvexen Lösungsraumes*, wie er sich etwa ergäbe, wenn im Beispiel die Durchführung von I_2 jene von I_4 bedingte, müßten hingegen zuerst die anderen Bereiche auf weitere lokale Maxima überprüft werden, bevor man durch deren Vergleich das tatsächliche absolute Maximum findet.

Der Vollständigkeit halber soll eine solche Untersuchung hier noch kurz für die beiden anderen Bereiche angeschlossen werden, denn nicht immer muß ein lokales Maximum im Bereich der Sollzinskurve vorliegen.

2. **700 [GE]** $= I_2 + I_1 \leq I \leq I_2 + I_1 + I_4 =$ **1.100 [GE]** (Transformationskurve stellt die Nebenbedingung dar):

Durch Ableiten der Zielfunktion $\quad U = C_0 \cdot ((700 - C_0) \cdot 1{,}25 + 1.300) \rightarrow$ max.

nach dem heutigen Konsum C_0 und anschließendes Nullsetzen erhält man:

$$\frac{dU}{dC_0} = 2.175 - 2{,}5 \cdot C_0 = 0 \quad \Rightarrow \quad C_0 = 870 \ [\text{GE}].$$

Da dieser Wert außerhalb des betrachteten Bereiches liegt (nämlich im Bereich der Sollzinskurve, denn $C_0 = 870 \geq 700 = EK - I_2 - I_1$), stellt er keine zulässige Lösung dar. Das gerade noch erlaubte Randextremum $C_0 = 700$ [GE] dieses Bereiches (und erst recht das andere mit $C_0 = 300$ [GE]) wird gemäß den Untersuchungen unter 1. bereits vom dortigen lokalen Maximum dominiert. (Das Einsetzen der C_0/C_1-Werte der Randextrema in die Zielfunktion bestätigt diese Aussage.)

3. **1.100 [GE] = $I_2 + I_1 + I_4 \leq I \leq 1.400$ [GE]** (Habenzinskurve stellt die Nebenbedingung dar):

Ableiten und Nullsetzen der Zielfunktion $U = C_0 \cdot (1.800 - C_0) \cdot 1{,}2 \to$ max.

liefert: $\dfrac{dU}{dC_0} = 2.160 - 2{,}4 \cdot C_0 = \Rightarrow C_0 = 900$.

Auch dieser Wert liegt außerhalb des betrachteten Bereiches (nämlich wieder im Bereich der Sollzinskurve), so daß er ebenfalls keine zulässige Lösung bildet. Das in diese Richtung weisende Randextremum $C_0 = 300$ [GE] wird jedoch gemäß den Untersuchungen unter 2. und unter 1. genauso wie das andere bei $C_0 = 0$ [GE] bereits vom lokalen Maximum im Bereich der Sollzinskurve dominiert. (Dies ergibt sich auch bei Einsetzen der C_0/C_1-Werte der Randextrema in die Zielfunktion.)

c) Im Falle eines vollkommenen Kapitalmarktes (**Fisher-Fall**) existiert nur noch ein Zins, zu dem sich Geld am Kapitalmarkt anlegen oder aufnehmen läßt, damit auch bloß noch eine Zinskurve und lediglich ein relevanter Bereich für die Bestimmung des optimalen Konsumplans. Da ferner die Transformationskurve von der Zinskurve nur in einem Punkt tangiert wird, liegt in diesem Berührpunkt zugleich das optimale Sachinvestitionsprogramm – unabhängig von den Konsumpräferenzen und der daraus folgenden Gestalt der Konsumnutzenfunktion (**Fisher-Separations-Theorem**). *Unternehmensleitung und Eigenkapitalgeber müssen deshalb nicht identisch sein.* Begründet liegt dies darin, daß alle Investitionen bis zu diesem Punkt eine höhere Rendite als der Kapitalmarkt aufweisen und alle ab diesem Punkt eine niedrigere Rendite. Lediglich im Ausartungsfall, daß der interne Zins einer Investition der Kapitalmarktrendite entspricht, kann diese eine Investition ganz, teilweise oder auch gar nicht in das Sachinvestitionsprogramm aufgenommen werden. Sie wird dann durch eine entsprechende Geldaufnahme am Kapitalmarkt zu einem gleich hohen Zins finanziert oder ersetzt eine sich vergleichbar verzinsende Geldanlage am Kapitalmarkt.

Literaturhinweise

DRUKARCZYK, J.: Theorie und Politik der Finanzierung, 2. Aufl., München 1993.
FRANKE, G. / HAX, HERBERT: Finanzwirtschaft des Unternehmens und Kapitalmarkt, 3. Aufl., Berlin u.a., 1994.
MATSCHKE, M. J.: Investitionsplanung und Investitionskontrolle, Herne/Berlin 1993.

2. Finanzierung

Helmut Maltry

Finanzierung aus Abschreibungen – der Lohmann-Ruchti-Effekt

Aufgabe

a) Erläutern Sie die Bedeutung von Abschreibungen als Quelle der Innenfinanzierung! Beschreiben Sie insbesondere, wie durch Abschreibungen Kapital freigesetzt wird und welche Wirkung die Reinvestition der freigesetzten Mittel grundsätzlich auf die Kapazität eines Unternehmens haben kann!

b) Ermitteln Sie unter den Prämissen linearer Abschreibungen, konstanter Wiederbeschaffungskosten und unbeschränkter Absatzmöglichkeiten für jeden Zeitpunkt eines 10-Jahreszeitraums die kumulierten Abschreibungen sowie die Höhe des freigesetzten Kapitals! Die Nutzungsdauer der nachfolgend betrachteten gleichartigen, unteilbaren Maschinen beträgt bei einer Periodenkapazität von je 1.000 LE (Leistungseinheiten) jeweils fünf Perioden, die Anschaffungskosten je Maschine betragen 1.000 DM.
   b1) Ein Unternehmen erwirbt im Zeitpunkt 0 vier Maschinen. Die Periodenkapazität soll im Zeitablauf konstant auf 4.000 LE gehalten werden.
   b2) Ein Unternehmen erwirbt in vier aufeinander folgenden Zeitpunkten je eine Maschine. Die Periodenkapazität soll nach der Beschaffung der ersten vier Maschinen konstant auf 4.000 LE gehalten werden.
   b3) Ein Unternehmen erwirbt in fünf aufeinander folgenden Zeitpunkten je eine Maschine. Die Periodenkapazität soll nach der Beschaffung der ersten fünf Maschinen konstant auf 5.000 LE gehalten werden.

c) Unterstellen Sie in Verallgemeinerung der Aufgabenstellung b) beliebige Teilbarkeit der Maschinen sowie die Beschaffung von 4.000 Maschinen zum Anschaffungswert von je 1 DM im Zeitpunkt 0. Ermitteln Sie dann für den Fall der sofortigen Reinvestition des freigesetzten Kapitals die Periodenkapazitäten für einen 16-Jahreszeitraum!

d) Versuchen Sie, die langfristige Entwicklung der Periodenkapazität nach c) formal zu begünden! Gehen Sie dabei gedanklich zunächst von der vereinfachenden Prämisse einer *stetigen* Reinvestition bei *stetiger* linearer Abschreibung und *beliebiger* Teilbarkeit der Maschinen aus. In welcher formalen Beziehung stehen Kapitalfreisetzungs- und Kapazitätserweiterungseffekt zueinander?

e) Welche Voraussetzungen müssen erfüllt sein, damit Kapitalfreisetzungs- und Kapitalerweiterungseffekt überhaupt in der geschilderten Form auftreten können?

f) Der Unternehmensgründer Phil Käsch steht vor dem Entscheidungsproblem (in Anlehnung an SCHNEIDER, S. 634 f.), zur Herstellung eines innovativen Produkts bei gleicher Fertigungsqualität in eine vollautomatische Fertigungsanlage (Alternative A) oder eine personalintensive Werkstattfertigung (Alternative B) zu investieren. Käsch hat 100 TDM zur Verfügung, dafür kann er die Fertigungsanlage erwerben, die bei einer Nutzungsdauer von zwei Perioden 100 LE Gesamtkapazität und 50 LE Periodenkapazität aufweist. Für die gleiche Periodenleistung muß er den Arbeitern der Alternative B, deren Verträge er sofort lösen kann, 50 TDM pro Periode zahlen, so daß die Periodenkosten in dieser Hinsicht übereinstimmen. Der Unterschied besteht nur darin, daß das in die Maschine investierte Kapital zwei Perioden lang gebunden ist, der Lohn der Arbeiter hingegen periodenweise gezahlt wird. Von der Berücksichtigung weiterer Kostenarten wird im folgenden aus Vereinfachungsgründen abgesehen. Der Absatzpreis der in einer Periode gefertigten und abgesetzten Produkte liegt um 20% über deren Herstellungskosten (von 50 TDM).

Käsch erinnert sich vage an ein Gründerseminar, das er im letzten Jahr besucht hat und in dessen Rahmen der Lohmann-Ruchti-Effekt dargestellt wurde. In seiner Erinnerung besteht der Clou des Effekts darin, daß Abschreibungen von Anlagegütern in sehr effektvoller Weise zur Vermehrung der Produktionskapazität eingesetzt werden können, ohne daß dies seine Gewinnentnahmemöglichkeiten schmälern würde. Ist hingegen – wie bei Alternative B – kein gebundenes Kapital vorhanden, können logischerweise auch keine Abschreibungen und damit verbunden keine Kapazitätssteigerungen aus der Reinvestition freigesetzter Mittel erfolgen. Diesen Überlegungen gemäß favorisiert Käsch die Wahl der vollautomatischen Fertigungsanlage. Einige Tage später nutzt er die günstige Gelegenheit, das Problem bei einem Glas Cognac in der Lounge seines Golfclubs noch einmal mit seinem Freund Ingo Ramus, von dem er in der jüngsten Vergangenheit oft gute Börsentips bekommen hat und auf dessen Sachverstand er seitdem große Stücke hält, zu besprechen. Auch Ramus ist der Lohmann-Ruchti-Effekt als gewinnsteigernde „Wunderwaffe" bekannt, was Käsch sehr beruhigt. Bei dem Gespräch kommen aber noch zwei zusätzliche Aspekte an den Tag: Zum einen möchte Käsch sich in fünf Jahren aus dem Geschäft zurückziehen, um sich als – hoffentlich – reicher Mann auf einer Südseeinsel niederzulassen. Er wird daher, wenn er sich für die automatische Fertigungsanlage entscheidet, nur dreimal, d. h. bis zum Zeitpunkt 3, identische Reinvestitionen in die Fertigungsanlage tätigen. Sollte Käsch sich hingegen für die personalintensive Fertigung entscheiden, sieht er sich vor das Problem gestellt, daß die Zahl der notwendigen Facharbeiter beschränkt ist. In der ersten Periode würde er bei Alternative B genau 50 LE Produktionskapazität erreichen können, die sich in den Folgeperioden durch den Zuzug weiterer Fachkräfte auf maximal 70 LE Periodenkapazität steigern ließe. Vor dem Hintergrund dieser Überlegungen beschließt Käsch, alle eventuellen Unwägbarkeiten auszuschließen und die Alternative dahingehend zu modifizieren, daß er die 50 TDM, die ihm bei Wahl der personalintensiven Fertigung im Zeitpunkt 0 verbleiben würden, in ein – nur in diesem Umfang zur Verfügung stehendes – festverzinsliches Wertpapier mit fünfjähriger Laufzeit und einer Rendite von 15% pro Periode, das ihm Ramus vermitteln will, investieren würde.

Nach langer Diskussion und mehreren Gläsern Cognac fällt Käsch seine Entscheidung: Er wählt Alternative A; erstens wegen der segensreichen Wirkung des Lohmann-Ruchti-Effekts und zweitens aufgrund der Tatsache, daß ihm Alternative A durchgehend 20% Rendite abzuwerfen scheint, was Alternative B wegen der Mischung mit einer nur zu 15% rentierlichen Geldanlage augenscheinlich nicht zu erbringen in der Lage ist.

Beurteilen Sie die Qualität von Käschs Entscheidung, indem Sie die Zahlungsüberschüsse ermitteln, die sich nach Reinvestition der bei Alternative A freigesetzten Abschreibungen in den einzelnen Zeitpunkten ergeben, und diese mit den durch Alternative B realisierbaren Überschüssen vergleichen!

Lösung

a) Planmäßige Abschreibungen dienen dazu, die Anschaffungs- (oder Herstell(ungs)kosten) von abnutzbaren Wirtschaftsgütern (z. B. maschinellen Anlagen), die über mehrere Perioden in einem Unternehmen eingesetzt werden, über deren Nutzungsdauer zu verteilen. In den einzelnen Perioden stellen die Abschreibungen Aufwand (bilanzielle Abschreibung) bzw. Kosten (kalkulatorische Abschreibung) der Abrechnungsperiode dar. Durch die Verrechnung auf die in einer Periode gefertigten Produkte gehen die Abschreibungen in die Herstell(ungs)kosten der Produkte ein. Gelingt es, beim Verkauf der Produkte Preise zu erzielen, die über deren Herstell(ungs)kosten liegen, so hat ein zweistufiger Transformationsprozeß sein Ende gefunden: Teile des Anlagevermögens werden zunächst zu Umlaufvermögen in Form von Produkten und beim (Bar)Verkauf schließlich zu Geld. Da die unter dem Gesichtspunkt der Substanzerhaltung vorzunehmende Ersatzbeschaffung eines langlebigen Wirtschaftsguts aber erst am Ende seiner Nutzungsdauer erfolgen muß, stehen die durch Abschreibungen freigesetzten Geldmittel dem Unternehmen bis zum Ausscheiden des Wirtschaftsguts aus dem Unternehmen zur Verfügung. Erst dann muß das über die Nutzungsdauer des Wirtschaftsguts freigesetzte Kapital, das bei bilanzieller Abschreibung den Anschaffungskosten entspricht, in eine gleichartige Maschine reinvestiert werden, um die Unternehmenssubstanz, die hier als eine Erhaltung der Totalkapazität zu verstehen ist, aufrecht zu erhalten. Die beschriebene Wirkung der Abschreibungen wird als *Kapitalfreisetzungseffekt* bezeichnet.

Unter bestimmten Voraussetzungen ist es möglich, einen *permanenten Kapitalfreisetzungseffekt* bei Aufrechterhaltung einer konstanten Periodenkapazität zu erzielen. Das ist z. B. dann der Fall, wenn mehrere gleichartige Maschinen mit zeitlich versetzten Investitionszeitpunkten existieren. Die Verwendung des über die Abschreibungen der zuerst beschafften Maschinen freigesetzten Kapitals für die Bezahlung von später zu beschaffenden Maschinen kann dann dazu führen, daß der für die sukzessive Beschaffung aller Maschinen notwendige Kapitalbedarf geringer ist als er bei isolierter Betrachtung der Beschaffungsvorgänge notwendig zu sein scheint (siehe dazu die Lösung von Aufgabenstellung b2)).

Gibt man die Absicht auf, die Anzahl der im Unternehmen vorhandenen (gleichartigen) Maschinen konstant zu halten, d. h. erst nach dem Ausscheiden einer alten Maschine eine neue zu beschaffen, sondern setzt die freigesetzten Mittel möglichst schnell (abhängig von der Teilbarkeit der Maschinen) zur Beschaffung weiterer gleichartiger Maschinen ein, läßt sich offensichtlich die Periodenkapazität des Unternehmens gegenüber dem Anfangszustand erhöhen. „Möglichst schnell" bedeutet im Idealfall, sofort bei Freiwerden der Mittel zu reinvestieren. In der Praxis wird das daran scheitern, daß Maschinen nicht beliebig teilbar sind und somit etwas Zeit – möglichst wenig – verstreichen wird, bis der Betrag für die Beschaffung einer weiteren Maschine zusammengekommen ist. Die Wirkung dieses Übergangs von der bloßen Ersatzinvestition zu Erweiterungsinvestitionen bezeichnet man als *Kapazitätserweiterungseffekt*, auch als *Lohmann-Ruchti-Effekt* oder *Marx-Engels-Effekt*.

Unterstellt man die Kongruenz von Abschreibungsverlauf und Nutzungsverlauf, so ist es offensichtlich, daß die Totalkapazität eines Maschinenparks als Summe der in allen Maschinen enthaltenen Leistungseinheiten auch bei permanenter Reinvestition freigesetzter Mittel nicht wachsen kann, da der aus Abschreibungen finanzierte Kapazitätszuwachs ja gerade dem Kapazitätsabbau, der annahmegemäß durch die Abschreibung repräsentiert wird, entspricht. Die *Steigerung der Periodenkapazität bei Konstanz der Totalkapazität* wird letztlich dadurch bewirkt, daß die permanente Reinvestition zu einer Gleichverteilung hinsichtlich des Alters der eingesetzten Maschinen führt. Die Steigerung der Periodenkapazität ist dabei nicht notwendigerweise monoton, im langfristigen Trend aber deutlich feststellbar und um einen Grenzwert oszillierend (siehe dazu insbesondere die Lösung von Aufgabenstellung c)).

b1) Tabelle 1 veranschaulicht, daß das aus den periodischen Abschreibungen gespeiste freigesetzte Kapital erst im Zeitpunkt 5, d. h. am Ende der fünften Periode, in voller Höhe (4.000 DM) zur Wiederbeschaffung der Maschinenausstattung verwendet werden muß. Bis dahin steht es zur freien Verfügung des Unternehmens. Die kumulierten Abschreibungen entsprechen hier in jedem Zeitpunkt der Summe aus Kapitalfreisetzung und Investionsauszahlung. Zu beachten ist, daß die kumulierten Abschreibungen bei Ausscheiden einer Maschine natürlich um die bis dahin aufgelaufenen Abschreibungen der ausscheidenden Maschine, also um deren Anschaffungskosten, vermindert werden müssen.

(Zeitpunkt)	0	1	2	3	4	5	6	7	8	9	10
Erstinvestition	4.000										
Ersatzinvestition						4.000					4.000
Abschreibungen pro Periode		800	800	800	800	800	800	800	800	800	800
Kumulierte Abschreibungen (der vorhandenen Anlagen)		800	1.600	2.400	3.200	4.000	800	1.600	2.400	3.200	4.000
Kapitalfreisetzung		800	1.600	2.400	3.200	0	800	1.600	2.400	3.200	0

Tabelle 1

b2) Tabelle 2 verdeutlicht die Wirkung des Kapitalfreisetzungseffekts bei sukzessiver Beschaffung gleichartiger Maschinen. Für die isolierte Beschaffung der vier Maschinen wäre laut Aufgabenstellung zunächst von einem Gesamtbetrag von 4.000 DM auszugehen. Im Zeitpunkt 3, d. h. zu Beginn der vierten Periode, ist durch die Abschreibungen der drei in den vorangegangenen Perioden beschafften Maschinen bereits ein Betrag von 1.200 DM freigesetzt worden. Von diesem hinreichend großen Betrag könnten nun 1.000 DM verwendet werden, um die vierte Maschine zu beschaffen (in der nachfolgenden Tabelle ist diese Option aus Vereinfachungsgründen nicht wahrgenommen worden). Für die Beschaffung von vier Maschinen zu je 1.000 DM würde damit ein Betrag von 3.000 DM ausreichen.

(Zeitpunkt)	0	1	2	3	4	5	6	7	8	9	10
Erstinvestition	1.000	1.000	1.000	1.000							
Ersatzinvestition						1.000	1.000	1.000	1.000		1.000
Abschreibungen pro Periode		200	400	600	800	800	800	800	800	800	800
Kumulierte Abschreibungen (der vorhandenen Anlagen)		200	600	1.200	2.000	2.800	2.600	2.400	2.200	2.000	2.800
Kapitalfreisetzung		200	600	1.200	2.000	1.800	1.600	1.400	1.200	2.000	1.800

Tabelle 2

b3) Durch die Gleichsetzung von Nutzungsdauer und Maschinenanzahl (jeweils fünf) (diesen Idealfall findet man in der Literatur zum Lohmann-Ruchti-Effekt i. a. behandelt) nimmt das freigesetzte Kapital ab dem Ende der vierten Periode einen konstanten Wert von 2.000 DM an. In diesem Zeitpunkt wird die fünfte Maschine der Erstausstattung beschafft; die Abschreibungsraten des nun beständig aus fünf Maschinen bestehenden Maschinenparks in Höhe von 1.000 DM reichen genau aus, um für eine ausscheidende Maschine einen Ersatz zu beschaffen (s. Tabelle 3).

(Zeitpunkt)	0	1	2	3	4	5	6	7	8	9	10
Erstinvestition	1.000	1.000	1.000	1.000	1.000						
Ersatzinvestition						1.000	1.000	1.000	1.000	1.000	1.000
Abschreibungen pro Perioden		200	400	600	800	1.000	1.000	1.000	1.000	1.000	1.000
Kumulierte Abschrei-bungen (der vorhandenen Anlagen)		200	600	1.200	2.000	3.000	3.000	3.000	3.000	3.000	3.000
Kapitalfreisetzung		200	600	1.200	2.000	2.000	2.000	2.000	2.000	2.000	2.000

Tabelle 3

c) Auf der Grundlage der in der nachfolgenden Tabelle definierten Variablen und in Verallgemeinerung der Berechnungen aus Aufgabenstellung b) gelten folgende Beziehungen:

$PK_0 = 4.000$ [LE]

$AB_t = 0,2 \cdot PK_{t-1}$ für $t \geq 1$

$AUS_t = 0$ für $t \leq 4$

$AUS_5 = PK_0$

$AUS_t = AB_{t-5}$ für $t \geq 6$

$PK_t = 1,2^t \cdot PK_0$ für $1 \leq t \leq 4$

$PK_t = 1,2 \cdot PK_{t-1} - AUS_t$ für $t \geq 5$

Aus Tabelle 4 läßt sich der Anstieg der Periodenkapazität ablesen, die letztlich um einen Wert in Höhe von etwa 6.667 LE zu oszillieren scheint. Bemerkenswert ist der starke Kapazitätseinbruch im Zeitpunkt 5; weitere, wegen einer ausgeglicheneren Altersstruktur des Maschinenparks allerdings wesentlich weniger gravierende Einbrüche ereignen sich zu späteren Zeitpunkten (z. B. im Zeitpunkt 10).

Die Ergebnisse der Tabelle 4 wurden zwar auf mehrere Kommastellen genau berechnet, dann aber aus Gründen der besseren Übersichtlichkeit auf ganze Zahlen gerundet. Aus Platzgründen erstreckt sich die Tabelle 4 über die nächsten beiden Seiten.

(Zeitpunkt)	0	1	2	3	4	5
Anfangsinvestition = Anzahl der eingesetzten Maschinen = Periodenkapazität PK_0	4.000					
Abschreibungen der Periode AB_t = Kapitalfreisetzung der Periode = Ersatz-/Erweiterungsinvestitionen		800	960	1.152	1.382	1.659
Aus dem Bestand ausscheidende Maschinen AUS_t						4.000
Anzahl der eingesetzten Maschinen = Kumul. Abschreibungen = Periodenkapazität PK_t		4.800	5.760	6.912	8.294	5.953

Tabelle 4

d) Für den idealisierten Fall eines stetigen linearen Nutzungs- und Abschreibungsverlaufs gilt, daß das durchschnittlich über die Nutzungsdauer einer Maschine gebundene Kapital genau die Hälfte der Anschaffungskosten beträgt. Dies liegt darin begründet, daß bereits in der ersten logischen Sekunde ein infinitesimal kleiner Teil des investierten Kapitals freigesetzt wird; lediglich das letzte infinitesimal kleine Kapitalteilchen ist über die gesamte Nutzungsdauer gebunden. Damit beträgt der theoretisch erzielbare Kapitalfreisetzungseffekt offensichtlich 0,5 bzw. 50%.

Wenn aber im Durchschnitt nur die Hälfte der Anschaffungskosten gebunden sind (sein muß), um die anfängliche Periodenkapazität aufrecht zu erhalten, müßte die freigesetzte andere Hälfte der ursprünglichen Anschaffungskosten, investiert in gleichartige Aggregate, dazu hinreichen, dieselbe Periodenkapazität noch einmal zu realisieren, insgesamt also zu verdoppeln. Der Kapazitätserweiterungseffekt beträgt damit theoretisch 2 bzw. 200%. Zu seiner vollen Entfaltung kommt der Kapazitätserweiterungseffekt – dies unterstreichen auch die Ergebnisse aus Aufgabenstellung c) – natürlich erst im Zeitablauf, wenn sich eine (relativ) gleichgewichtige Altersstruktur des Maschinenparks einzupendeln beginnt. Dieser Gleichgewichtspunkt ist dann erreicht, wenn die anfallenden Abschreibungen gerade ausreichen, die ausscheidenden Maschinen zu ersetzen.

Auf der Basis dieser grundlegenden Betrachtungen fällt der Übergang zum diskreten Fall, in dem jeweils erst nach dem Verstreichen einer vollen Periode reinvestiert wird, leicht. In Übertragung auf die Daten der Aufgabenstellung c) gilt, daß ein Fünftel der Anfangsauszahlung nur über eine Periode gebunden ist, ein weiteres Fünftel lediglich über zwei Perioden usw. Nur ein Fünftel des Kaufbetrags ist über die gesamte Nutzungsdauer von fünf Perioden gebunden. Die durchschnittliche Kapitalbindung des Kaufbetrags beträgt damit im Beispielfall:

6	7	8	9	10	11	12	13	14	15	16
1.191	1.269	1.331	1.366	1.363	1.304	1.326	1.338	1.340	1.334	1.328
800	960	1.152	1.382	1.659	1.191	1.269	1.331	1.366	1.363	1.304
6.344	6.653	6.831	6.815	6.519	6.632	6.690	6.698	6.671	6.642	6.667

$$\frac{1}{5} + \frac{2}{5} + \frac{3}{5} + \frac{4}{5} + \frac{5}{5} = \frac{15}{5} = 3 \text{ Perioden}$$

Im Durchschnitt der fünfperiodigen Nutzungsdauer sind damit 3/5 = 60% der Anfangsauszahlung gebunden, 40% werden damit freigesetzt. Wenn sich mit durchschnittlich 60% Kapitalbindung eine vorgegebene Periodenkapazität (hier von 4.000 LE) schaffen und aufrecht erhalten läßt, ermöglichen die freigesetzten 40% des Betrags im Gleichgewichtszustand demnach einen Kapazitätszuwachs *um* 40% : 60% = 2/3, insgesamt also eine Kapazitätserweiterung *auf* 5/3. Betrachtet man das Ausmaß der in der 16. Periode verfügbaren Periodenkapazität gemäß Tabelle 4, so wird mit

$$4000 \cdot \frac{5}{3} = 6.666\frac{2}{3} \text{ [LE]}$$

die Übereinstimmung von rechnerischem Ergebnis und theoretischer Herleitung offenkundig.

Im allgemeinen diskreten Fall einer n-periodigen Nutzungsdauer ergibt sich die durchschnittliche Kapitalbindung der Anfangsauszahlung offensichtlich zu

$$\frac{1}{n} + \frac{2}{n} + \ldots + \frac{n}{n} = \frac{1}{n} \cdot \sum_{i=1}^{n} i = \frac{1}{n} \cdot \frac{n(n+1)}{2} = \frac{n+1}{2} \text{ Perioden}$$

Der Kapitalfreisetzungseffekt KFE ergibt sich dann aus dem Verhältnis der Periodenzahl, in der durchschnittlich kein Kapital mehr gebunden ist ($n - \frac{n+1}{2}$), und der gesamten Nutzungsdauer n, d. h. KFE = $\dfrac{n - \frac{n+1}{2}}{n}$ (für n = 5 die obigen 40%).

Der damit im Verhältnis zur Ausgangsperiodenkapazität finanzierbare Kapazitätszuwachs ergibt sich aus dem Verhältnis der durchschnittlich kapitalbindungsfreien

Periodenzahl $(n - \frac{n+1}{2})$ und der durchschnittlichen Kapitalbindungsdauer $(\frac{n+1}{2})$ zu $(n - \frac{n+1}{2}): \frac{n+1}{2} = \frac{n-1}{n+1}$.

Der Kapazitätserweiterungseffekt KEE beträgt damit $1 + \frac{n-1}{n+1} = \frac{2 \cdot n}{n+1} = \frac{n}{\frac{n+1}{2}}$, er entspricht dem Verhältnis von Nutzungsdauer zu durchschnittlicher Dauer der Kapitalbindung der Anfangsauszahlung.

Allgemein gilt zudem: $\quad KEE = 1 + \frac{KFE}{1-KFE} = \frac{1}{1-KFE}$.

Im stetigen Fall, d. h. für eine unendliche Zahl infinitesimal kleiner Perioden ($n \to \infty$), ergibt sich (wie oben bereits verbal erläutert) auch formal als theoretische Obergrenze:

$$KEE = \lim_{n \to \infty} \frac{2n}{n+1} = \lim_{n \to \infty} \frac{2}{1+\frac{1}{n}} = 2 \quad .$$

e) Zur Realisierung von Kapitalfreisetzungs- und Kapazitätserweiterungseffekten in ihrer reinen Form müssen die folgenden Voraussetzungen gelten:

- Dem Unternehmen muß das Geld für die Anfangsinvestition zur Verfügung stehen.
- Damit die Abschreibungen am Ende jeder Periode in liquider Form für die Reinvestition zur Verfügung stehen, müssen die Erlöse aus dem Verkauf der Produkte die zu deren Erstellung anfallenden Kosten decken. Zu beachten ist dabei, daß bei erhöhter Kapazität auch mehr Produkte gefertigt werden, die kostendeckend abgesetzt werden müssen; Kapazitätsausweitungen ohne Absatzmöglichkeiten sind ökonomisch obsolet.
- Der Wegfall von Maschinen (vgl. z. B. Zeitpunkt 5 in Tabelle 4) darf insbesondere nicht dazu führen, daß Kunden, die aufgrund einer bereits gestiegenen Periodenkapazität gewonnen werden konnten und nun kurzfristig nicht mehr beliefert werden können, abwandern und nicht mehr (sofort) zurückgewonnen werden können.
- Die Abschreibungen müssen in voller Höhe in neue gleichartige Maschinen investiert werden.
- Die Maschinen müssen im Idealfall beliebig teilbar sein, damit sofortige Reinvestition der Abschreibungen möglich ist. Eingeschränkte Teilbarkeit schwächt den theoretisch erreichbaren Kapazitätserweiterungseffekt ab.
- Die Nutzungsabnahme muß dem Abschreibungsverlauf, d. h. dem Abbau der Totalkapazität, entsprechen. Geht nämlich der Abschreibungsverlauf dem Nutzenverlauf voran, erhöht sich infolge einer Selbstfinanzierung aus verdeckten Gewinnen auch die Totalkapazität. Hinkt der Abschreibungsverlauf der Nutzenabnahme

hinterher, wird der Kapazitätserweiterungseffekt durch die verspätete Kapitalfreisetzung abgeschwächt.

- Werden dem Nutzenverlauf entsprechend degressive oder progressive Abschreibungsverfahren eingesetzt, so bleiben die Effekte dem Grunde nach gleich, da sie sich letztlich aus dem Verhältnis von durchschnittlicher Kapitalbindungsdauer und gesamter Nutzungsdauer bestimmen.

- Die neubeschafften Maschinen müssen gleiche Wiederbeschaffungspreise und gleiche Leistungsfähigkeit aufweisen, damit die Effekte in der beschriebenen Weise eintreten können. Bei steigenden Wiederbeschaffungspreisen wird der Kapazitätserweiterungseffekt abgeschwächt.

- Die anfänglich vorgegebene wirtschaftliche Nutzungsdauer der gleichartigen Maschinen soll im Zeitablauf unverändert bleiben. Hätte die Ausdehnung der Periodenkapazität Auswirkungen auf den optimalen Ersetzungszeitpunkt der Maschinen, käme es zu Veränderungen der Totalkapazität.

f) Für Alternative A ergibt sich (zur Vereinfachung wird wieder beliebige Teilbarkeit unterstellt, was ohne Einschränkung der grundsätzlichen Gültigkeit der Schlußfolgerungen möglich ist):

(Zeitpunkt)	0	1	2	3	4	5
Geldbestand	+ 100					
Anfangsinvestition	– 100	+ 60	+ 60			
1. Reinvestition		– 50	+ 30[1]	+ 30		
2. Reinvestition			– 75	+ 45	+ 45	
3. Reinvestition				– 62,5	+ 37,5	+ 37,5
Zahlungsüberschuß	0	10	15	12,5	82,5	37,5

Tabelle 5

Der frühzeitige Abbruch der Reinvestitionen in der dritten Periode läßt den Kapazitätserweiterungseffekt nicht im oben dargestellten Umfang zum Vorschein kommen; die – wenn auch geringe – Gewinnsteigerung von der ersten zur zweiten Periode von 5 DM ist aber dennoch deutlich.

Der Vergleich der beiden Alternativen soll nun in der Weise durchgeführt werden, daß durch geeignete Wahl der Periodenkapazität von Alternative B (d. h. letztlich, der Höhe des Arbeitslohns) die Zahlungsüberschüsse der Alternative A reproduziert werden, bis sich schließlich im Zahlungsüberschuß des Zeitpunkts 5, dem Ende des Betrachtungszeitraums, der Unterschied zwischen beiden Alternativen niederschlägt (Endwertmodell). Bei dieser Vorgehensweise ergibt sich das folgende Bild:

---

[1] Beispielhafte Erklärung: Ergibt sich aus der Abschreibung in Höhe von 25 DM zuzüglich einem Erlösüberschuß von 20%.

	0	1	2	3	4	5
Geldbestand	+ 100					
Kapitalanlage	– 50	+ 7,5	+ 7,5	+ 7,5	+ 7,5	+ 57,5
Anfangsinvestition	– 50	+ 60				
1. Reinvestition		– 57,5[2]	+ 69			
2. Reinvestition			– 61,5	+ 73,8		
3. Reinvestition				– 68,8	82,56	
4. Reinvestition					– 7,56	+ 9,07
Zahlungsüberschuß	0	10	15	12,5	82,5	**66,57**

Tabelle 6

Es ergibt sich, daß die personalintensive Fertigung selbst bei der Kombination mit einer „nur"[3] zu 15% rentierlichen Geldanlage in allen Zeitpunkten einen mindestens gleichhohen und im Zeitpunkt 5 sogar einen deutlich höheren Zahlungsüberschuß zu erbringen in der Lage ist (66,57 DM gemäß Tabelle 6 im Vergleich zu 37,5 DM gemäß Tabelle 5).

Dies bedeutet: Käsch hat die falsche Wahl getroffen; er wird nach Ablauf der fünf Jahre mit einer Südseeinsel niedrigerer Kategorie vorlieb nehmen müssen.

Gestützt auf die Veranschaulichung durch das obige Beispiel soll als Fazit festgehalten werden:

Langfristige Kapitalbindung, etwa in Maschinen, ist nicht etwa deshalb eo ipso ökonomisch vorteilhaft, weil sich durch Reinvestitionen des durch Abschreibungen freigesetzten Kapitals Möglichkeiten der Kapazitätsausweitung ergeben. Vielmehr führt der Lohmann-Ruchti-Effekt, wenn er denn überhaupt in der Realität realisierbar ist, zunächst einmal nur zu einer Milderung der mit dem zwangsweisen Eingehen einer langfristigen Kapitalbindung verbundenen Nachteile. Selbstverständlich ist es ökonomisch sinnvoll, das durch Abschreibungen freigesetzte Kapital dann – aber auch nur dann – zu reinvestieren, wenn es keine besseren, d. h. rentableren Anlagemöglichkeiten für das Kapital gibt. Im obigen Beispiel ist aber die Investition in Alternative B (mit 20% Rendite) selbst in Verbindung mit einer geringer verzinslichen Kapitalanlage (15%) gewinnbringender als Alternative A, die ja gerade wegen der Kapitalbindung über zwei Perioden nur 13,07% Rendite abwirft.

Damit dürfte deutlich geworden sein, daß das Eingehen von Kapitalbindungen mit dem Ziel der Ausnutzung des Lohmann-Ruchti-Effektes kein Selbstzweck sein kann.

---

[2] Beispielhafte Erklärung: Bei einem Gesamterlös von 67,5 DM aus Geldanlage und Produktverkauf im Zeitpunkt 1 und einem Zahlungsüberschuß von 10 DM bei der Wahl von Alternative A verbleibt ein Betrag von 57,5 DM, der für Arbeitslohn ausgegeben werden kann.

[3] Im Vergleich hierzu beträgt die Rendite einer Investition in eine Anlage der Alternative A in der Tat nur 13,07% (als interner Zinsfuß der Zahlungsreihe – 100, + 60, + 60). Bei Alternative B hingegen beträgt die Rendite hingegen wirklich 20%.

Es darf nie übersehen werden, daß langfristig gebundenes Kapital ruht, d. h. über einen gewissen Zeitraum jeder anderweitigen (ertragbringenden) Verwendung entzogen ist und damit Opportunitätskosten verursacht. Besteht *ceteris paribus* die Möglichkeit, eine Kapitalbindung zu vermeiden, ist dies ökonomisch vorteilhafter.

Literaturhinweise

ENGELS, F./MARX, K.: Briefwechsel, abgedruckt in: Zeitschrift für handelswissenschaftliche Forschung, NF, Jg. 10, 1958, S. 222 - 226.

HAX, K.: Die Substanzerhaltung der Betriebe, 1. Aufl., Köln und Opladen 1957.

LOHMANN, M.: Abschreibungen, was sie sind und was sie nicht sind, in: Der Wirtschaftsprüfer, Jg. 2, 1949, S. 353 - 357.

RUCHTI, H.: Die Bedeutung der Abschreibungen für den Betrieb, Berlin 1942.

SCHNEIDER, D.: Investition und Finanzierung, 5. Aufl., Wiesbaden 1980.

WÖHE, G.: Einführung in die Allgemeine Betriebswirtschaftslehre, 18. Aufl., München 1993.

Heiko Burchert

Ordentliche Kapitalerhöhung

Aufgabe 1

Erklären Sie kurz das Wesen einer ordentlichen Kapitalerhöhung. Wie ordnet sie sich den anderen Formen der Kapitalerhöhung einer AG zu? Nehmen Sie dazu eine Systematisierung danach vor, ob der Aktiengesellschaft bei der Kapitalerhöhung Mittel zufließen oder nicht.

Aufgabe 2

Für eine Investition sieht eine AG vor, die erforderlichen Mittel im Umfang von 20 Mio. DM auf dem Wege einer ordentlichen Kapitalerhöhung zu beschaffen. Das Grundkapital ist in 400.000 Aktien mit einem Nennbetrag von 50 DM verbrieft. An der Börse werden diese Aktien derzeit zu einem Kurs von 250 DM gehandelt. Für die jungen Aktien ist ein Bezugskurs von 100 DM vorgesehen.

a) Wie viele neue Aktien kann ein Altaktionär bevorzugt erwerben?

b) Welchen Wert hat das Bezugsrecht und welcher Kurs wird sich bei sonst unveränderten Rahmenbedingungen nach der Emission der Aktien an der Börse einstellen?

c) Die Aktionäre A, B und C besitzen jeweils 12 Aktien. Bei der Kapitalerhöhung werden sie sich wie folgt verhalten:
- A nutzt seine Bezugsrechte voll aus,
- B verkauft alle Bezugsrechte und
- C verkauft – entsprechend der opération blanche – so viele Bezugsrechte, daß er mit den Erlösen die restlichen Bezugsrechte ohne weiteres Barvermögen ausüben zu kann.

Zeigen Sie, wie sich Bar-, Aktien- und Gesamtvermögen der drei Aktionäre gegenüber der Ausgangssituation verändern.

d) Was kostet einen Neuaktionär der Erwerb einer neuen Aktie?

e) Stellen Sie für die Situationen vor und nach der Kapitalerhöhung der AG eine Bilanz auf, aus welcher die Struktur des Eigenkapitals der Gesellschaft hervorgeht. Treffen Sie bezüglich der Kapitalverwendung geeignete Annahmen.

Lösung

Aufgabe 1

Die ordentliche Kapitalerhöhung ist eine Form der Eigenfinanzierung einer Aktiengesellschaft von außen. Dabei werden gegen Einlagen (i. d. R. Bareinlage) neue Aktien ausgegeben. Da mit der ordentlichen Kapitalerhöhung neue Eigentümerpositionen begründet werden, die bei einem Altaktionär zur Verwässerung seines Kapitalanteils führen, ist ihm ein Bezugsrecht (Vorkaufsrecht) einzuräumen. Übt der Altaktionär die Bezugsrechte aus, tritt keine Verschlechterung seiner Beteiligungsposition ein. Der Bezugskurs neuer Aktien muß den Nennwert der Aktie übersteigen (Über-pari-Emission), ist aber nach oben durch den Kurs der Altaktie begrenzt, weil sonst kein Anreiz zur Zeichnung besteht. Das anfallende Agio ist in die Kapitalrücklagen der AG einzustellen.

Die folgende Abbildung enthält eine Systematisierung der unterschiedlichen Möglichkeiten einer Kapitalerhöhung in einer Aktiengesellschaft.

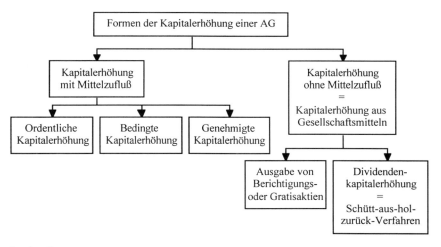

Aufgabe 2

a) *Anzahl der neuen Aktien:* Wenn das bisherige Grundkapital (400.000 Aktien) um 200.000 Aktien (10 Mio. DM in Aktien zu 50 DM = 200.000 Aktien) gleichen Nennbetrags erhöht werden soll, dann ergibt sich daraus ein Bezugsverhältnis (BV) von 2:1. Somit erhält ein Altaktionär Bezugsrechte, die es ihm ermöglichen, im Verhältnis 2:1 neue Aktien bezogen auf die Anzahl der in seinem Besitz befindlichen Aktien zu beziehen.

b) *Wert des Bezugsrechts:* Da das Bezugsrecht (BR) dazu dient, den Kapitalverwässerungseffekt, der bei einer Kapitalerhöhung für den Altaktionär eintreten würde, auszugleichen, ergibt sich die Höhe des Bezugsrechts aus der Differenz von Kurs der alten Aktien (K_a) vor und Kurs der Aktien nach der Emission (Mischkurs: MK). Der sich einstellende Mischkurs ist das gewichtete arithmetische Mittel aus dem Kurs der Aktie vor der Emission und dem Bezugskurs der neuen Aktie (K_n).

$$BR = K_a - MK = K_a - \frac{a \cdot K_a + n \cdot K_n}{a + n}$$

a ... Anzahl der alten Aktien
n ... Anzahl der neuen Aktien

$$BR = 250 - \frac{400.000 \cdot 250 + 200.000 \cdot 100}{400.000 + 200.000} = 250 - 200 = 50$$

Da der Mischkurs 200 DM betragen wird, hat ein Bezugsrecht den Wert von 50 DM.

c) *Bar-, Aktien- und Gesamtvermögen der Aktionäre:*
1) Das Gesamtvermögen der Aktionäre setzt sich vor der Kapitalerhöhung wie folgt zusammen:

Aktienvermögen:	12 Aktien zu je 250 DM	3.000 DM
Barvermögen:	keine Angaben	0 DM
Gesamtvermögen:		3.000 DM

2) Das Gesamtvermögen der Aktionäre nach der Emission:

Aktionär A
Der Aktionär übt alle Bezugsrechte aus und kauft entsprechend dem Bezugsverhältnis von 2:1 sechs neue Aktien:

$$\frac{a_A}{n_A} = BV \quad \text{und} \quad n_A = \frac{a_A}{BV} = \frac{12}{2:1} = 6.$$

Aktienvermögen:	18 Aktien zu 200 DM	3.600 DM
Barvermögen:	Aufnahme von Barvermögen zum Kauf der 6 neuen Aktien für 100 DM	− 600 DM
Gesamtvermögen:		3.000 DM

Aktionär B
Der Aktionär verkauft alle Bezugsrechte und füllt damit sein Barvermögen auf.

Aktienvermögen:	12 Aktien zu 200 DM	2.400 DM
Barvermögen:	Erlöse aus dem Verkauf der Bezugsrechte (12 Bezugsrechte zu 50 DM)	600 DM
Gesamtvermögen:		3.000 DM

Aktionär C
Kann oder soll – bei Absicht, an der Kapitalerhöhung zu partizipieren – kein Barvermögen eingesetzt werden, besteht die Möglichkeit, so viele Bezugsrechte zu verkaufen, daß aus den Erlösen die verbleibenden Bezugsrechte ausgeübt und neue Aktien erworben werden können (Prämisse). Mittels der folgenden hergeleiteten Formel kann berechnet werden, wie viele Bezugsrechte in dem als *opération blanche* bezeichneten Vorgang zu verkaufen sind. Die obige Prämisse bildet dabei den Ausgangspunkt:

$$BR \cdot x = \frac{n}{a} \cdot (1-x) \cdot K_n.$$

Die Symbole bedeuten:

x ... Anteil der zu verkaufenden Bezugsrechte
$BR \cdot x$ ... Erlöse aus dem Verkauf der Bezugsrechte
$\frac{n}{a} \cdot (1-x)$ ... Anteil der unter Berücksichtigung des Bezugsverhältnisses und der zu verkaufenden Bezugsrechte zu erwerbenden Aktien
$\frac{n}{a} \cdot (1-x) \cdot K_n$ ... Mittelbedarf für den Aktienerwerb

Durch Umformung und Einsetzung der gegebenen Größen ergibt sich ein Anteil der zu verkaufenden Bezugsrechte von:

$$x = \frac{\frac{n}{a} \cdot K_n}{BR + \frac{n}{a} \cdot K_n} = \frac{1}{1 + \frac{a \cdot BR}{n \cdot K_n}} = \frac{1}{1 + \frac{4 \cdot 50}{2 \cdot 100}} = \frac{1}{2}$$

Der Verkauf der Hälfte der Bezugsrechte hat Erlöse in Höhe von 300 DM (12/2 · 50) zur Folge, welche unter Ausübung der restlichen sechs Bezugsrechte zum Kauf von drei neuen Aktien verwendet werden können.

Aktienvermögen:	15 Aktien zu 200 DM	3.000 DM
Barvermögen:	Erlöse des Bezugsrechtsverkaufs	300 DM
	Kauf der neuen Aktien	– 300 DM
Gesamtvermögen:		3.000 DM

Unabhängig davon, welche Verfahrensweise bei einer Kapitalerhöhung gewählt wird, bleibt das Gesamtvermögen in seiner Höhe bestehen. Es verändert sich lediglich seine Zusammensetzung. Jedoch kann nur Aktionär A seine Beteiligungsposition beibehalten. Bei den Aktionären B und C ist indes ihr Anteil am Eigenkapital der AG gesunken.

d) Der Erwerb einer neuen Aktie schließt für einen Neuaktionär den Kauf von Bezugsrechten entsprechend dem Bezugsverhältnis ein. Somit fallen für einen Neuaktionär folgende Auszahlungen an:

Preis für zwei Bezugsrechte	100 DM
Preis für eine neue Aktie	100 DM
Gesamtauszahlung	200 DM

Da ein Neuaktionär für den Erwerb einer neuen Aktie einen Preis in Höhe des sich einstellenden Mischkurses zahlt, wird sichergestellt, daß Neu- und Altaktionäre hinsichtlich des erforderlichen Barvermögens einerseits und der Höhe des Aktienvermögens andererseits gleichgestellt sind.

e) Die bei der Kapitalerhöhung der Aktiengesellschaft zufließenden Mittel sind unterschiedlichen Passivkonten zuzuführen. Das neue Nominalkapital (200.000 Aktien zum Nennbetrag von 50 DM = 10 Mio. DM) erhöht das Grundkapital. Die Erlöse aus dem Agio je Aktie (Emissionskurs – Nennwert = Agio) ist in Summe (Agio der 200.000 Aktien = 10 Mio. DM) in die Bilanzposition Kapitalrücklagen einzustellen.

Aktiv		Passiv		Aktiv		Passiv	
		Grundkapital	20			Grundkapital	30
						Kapitalrücklagen	10
Kasse	20			Kasse	40		
Summe	20	Summe	20	Summe	40	Summe	40

(Angaben in den Bilanzen in Mio. DM)

Literaturhinweise

BUSSE, F.-J.: Grundlagen der betrieblichen Finanzwirtschaft. 3. Aufl., München, Wien 1993.

EILENBERGER, G.: Betriebliche Finanzwirtschaft: Einführung in die Finanzpolitik und das Finanzmanagement von Unternehmungen. Investition und Finanzierung. 5. Aufl., München, Wien 1994.

MATSCHKE, M. J.: Finanzwirtschaft. In: WALTER, R. (Hrsg.): Wirtschaftswissenschaften. Eine Einführung. (UTB für Wissenschaft), Paderborn, München, Wien, Zürich 1997, S. 254-305.

SIEMENS AG (Hrsg.): Die Siemens-Aktie. Finanzierungsinstrument, Kapitalanlage. 3. Aufl., München, März 1984.

SÜCHTING, J.: Finanzmanagement. Theorie und Politik der Unternehmensfinanzierung. 6. Aufl., Wiesbaden 1995.

Heiko Burchert

Leverage-Effekt

Aufgabe 1

Was verbirgt sich hinter dem Leverage-Effekt? Worin bestehen die Wirkungen eines positiven und eines negativen Leverage-Effektes?

Aufgabe 2

Leiten Sie ausgehend von der Formel für die Rentabilität des Eigenkapitals die Formel des Leverage-Effektes her. Erklären Sie jeden Ihrer Schritte.

Aufgabe 3

Ein Unternehmen beabsichtigt, 10 Mio. DM in eine Anlage zu investieren, die im Jahr eine Gesamtkapitalverzinsung in Höhe von 800.000 DM erbringt. Wie hoch ist die Eigenkapitalrentabilität, wenn die Investition

a) ausschließlich mit Eigenkapital finanziert wird,

b) zu 20% mit Eigenkapital und zu 80% mit einem Kredit finanziert wird und der Kreditzinssatz 6% beträgt,

c) wie bei b) finanziert wird, der Kreditzins jedoch 12% beträgt?

Aufgabe 4

Ein Investor plant den Kauf eines Unternehmens für den Preis von 12 Mio. DM. Die in den nächsten drei Jahren zu erwartenden Gewinne (vor FK-Zinsen) sollen sich einer Prognose zufolge auf 0,9 Mio. DM in t_1, 1,2 Mio. DM in t_2 und 1,5 Mio. DM in t_3 belaufen. Die Gewinne werden voll ausgeschüttet.

a) Wie entwickelt sich die Eigenkapitalrentabilität in diesen Jahren, wenn der Kaufpreis bis auf einen Betrag von 20% aus den eigenen Mitteln des Investors finanziert wird und der Kredit mit i = 10% zu verzinsen ist?

b) Wie und unter welcher Bedingung kann der sich einstellende Effekt verstärkt werden?

Aufgabe 5

Unterziehen Sie die Überlegungen zum Leverage-Effekt unter dem Gesichtspunkt, daß der Investor Einkommensziele verfolgt, einer kritischen Würdigung.

Lösung

Aufgabe 1

Der Leverage-Effekt (oder auch Hebel-Effekt) gibt an, daß sich die Eigenkapitalrentabilität (r_{EK}) bei einer Substitution des Eigenkapitals (EK) durch Fremdkapital (FK) oder die weitere Aufnahme von Fremdkapital verändert. Von der „Leverage-Chance" spricht man, wenn die Eigenkapitalrentabilität ansteigt. Fällt die Eigenkapitalrentabilität bei steigender Verschuldung ab, so spricht man von einem negativen Leverage-Effekt, oder auch von einem „Leverage-Risiko".

Das Kriterium für diese Veränderung ist die Differenz aus der Gesamtkapitalrentabilität (r_{GK}) und dem Fremdkapitalzins. Ist diese Differenz positiv, d. h. $r_{GK} - r_{FK} > 0$, kann die Eigenkapitalrentabilität durch eine zunehmende Verschuldung gesteigert werden. Gilt indes $r_{GK} - r_{FK} < 0$, sinkt die Eigenkapitalrentabilität mit steigender Verschuldung.

Eine wichtige theoretische Prämisse für die Gültigkeit des Leverage-Effektes ist die Konstanz des Fremdkapitalzinssatzes. Eine steigende Verschuldung ist erfahrungsgemäß jedoch auch mit einem steigenden Zinssatz – im Sinne einer erhöhten Risikoprämie – für das zur Verfügung gestellte Fremdkapital verbunden. Trifft dies zu, kann der Leverage-Effekt zur Verdeutlichung des Zusammenhang von Eigenkapitalrentabilität und Verschuldungsgrad nur in modifizierter Form Berücksichtigung finden.

Aufgabe 2

r: Rentabilität   GK: Gesamtkapital (= EK + FK)
EK: Eigenkapital   G: Gewinn
FK: Fremdkapital

Die Eigenkapitalrentabilität ergibt sich aus dem Verhältnis von Gewinn zu eingesetztem Eigenkapital $r_{EK} = \dfrac{G}{EK}$.

Der Gewinn ist die Differenz aus Erträgen und Aufwendungen einschließlich der für das aufgenommene Fremdkapital zu zahlenden Zinsen. Als Überschuß des Gesamtkapitals kann die Summe von Gewinn und FK-Zinsen angesehen werden. Er ergibt sich definitorisch als Produkt von Gesamtkapitalrentabilität und Gesamtkapital. Fremdkapitalzinsen sind das Produkt von Fremdkapitalrentabilität (oder auch dem vereinbarten Zinssatz) und der Höhe des Fremdkapitals. Nimmt man diese Ersetzungen vor, folgt:

$$r_{EK} = \frac{r_{GK} \cdot GK - r_{FK} \cdot FK}{EK}.$$

Das Gesamtkapital wird durch die Summe seiner Bestandteile ersetzt:

$$r_{EK} = \frac{r_{GK} \cdot (EK + FK) - r_{FK} \cdot FK}{EK}.$$

Der Klammerinhalt ist auszumultiplizieren

$$r_{EK} = \frac{r_{GK} \cdot EK + r_{GK} \cdot FK - r_{FK} \cdot FK}{EK},$$

das Fremdkapital in zwei Termen des Zählers auszuklammern und

$$r_{EK} = \frac{r_{GK} \cdot EK + (r_{GK} - r_{FK}) \cdot FK}{EK}$$

das Eigenkapital zu kürzen. Es verbleibt die Formel des Leverage-Effektes:

$$r_{EK} = r_{GK} + (r_{GK} - r_{FK}) \cdot \frac{FK}{EK}.$$

Der Quotient $\frac{FK}{EK}$ wird als Verschuldungsgrad bezeichnet und gewährt Einblicke in die Kapitalstruktur des Unternehmens. Bei $\frac{FK}{EK} > 1$ beispielsweise übersteigt das Fremdkapital das Eigenkapital. Die Differenz $(r_{GK} - r_{FK})$ gibt die Renditespanne an, aus welcher das Vorzeichen des Leverage-Effektes ablesbar wird.

Aufgabe 3

Fall a)

Bei ausschließlicher Finanzierung der Investition mit Eigenkapital hat die Eigenkapitalrentabilität eine Höhe von $r_{EK} = \frac{EÜ}{GK} = \frac{0,8 \text{ Mio. DM}}{10 \text{ Mio. DM}} = 0,08 = r_{GK}$.

Fall b)

Wird zur Finanzierung der Investition Fremdkapital mit einer Verzinsung von 6% aufgenommen, stellt sich – wegen $r_{GK} > i$, denn $r_{GK} = 0,08$ – ein positiver Leverage-Effekt ein. Bei einem Verschuldungsgrad von 4 beträgt die Eigenkapitalrentabilität:

$$r_{EK} = 0{,}08 + (0{,}08 - 0{,}06) \cdot \frac{8 \text{ Mio. DM}}{2 \text{ Mio. DM}} = 0{,}08 + 0{,}02 \cdot 4 = 0{,}16.$$

Fall c)
Steht jedoch nur Fremdkapital zu einem Zins von 12% zur Verfügung, stellt sich – wegen $r_{GK} < i$ – ein negativer Hebel-Effekt der Verschuldung ein. Bei einem Verschuldungsgrad von 4 beträgt er:

$$r_{EK} = 0{,}08 + (0{,}08 - 0{,}12) \cdot \frac{8 \text{ Mio. DM}}{2 \text{ Mio. DM}} = 0{,}08 - 0{,}04 \cdot 4 = -0{,}08.$$

Aufgabe 4

a) Zur Berechnung der Eigenkapitalrentabilität der nächsten drei Jahre müssen alle Bestandteile der Leverage-Effekt-Formel $r_{EK} = r_{GK} + (r_{GK} - i) \cdot \frac{FK}{EK}$ ermittelt werden. Die Höhe des Fremdkapitals beträgt 2,4 Mio. DM (20% von 12 Mio. DM). Somit hält der Investor 9,6 Mio. DM eigene Mittel vor. Der Zins i ergibt sich aus dem Fremdkapitalzinssatz von 10%. Die Gesamtkapitalrentabilität (r_{GK}) der nächsten drei Jahre wird aus dem Quotienten Einzahlungsüberschuß des entsprechenden Jahres und dem gesamten eingesetzten Kapital berechnet. Dies ist für jedes Jahr getrennt durchzuführen, da die Einzahlungsüberschüsse in den einzelnen Jahren in unterschiedlicher Höhe anfallen.

$$r_{GK_{t_1}} = \frac{E\ddot{U}_{t_1}}{GK} = \frac{0{,}9 \text{ Mio. DM}}{12 \text{ Mio. DM}} = 0{,}075$$

$$r_{GK_{t_2}} = \frac{E\ddot{U}_{t_2}}{GK} = \frac{1{,}2 \text{ Mio. DM}}{12 \text{ Mio. DM}} = 0{,}1$$

$$r_{GK_{t_3}} = \frac{E\ddot{U}_{t_3}}{GK} = \frac{1{,}5 \text{ Mio. DM}}{12 \text{ Mio. DM}} = 0{,}125$$

Alle gegebenen und ermittelten Größen können nun in die Leverage-Effekt-Formel eingesetzt werden. Da sich die Gesamtkapitalrentabilitäten der drei Jahre unterscheiden, ist die Eigenkapitalrentabilität jedes einzelnen Jahres auszurechnen.

$$r_{EK_{t_1}} = r_{GK_{t_1}} + (r_{GK_{t_1}} - i) \cdot \frac{FK}{EK} = 0{,}075 + (0{,}075 - 0{,}1) \cdot \frac{2{,}4 \text{ Mio. DM}}{9{,}6 \text{ Mio. DM}} = 0{,}06875$$

$$r_{EK_{t_2}} = r_{GK_{t_2}} + (r_{GK_{t_2}} - i) \cdot \frac{FK}{EK} = 0{,}1 + (0{,}1 - 0{,}1) \cdot \frac{2{,}4 \text{ Mio. DM}}{9{,}6 \text{ Mio. DM}} = 0{,}1$$

$$r_{EK_{t_3}} = r_{GK_{t_3}} + (r_{GK_{t_3}} - i) \cdot \frac{FK}{EK} = 0{,}125 + (0{,}125 - 0{,}1) \cdot \frac{2{,}4 \text{ Mio. DM}}{9{,}6 \text{ Mio. DM}} = 0{,}13125$$

Eine in den nächsten drei Jahren ansteigende Eigenkapitalrentabilität allein reicht zur Beurteilung nicht aus. Für die richtige Entscheidung ist die Bestimmung des Zeitpunktes der Substitution des Eigenkapitals durch weiteres Fremdkapital erforderlich. Ausschlaggebend dafür ist die Entwicklung der Renditespanne. Im ersten Jahr stellt sich mit $r_{GK} - i < 0$ ein negativer Leverage-Effekt ein. Im zweiten Jahr sind Fremdkapitalrendite und Gesamtkapitalrentabilität ausgeglichen. Von einer Leverage-Chance kann erst im dritten Jahr gesprochen werden, denn dann übersteigt die Gesamtkapitalrentabilität erstmals den Zins des Fremdkapitals.

b) Der positive Effekt kann verstärkt werden, indem ab dem dritten Jahr bei unveränderten Erwartungen bezogen auf die Einzahlungsüberschüsse und den Fremdkapitalzins der Anteil des Fremdkapitals erhöht wird.

Aufgabe 5

Die bisherigen Ausführungen zum Leverage-Effekt berücksichtigen die Einkommensinteressen eines Investors nur unvollständig. Zwar wird darauf aufmerksam gemacht, daß bei einem positiven Leverage-Effekt durch die Substitution des Eigenkapitals durch Fremdkapital die Rendite des eigenen Kapitals steigt. Jedoch bleibt dabei die Frage unbeachtet, warum der Investor bei einer fehlenden vergleichbar guten Alternativanlage sein Kapital aus dem Unternehmen herausnehmen soll. Bei Berücksichtigung der Einkommensinteressen würde der Investor in einer solchen Situation eher noch eigenes Kapital dem Unternehmen zuführen, als es durch Fremdkapital zu ersetzen.

Nach Modigliani/Miller ist der gesamte Marktwert des Unternehmens sogar unter bestimmten Prämissen unabhängig von der Kapitalstruktur, vgl. die Fallstudie von A. Dilger in diesem Band.

Literaturhinweise

GRÄFER, H.; G. A. SCHELD UND R. BEIKE: Finanzierung. Grundlagen, Institutionen, Instrumente und Kapitalmarkttheorie. 2. Aufl., Hamburg 1994.
MATSCHKE, M. J.: Finanzierung der Unternehmung. Berlin, Herne 1991.
SÜCHTING, J.: Finanzmanagement. Theorie und Politik der Unternehmensfinanzierung. 6. Aufl., Wiesbaden 1995.

II. Vertiefende Fallstudien zur Allgemeinen Betrieblichen Finanzwirtschaft

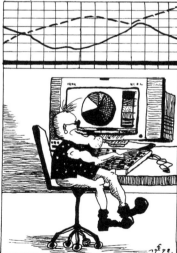

1. Investitions- und Finanzierungstheorie

Ulrich Johannwille

Investitionsbewertung auf arbitragefreien Kapitalmärkten bei Sicherheit

Aufgabe 1

Gegeben sei ein vollkommener Kapitalmarkt bei Sicherheit, auf dem folgende fünf (i = 1, 2, ... , 5) Wertpapiere gehandelt werden, die zu den Zeitpunkten t = 1 bis t = 4 unterschiedliche Rückflüsse versprechen. Die Preise (Kurse) p_i dieser Wertpapiere sowie ihre Rückflüsse X_{it} sind in folgender Tabelle wiedergegeben:

Wertpapier i	t = 0 p_i	t = 1 X_{i1}	t = 2 X_{i2}	t = 3 X_{i3}	t = 4 X_{i4}
1	485	100	200	200	100
2	652	100	400	200	100
3	815	200	400	200	200
4	740	100	500	300	0
5	648	200	200	200	200

a) Welche Modellannahmen liegen der arbitragefreien Bewertung bei Sicherheit zugrunde?
b) Erläutern Sie, was unter dem Begriff *Arbitrage* zu verstehen ist. Ist der durch die vier Wertpapiere gebildete Kapitalmarkt arbitragefrei?
c) Auf dem Kapitalmarkt soll zum Preis von 450 GE ein neues Wertpapier i = 6 eingeführt werden, das Rückflüsse von (0; 0; 200; 400) verspricht. Ist dieses Wertpapier am Markt arbitragefrei bewertet? Zeigen Sie, durch welche Transaktionen ein Investor einen *free lunch* realisieren kann! Zu welchem Preis muß das Wertpapier 6 eingeführt werden, damit sich der Kapitalmarkt im Gleichgewicht befindet?

Aufgabe 2

a) Was versteht man unter einer Zinsstrukturkurve? Erläutern Sie den Unterschied zwischen der Zinsstruktur (*term structure of interest*) und der Renditestruktur (*yield curve*)! Welche der beiden Kurven kann aus den Preisen reiner Wertpapiere abgeleitet werden?
b) Ermitteln Sie die im Zeitpunkt t = 0 gültige Zinsstruktur des o. g. Kapitalmarktes!

c) Wie können aus der heutigen Zinsstrukturkurve die vom Markt zukünftig erwarteten Ein-Jahres-Zinssätze (*implizite Terminzinssätze bzw. Forward Rates*) bestimmt werden?

d) Leiten Sie aus den Preisen reiner Wertpapiere die vom Markt erwarteten Zinsstrukturkurven der Zeitpunkte t = 1, t = 2 und t = 3 ab!

Aufgabe 3

Ein Unternehmen, das Zugang zum o. g. Kapitalmarkt hat, hat die Möglichkeit, ein Investitionsprojekt A mit der Zahlungsreihe (–270; 120; 100; 100) zu realisieren. Das Unternehmen hat die Wahl, die Investition zum Zeitpunkt t = 0 durchzuführen oder sie um bis zu zwei Jahre zu verschieben. Es sei angenommen, daß eine Verschiebung zu keiner Veränderung der Zahlungsreihe führt.

a) Ist die Durchführung der Investition in t = 0 für das Unternehmen vorteilhaft?
b) Lohnt sich eine Verschiebung der Investition um ein Jahr?
c) Kann auch die Realisation der Investition in t = 2 mit Hilfe der arbitragefreien Bewertung beurteilt werden, wenn am Kapitalmarkt allein die sechs in Aufgabe 1 beschriebenen Wertpapiere gehandelt werden?

Lösung

Aufgabe 1

a) Für die folgende Beurteilung der Arbitragefreiheit eines gegebenen Kapitalmarkts werden folgende Annahmen unterstellt:

- *Sichere Erwartungen*
  Alle Marktteilnehmer stimmen völlig darüber überein, welche Rückflüsse der Finanztitel i zum Zeitpunkt t verspricht. Der Rückfluß X_{it} ist für alle i und alle t sicher.
- *Vollkommener Kapitalmarkt*
  Jeder Anleger kann in beliebigem Umfang Wertpapiere kaufen und verkaufen; auch Leerverkäufe sind unbeschränkt zulässig, so daß jeder Anleger zu identischen Konditionen Geldanlagen und Kapitalaufnahmen tätigen kann. Bei Kapitalmarktgeschäften fallen keine Transaktionskosten an.
- *Atomistischer Kapitalmarkt (competitivity)*
  Kein Marktteilnehmer kann durch seine Finanztransaktionen die Wertpapierpreise beeinflussen; der Marktanteil der einzelnen Anleger ist so gering, daß sie sich wie Mengenanpasser verhalten müssen.

- *Vollständiger Kapitalmarkt (completeness)*
  Auf dem Kapitalmarkt werden mindestens so viele Wertpapiere mit linear unabhängigen Rückflüssen gehandelt, wie Zustände existieren. (Vgl. ausführlich Aufgabe 3.)

b) Von *Arbitrage* wird gesprochen, wenn es einem Investor durch geschickte Kapitalmarkttransaktionen möglich ist, einen sogenannten *free lunch* zu erzielen, wenn also eine Kombination von Finanztiteln existiert, die in mindestens einem Zeitpunkt t zu positiven Rückflüssen führt, ohne in irgendeinem anderen Zustand zusätzliche Auszahlungen zu verursachen. Die Existenz einer solchen Arbitragemöglichkeit ermöglicht es den Anlegern theoretisch, ohne Einsatz von Kapital einen unendlich hohen Gewinn zu erzielen.

Ein Kapitalmarkt ist dann arbitragefrei, wenn keine Arbitragemöglichkeiten bestehen. Man unterscheidet zwischen schwacher und starker Arbitragefreiheit:

Schwache Arbitragefreiheit liegt vor, wenn es keinem Investor möglich ist, ein Portfolio zusammenzustellen, das *in t = 0* zu einer zusätzlichen Einzahlung führt, ohne in irgendeinem anderen Zeitpunkt zu Auszahlungen zu führen.
Starke Arbitragefreiheit beinhaltet die schwache Arbitragefreiheit, fordert aber zusätzlich, daß es für Anleger auch zu keinem zukünftigen Zeitpunkt möglich ist, einen free lunch zu erhalten. Im folgenden soll von dieser umfassenderen Arbitragefreiheitsdefinition ausgegangen werden.

Zur Überprüfung der Arbitragefreiheit eines Kapitalmarktes sind aus der Menge der am Markt gehandelten Finanztitel zunächst so viele Wertpapiere mit linear unabhängigen Rückflüssen auszuwählen, wie Zustände betrachtet werden. Im Beispielfall sollen dazu die vier Papiere i = 1 bis i = 4 ausgewählt werden.

Der von diesen 4 Wertpapieren gebildete Kapitalmarkt ist genau dann arbitragefrei, wenn bei gegebener Rückflußmatrix der betrachteten Finanztitel

$$X = \begin{pmatrix} 100 & 200 & 200 & 100 \\ 100 & 400 & 200 & 100 \\ 200 & 400 & 200 & 200 \\ 100 & 500 & 300 & 0 \end{pmatrix}$$

und gegebenem Preisvektor

$$p = \begin{pmatrix} 485 \\ 652 \\ 815 \\ 740 \end{pmatrix}$$

ein Vektor $\pi = (\pi_1, \pi_2, \pi_3, \pi_4)$ mit $\pi > 0$ existiert, so daß gilt: $X\,\pi = p$.

Andernfalls gibt es am Markt Arbitragegelegenheiten, denn es existiert dann ein Vektor $n = (n_1, n_2, n_3, n_4)$, der dem Investor einen free lunch ermöglicht. Es ist dann möglich, Wertpapierkäufe und -verkäufe vorzunehmen, die dazu führen, daß ein Investor
- ohne Kapitaleinsatz in t = 0 bei Eintritt mindestens eines zukünftigen Umweltzustands positive Rückflüsse realisieren kann, ohne in irgendeinem anderen Zustand Auszahlungen hinnehmen zu müssen,
- in t = 0 eine Einzahlung realisieren kann, ohne in irgendeinem zukünftigen Umweltzustand Auszahlungen in Kauf nehmen zu müssen.

Im folgenden soll für den vorliegenden Kapitalmarkt der Vektor π hergeleitet werden: Aus der Bedingung $X\,\pi = p$ folgt unmittelbar: $\pi = X^{-1}\,p$. Die Matrix X ist also zunächst zu invertieren und dann mit dem Vektor p zu multiplizieren, so daß folgt:

$$\pi = \begin{pmatrix} -0{,}005 & -0{,}025 & 0{,}015 & 0{,}01 \\ -0{,}005 & 0{,}005 & 0 & 0 \\ 0{,}01 & 0 & -0{,}005 & 0 \\ 0{,}005 & 0{,}015 & -0{,}005 & -0{,}01 \end{pmatrix} \cdot \begin{pmatrix} 485 \\ 652 \\ 815 \\ 740 \end{pmatrix} = \begin{pmatrix} 0{,}9 \\ 0{,}835 \\ 0{,}775 \\ 0{,}73 \end{pmatrix}$$

Da $\pi > 0$ gilt, ist also ein Kapitalmarkt, der von diesen vier Wertpapieren gebildet wird, arbitragefrei.

In einem zweiten Schritt ist zu überprüfen, ob auch alle übrigen Wertpapiere des Marktes arbitragefrei bewertet sind. Dies ist dann der Fall, wenn ihr Preis genau der Summe ihrer mit π bewerteten Rückflüsse entspricht. Im Beispielfall gilt für den Finanztitel 5:

$$\sum_{t=1}^{4} X_{5t} \cdot \pi_t = 200 \cdot 0{,}9 + 200 \cdot 0{,}835 + 200 \cdot 0{,}775 + 200 \cdot 0{,}73 = 648 = p_5.$$

Auch das Papier 5 ist damit am Markt arbitragefrei bewertet. Durch eine Kombination eines Portfolios aus den übrigen 4 Wertpapieren und Papier 5 kann kein free lunch erzielt werden.

c) Werden die Rückflüsse des Wertpapiers 6 mit π bewertet, so ergibt sich:

$$\sum_{t=1}^{4} X_{6t} \cdot \pi_t = 200 \cdot 0{,}775 + 400 \cdot 0{,}73 = 447 \neq p_6.$$

Das Wertpapier 6 ist damit am Markt nicht arbitragefrei bewertet; ein free lunch ist möglich. Beispielhaft soll versucht werden, durch eine geschickte Kombination der Wertpapiere 1 bis 4 und 6 eine zusätzliche Einzahlung in t = 0 zu erzielen, ohne daß zu irgendeinem anderen Zeitpunkt Auszahlungen entstehen. Dazu werden im folgenden die Rückflüsse des Finanztitels 6 durch ein Portfolio aus je n_i Stück der Titel i = 1 bis i = 4 nachgebildet:

Es muß damit gelten:
$$\begin{aligned}
100 \cdot n_1 + 100 \cdot n_2 + 200 \cdot n_3 + 100 \cdot n_4 &= 0 \\
200 \cdot n_1 + 400 \cdot n_2 + 400 \cdot n_3 + 500 \cdot n_4 &= 0 \\
200 \cdot n_1 + 200 \cdot n_2 + 200 \cdot n_3 + 300 \cdot n_4 &= 200 \\
100 \cdot n_1 + 100 \cdot n_2 + 200 \cdot n_3 &= 400
\end{aligned}$$

Als Lösung des Gleichungssystems ergibt sich: $n_1 = 4$; $n_2 = 6$; $n_3 = -3$; $n_4 = -4$.

Die Rückflüsse des Wertpapiers 6 können also durch den Kauf von 4 Stück des Wertpapiers 1 und 6 Stück des Wertpapiers 2 bei gleichzeitigem Verkauf von 3 Stück des Wertpapiers 3 und 4 Stück des Papiers 4 vollständig nachgebildet werden. Diese Finanztransaktionen verursachen in t = 0 Zahlungen in Höhe von:

$$-485 \cdot 4 - 652 \cdot 6 + 815 \cdot 3 + 740 \cdot 4 = 447 \text{ GE}.$$

Der Zahlungsstrom (0; 0; 200; 400) wird also einmal (Wertpapier 6) zum Preis von 450 GE und zum zweiten (bei o.g. Finanzgeschäften) zum Preis von 447 GE gehandelt. Durch Verkauf des Wertpapiers 6 zu 450 GE und gleichzeitigen Kauf des oben ermittelten Portfolios zu 447 GE kann ein Investor in t = 0 eine Einzahlung von 3 GE realisieren, während zu keinem anderen Zeitpunkt Auszahlungen anfallen. Wenn für ihn keine Obergrenzen für Finanzgeschäfte existieren, kann er damit theoretisch unendlich hohe Arbitragegewinne realisieren.

Wert-papier	Stück	Rückflüsse				
		t = 0	t = 1	t = 2	t = 3	t = 4
1	+4	−1.940	+400	+ 800	+800	+400
2	+6	−3.912	+600	+2.400	+1.200	+600
3	−3	+2.445	−600	−1.200	−600	−600
4	−4	+2.960	−400	−2.000	−1.200	0
6	−1	+450	−0	−0	−200	−400
gesamt		+3	0	0	0	0

Arbitrage ist immer dann möglich, wenn Ansprüche auf identische Zahlungsströme zu unterschiedlichen Preisen gehandelt werden. Die Arbitragemöglichkeit besteht im Beispielfall nicht mehr, wenn der Finanztitel 6 zum Preis von 447 GE ausgegeben wird.

Aufgabe 2

a) Finanzgeschäfte auf realen Kapitalmärkten unterscheiden sich u.a. durch ihre Laufzeit. Aufgrund der unterschiedlichen Verzinsung von Geschäften mit unterschiedlichen Laufzeiten bildet sich am Kapitalmarkt eine Fristigkeitsstruktur der Zinssätze, die zeitliche Zinsstruktur, heraus. Sie ist definiert als die Menge aller in einem Zeitpunkt t geltenden Effektivzinssätze für Wertpapiergeschäfte, die sich nur durch ihre Restlaufzeit unterscheiden. Dabei sollten die ihr zugrunde gelegten Wertpapiere hinsichtlich der Bonität ihrer Emittenten sowie hinsichtlich ihrer Zins- und Tilgungsmodalitäten möglichst homogen sein.

Die Zinsstrukturkurve ist die graphische Darstellung des Zusammenhangs zwischen Effektivzins und Restlaufzeit.

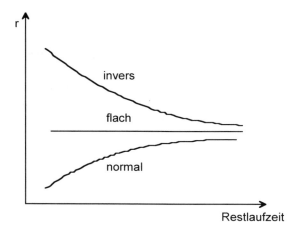

Es lassen sich drei typische Verläufe von Zinsstrukturkurven unterscheiden. Die normale Zinsstrukturkurve ist dadurch gekennzeichnet, daß die Renditen mit zunehmender Restlaufzeit ansteigen. Inverse Zinsstrukturkurven zeichnen sich dadurch aus, daß die kurzfristigen Renditen höher als die langfristigen sind. Der Extremfall einer flachen Zinsstruktur ist real in der Regel nicht zu beobachten; er wird jedoch in der Regel bei Anwendung der Modelle der klassischen Investitionstheorie (z. B. Kapitalwertmethode) vorausgesetzt.

Die Zinsstrukturkurve (*term structure of interest rates*) im engen Sinne wird auf Basis der Renditen von Zerobonds ermitteln. Da bei diesen Papieren nur Zahlungen zum Kauf- und Verkaufszeitpunkt anfallen, sind für sie keine Prämissen bezüglich der Wiederanlage zwischenzeitlicher Zinszahlungen erforderlich. Die Renditestruktur (*yield curve*) wird dagegen als durchschnittliche Rendite der am Markt gehandelten Kuponanleihen ermittelt und enthält damit implizit eine Wiederanlageprämisse. Damit kommt es durch den Kuponeffekt und die damit verbundenen unterschiedlichen Wiederanlagebeträge zu Verzerrungen in der Renditestruktur. Eine solche Renditestruktur hat damit lediglich informatorischen Wert; eine Berechnung fairer Preise für Anleihen kann mit ihrer Hilfe nicht erfolgen.

b) Im folgenden soll die Zinsstruktur im engen Sinn für den betrachteten Kapitalmarkt abgeleitet werden. Dazu wird zunächst der Vektor π näher betrachtet. Offensichtlich ergibt sich der heutige Wert eines Wertpapiers, das zum Zeitpunkt t eine Zahlung von 1 GE verspricht und zu allen übrigen Zeitpunkten zu Zahlungen von 0 GE führt, zu π_t GE. π_t ist also der Preis eines *reinen Wertpapiers*, das nur zum Zeitpunkt t eine Zahlung von 1 GE verursacht.

Aufgrund dieser Definition des reinen Wertpapiers wird klar, daß es sich bei diesen Wertpapieren unter Sicherheit um Zerobonds handeln muß. Ein Zerobond mit einer Restlaufzeit von t Jahren und einem Rückfluß von 1 GE ist dann am Markt arbitragefrei bewertet, wenn er einen Preis von π_t GE besitzt. Aus diesen Überlegungen läßt sich leicht die Effektivverzinsung eines solchen fair bewerteten Zerobonds ableiten:

Der Kapitaleinsatz von π_t GE führt nach t Jahren incl. Zinsen und Zinseszinsen zu einer Rückzahlung von 1 GE, so daß sich folgende Rendite $r_{0,t}$ des Geschäfts ergibt:

$$\pi_t \cdot (1 + r_{0,t})^t = 1$$
$$\Leftrightarrow r_{0,t} = \sqrt[t]{\frac{1}{\pi_t}}$$

Für den vorliegenden Kapitalmarkt gilt damit:

$$r_{0,1} = \frac{1}{\pi_1} - 1 = 11{,}11\%$$

$$r_{0,2} = \sqrt[2]{\frac{1}{\pi_2}} - 1 = 9{,}44\%$$

$$r_{0,3} = \sqrt[3]{\frac{1}{\pi_3}} - 1 = 8{,}87\%$$

$$r_{0,4} = \sqrt[4]{\frac{1}{\pi_4}} - 1 = 8{,}19\%$$

Offensichtlich liegt am Kapitalmarkt eine inverse Zinsstruktur vor.

c) Bisher wurden bei der Analyse reiner Wertpapiere ausschließlich *Kassageschäfte* betrachtet. Diese zeichnen sich dadurch aus, daß bereits zum Zeitpunkt des Geschäftsabschlusses eine Leistung erbracht werden muß (in t = 0 ist der Kaufpreis zu zahlen und das betrachtete Wertpapier zu liefern). Es ist aber ebenso möglich, in t = 0 Geschäfte abzuschließen, die für keinen Vertragspartner eine Verpflichtung in t = 0 beinhalten. Diese Geschäfte werden als *Termingeschäfte* bezeichnet. Ein solches Termingeschäft wird in t = 0 abgeschlossen und besteht z. B. darin, mit einer Auszahlung im Zeitpunkt t = m (mit m>0) einen Anspruch auf einen Rückfluß von 1 GE in t = m+1 zu generieren.

Für den heutigen Kauf eines reinen Wertpapiers mit Rückflüssen in t = m+1 ist in t = 0 ein Preis von π_{m+1} zu zahlen. Dieses Geschäft verursacht in t = 0 eine Auszahlung von π_{m+1} GE, die durch ein Gegengeschäft mit einer Laufzeit von m Jahren glattgestellt werden muß:

	t = 0	t = 1	...	t = m	t = m+1	...
Geschäft 1	$-\pi_{m+1}$	0	0	0	1	0
Geschäft 2	$+\pi_{m+1}$	0	0	$-\dfrac{\pi_{m+1}}{\pi_m}$	0	0
Summe	0	0	0	$-\dfrac{\pi_{m+1}}{\pi_m}$	1	0

Um in t = 0 Einzahlungen in Höhe von π_{m+1} erzielen zu können, sind π_{m+1} / π_m Stück eines reinen Wertpapiers mit einer Laufzeit von m Jahren zu verkaufen. Dieses zweite Geschäft führt in t = m zu einer Auszahlung von π_{m+1} / π_m GE. Damit ist durch die Kombination von zwei Kassageschäften ein (Zerobond-)Termingeschäft entstanden, dessen Effektivverzinsung wie folgt ermittelt werden kann:

$$r_{m,m+1} = \frac{1}{\frac{\pi_{m+1}}{\pi_m}} = \frac{\pi_m}{\pi_{m+1}}$$

Dieser Effektivzinssatz ist der in den Preisen reiner Wertpapiere enthaltene implizite Terminzinssatz für 1-jährige Termingeschäfte und wird *Forward Rate* genannt. Er kann interpretiert werden als die Erwartung des Marktes bezüglich der zukünftigen Ein-Jahres-Zinsen.

Im Beispielfall errechnet sich:

$$r_{1,2} = \frac{\pi_1}{\pi_2} - 1 = \frac{0,9}{0,835} - 1 = 7,78\%$$

$$r_{2,3} = \frac{\pi_2}{\pi_3} - 1 = \frac{0,835}{0,775} - 1 = 7,74\%$$

$$r_{3,4} = \frac{\pi_3}{\pi_4} - 1 = \frac{0,775}{0,75} - 1 = 6,16\%$$

Die inverse Zinsstruktur des betrachteten Kapitalmarktes indiziert also die Erwartung des Marktes auf zukünftig sinkende Ein-Jahres-Zinssätze.

d) Zur Ermittlung zukünftiger Zinsstrukturkurven müssen zusätzlich die Renditen mehrperiodiger Termingeschäfte ermittelt werden. Diese können in der oben beschriebenen Weise ermittelt werden. Die Rendite eines (Zerobond-) Termingeschäfts mit Zahlungen in t = m und t = n (mit n > m) ergibt sich damit zu:

$$r_{m,n} = \sqrt[n-m]{\frac{\pi_m}{\pi_n}} - 1,$$

so daß sich folgende laufzeitabhängige zukünftige Zinssätze ergeben:

	n = ...			
m = ...	1	2	3	4
0	11,11%	9,44%	8,87%	8,19%
1		7,78%	7,76%	7,23%
2			7,74%	6,95%
3				6,19%

Damit ergeben sich folgende vom Markt erwartete zukünftige Zinsstrukturkurven:

	Restlaufzeit		
	1 Jahr	2 Jahre	3 Jahre
t = 1	7,78%	7,76%	7,23%
t = 2	7,74%	6,95%	
t = 3	6,19%		

Aufgabe 3:

a) Wird die Investition eigenfinanziert, so steht das Unternehmen vor der Wahl, die notwendigen liquiden Mittel entweder am Kapitalmarkt in die dort gehandelten Wertpapiere anzulegen oder in das Investitionsprojekt A zu investieren. Stehen dem Unternehmen keine eigenen Mittel zur Verfügung, so hat es zu entscheiden, ob es die Mittel am Kapitalmarkt beschaffen soll, um sie in Investition A zu investieren.

In beiden Fällen steht das Unternehmen vor der Frage, ob 270 GE ein fairer Preis für den Rückflußstrom (120; 100; 100) ist. Wenn ein identischer Rückflußstrom am Kapitalmarkt nur mit einem höheren Kapitaleinsatz p generiert werden kann, ist die Investition A vorteilhaft, da das Unternehmen dann die Differenz zwischen p und 270 GE als free lunch vereinnahmen kann.

Der faire Preis für den Rückflußstrom (120; 100; 100) kann durch Bewertung der Rückflüsse mit den Preisen reiner Wertpapiere ermittelt werden:

$$p = 120 \cdot \pi_1 + 100 \cdot \pi_2 + 100 \cdot \pi_3 = 120 \cdot 0{,}9 + 100 \cdot 0{,}835 + 100 \cdot 0{,}775 = 269 \text{ GE}$$

Da p < 270 GE ist, ist die Investition unvorteilhaft. Bei Eigenfinanzierung kann der Rückflußstrom der Investition mit einem geringeren Kapitaleinsatz am Kapitalmarkt erwirtschaftet werden. Bei Fremdfinanzierung kann mit dem Rückflußstrom der Investition lediglich ein Kredit in Höhe von 269 GE getilgt und verzinst werden; dieser Kredit würde die erforderlichen Anschaffungsausgaben von 270 GE nicht decken.

Für die Vorteilhaftigkeit eines Investitionsprojektes gilt damit folgende Forderung:

$$-p + \sum_{t=1}^{T} X_t \cdot \pi_t > 0.$$

Eine Investition ist also vorteilhaft, wenn ihr Kapitalwert – berechnet mit den Preisen reiner Wertpapiere – positiv ist. Alternativ kann die Vorteilhaftigkeit auch mit Hilfe der Zinsstruktur des Kapitalmarktes ermittelt werden. In diesem Fall ist zu fordern:

$$-p+\sum_{t=1}^{T}X_t\cdot(1+r_{0,t})^{-t} > 0$$

Eine weitere Alternative besteht in der Verwendung der Forward-Rates:

$$-p+\sum_{t=1}^{T}X_t\cdot\prod_{i=1}^{t}\frac{1}{(1+r_{i-1,i})} > 0$$

b) Die Alternative „Verschiebung der Investition um ein Jahr" kann als eigenständiges Investitionsprojekt angesehen werden, das zu folgender Zahlungsreihe führt:

t = 0	t = 1	t = 2	t = 3	t = 4
0	−270	+120	+100	+100

Auch diese Zahlungsreihe kann mit den Preisen reiner Wertpapiere bewertet werden, so daß sich die Vorteilhaftigkeit der Investition wie folgt ermitteln läßt:

$$0 - 270\cdot 0{,}9 + 120\cdot 0{,}835 + 100\cdot 0{,}775 + 100\cdot 0{,}73 = 7{,}7 > 0$$

Die Verschiebung der Investition führt also dazu, daß aus einem ehemals unvorteilhaften Objekt ein vorteilhaftes wird, das zum Zeitpunkt t = 0 einen free lunch von 7,7 GE ermöglicht. Die Vorteilhaftigkeit einer Investition hängt damit grundsätzlich vom Zeitpunkt ihrer Durchführung ab. Ein Vergleich zweier strukturell identischer Investitionsprojekte, die zu unterschiedlichen Zeitpunkten getätigt werden, ist damit strenggenommen nichts anderes als ein Vergleich zweier verschiedener Zahlungsströme. Es ist daher auch nicht verwunderlich, daß verschiedene Zahlungsströme unterschiedlich bewertet werden können.

c) Wird die Investition um ein weiteres Jahr verschoben, so ergibt sich die folgende Zahlungsreihe:

t = 0	t = 1	t = 2	t = 3	t = 4	t = 5
0	0	−270	+120	+100	+100

Diese Zahlungsreihe kann nicht anhand des gegebenen Kapitalmarktes beurteilt werden, da der Markt in diesem Fall nicht vollständig ist. Der Rückflußstrom der Investition kann in diesem Fall nicht durch eine Kombination der am Markt gehandelten Wertpapiere nachgebildet werden, da kein Wertpapier existiert, das Rückflüsse zum Zeitpunkt t = 5 verspricht. Aus diesem Grund kann der Preis π_5 nicht berechnet werden.

Im vorliegenden Fall ist also die Vollständigkeitsprämisse verletzt. Am Markt werden nicht mindestens so viele – nämlich 5 – Wertpapiere mit linear unabhängigen Rückflüssen gehandelt, wie Zustände betrachtet werden. Die Vorteilhaftigkeit einer Verschiebung der Investition um 2 Jahre kann damit mit Hilfe der arbitragefreien Bewertung nicht beurteilt werden. Für den Entscheidungsträger verbleibt lediglich die Möglichkeit, das Entscheidungsfeld mit Hilfe einer (subjektiven) Prognose des Zinssatzes $r_{4,5}$ heuristisch zu schließen.

Literaturhinweise

ADAM, D.: Investitionscontrolling, 2. Aufl., München, Wien 1997.

COPELAND, T.E., WESTON, J.F.: Financial Theory and Corporate Policy, 3rd ed., Reading et al. 1992.

FRANKE, G., HAX, H.: Finanzwirtschaft des Unternehmens und Kapitalmarkt, 3. Aufl., Berlin et al. 1994.

HERING, T.: Arbitragefreiheit und Investitionstheorie, in: DBW, 58. Jg. (1998), S. 166-175.

KRUSCHWITZ, L.: Finanzierung und Investition, Berlin, New York 1995.

ROLFES, B.: Moderne Investitionsrechnung, 2. Aufl., München, Wien 1998.

PICHLER, S.: Ermittlung der Zinsstruktur, Wiesbaden 1995.

SPREMANN, K.: Wirtschaft, Investition und Finanzierung, 5. Aufl., München, Wien 1996.

Thomas Hering

Investitionsplanung bei unvollkommenem Kapitalmarkt

Aufgabe 1

Durch welche Merkmale ist ein unvollkommener Kapitalmarkt gekennzeichnet? Beschreiben Sie die Planungsprobleme, die sich aus der Unvollkommenheit des Marktes ergeben!

Aufgabe 2

Ein Unternehmen hat über die folgenden einperiodigen, beliebig teilbaren Investitions- und Finanzierungsobjekte zu befinden (g_{jt} sei der Zahlungsüberschuß des Projekts j im Zeitpunkt t):

Projekt j	g_{j0}	g_{j1}
A	−100	105
B	−100	115
C	−50	60
D	−50	56
E	100	−108
F	100	−113

a) Bestimmen Sie das endwertmaximale Investitions- und Finanzierungsprogramm!

b) Ermitteln Sie das endwertmaximale Programm mit Hilfe der Kapitalwertmethode! Worin besteht das Dilemma der wertmäßigen Kosten?

c) Zeigen Sie, daß die Kapitalwertmethode als Partialmodell versagt, wenn die Objekte A bis F unteilbar sind! *Hilfsangabe*: Der maximale Endwert des ganzzahligen Problems beträgt 10.

d) Wie lautet das barwertmaximale Investitions- und Finanzierungsprogramm, wenn wie in Frage a) alle Objekte beliebig teilbar sind?

e) Beantworten Sie die Fragen a), b) und d) erneut, wenn der Kredit F nur noch im Umfang von maximal 55 (statt vorher 100) verfügbar ist!

Lösung

Aufgabe 1

Auf einem *unvollkommenen Kapitalmarkt* existiert kein einheitlicher Marktzins mehr, zu dem in beliebiger Höhe Kredite oder Geldanlagen erhältlich sind. Die Kapital anbietenden und nachfragenden Unternehmen hegen jeweils individuelle Zukunftserwartungen und unterscheiden sich auch hinsichtlich ihres Informationsstandes. Insbesondere gilt:

- Sollzins und Habenzins müssen nicht mehr übereinstimmen. Unternehmen erhalten i.d.R. für Geldanlagen eine geringere Verzinsung, als sie für Kredite entrichten müssen. Differenzen zwischen Soll- und Habenzins können auch durch Transaktionskosten oder Mindestreserveverpflichtungen entstehen.

- Kapital ist knapp. Die Vergabe von Krediten wird an die Leistung von Sicherheiten (z.B. Bürgschaften, Grundpfandrechte) geknüpft, welche nicht in beliebigem Umfang verfügbar sind. Bei steigendem Verschuldungsgrad fordern Gläubiger als „Risikoprämie" einen höheren Zins. Vielfach muß der Kreditnehmer eine Mindest-Eigenkapitalquote in seiner Bilanz aufrechterhalten, um als kreditwürdig zu gelten. Infolgedessen existieren für Finanzierungen im allgemeinen Obergrenzen (ebenso wie für die Investitionsobjekte, die offenkundig ebenfalls nicht unendlich oft durchgeführt werden können).

Auf dem unvollkommenen Kapitalmarkt bestehen zwischen den einzelnen zu beurteilenden Objekten *Interdependenzen*. Weil es keinen *ex ante* feststehenden Kalkulationszins mehr gibt, hängt die Vorteilhaftigkeit eines Zahlungsstroms mit davon ab, welche anderen Zahlungsströme verwirklicht werden. Wie sich zeigen läßt, existieren zwar für alle Problemstellungen ohne nachteilige Ganzzahligkeitsbedingungen Steuerungszinsfüße, welche die isolierte Vorteilhaftigkeitsberechnung jedes einzelnen Objektes erlauben; sie fallen aber erst zusammen mit der optimalen Lösung des Gesamtproblems an. Der richtige Kalkulationszins ist somit nicht mehr Eingangsdatum, sondern *Ergebnis* der Investitionsrechnung. Bei der Investitionsplanung müssen insgesamt vier im Vergleich zum vollkommenen Kapitalmarkt neue Problemkreise berücksichtigt werden:

1. Für das Partialmodell „Kapitalwertmethode" sind ex ante Kalkulationszinssätze als periodenspezifische Steuerungszinsfüße zu schätzen.

2. Die *Liquidität* muß zu jedem Zeitpunkt gewährleistet sein. Der Konkurs wegen Illiquidität (Zahlungsunfähigkeit) läßt sich nicht mehr einfach durch Verschuldung zum Kalkulationszins abwenden.

3. Die Ganzzahligkeit von Objekten bereitet u.U. Schwierigkeiten. Die optimale Lösung kann die anteilige Realisation unteilbarer Projekte vorsehen. In diesem Falle entstehen kombinatorische Probleme, die im allgemeinen nicht mehr durch Partialmodelle lösbar sind. Die Lenkpreistheorie stößt hier an ihre Grenzen.

4. Die Ziele Vermögens- und Einkommensmaximierung sind nicht mehr äquivalent. Die Steuerungszinssätze und damit die optimale Lösung hängen auch von der Konsumpräferenz der Unternehmenseigner ab. Die Unternehmensleitung hat dafür Sorge zu tragen, daß sich die Investitions- und Finanzierungsplanung an den vorzugebenden Entnahmewünschen orientiert.

Aufgabe 2

a) Zur Ermittlung des endwertmaximalen Investitions- und Finanzierungsprogramms kann ein einfaches, von *Dean* vorgeschlagenes Totalmodell eingesetzt werden, welches die Interdependenzen durch eine Simultanbetrachtung aller sechs Objekte berücksichtigt. Weil der Planungszeitraum nur aus einer Periode besteht, sind die Objekte durch Berechnung ihrer internen Zinsfüße mühelos in eine Reihenfolge zu bringen. Objekt C ist allen anderen Investitionsprojekten vorzuziehen, da jede in C investierte Mark am Jahresende 20 Pfennig Zinsen erbringt. Das Objekt B erwirtschaftet dagegen mit einer DM knappen Kapitals nur 15 Pfennig, usw. Die monoton fallende *Kapitalnachfragefunktion* ordnet jedem Geldbetrag die erzielbare Grenzverzinsung zu. Ein Objekt j ist natürlich nur dann vorteilhaft, wenn seine Grenzrendite r_j nicht den höchsten Zins unterschreitet, welcher gleichzeitig für aufgenommenes Fremdkapital anfällt. Der Kapitalnachfragefunktion muß folglich noch die monoton steigende *Kapitalangebotsfunktion* gegenübergestellt werden, welche jedem potentiell nachgefragten Geldbetrag den entsprechenden Grenz-Sollzins zuordnet. Der Schnittpunkt beider Funktionsgraphen definiert das optimale *Budget*.

Das Ergebnis der *Kapitalbudgetierung* (bzw. simultanen Investitions- und Finanzplanung) mit dem *Dean*-Modell lautet: Die Objekte C, B und E sind vollständig zu realisieren. Der Kredit F wird dagegen nur zu 50% in Anspruch genommen; er ist das Grenzobjekt. Die rechts vom Schnittpunkt liegenden Investitionsobjekte D und A sind unvorteilhaft, weil sie weniger einbringen, als der teuerste im optimalen Programm befindliche Kredit (Grenzobjekt F) kostet. Das optimale Budget beträgt 150, und der als Ergebnis ablesbare endogene Grenzzins der Planungsperiode entspricht der Verzinsung des Grenzobjekts F: 13%. Der maximale Endwert beträgt EW = 60 + 115 − 108 − 0,5·113 = 10,5.

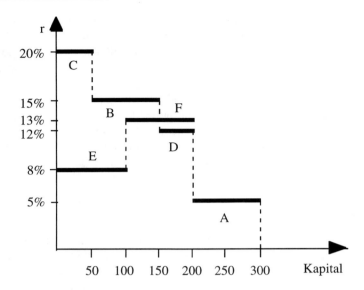

b) Die rechtzeitige Kenntnis des endogenen Grenzzinsfußes hätte die Lösung des Kapitalbudgetierungsproblems durch ein einfaches Partialmodell erlaubt. Mit i_1 = 13% als Kalkulationszinsfuß der betrachteten Periode ergeben sich die folgenden *Kapitalwerte*:

$$C_A = -100 + \frac{105}{1,13} = -7,079646 \qquad C_B = -100 + \frac{115}{1,13} = 1,769912$$

$$C_C = -50 + \frac{60}{1,13} = 3,097345 \qquad C_D = -50 + \frac{56}{1,13} = -0,442478$$

$$C_E = 100 - \frac{108}{1,13} = 4,424779 \qquad C_F = 100 - \frac{113}{1,13} = 0$$

Die Kapitalwertberechnung kann für jedes einzelne Objekt *dezentral* erfolgen, d.h. isoliert ohne Kenntnis der übrigen Objekte. Alle Interdependenzen sind im *zentral* vorgegebenen Steuerungszins i_1 enthalten. Jede Division oder Sparte des Unternehmens kalkuliert ihre Investitions- und Finanzierungsprojekte selbständig und entscheidet aufgrund des Kapitalwertvorzeichens. Alle Objekte mit positivem Kapitalwert werden in vollem Umfang verwirklicht: B, C, E. Objekte mit negativem Kapitalwert sind zu verwerfen: A, D. Die Objekte mit einem Kapitalwert von null sind potentielle Grenzobjekte; über den genauen Umfang ihrer Verwirklichung kann nur zentral entschieden werden: F. In Analogie zum vollkommenen Kapitalmarkt ergibt sich der maximale Endwert als Summe der auf t = n = 1 aufgezinsten positiven Kapitalwerte: EW = (1,769912 + 3,097345 + 4,424779)·1,13 = 10,5.

Die Unternehmensleitung errechnet den Umfang des Grenzobjekts als Residualgröße: Die uneingeschränkt vorteilhaften Zahlungsströme B, C und E führen in t = 0 zu einer Finanzierungslücke in Höhe von 100 + 50 − 100 = 50. Der maximal bis zum Wert 100 verfügbare Kredit F muß zur Deckung des Liquiditätsbedarfs zu 50% in Anspruch genommen werden. F ist teilweise zu verwirklichen und deshalb Grenzobjekt.

Es hat sich gezeigt, daß Partialmodell (Kapitalwertmethode) und Totalmodell (*Dean*-Modell) bei Verwendung des richtigen Lenkpreises (Steuerungszins i_1 = 13%) *äquivalent* sind. Das einfache und dezentral anwendbare Partialmodell leidet allerdings unter dem Dilemma der wertmäßigen Kosten: Der korrekte Steuerungszinsfuß 13% ergibt sich erst aus der optimalen Lösung des Totalmodells, also erst dann, wenn es des Partialmodells schon nicht mehr bedarf. Aus dem Dilemma der wertmäßigen Kosten darf nun nicht der voreilige Schluß gezogen werden, die Lenkpreistheorie des unvollkommenen Kapitalmarkts sei nur eine originelle Spielerei ohne praktischen Nutzen. Eine praktikable Investitionsrechnung in einem weitverzweigten Konzern kann sich nur auf Partialmodelle gründen, denn Komplexität und Schwerfälligkeit einer zentralen Simultanplanung verhindern den Einsatz von großen Totalmodellen in der Investitionsrechnung.

c) Wenn alle Objekte nur entweder ganz oder gar nicht realisiert werden dürfen, ist die Lösung gemäß *Dean*-Modell nicht zulässig, weil in ihr das Finanzobjekt F im Umfang von 50% beansprucht wird. Nach Einführung einer reellwertigen nichtnegativen Kassenhaltungsvariablen für u.U. nicht einsetzbare Mittel liefert der gemischtganzzahlige Algorithmus von *Gomory* die folgende Optimallösung des diskreten Problems: Die Objekte B, C, D, E und F sind vollständig durchzuführen, während auf Objekt A sowie die Kassenhaltung verzichtet wird. Das optimale Budget steigt auf 200, weil der 13%-Kredit F im Vergleich zur kontinuierlichen Lösung um den Wert 50 aufzustocken ist. Die zusätzlichen Finanzmittel können allerdings nur in das mit 12% schlechter verzinsliche Objekt D investiert werden, so daß der Endwert von 10,5 um den Betrag 50·(0,13 − 0,12) = 0,5 auf EW = 10 sinkt. Die Unteilbarkeitsbedingung für F ist demnach *nachteilig*.

Um diese Lösung mit der Kapitalwertmethode zu erhalten, müßte ein Steuerungszins i bzw. ein Zinsfaktor q = 1 + i existieren, bei dem die Kapitalwerte der realisierten Objekte F und D nichtnegativ sind. Es wäre also gleichzeitig zu fordern:

$$C_F = 100 - \frac{113}{q} \geq 0 \quad \text{und} \quad C_D = -50 + \frac{56}{q} \geq 0$$

Aus diesem Ungleichungssystem folgt zunächst q ≠ 0, denn für q → 0+ ergäbe sich C_F → –∞ < 0 im Widerspruch zur Forderung C_F ≥ 0. Für q > 0 resultiert ein leeres Intervall, weil aufgrund der beiden Ungleichungen gelten müßte: q ≥ 1,13 *und zugleich* q ≤ 1,12. Es bleibt also nur noch die Möglichkeit q < 0. Dann aber liefert das System die Eingrenzung 1,12 ≤ q ≤ 1,13 im Widerspruch zur Voraussetzung q < 0. Damit ist gezeigt, daß kein reeller Zinssatz i existieren kann, der eine Partialisierung des diskreten Problems mit Hilfe von Kapitalwerten erlaubt.

d) Die optimale Lösung enthält bei Barwertmaximierung B, C und E in vollem Umfang und F zu 59,292%. Der endogene Grenzzins beträgt i_1 = 13%. In diesem Beispiel ergeben sich also die gleichen Kapitalwerte wie bei Endwertmaximierung (im allgemeinen muß das aber nicht der Fall sein). Das Investitions- und Finanzierungsprogramm erlaubt eine maximale sofortige Barausschüttung in Höhe der Summe der (bereits oben berechneten) positiven Kapitalwerte: BW* = 1,769912 + 3,097345 + 4,424779 = 9,2920.

e) Frage a) und b): keine Änderung. Frage d): Wenn B, C und E voll realisiert sind, kann durch Ausdehnung von F auf die neue Obergrenze 55 in t = 0 höchstens ein Betrag von 5 ≠ 9,2920 entnommen werden. Der Endwert sinkt entsprechend von 10,5 um 5 · 1,13 auf 4,85. Auf einem unvollkommenen Kapitalmarkt sind die verschiedenen Vermögens- und Einkommensziele *im allgemeinen* nicht mehr äquivalent – obwohl es natürlich durchaus vorkommen *kann*, daß unterschiedliche Ziele die gleichen endogenen Grenzzinsfüße liefern. Im gegebenen Fall stimmt die endwertmaximale Lösung nicht mit der barwertmaximalen überein. Die Anfangsentnahme kann von 5 deutlich auf BW* = 9,2174 gesteigert werden. Hierzu ist lediglich auf die volle Realisation des Objekts B zu verzichten. Der bei einer Entnahme von 5 noch verbleibende Rest-Endwert (4,85, siehe oben) läßt sich auf t = 0 vorziehen, indem in gleicher Höhe Rückflüsse der schlechtesten im Programm befindlichen Investition (B mit einem internen Zins von 15%) reduziert werden. Die eingesparten Anschaffungsauszahlungen für B ermöglichen die Steigerung der Anfangsentnahme auf:

$$BW^* = 5 + \frac{4,85}{1,15} = 9,2174$$

Das barwertmaximale Programm enthält C, E und F vollständig sowie das neue Grenzobjekt B im Umfang von 100 – 4,2174 = 95,7826. Die gegenüber der Endwertmaximierung eingetretene Änderung der optimalen Lösung spiegelt sich in der Erhöhung des endogenen Grenzzinses i_1 von 13% auf 15% wider.

Ob ein zusätzlicher Kredit zu einem Zins von 14% vorteilhaft ist oder nicht, hängt dann allein von der Zielsetzung ab: Bei Endwertmaximierung ist der 14%-Kredit abzulehnen (negativer Kapitalwert, da i_1 = 13%). Soll jedoch der Barwert maximiert werden, wird der 14%-Kredit aufgenommen, um das 15% einbringende Objekt B doch noch voll realisieren zu können. In diesem Falle steigt BW* auf 9,2544. Der endogene Grenzzins sinkt dabei von 15% auf 14%. Der Rest-Endwert von 4,85 kann nun mit 14% kapitalisiert werden: BW* = 5 + 4,85/1,14 = 9,2544.

Literaturhinweise

ADAM, D.: Investitionscontrolling, 2. Aufl., München/Wien 1997.

HAX, H.: Investitionstheorie, 5. Aufl., Würzburg/Wien 1985.

HERING, TH.: Investitionstheorie aus der Sicht des Zinses, Wiesbaden 1995.

KRUSCHWITZ, L.: Investitionsrechnung, 6. Aufl., Berlin/New York 1995.

MATSCHKE, M.J.: Investitionsplanung und Investitionskontrolle, Herne/Berlin 1993.

Matthias Reicherter

Investitionsprogrammplanung mit Hilfe linearer Optimierung

Die Gryps AG plant ihr Investitions- und Finanzierungsprogramm für die nächsten drei Perioden mit Hilfe der linearen Optimierung. Nach ersten Planungsmaßnahmen ergeben sich für die Gryps AG die folgenden, beliebig teilbaren Investitionsmöglichkeiten, von denen jede allerdings nur einmal zu realisieren sein mögen:

Investitionsmöglichkeiten				
in GE	t = 0	t = 1	t = 2	t = 3
I_1	–95	85	25	15
I_2	–100	15	50	65
I_3	–60	5	20	30

Die Finanzierung der Investitionen soll, wie gewöhnlich, mit der Hausbank abgewickelt werden. Diese bietet der Gryps AG einen Kontokorrentkredit zum Zins von 15% an, welcher jedoch auf 5 GE in jeder Periode begrenzt ist. Zudem stehen in t = 0 Eigenmittel in Höhe von 70 GE zur Verfügung. Darüber hinaus kann die Gryps AG auf einen Gesellschafterkredit zurückgreifen, der die folgende Struktur aufweist:

Finanzierungsmöglichkeit				
in GE	t = 0	t = 1	t = 2	t = 3
F_1	65	–10	–25	–30

Sofern der Gryps AG in den einzelnen Perioden überschüssige Mittel entstehen, kann sie diese unbegrenzt zu 6% für eine Periode am Kapitalmarkt anlegen.

Aufgabe 1

Formulieren Sie das vollständige LO-Modell für die Gryps AG unter Zugrundelegung der Zielsetzung „Vermögensendwertmaximierung"!

Aufgabe 2

Am Ende der Fallstudie (S. 80/81) finden Sie das Endtableau der mit Hilfe des Simplex-Algorithmus gelösten Investitionsprogrammplanung. Geben Sie die Optimallösung an, und erläutern Sie diese mit Hilfe eines vollständigen Finanzplans! Was würde geschehen, wenn die Gryps AG – abweichend von der Optimallösung – in t = 0 weitere Geldmittel zu 6% am Kapitalmarkt anlegt?

Aufgabe 3

Aus dem Endtableau lassen sich des weiteren die Dualwerte der Liquiditätsbedingungen entnehmen. Welche Informationen lassen sich hieraus gewinnen?

Lösung

Aufgabe 1

Die lineare Optimierung stellt eine Methode zur Bestimmung des Maximums oder Minimums einer linearen Zielfunktion mit mehreren Variablen unter Berücksichtigung linearer Nebenbedingungen dar. Eine *vollständige* Formulierung des LO-Modells für das oben beschriebene Investitions- und Finanzierungsproblem bedarf sowohl der Formulierung der *Zielfunktion* der Gryps AG als auch der von ihr zu berücksichtigenden *Nebenbedingungen*.
Aus der Aufgabenstellung heraus ist bekannt, daß die Gryps AG die Zielsetzung „Vermögensendwertmaximierung" verfolgt. Mithin ist es nicht im Interesse der Gryps AG, möglichst hohe Ausschüttungen in jeder Periode zu realisieren – dies käme der Zielsetzung „Einkommensmaximierung" gleich – sondern ein maximales Endvermögen im Zeitpunkt t = T zu erreichen. Dieses ergibt sich als Überschuß sämtlicher Zahlungen der Investitions- und Finanzierungsobjekte zuzüglich sonstiger positiver als auch negativer Zahlungen in t = T.

Somit gilt allgemein:

$$V_T = \underbrace{\sum_{j=1}^{n} I_{jT} \cdot x_j}_{\substack{\text{Einzahlungsüberschuß} \\ \text{der Investitionsprojekte} \\ \text{in t = T}}} + \underbrace{\sum_{i=1}^{m} F_{iT} \cdot y_i}_{\substack{\text{Einzahlungsüberschuß} \\ \text{der Finanzierungsprojekte} \\ \text{in t = T}}} + \underbrace{B_T}_{\substack{\text{sonstige autonome} \\ \text{Zahlungen}}} \to \max$$

Unter Berücksichtigung der nachfolgenden Zuordnung von Investitions- und Finanzierungsobjekten der Gryps AG zu Strukturvariablen läßt sich die Zielfunktion der Gryps AG entsprechend formulieren:

	Investitionsmöglichkeiten I_j mit x_j; j=1,..,6			
in GE	t = 0	t = 1	t = 2	t = 3
I_1	–95	85	25	15
I_2	–100	15	50	65
I_3	–60	5	20	30
I_4	–1	1,06		
I_5		–1	1,06	
I_6			–1	1,06

in GE	Finanzierungsmöglichkeit F_i mit y_i; $i = 1,...,4$			
	$t = 0$	$t = 1$	$t = 2$	$t = 3$
F_1	65	–10	–25	–30
F_2	1	–1,15		
F_3		1	–1,15	
F_4			1	–1,15

$$\max\ V_3 = \underbrace{15x_1 + 65x_2 + 30x_3 + 1{,}06x_6}_{\substack{\text{Einzahlungsüberschuß} \\ \text{der Investitionsprojekte} \\ \text{in } t = 3}} \underbrace{-30y_1 - 1{,}15y_4}_{\substack{\text{Einzahlungsüberschuß} \\ \text{der Finanzierungsprojekte} \\ \text{in } t = 3}}$$

Bei den Nebenbedingungen, die die Gryps AG in ihrem Kalkül berücksichtigen muß, handelt es sich zum einen um die *Liquiditätsnebenbedingungen*, die der Wahrung des finanziellen Gleichgewichtes in den einzelnen Perioden dienen, sowie um die *Projektmengenbedingungen*. Letztere sollen sicherstellen, daß die Strukturvariablen x_j und y_i nicht negativ werden, da es nicht möglich ist, eine negative Anzahl von Projekten zu realisieren. Zudem gewährleisten sie, daß sich die Projektmengen innerhalb der vorgegebenen Grenzen bewegen.

Formuliert man zunächst die Liquiditätsnebenbedingungen der Gryps AG, so ist für alle Zeitpunkte vor Ende des Planungshorizontes ($t = 3$) das finanzielle Gleichgewicht zu sichern.

Allgemein gilt für jeden Zeitpunkt $0 \le t \le T - 1$:

$$\underbrace{\sum_{j=1}^{n} I_{jt} \cdot x_j}_{\text{Investitionszahlungen}} + \underbrace{\sum_{i=1}^{m} F_{it} \cdot y_i}_{\text{Finanzierungszahlungen}} + \underbrace{B_t}_{\substack{\text{sonstige autonome} \\ \text{Zahlungen}}} \ge 0$$

oder

$$\underbrace{-\sum_{j=1}^{n} I_{jt} \cdot x_j}_{\text{Investitionszahlungen}} - \underbrace{\sum_{i=1}^{m} F_{it} \cdot y_i}_{\text{Finanzierungszahlungen}} \le \underbrace{B_t}_{\substack{\text{sonstige autonome} \\ \text{Zahlungen}}}$$

Für die Gryps AG gilt folglich:

$$t=0: 95x_1 +100x_2 +60x_3 +x_4 \qquad\qquad -65y_1 -y_2 \qquad\qquad \leq 70$$
$$t=1: -85x_1 -15x_2 -5x_3 -1{,}06x_4 +x_5 \qquad +10y_1 +1{,}15y_2 -y_3 \qquad \leq 0$$
$$t=2: -25x_1 -50x_2 -20x_3 \qquad -1{,}06x_5 +x_6 \quad +25y_1 \qquad +1{,}15y_3 -y_4 \leq 0$$

Neben den Liquiditätsnebenbedingungen sind nun noch, die Projektmengenbedingungen aufzustellen:

Allgemein gilt:

$$\underbrace{0 \leq x_j \leq X_j;\ j=1,\ldots,n}_{\text{Investitionsprojekte}} \wedge \underbrace{0 \leq y_i \leq Y_i;\ i=1,\ldots,m}_{\text{Finanzierungsprojekte}}$$

Für die Gryps AG gilt folglich:

$$\underbrace{0 \leq x_j \leq 1;\ j=1,2,3}_{\text{Investitionsprojekte}} \wedge \underbrace{0 \leq y_i \leq 1;\ i=1 \wedge 0 \leq y_i \leq 5;\ i=2,3,4}_{\text{Finanzierungsprojekte}}$$

Aufgabe 2

Die Ausprägungen der in die Basis aufgenommenen Strukturvariablen (Basislösung) des Optimierungsproblemes können der letzten Spalte des Endtableaus entnommen werden. Danach ist es für die Gryps AG vorteilhaft, die Investitionen I_1 voll und die Investition I_2 0,45mal durchzuführen. Diese sind zu finanzieren durch die volle Inanspruchnahme des Krediltes F_1 ($y_1 = 1$) sowie des Kontokorrentkredites F_2 ($y_2 = 5$). Weitere Kontokorrentkredite werden in den Folgeperioden nicht in Anspruch genommen ($y_3 = 0$ und $y_4 = 0$). Hingegen werden die in den Perioden 2 und 3 entstehenden Finanzmittelüberschüsse in Höhe von 76 GE in Periode 2 ($x_5 = 76$) sowie von 103,06 GE in Periode 3 ($x_6 = 103{,}06$) zu einem Zinssatz von 6 % angelegt. Es werden damit die unbegrenzten Anlagemöglichkeiten I_5 und I_6 am Kapitalmarkt getätigt. Als maximales Vermögen in $t = 3$ ergibt sich so ein Wert von 123,4936 GE.

Mit Hilfe des folgenden vollständigen Finanzplanes (Vofi) der Gryps AG läßt sich die Basislösung näher erläutern. Hierzu ist zunächst entsprechend der Basislösung der Zahlungsstrom der Investition I_1 vollständig ($x_1 = 1$) und der Zahlungsstrom I_2 zu 45% ($x_2 = 0{,}45$) in den vollständigen Finanzplan aufzunehmen. In $t = 0$ gilt es nun für die Gryps AG, eine Investitionssumme von 140 GE zu finanzieren. Einen ersten Beitrag leistet dabei das verfügbare Startkapital in Höhe von 70 GE. Darüber hinaus sieht die Basislösung vor, den Gesellschafterkredit in Anspruch zu nehmen ($y_1 = 1$), so daß der Gryps AG in $t = 0$ weitere 65 GE zufließen. Das finanzielle Gleichgewicht der Gryps AG ist hierdurch allerdings noch nicht gesichert. Hierzu bedarf es vielmehr der Aufnahme von weiteren Mitteln. Diese kann sich die Gryps AG durch Inanspruchnahme des Kontokorrentkredites F_2 bis zur gültigen Kreditlinie von 5 GE besorgen, so daß im Entscheidungszeitpunkt das finanzwirtschaftliche Gleichgewicht gewahrt und die zu beachtenden Nebenbedingungen erfüllt sind.

Nach Tätigung der Investitionen und Abschluß der hierzu notwendigen Finanzierungen ergeben sich für die Gryps AG in t = 1 Rückflüsse aus den Investitionen in Höhe von 91,75 GE. Diese müssen einerseits für Zins und Tilgung (–10 GE) des Gesellschafterkredits als auch für die vollständige Rückzahlung des einperiodigen Kredites F_2 (–5,75 GE) verwendet werden. In Folge besteht für die Gryps AG die Notwendigkeit, die überschüssigen Mittel in Höhe von 76 GE kurzfristig zu 6% (I_5 = –76 GE) anzulegen.

In t = 2 fließen somit neben den 47,5 GE aus Investition I_1 und I_2 zusätzlich 80,56 GE an die Gryps AG, so daß nach Zins und Tilgung für den Gesellschafterkredit (–25 GE) die Gryps AG in der Lage ist, 103,06 GE in I_6 zu investieren.

Dies führt schließlich zu Einzahlungen in t = 3 in Höhe von 153,49 GE. Abzüglich der Auszahlung von –30 GE für den Gesellschafterkredit kann die Gryps AG somit – unter Wahrung aller zu beachtenden Nebenbedingungen – ein Endvermögen von 123,49 GE erzielen.

	Vollständiger Finanzplan Gryps AG			
	t = 0	t = 1	t = 2	t = 3
Investition I_1	–95	85	25	15
Investition I_2	–45	6,75	22,5	29,25
Geldanlage I_5		–76	80,56	
Geldanlage I_6			–103,06	109,24
Eigenmittel	70			
Kredit F_1	65	–10	–25	–30
Kontokorrent F_2	5	–5,75		
Saldo	0	0	0	0
Kreditstand	70			
Guthabenstand		76	103,06	123,49

Bei der beschriebenen Lösung handelt es sich um die Optimallösung des Investitionsproblems der Gryps AG. Mithin wirkt sich jede Abweichung von dieser negativ auf den Zielerreichungsgrad der Gryps AG aus. Deutlich wird dies, entnimmt man der Zielfunktionszeile des Optimaltableau die Dualwerte der Struktur- und Schlupfvariablen. In Abhängigkeit der Nichtbasisvariablen läßt sich damit der Vermögensendwert der Gryps AG wie folgt darstellen:

Vermögensendwert
= $123,4936 - 25,0944x_1 - 0,1575x_4 - 0,0954y_3 - 0,09y_4$
$-1,13485L_0 - 1,1236L_1 - 1,06L_2 - 8,8947sx_1 - 19,9191sy_1 - 0,0564sy_2$

Legt die Gryps AG also abweichend von der Optimallösung weitere Geldmittel zu 6% am Kapitalmarkt an – d.h. zusätzliche Inanspruchnahme von I_4 – so führt dies zu einer Reduzierung des Vermögensendwertes um 0,1575 GE. Diese Verringerung des Vermögensendwertes entsteht dadurch, daß zunächst in t = 0 für jede in I_4 investierte Geldeinheit, I_2 um einen Anteil von 0,01 – wertmäßig entspricht dies 1 GE – reduziert werden muß. In Folge mindern sich die Einzahlungsüberschüsse in t = 1 aus Investition I_2 um $-0,15$ GE. Dies wird kompensiert durch den Rückfluß aus der einperiodigen Geldanlage I_4 in Höhe von 1,06 GE. In t = 1 entsteht damit ein Überschuß von 0,91, der zu einer Erhöhung der einperiodigen Geldanlage I_5 in gleicher Höhe eingesetzt wird. In t = 2 führt dies wiederum zu einem Rückfluß von 0,9646 GE, der gemindert um den anteiligen „Verlust" aus I_2 ($-0,5$ GE), in I_6 investiert wird. Aus diesem Engagement fließen damit der Gryps AG am Ende 0,492476 GE zu. Allerdings wirkt sich die anfängliche Verminderung der Investitionssumme für Projekt I_2 in t = 3 mit $-0,65$ GE negativ aus, so daß es letztlich zu einer Minderung des Vermögensendwertes um $-0,1575$ GE kommt. Der folgende Finanzplan faßt dies nochmals überblicksartig zusammen.

Finanzplan für zusätzliche Geldanlage in t = 0; ($x_4 = 1$)				
	t = 0	t = 1	t = 2	t = 3
Red. Investition I_2	+1	$-0,15$	$-0,50$	$-0,65$
Geldanlage I_4	-1	1,06		
Geldanlage I_5		$-0,91$	0,9646	
Geldanlage I_6			$-0,4646$	0,492476
V_3				$-0,1575$

Aufgabe 3

Bei der Interpretation der Dualwerte d_t der Liquiditätsbedingungen ist zu bedenken, daß die Variablen L_0, L_1 und L_2 als Schlupfvariablen der Umwandlung unseres Ursprungsungleichungssystems in ein Gleichungssystem dienen.

Mithin gilt:

$t = 0: \quad 95x_1 + 100x_2 + 60x_3 + x_4 \qquad\qquad -65y_1 - y_2 \qquad\qquad +L_0 = 70$
$t = 1: -85x_1 - 15x_2 - 5x_3 - 1,06x_4 + x_5 \quad +10y_1 + 1,15y_2 - y_3 \quad +L_1 = 0$
$t = 2: -25x_1 - 50x_2 - 20x_3 \qquad -1,06x_5 + x_6 +25y_1 \qquad +1,15y_3 - y_4 +L_2 = 0$

Nimmt man nun an, daß in t = 0 eine Geldeinheit mehr zur Verfügung steht, so ist eine Verletzung der ursprünglichen Liquiditätsrestriktion des Zeitpunkts t = 0 im Umfang von 1 erlaubt. L_0 kann (muß) somit von 0 auf -1 sinken, da Liquidität in t = 0 von außen zufließt. Der Ausgleich zwischen beiden Seiten der ersten Nebenbedingung ist damit wieder gewährleistet. Aus der dem Endtableau entnommenen Zielfunktion läßt sich dann die Wirkung dieser Veränderung auf den Vermögensendwert entnehmen. Setzt man also L_0 gleich -1 und beläßt alle anderen Nichtbasisvariablen auf ihrem Wert 0, so erhöht sich der Vermögensendwert um 1,13485 GE. Jede in t = 0 von außen zugeführte Geldeinheit erhöht somit den Endwert um 1,13485 GE. Der Dualwert der Liquiditätsbedingung zum Zeitpunkt t = 0 gibt also an, um welchen Betrag die Zielfunktion, in unserem Fall der Endwert, zunimmt, wenn in diesem Zeitpunkt eine Geldeinheit mehr vorhanden ist. Er ist damit als Aufzinsungsfaktor von Zeitpunkt 0 auf Zeitpunkt 3 zu interpretieren.

Zur Verdeutlichung läßt sich wiederum eine Spaltenbetrachtung durchführen. Steht in t = 0 eine Einheit zusätzlich an Liquidität zur Verfügung,[1] so wird diese genutzt, um den Anteil an Investition I_2 um 0,01 (also wertmäßig um 1 GE) zu erhöhen. Die damit um 0,15 GE erhöhten Rückflüsse werden in t = 1 zur Aufstockung der Geldanlage I_5 eingesetzt. In Folge der zusätzlichen Investitionen in I_2 und I_5 erhöhen sich die Einzahlungsüberschüsse in t = 2 um insgesamt 0,659 GE (0,5 + 0,159). Diese werden wiederum in I_6 investiert, so daß letztlich eine Erhöhung des Endwertes um 1,34854 GE (0,69854 GE + 0,65 GE) resultiert. Der folgende Finanzplan verdeutlicht den ablaufenden „Mechanismus":

Finanzplan für zusätzlich vorhandene Liquidität in t = 0; ($L_0 = -1$)				
	t = 0	t = 1	t = 2	t = 3
Investition I_2	−1	0,15	0,50	0,65
Geldanlage I_5		−0,15	0,159	
Geldanlage I_6			−0,659	0,69854
V_3				+1,34854

Die weiteren Dualwerte der Liquiditätsnebenbedingungen sind analog zu interpretieren. So führt die Zuführung einer Geldeinheit in t = 1 zu einer Erhöhung der Zielvariablen um 1,1236 GE und in t = 2 noch zu einer Steigerung um 1,06 GE.

Darüber hinaus lassen sich aus diesen Dualwerten die korrekten Kalkulationszinsfüße für die drei Planungsperioden ableiten. Dies wird offenbar, interpretiert man den Dualwert d_{t-1} der Liquiditätsbedingung des Zeitpunktes t−1 als Aufzinsungsfaktor von Zeitpunkt t−1 zu Zeitpunkt T sowie den Dualwert d_t der Liquiditätsbedingung des Zeitpunktes t als Aufzinsungsfaktor von Zeitpunkt t zu Zeitpunkt T. Der für die einzelne Periode gültige endogene Grenzzinsfuß χ ergibt sich dann als Quotient aus dem Dualwert d_{t-1} und dem Dualwert d_t.

---

[1] L_0 erniedrigt sich um −1, dadurch Umkehrung der Interpretation!

1. Investitions- und Finanzierungstheorie

Endogener Grenzzinsfuß: $\chi_t = \dfrac{d_{t-1}}{d_t} - 1$

Für die Gryps AG ergeben sich damit für die Perioden 1, 2 und 3 die folgenden endogenen Grenzzinsfüße:

$$\chi_1 = \dfrac{d_0}{d_1} - 1 = \dfrac{1,34854}{1,1236} - 1 = 0,20$$

$$\chi_2 = \dfrac{d_1}{d_2} - 1 = \dfrac{1,1236}{1,06} - 1 = 0,06$$

$$\chi_3 = \dfrac{d_2}{d_3} - 1 = \dfrac{1,06}{1} - 1 = 0,06$$

Diese lassen sich als Lenkpreise für die einzelnen Perioden interpretieren. Sie entscheiden darüber, ob und in welchem Ausmaß eine Investition oder Finanzierung getätigt wird. Verwendet man die (exakten)[2] endogenen Grenzzinsfüße als Kalkulationszinssätze im Rahmen der Berechnung der Kapitalwerte aller Investitions- und Finanzierungsprojekte, so zeigt sich:

Kapitalwerte der Investitionen

$$K_{I_1} = -95 + \dfrac{85}{1,2} + \dfrac{25}{(1,2 \cdot 1,06)} + \dfrac{15}{(1,2 \cdot 1,06^2)} = +6,596$$

$$K_{I_2} = -100 + \dfrac{15}{1,2} + \dfrac{50}{(1,2 \cdot 1,06)} + \dfrac{65}{(1,2 \cdot 1,06^2)} = 0$$

$$K_{I_3} = -60 + \dfrac{5}{1,2} + \dfrac{20}{(1,2 \cdot 1,06)} + \dfrac{30}{(1,2 \cdot 1,06^2)} = -17,867$$

$$K_{I_4} = -1 + \dfrac{1,06}{1,2} = -0,117$$

$$K_{I_5} = \left(-1 + \dfrac{1,06}{1,06}\right) \cdot 1,2^{-1} = 0$$

$$K_{I_6} = \left(-1 + \dfrac{1,06}{1,06}\right) \cdot (1,2 \cdot 1,06)^{-1} = 0$$

---

[2] Für χ_1 beträgt der nicht gerundete Wert 1,2001958.

	STRUKTURVARIABLEN			
	INVESTITION		FINANZIERUNG	
	x_3	x_4	y_3	y_4
Zielfunktion	**25,0944**	**0,1575**	**0,0954**	**0,09**
x_1				
x_2	0,6	0,01		
x_5	4	–0,91	–1	
x_6	14,24	–0,4646	0,09	–1
y_1				
y_2				
sx_2	–0,6	–0,01		
sx_3	1			
sy_3				1
sy_4			1	

Optimaltableau nach 2 Simplex-Schritten

Kapitalwerte der Finanzierungen

$$K_{F_1} = 65 - \frac{10}{1,2} - \frac{25}{(1,2 \cdot 1,06)} - \frac{30}{(1,2 \cdot 1,06^2)} = +14,770$$

$$K_{F_2} = 1 - \frac{1,15}{1,2} = +0,042$$

$$K_{F_3} = \left(1 - \frac{1,15}{1,06}\right) \cdot 1,2^{-1} = -0,071$$

$$K_{F_4} = \left(1 - \frac{1,15}{1,06}\right) \cdot (1,2 \cdot 1,06)^{-1} = -0,067$$

Es wird deutlich, daß sich die Vorteilhaftigkeit eines Projektes weiterhin am Vorzeichen des Kapitalwertes festmacht. So werden

- Projekte, die einen positiven Kapitalwert aufweisen, vollständig (I_1, F_1, F_2),
- Projekte, die einen Kapitalwert von null aufweisen, teilweise (I_2, I_5, I_6) und
- Projekte, die einen negativen Kapitalwert aufweisen, nicht (I_3, I_4, F_3, F_4) verwirklicht.

SCHLUPFVARIABLEN						
LIQUIDITÄT			INVEST./FINANZ.			
L_0	L_1	L_2	sx_1	sy_1	sy_2	Lösung
1,3485	**1,1236**	**1,06**	**8,8947**	**19,9191**	**0,0564**	**123,4936**
			1			1
0,01			−0,95	0,65	0,01	0,45
0,15	1		70,75	−0,25	−1	76
0,6590	1,06	1	52,4950	7,235	−0,56	103,06
				1		1
					1	5
−0,01			0,95	−0,65	−0,01	0,55
						1
						5
						5

Wären die Kalkulationszinsfüße der einzelnen Perioden bereits im Vorfeld bekannt, so könnte die Gryps AG das Optimierungsproblem mit dem Kapitalwertkriterium lösen. Leider sind die Kalkulationszinsfüße erst bekannt, wenn das optimale Investitions- und Finanzierungsprogramm festliegt. Die Kapitalwerte können somit nicht zur Lösung des Entscheidungsproblems herangezogen werden. Trotzdem ist festzuhalten, daß der grundlegende „Mechanismus" über Annahme oder Ablehnung eines Projektes im Rahmen einer mehrperiodigen Investitions- und Finanzplanung auf unvollkommenen Kapitalmärkten nicht außer Kraft gesetzt wird.

Literaturhinweise

BLOHM, H., LÜDER, K., Investition: Schwachstellenanalyse des Investitionsbereichs und Investitionsrechnung, 8. Aufl., München 1995.
ELLINGER, T., BEUERMANN, G., LEISTEN, R., Operations Research: eine Enführung, 4. Aufl., Berlin 1998.
HERING, T., Investitionstheorie aus der Sicht des Zinses, Wiesbaden 1995.
KRUSCHWITZ, L., Investitionsrechnung, 5. Aufl., Berlin 1993

Udo Buscher

Investitions- und Finanzplanung bei unscharfen Daten

Aufgabe 1

Charakterisieren Sie überblicksartig das Planungsproblem der simultanen Investitions- und Finanzplanung.

Aufgabe 2

Erläutern Sie den auf Hax zurückgehenden Modellansatz zur simultanen Investitions- und Finanzplanung für den Fall des Vermögensstrebens. Gehen Sie vor der Modellformulierung auf die dem Ansatz zugrunde liegenden Prämissen ein, und definieren Sie die von Ihnen verwendeten Symbole.

Aufgabe 3

Ein Investor möchte am Ende eines Planungszeitraumes von T = 3 Perioden sein Vermögen maximieren. Zusätzlich ist sicherzustellen, daß der Investor dem Betrieb jede Periode 45 GE entnehmen kann. Die dem Investor bekannten vier (nur ganzzahlig durchführbaren) Sachinvestitionsprojekte j weisen zum Zeitpunkt t die folgenden Auszahlungsüberschüsse a_{jt} auf:

Auszahlungsüberschüsse der Sachinvestitionsprojekte j	a_{1t}	a_{2t}	a_{3t}	a_{4t}
Zeitpunkt 0	500	600	0	900
1	–250	–450	200	–200
2	–200	0	–250	–400
3	–150	–300	0	–500

Alle Sachinvestitionsprojekte können jeweils nur dreimal durchgeführt werden. Zusätzlich besteht zu allen Zeitpunkten des Planungszeitraumes für den Investor die Möglichkeit, Finanzinvestitionen zu einem Zinssatz von 4% durchzuführen. Zur Finanzierung der Investitionsprojekte stehen dem Investor im Zeitpunkt t = 0 folgende Möglichkeiten zur Verfügung. Das eine Kreditsumme von 800 GE vorsehende erste Finanzierungsprojekt sieht eine dreiperiodige annuitätische Tilgung vor. Die Finanzierung erfolgt dabei zu Kosten von 7% Zins. Die zweite Finanzierungsalternative mit einem Kreditvolumen von 700 GE und einem Finanzierungszinssatz von

9% sieht nach drei Perioden eine Tilgung mit Zins und Zinseszins vor. Im Falle ihrer Wahrnehmung können die beiden Finanzierungsprojekte nur einmal, ausschließlich in vorstehender Form, durchgeführt werden. Darüber hinaus besitzt der Investor zu jedem Zeitpunkt die Möglichkeit, für eine Periode beliebige Mittel zu einem Zinssatz von 12% aufzunehmen. Weiter stellt er im Zeitpunkt t = 0 Eigenmittel in Höhe von 1.000 GE zur Verfügung, die als Basiszahlung zu berücksichtigen sind.

a) Formulieren Sie für die vorliegende Problemstellung das entsprechende lineare Planungsmodell, um die Verfahren der Gemischtganzzahligen Linearen Optimierung anwenden zu können.

b) Mit der Unterstützung eines EDV-Programms ergibt sich folgendes optimales Investitions- und Finanzierungsprogramm: Während das Sachinvestitionsprojekt eins zweimal durchzuführen ist, sollen die Sachinvestitionsprojekte zwei und drei jeweils dreimal realisiert werden. Weiter ist im Zeitpunkt t = 2 eine Finanzinvestition in Höhe von 553,94 GE zu tätigen. Der Finanzierung dienen zum einen der annuitätisch zu tilgende Kredit und zum anderen zwei kurzfristige Finanzierungen (Aufnahme von 1.000 GE im Zeitpunkt null sowie Aufnahme von 219,84 GE im Zeitpunkt eins). Nicht aufgeführte Entscheidungsvariablen weisen einen Wert von null auf. Stellen Sie mit Hilfe dieser Angaben den vollständigen Finanzplan auf.

c) Beurteilen Sie den verwendeten Modellansatz hinsichtlich des Datenermittlungsaufwands, der rechentechnischen Anforderungen und der Realitätsnähe.

Aufgabe 4

Entgegen der im obigen Modell getroffenen Annahme, daß die im Modell verwendeten Daten mit Sicherheit bekannt sind, muß in der Realität häufig davon ausgegangen werden, daß Ziele sowie Bedingungen und Konsequenzen möglicher Handlungen nicht exakt bekannt sind. Grenzen Sie verschiedene Arten von Unsicherheit und Unschärfe voneinander ab.

Aufgabe 5

Mit Hilfe der Theorie der unscharfen Mengen (Fuzzy Set Theory) können unscharfe Beschreibungen und Relationen formal abgebildet werden.

a) Erläutern Sie die Grundidee, auf der die Theorie der unscharfen Mengen basiert.

b) Gehen Sie auf Darstellungsmöglichkeiten und Eigenschaften unscharfer Zahlen ein.

c) Beschreiben Sie, wie unscharfe Zahlen verknüpft und miteinander verglichen werden können.

Aufgabe 6

Grundsätzlich gelten die Angaben der Aufgabe 3. Allerdings sieht sich der Investor nunmehr nicht in der Lage, die mit der Realisierung der Investitionsprojekte verbundenen Zahlungen exakt anzugeben. Seine vagen Vorstellungen über die Zahlungsströme kann der Investor dennoch mit Hilfe von trapezförmigen unscharfen Zahlen konkretisieren:

Zeit-punkt	Auszahlungsüberschüsse der Sachinvestitionsprojekte			
	a_{1t}	a_{2t}	a_{3t}	a_{4t}
t = 0	(480, 520, 16, 20)	(574, 626, 20, 24)	(0, 0, 0, 0)	(870, 930, 20, 20)
t = 1	(−266, −234, 12, 14)	(−468, −432, 18, 16)	(186, 214, 10,10)	(−256, −224, 18, 14)
t = 2	(−220, −178, 16, 18)	(0, 0, 0, 0)	(−258, −242, 14, 10)	(−426, −374, 12, 18)
t = 3	(−160, −140, 14, 18)	(−326, −274, 12, 18)	(0, 0, 0, 0)	(−520, −480, 14, 20)

Zusätzlich ist der Investor bereit, in t = 0 seinen Eigenmitteleinsatz in Höhe von 1.000 GE maximal um 400 GE zu überschreiten. Außerdem möchte er in jeder Periode des Planungszeitraumes Entnahmen tätigen, die 50 GE möglichst überschreiten. Wenn dies aber nicht möglich ist, sollen die Entnahmen 40 GE keinesfalls unterschreiten.

a) Bilden Sie das vorliegende simultane Investitions- und Finanzplanungsproblem mit Hilfe des δ–niveaubezogenen Modellansatzes (mit δ = 0,5) ab.

b) Mit der Unterstützung des EDV-Programms ergibt sich im Vergleich zu Aufgabe 3 ein verändertes optimales Investitions- und Finanzierungsprogramm: Von den Sachinvestitionsprojekten wird das dritte weiterhin dreimal, das zweite nur noch einmal und das erste nicht mehr realisiert. Daneben treten Finanzinvestitionen, die in t = 0 in Höhe von 374 GE, in t = 1 in Höhe von 110,96 GE und in t = 2 in Höhe von 781,4 GE zu tätigen sind. Auf die Wahrnehmung von Finanzierungsalternativen wird gänzlich verzichtet. Erläutern Sie das Ergebnis.

Lösung

Aufgabe 1

Das Planungsproblem der simultanen Investitions- und Finanzplanung besteht für den Investor darin, aus einer gegebenen Menge von Investitionsmöglichkeiten und einer Menge von Finanzierungsmöglichkeiten die günstigste Kombination aus beiden Mengen zu realisieren. Eine *simultane Planung* erweist sich als notwendig, um das Hauptproblem der isolierten Planung zu vermeiden, das in der Ermittlung suboptimaler Lösungen liegt. Wird beispielsweise bei gegebenen finanziellen Mitteln die Investitionsplanung isoliert durchgeführt, so besteht die Gefahr, auf lohnende Investitionen zu verzichten, weil weitere potentielle Kapitalquellen nicht beachtet werden. Die Einbeziehung des Produktionsbereiches in die Planung erfolgt in diesem Ansatz – trotz der bestehenden Interdependenzen – nicht (vgl. hierzu die Fallstudie von Roland Rollberg). Vielmehr wird davon ausgegangen, daß die Produktionspläne vorab festgelegt worden sind.

Im Unterschied zu einperiodigen Ansätzen lassen sich im mehrperiodigen Modell Investitions- und Finanzierungsentscheidungen zu unterschiedlichen Zeitpunkten realisieren. Für alle relevanten Zeitpunkte ist darauf zu achten, daß die Auszahlungen nicht die Einzahlungen übersteigen. Die simultane Berücksichtigung sämtlicher zeitlicher Interdependenzen kann mit Hilfe des Verfahrens der *Linearen Programmierung* erreicht werden.

Aufgabe 2

Das von Hax konzipierte Modell zur simultanen Investitions- und Finanzplanung beruht auf folgenden Prämissen:

1. Alle in das Modell einfließenden Daten sind mit *Sicherheit* bekannt.

2. Der Investor verfolgt das Ziel, bei gegebenen Entnahmen zu den Zeitpunkten des Planungszeitraumes, sein Vermögen am Ende des mehrperiodigen Planungszeitraumes zu maximieren *(Vermögensstreben)*.

3. Es liegen endlich viele voneinander *unabhängige* Investitions- und Finanzierungsobjekte vor, die jeweils durch eine individuelle Zahlungsreihe eindeutig beschrieben werden.

4. In jedem Zeitpunkt des Planungszeitraumes ist zu gewährleisten, daß die Auszahlungen durch Einzahlungen gedeckt werden *(Liquiditätsbedingung)*.

5. Unabhängig vom gewählten Investitions- und Finanzierungsprogramm können zu jedem Zeitpunkt des Planungszeitraumes *Basiszahlungen* anfallen.

Um das Modell in mathematischer Form zu formulieren, werden die folgenden Variablen und Parameter eingeführt:

Entscheidungsvariablen:

x_j = Anzahl der Investitionsprojekte vom Typ j $(j = 1,...,J)$

y_i = Umfang der Inanspruchnahme des Finanzierungsprojektes i $(i = 1,...,I)$

Parameter:

a_{jt} = Auszahlungsüberschuß je Einheit des Investitionsprojektes j im Zeitpunkt t $(t = 0,1,...,T)$

d_{it} = Auszahlungsüberschuß je Einheit des Finanzierungsprojektes i im Zeitpunkt t

M_t = Basiszahlung im Zeitpunkt t

$\overline{x}_j$ = Maximal realisierbare Einheiten des Investitionsprojektes j

$\overline{y}_i$ = Maximal realisierbarer Umfang des Finanzierungsprojektes i

E = Entnahmeniveau

Bei den fortlaufend durchnumerierten Investitionsprojekten wird bei der Modellformulierung nicht zwischen Sach- und Finanzinvestitionsprojekten unterschieden. Entsprechend erfolgt bei den Finanzierungsprojekten keine Differenzierung zwischen längerfristigen, d.h. mehrperiodigen Krediten und kurzfristigen (einperiodigen) Finanzierungsmaßnahmen. Sowohl für die Investitions- als auch für die Finanzierungsprojekte werden nur *Auszahlungsüberschüsse* betrachtet. Liegen für die Projekte im Zeitpunkt t Einzahlungen vor, so lassen sich diese als negative Auszahlungen auffassen, mit der Folge, daß a_{jt} bzw. d_{it} negative Werte annehmen. Die Auszahlungsüberschüsse weisen für die Zeitpunkte t den Wert null auf, in denen die Projekte entweder noch nicht begonnen haben oder bereits vor dem Planungshorizont abgeschlossen sind.

In dem hier unterstellten Fall des Vermögensstrebens verfolgt der Investor das Ziel, sein Vermögen im Zeitpunkt T zu maximieren. Der Vermögensendwert (VE) setzt sich zum einen aus der Basiszahlung und der Entnahme im Zeitpunkt T zusammen.

Weiter sind die zu diesem Zeitpunkt anfallenden Auszahlungsüberschüsse der Investitions- und Finanzierungsprojekte zu berücksichtigen. Um sie in der zu maximierenden Zielfunktion adäquat abzubilden, müssen sie dort mit negativen Vorzeichen aufgenommen werden. Die *Zielfunktion* lautet damit wie folgt:

$$VE = - \underbrace{\sum_{j=1}^{J} a_{jT} \cdot x_j}_{\substack{\text{Auszahlungsüber-} \\ \text{schüsse der Investi-} \\ \text{tionsprojekte im} \\ \text{Zeitpunkt T}}} - \underbrace{\sum_{i=1}^{I} d_{iT} \cdot y_i}_{\substack{\text{Auszahlungsüber-} \\ \text{schüsse der Finan-} \\ \text{zierungsprojekte} \\ \text{im Zeitpunkt T}}} + \underbrace{M_T}_{\substack{\text{Basiszahlung} \\ \text{im Zeitpunkt T}}} - \underbrace{E}_{\substack{\text{Entnahme im} \\ \text{Zeitpunkt T}}} \rightarrow \text{Max}$$

Da es sich bei der Basiszahlung und der Entnahme im Zeitpunkt T um konstante Größen handelt, beeinflussen sie nicht die Optimallösung und können deshalb weggelassen werden. Der zulässige Lösungsraum wird durch zwei Arten von *Nebenbedingungen* eingeschränkt. Die erste Gruppe von Nebenbedingungen ergibt sich aus der Forderung, daß der Investor zu keinem Zeitpunkt illiquide werden darf. Für die Zeitpunkte t = 0,1...,T ergeben sich die folgenden *Liquiditätsnebenbedingungen*:

$$\underbrace{\sum_{j=1}^{J} a_{jt} \cdot x_j}_{\substack{\text{Auszahlungsüber-} \\ \text{schüsse der Investi-} \\ \text{tionsprojekte im} \\ \text{Zeitpunkt t}}} + \underbrace{\sum_{i=1}^{I} d_{it} \cdot y_i}_{\substack{\text{Auszahlungsüber-} \\ \text{schüsse der Finan-} \\ \text{zierungsprojekte} \\ \text{im Zeitpunkt t}}} \leq \underbrace{M_t}_{\substack{\text{Basiszahlung} \\ \text{im Zeitpunkt t}}} - \underbrace{E}_{\substack{\text{Entnahme im} \\ \text{Zeitpunkt t}}}$$

Projektmengenbedingungen stellen die zweite Gruppe von Nebenbedingungen dar. Sie umfassen einerseits die Nichtnegativitätsbedingungen und gewährleisten andererseits die Einhaltung der vorgegebenen Höchstgrenzen. Für den hier verwendeten Modellansatz ergeben sich:

$x_j \leq \overline{x}_j$ für $j = 1,..., J$

$y_i \leq \overline{y}_i$ für $i = 1,..., I$

$x_j \geq 0$ für $j = 1,..., J$

$y_i \geq 0$ für $i = 1,..., I$

Die Problemformulierung ist damit grundsätzlich abgeschlossen. Allerdings haben für realitätsnähere Problemstellungen die Projektmengen weitere Bedingungen zu erfüllen. Bei einer Vielzahl von Investitionsprojekten ist nur darüber zu entscheiden, ob daß Projekt durchgeführt wird oder nicht. In diesem Fall kann x_j nur die Werte null oder eins annehmen. Für Sachinvestitionsprojekte wird häufig gelten, daß x_j nur ganzzahlig sein darf. Gleiches dürfte für spezielle mit einem Kreditgeber ausgehandelte Finanzierungsprojekte gelten. Dagegen kann bei kurzfristigen Investitions- und

Finanzierungsmaßnahmen auf *Ganzzahligkeitsforderungen* verzichtet werden. Da sowohl die Zielfunktion als auch die Nebenbedingungen linear formuliert sind, kann das vorliegende Modell mit Hilfe der Verfahren der *Gemischtganzzahligen Linearen Optimierung* gelöst werden.

Aufgabe 3

a) Dem Investor stehen sieben Investitionsprojekte (die ganzzahlig zu wählenden Sachinvestitionsprojekte eins bis vier und die Finanzinvestitionsprojekte fünf bis sieben) und fünf Finanzierungsalternativen (die nur ganzzahlig wahrzunehmenden Kredite eins und zwei sowie die kurzfristigen Finanzierungsmöglichkeiten drei bis fünf) zur Auswahl. Das lineare Modell weist damit insgesamt zwölf Entscheidungsvariablen auf. Die Anzahl der Liquiditätsnebenbedingungen bemißt sich nach den im Planungszeitraum berücksichtigten Zeitpunkten. Für die vorliegende Problemstellung sind damit vier Liquiditätsnebenbedingungen (L1 bis L4) zu formulieren. Allerdings erweist sich die Nebenbedingung L4 als redundant, weil bereits die Zielfunktion sicherstellt, daß die Liquidität in t = 3 maximiert wird. Projektmengenbedingungen (P1 bis P6) müssen ausschließlich für die Sachinvestitionsprojekte sowie die beiden längerfristigen Finanzierungsmöglichkeiten formuliert werden. Der Übersichtlichkeit halber wird das lineare Planungsmodell in Tabelle 1 dargestellt. Die nachstehende Problemformulierung erlaubt aber noch keine Aussagen darüber, welches Investitions- und Finanzierungsprogramm zu realisieren ist.

	x_1	x_2	x_3	x_4	x_5	x_6	x_7	y_1	y_2	y_3	y_4	y_5		RHS
ZF	150	300		500			104	-304,84	-906,52			-112	→	Max
L1	500	600		900	100			-800	-700	-100			≤	1000
L2	-250	-450	200	-200	-104	100		304,84		112	-100		≤	-45
L3	-200		-250	-400		-104	100	304,84			112	-100	≤	-45
L4	-150	-300		-500			-104	304,84	906,52			112	≤	-45
P1	1												≤	3
P2		1											≤	3
P3			1										≤	3
P4				1									≤	3
P5								1					≤	1
P6									1				≤	1

Tabelle 1: Ausgangstableau bei simultaner Investitions- und Finanzplanung

b) Während auf die Realisierung des vierten Investitionsprojektes verzichtet wird, erweist sich die dreifache Durchführung der Investitionsprojekte zwei und drei und die zweifache Realisierung des Investitionsprojektes eins als vorteilhaft. Neben diese Sachinvestitionen tritt im Zeitpunkt t = 2 noch eine Finanzinvestition. Der Finanzierung des Investitionsprogramms dienen die Finanzierungsprojekte eins, drei und vier. Diese Ergebnisse der Gemischtganzzahligen Optimierung ermöglichen die Aufstellung eines *vollständigen Finanzplanes*. Mit seiner Hilfe lassen sich die zu den verschiedenen Zeitpunkten des Planungszeitraumes geplanten Liquiditätsbewegungen übersichtlich darstellen (vgl. Tabelle 2).

Zeitpunkt		0	1	2	3
Basiszahlungen		1.000,00	0,00	0,00	0,00
Investitionen					
x_j	Projekt-Nr.				
2	1	−1.000,00	500,00	400,00	300,00
3	2	−1.800,00	1.350,00	0,00	900,00
3	3		−600,00	750,00	
5,5394	7			−553,94	576,10
Finanzierungen					
y_i	Projekt-Nr.				
1	1	800,00	−304,84	−304,84	−304,84
10	3	1.000,00	−1.120,00		
2,1984	4		219,84	−246,22	
Entnahme		0,00	−45,00	−45,00	−45,00
Endvermögen		0,00	0,00	0,00	1.226,26

Tabelle 2: Vollständiger Finanzplan

c) Zur Beurteilung des Modells von Hax soll auf die drei Problemkreise Datenermittlung, rechentechnische Bewältigung und Realitätsnähe eingegangen werden. In bezug auf die *Datenermittlung* ist zunächst festzuhalten, *welche* Daten dem Investor zur Verfügung stehen müssen. Neben den Zahlungsreihen der Investitions- und Finanzierungsprojekte sind dies die Projektobergrenzen, die anfallenden Basiszahlungen und die vom Investor gewünschten Entnahmen der Perioden. Der *Umfang* der Datenermittlung variiert zum einen mit den ins Kalkül einbezogenen Investitions- und Finanzierungsalternativen und zum anderen mit der Länge des gewählten Planungszeitraumes.

Die *rechentechnische Bewältigung* korrespondiert mit dem Umfang der Datenermittlung. Während eine steigende Anzahl von Projektalternativen die Anzahl der Entscheidungsvariablen erhöht, führt die Berücksichtigung zusätzlicher Perioden zu einer entsprechend höheren Anzahl von Nebenbedingungen. Dies hat insbesondere bei dem hier vorgestellten gemischtganzzahligen Modellansatz zur Folge, daß schnell die Grenzen der rechentechnischen Durchführbarkeit erreicht werden. Zur Beurteilung der *Realitätsnähe* können die dem Modell zugrunde liegenden Prämissen hinterfragt werden. Die Unabhängigkeit der Projekte sowie die Zuordenbarkeit der Wirkungen zu bestimmten Objekten und Zeitpunkten ist genauso fraglich, wie vorgegebene Produktionspläne, Nutzungsdauern und Laufzeiten. Auch die Annahme, daß der Investor alle in das Modell einfließenden Daten mit Sicherheit kennt, muß bezweifelt werden.

Aufgabe 4

Mit der zufallsbedingten Unsicherheit, der unscharfen Beschreibung von Phänomenen und mit unscharfen Relationen können drei Arten von Unsicherheit und Unschärfe unterschieden werden. *Zufallsbedingte Unsicherheit* liegt vor, wenn Unsicherheit über das Eintreten eines bestimmten Ereignisses besteht. Während diese Art von Unsicherheit durch eine Wahrscheinlichkeitsverteilung abgebildet werden kann, ist dies bei einer durch Ungewißheit gekennzeichneten Situation nicht möglich. Um dennoch Aussagen treffen zu können, bietet es sich an, Phänomene *unscharf* zu beschreiben. Hierbei lassen sich zwei Formen von Unschärfe unterscheiden: *Intrinsische Unschärfe* liegt vor, wenn menschliche Empfindungen zur Situationsbeschreibung herangezogen werden (z.B. „vertretbare Kosten"). Andererseits können unscharfe Formulierungen dazu dienen, komplexe Zusammenhänge verbal zu verdichten (als Beispiel diene hier die Einschätzung „gutes Betriebsklima"). In diesem Fall handelt es sich um *informationale Unschärfe*. Letztere kann darüber hinaus auch dann auftreten, wenn das Ergebnis einer Handlung nicht exakt prognostiziert werden kann. Relationen, die weder eindeutig wahr noch eindeutig falsch sind (z.B. „erheblich größer als"), können als *unscharfe Relationen* charakterisiert werden.

Aufgabe 5

a) Ausgangspunkt der Theorie der unscharfen Mengen ist die Überlegung, daß sich menschliche Denk- und Entscheidungsprozesse nicht in exakt gegeneinander abgrenzbaren Kategorien vollziehen, sondern weitere Komponenten berücksichtigen. Um diese formal zu erfassen, ersetzt ein erweitertes das klassische Mengenverständnis. Letzteres zeichnet sich dadurch aus, daß ein Element zu einer bestimmten Menge gehört oder nicht (*binäre Logik*). Dokumentiert eine beliebige Funktion f(x) den Zugehörigkeitsgrad eines Elementes zu einer bestimmten Menge, so kann nach klassischem Mengenverständnis der Zugehörigkeitsfunktion f(x) der Wert eins zugeordnet werden, wenn das Element zu dieser Menge gehört. Andernfalls weist die Zugehörigkeitsfunktion den Wert null auf. Das Konzept der unscharfen Mengen ersetzt dagegen die Trennlinie zwischen Zugehörigkeit und Nichtzugehörigkeit zu einer Menge durch einen Übergangsbereich, in dem die Zugehörigkeitsfunktion auch Werte zwischen null und eins annehmen kann.

b) *Trapezförmige unscharfe Zahlen* stellen eine gebräuchliche Art dar, Unschärfe bei Zahlen zu berücksichtigen. Die Zugehörigkeitsfunktion f(x) einer trapezförmigen unscharfen Zahl wird zunächst durch zwei Punkte m_1 und m_2 auf dem 1–Niveau festgelegt. Sodann sind eine linke sowie eine rechte Spreizung zu beachten. Bezeichnet λ die linke und μ die rechte Spreizung, so determinieren $(m_1 - \lambda)$ und $(m_2 + \mu)$ die Intervallgrenzen auf dem 0–Niveau. Zur Beschreibung unscharfer Zahlen ist die Einführung von *Referenzfunktionen* hilfreich. Sie ordnen beliebigen x–Werten einen bestimmten Zugehörigkeitswert zwischen null und eins zu. Die Wahl von $\max\{0\,;1-|x|\}$ als Referenzfunktion für die linke und rechte Spreizung (L(x) = R(x)) führt zu einem trapezförmigen Verlauf der Zugehörigkeitsfunktion f(x) (vgl. auch Abbildung 1):

$$f(x) = \begin{cases} \max\left\{0\,;1-\left|\dfrac{m_1-x}{\lambda}\right|\right\} & \text{für } x \leq m_1 \\ 1 & \text{für } m_1 < x \leq m_2 \\ \max\left\{0\,;1-\left|\dfrac{x-m_2}{\mu}\right|\right\} & \text{für } m_2 < x \end{cases}$$

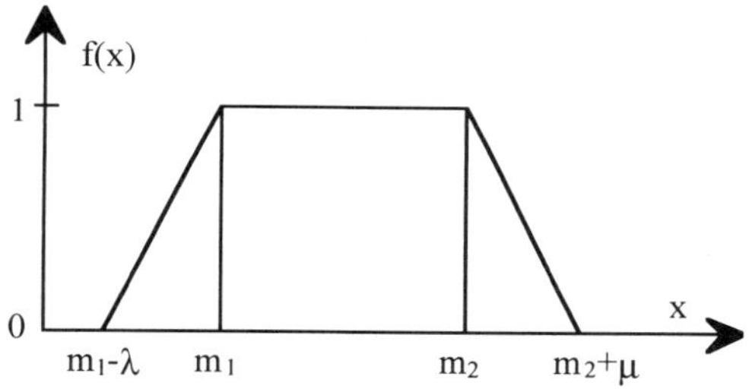

Abbildung 1: Trapezförmige Zugehörigkeitsfunktion

Für den Spezialfall, daß m_1 und m_2 in einem Punkt zusammenfallen, entsteht eine nach dem Verlauf der Zugehörigkeitsfunktion benannte *trianguläre unscharfe Zahl*.

c) Die *Verknüpfung* unscharfer Zahlen ist besonders einfach, wenn sie gleiche Referenzfunktionen haben. Werden zwei trapezförmige unscharfe Zahlen in einer vereinfachten Schreibweise durch die Ausdrücke (m_1, m_2, λ, μ) und (n_1, n_2, τ, υ) charakterisiert, so läßt sich die Addition beider Größen nach der folgenden Berechnungsformel durchführen:

$(m_1, m_2, \lambda, \mu) + (n_1, n_2, \tau, \upsilon) = (m_1 + n_1, m_2 + n_2, \lambda + \tau, \mu + \upsilon)$

Insbesondere im Hinblick auf die Einbeziehung unscharfer Zahlen in die lineare Optimierung spielt neben der Verknüpfung auch der *Vergleich* von unscharfen Zahlen eine wichtige Rolle. Hierzu sind die linken bzw. rechten Äste der trapezförmigen unscharfen Zahlen zueinander in Beziehung zu setzen. Eine Möglichkeit einen Vergleich anzustellen, wird nachfolgend beschrieben. Bezeichnen $\tilde{A}$ und $\tilde{B}$ zwei trapezförmige unscharfe Zahlen, so gilt $\tilde{A} \leq \tilde{B}$, wenn für jedes α–Niveau ($\alpha \in [0, 1]$)

- der zugehörige x-Wert am linken Ast der Menge $\tilde{A}$ (für $\alpha^* = x_{LA}$) kleiner ist als derjenige der Menge $\tilde{B}$ (für $\alpha^* = x_{LB}$) und

- der zugehörige x-Wert am rechten Ast der Menge $\tilde{A}$ (für $\alpha^* = x_{RA}$) kleiner ist als derjenige der Menge $\tilde{B}$ (für $\alpha^* = x_{RB}$) (vgl. Abbildung 2).

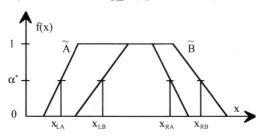

Abbildung 2: Vergleich zweier unscharfer Zahlen

Dieser Vergleich von unscharfen Zahlen läßt sich – in Verbindung mit der vorstehend beschriebenen Addition von unscharfen Zahlen – in der linearen Optimierung nutzen. Bezeichne $\tilde{a}_1 x_1 + \tilde{a}_2 x_2 \leq \tilde{b}$ eine beliebige unscharfe Restriktion mit

$\tilde{a}_1 = (m_1, m_2, \lambda, \mu), \tilde{a}_2 = (n_1, n_2, \tau, \upsilon)$ und $\tilde{b} = (k_1, k_2, \sigma, \varsigma)$.

Repräsentieren β_L und β_R Parameter, mit deren Hilfe die Vergleichspunkte auf den Ästen der Zugehörigkeitsfunktionen gesteuert werden, so sind folgende Vergleiche anzustellen:

$-\beta_L (\lambda x_1 + \tau x_2 - \sigma) \leq k_1 - m_1 x_1 - n_1 x_2$

$\beta_R (\mu x_1 + \upsilon x_2 - \varsigma) \leq k_2 - m_2 x_1 - n_2 x_2$

Um die Anzahl der Vergleiche zu begrenzen, wird nur eine bestimmte Anzahl von Werten für die Parameter β_L und β_R zugelassen. In dem *δ–niveaubezogenen Modellansatz* konzentriert sich die Betrachtung lediglich auf zwei α–Niveaus. Zum einen erfolgt eine Betrachtung des 1–Niveaus, indem die beiden Parameter β_L und β_R den Wert null annehmen. Zum anderen wird ein bestimmtes α–Niveau ausgewählt und als δ–Niveau bezeichnet. Um eine Betrachtung auf diesem Niveau zu gewährleisten, sind die beiden Parameter auf $1-\delta$ zu setzen. Der Vorteil dieser Vorgehensweise besteht darin, daß α–Niveaus mit einem geringen Zugehörigkeitswert aus der Betrachtung ausgeschlossen werden. In dem δ–niveaubezogenen Modell ersetzen damit vier „scharf" formulierte Restriktionen eine unscharfe:

$m_1 x_1 + n_1 x_2 \leq k_1$

$m_1 x_1 + n_1 x_2 - (1-\delta)(\lambda x_1 + \tau x_2) \leq k_1 - (1-\delta)\sigma$

$m_2 x_1 + n_2 x_2 \leq k_2$

$m_2 x_1 + n_2 x_2 + (1-\delta)(\mu x_1 + \upsilon x_2) \leq k_2 + (1-\delta)\varsigma$

Die Anzahl der scharfen Restriktionen, die eine unscharfe Restriktion ersetzen, reduziert sich auf zwei, wenn das absolute Glied $\tilde{b}$ einer beliebigen Restriktion nicht eine trapezförmige sondern eine *halbtrianguläre unscharfe Zahl* ist. In diesem Fall kann entweder auf den Vergleich der linken oder rechten Äste verzichtet werden, da andernfalls redundante Restriktionen auftreten.

Aufgabe 6

a) Die Einbeziehung unscharfer Angaben in das Planungsproblem aus Aufgabe 3 wirkt sich ausschließlich auf die Formulierung der Liquiditätsbedingungen aus, weil lediglich die Auszahlungsüberschüsse, die Bereitstellung der Eigenmittel und die Entnahmewünsche unscharf formuliert sind. Die Projektbedingungen sind dagegen von den unscharfen Angaben nicht betroffen.

Die Angaben des Investors zu den Eigenmitteln lassen sich mit Hilfe der Theorie der unscharfen Mengen formal als halbtrianguläre unscharfe Zahl interpretieren. Da der Investor nicht bereit ist, mehr als 1.400 GE als Eigenmittel bereitzustellen, weist dieser Betrag einen Zugehörigkeitswert von null auf. Ein reduzierter Eigenmitteleinsatz führt solange zu steigenden Zugehörigkeitswerten, bis 1.000 GE erreicht sind. Bei diesem Betrag ist der Zugehörigkeitsfunktion ein Wert von eins zugeordnet (vgl. Abbildung 3). Mit analogen Überlegungen lassen sich die periodenbezogenen Entnahmen gleichfalls als halbtrianguläre unscharfe Zahlen interpretieren. Eine Entnahme in Höhe von 50 (40) GE führt dementsprechend zu einem Zugehörigkeitsgrad von eins (null).

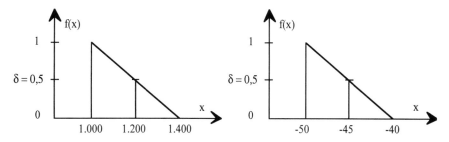

Abbildung 3: Halbtrianguläre Zugehörigkeitsfunktionen der Eigenmittelbereitstellung und einer periodenbezogenen Entnahme

Die Verwendung halbtriangulärer unscharfer Zahlen als absolute Glieder unscharfer Restriktionen weist den Vorteil auf, daß in dem δ–niveaubezogenen Modell zwei Restriktionen ausreichen, um eine unscharfe zu ersetzen (vgl. Aufgabe 5). In diesem Fall kann auf den Vergleich der linken Äste verzichtet werden. Damit ergibt sich die in Tabelle 3 wiedergegebene Problemformulierung.

	X1	X2	X3	X4	X5	X6	X7	Y1	Y2	Y3	Y4	Y5		RHS
ZF	131	265		470			104	-304,84	-906,52			-112	→	Max
L1a	530	638		940	100			-800	-700	-100			≤	1200
L1b	520	626		930	100			-800	-700	-100			≤	1000
L2a	-227	-424	219	-217	-104	100		304,84		112	-100		≤	-45
L2b	-234	-432	214	-224	-104	100		304,84		112	-100		≤	-50
L3a	-169		-237	-365		-104	100	304,84			112	-100	≤	-45
L3b	-178		-242	-374		-104	100	304,84			112	-100	≤	-50
L4a	-131	-265		-470			-104	304,84	906,52			112	≤	-45
L4b	-140	-274		-480			-104	304,84	906,52			112	≤	-50
P1	1												≤	3
P2		1											≤	3
P3			1										≤	3
P4				1									≤	3
P5					1								≤	1
P6						1							≤	1

Tabelle 3: Ausgangstableau des δ–niveaubezogenen Modells bei simultaner Investitions- und Finanzplanung

b) Die mit Hilfe des EDV-Programms ermittelte Lösung führt für die auf dem Niveau δ = 0,5 liegende Zielfunktion zu einem Vermögensendwert von 1.077,66 GE, abzüglich der Entnahme in Höhe von 45 GE. Im Vergleich zu Aufgabe 3 wird damit auf den ersten Blick ein reduzierter Vermögensendwert realisiert. Dies erscheint um so erstaunlicher, als der Investor im Vergleich zu Aufgabe 3 sogar bereit ist, zusätzliche Eigenmittel in t = 0 bereitzustellen.

Die Reduzierung des Vermögensendwertes ist auf die Schwankungen der Auszahlungsüberschüsse zurückzuführen. Insbesondere finden die für den Investor ungünstigen Realisationen der Zahlungsreihen Berücksichtigung. Als Folge stellt sich grundsätzlich eine Lösung ein, die insbesondere für die ungünstigen Realisationen einen hohen Vermögensendwert garantiert. Der Grad, inwieweit ungünstige Realisationen berücksichtigt werden sollen, läßt sich durch die Wahl des δ–Niveaus steuern. Die hier getroffene Wahl von δ = 0,5 garantiert, daß die nicht besonders wahrscheinlichen ungünstigen Zahlungsrealisationen die Optimallösung nicht einschränken.

Die Lösung der vorliegenden Problemstellung führt zu einer vorsichtigen Investitionsstrategie, die im Vergleich zu der Situation bei Sicherheit einen deutlich verminderten Umfang aufweist. Während das Investitionsprojekt x_2 nunmehr nur noch einmal (zuvor dreimal) realisiert wird, fällt das Investitionsprojekt x_1 gänzlich aus dem Programm. Dem Nachteil, daß im Vergleich zur Situation bei Sicherheit nur ein geringer Vermögensendwert realisiert werden kann, steht der Vorteil einer geringen Schwankungsbreite des Vermögensendwertes gegenüber. Träfen die ungünstigen Realisationen der Zahlungsreihen ein, so führte beispielsweise die Lösung der Aufgabe 3 zu einem Vermögensendwert, der deutlich unter demjenigen liegt, der in dieser Aufgabe ermittelt wurde. Umgekehrt erreicht der Vermögensendwert, der aus der optimalen Investitionsstrategie dieser Aufgabe resultiert, nicht den maximalen Vermögensendwert der Aufgabe 3, wenn die mit Sicherheit angenommenen Zahlungsströme tatsächlich eintreffen.

Literaturhinweise

BUSCHER, U./ROLAND, F.: Fuzzy Sets in der Linearen Optimierung, in: WiSt 1993, S. 313-317.

GÖTZE, U./BLOECH, J.: Investitionsrechnung, 2. Aufl., Berlin u.a. 1995.

HAX, H.: Investitions- und Finanzplanung mit Hilfe der linearen Programmierung, in: ZfbF 1964, S. 430-446.

HAX, H.: Investitionstheorie, 5. Aufl., Würzburg/Wien 1985.

HERING, TH.: Investitionstheorie aus der Sicht des Zinses, Wiesbaden 1995.

KRUSCHWITZ, L.: Investitionsrechnung, 6. Aufl., Berlin/New York 1995.

RAMIK, J./RIMANEK, J.: Inequality Relation between Fuzzy Numbers and its Use in Fuzzy Optimization, in: Fuzzy Sets and Systems 1985, S. 123-138.

ROMMELFANGER, H.: Fuzzy Decision Support-Systeme, 2. Aufl., Berlin u.a. 1994.

STEINRÜCKE, M.: Fuzzy Sets und ihre konzeptionelle Anwendung in der Produktionsplanung, Wiesbaden 1997.

WOLF, J.: Lineare Fuzzy-Modelle zur Unterstützung der Investitionsentscheidung, Frankfurt a. M. u.a. 1988.

WOLF, J.: Zur Integration vager Größen in LP-Ansätze: Das δ–niveaubegrenzte Fuzzy-Modell, in: ZfB 1988, S. 952-962.

ZIMMERMANN, H.-J.: Fuzzy Sets in Operations Research – Eine Einführung in Theorie und Anwendung, in: OR Proceedings 1984, S. 594-608.

Roland Rollberg

Simultane Investitions-, Finanz- und Produktionsprogrammplanung

Ein Industriebetrieb erstellt in einem rollierenden Planungsmodus jede Periode bzw. jedes Jahr einen Plan, der unter Berücksichtigung der im Planungszeitpunkt $t = 0$ verfügbaren Informationen über das gewinnmaximale Investitions-, Finanz- und Produktionsprogramm für die nächsten T Perioden Auskunft erteilen soll.

Zu Beginn des Planungszeitraums verfügt das Unternehmen über einen in den Vorperioden aufgebauten Anlagenbestand, der in den bevorstehenden Perioden durch Zukauf weiterer Aggregate (Investition) erweitert oder durch Verkauf bereits existierender Anlagen (Desinvestition) reduziert werden kann. Zu jedem Zeitpunkt t des Planungszeitraums besteht die Möglichkeit, Maschinen unterschiedlichen Typs einzukaufen, wobei perioden- und anlagenspezifische Anschaffungsauszahlungen anfallen. Die Zahl in t beschaffbarer Aggregate eines bestimmten Typs ist beschränkt. Maschinen, die sich mindestens eine Periode lang im Besitz des Unternehmens befunden haben, können wieder verkauft werden. Der daraus resultierende Mittelzufluß richtet sich nach dem Typ sowie dem Anschaffungs- und dem Verkaufszeitpunkt der Anlage.

Neben Sachanlageinvestitionen und -desinvestitionen stehen dem Unternehmen zu jedem Zeitpunkt t verschiedene einjährige Finanzanlage- und Kreditaufnahmemöglichkeiten in jeweils begrenztem Umfange offen. Der geltende Habenzinsfuß (Sollzinsfuß) für angelegtes (aufgenommenes) Kapital hängt vom jeweiligen Finanzanlagetyp (Kredittyp) und vom Zeitpunkt t ab.

In Abhängigkeit vom Anlagenbestand vermag der Industriebetrieb unterschiedliche Erzeugnisse zu produzieren. Jedes Erzeugnis muß verschiedene Fertigungsstufen durchlaufen und wird in jeder Stufe auf ganz bestimmten Aggregaten bearbeitet. Anschaffungszeitpunkt und Typ des jeweiligen Aggregats determinieren die periodenspezifischen Kapazitäten und fixen Auszahlungen für die Betriebsbereitschaft. Erforderliche Kapazität und variable Auszahlungen für die Erzeugung eines ausgewählten Produkts variieren mit der jeweiligen Maschine, Fertigungsstufe und Periode. Pro Periode werden nicht mehr Erzeugnisse hergestellt, als maximal zum perioden- und produktspezifischen Verkaufspreis veräußert werden können. Auch von Zwischenlagern ist zu abstrahieren. Erst am Ende der jeweiligen Periode fließen dem Unternehmen die Einzahlungen aus dem Verkauf zu. Die Produktion ist vorzufinanzieren, d.h., die produktionsbedingten Auszahlungen haben vor Fertigungsbeginn bzw. zu Beginn der entsprechenden Periode zu erfolgen.

Die Liquidität des Unternehmens muß zu jeder Zeit gesichert sein, wobei im Zeitpunkt t verfügbare Eigenmittel und ein geplanter Entnahmebetrag zu berücksichtigen sind. Aus planungstechnischen Gründen soll am Ende des Planungszeitraums eine fiktive Liquidation all jener Anlagen erfolgen, die faktisch über den Planungshorizont hinaus zum Einsatz gelangen könnten.

Aufgabe 1

Kennzeichnen Sie die Aufgaben der Investitions-, der Finanz- und der Produktionsprogrammplanung! Erläutern Sie die zwischen den drei zentralen Teilplänen der Unternehmensplanung bestehenden Interdependenzen, und begründen Sie darauf aufbauend die Notwendigkeit eines simultanen Planungsansatzes!

Aufgabe 2

Formulieren Sie einen allgemeinen Planungsansatz auf Basis der linearen Optimierung, der den vielfältigen Interdependenzen zwischen der Investitions-, Finanz- und Produktionsprogrammplanung Rechnung trägt und den Gewinn des obigen Unternehmens maximiert! Erläutern Sie alle verwendeten Symbole!

Aufgabe 3

Beurteilen Sie den linearen Planungsansatz, und beantworten Sie dabei gleichzeitig die Frage, welche Prämissen dem Ansatz zugrunde liegen! Wie ist es um die Lösbarkeit des gemischt-ganzzahligen linearen Planungsansatzes bestellt?

Aufgabe 4

Erläutern Sie vor dem Hintergrund der simultanen Investitions-, Finanz- und Produktionsprogrammplanung das „Planungshorizontdilemma"!

Aufgabe 5

Wie läßt sich das realen Problemstellungen innewohnende Unsicherheitsproblem in der simultanen Investitions-, Finanz- und Produktionsprogrammplanung angemessen berücksichtigen?

Lösung

Aufgabe 1

Investition und Finanzierung sind zwei Seiten ein und derselben Medaille, denn unter Finanzierung ist die Bereitstellung für Investitionen erforderlicher Zahlungsmittel und unter Investition die Verwendung der im Rahmen der Finanzierung aufzubringenden Mittel zu verstehen. Während bei einer Investition Auszahlungen zeitlich vor den erhofften Einzahlungen anfallen, fließen bei der Finanzierung zunächst Einzahlungen, denen zu einem späteren Zeitpunkt Auszahlungen folgen. Die Finanzierung dient der Überbrückung der Zeit bis zur „Wiedergeldwerdung" des investierten Kapitals.

Im Rahmen der *Investitionsplanung* ist vor dem Hintergrund der verfolgten Unternehmensziele über die Vorteilhaftigkeit der möglichen Mittelverwendung zu befinden. Hierbei kann zu entscheiden sein,

- ob ein einzelnes, nicht mit anderen Investitionen in Beziehung stehendes Investitionsobjekt realisiert (reines Vorteilhaftigkeitsproblem),
- welche Alternative von zwei oder mehreren sich gegenseitig ausschließenden Investitionsmöglichkeiten ausgewählt (Wahlproblem),
- wie lange das jeweilige Investitionsobjekt genutzt (Nutzungsdauerproblem) oder
- ob ein schon vorhandenes Objekt durch ein neues ersetzt (Ersatzproblem)

werden sollte.

Die *Finanzplanung* hat eine unternehmenszieladäquate Mittelbeschaffung zu gewährleisten, wozu beispielsweise zu klären ist,

- ob ein einzelnes, nicht mit anderen Finanzierungsmöglichkeiten in Beziehung stehendes Finanzierungsprojekt realisiert (reines Vorteilhaftigkeitsproblem),
- welche Alternative von zwei oder mehreren sich gegenseitig ausschließenden Finanzierungsprojekten ausgewählt (Wahlproblem) oder
- ob ein bereits existierendes Projekt durch ein neues ersetzt (Ersatzproblem)

werden sollte. Grundsätzlich gelangt zur Beantwortung dieser Fragen dasselbe rechentechnische Instrumentarium zur Anwendung wie bei der Beurteilung von Investitionen. Dies ist auch nicht weiter verwunderlich, da ja die Zahlungsreihe einer Finanzierungsalternative formal der mit −1 multiplizierten Zahlungsreihe eines Investitionsobjekts entspricht. Die Modelle der Investitionstheorie sind aber für die ökonomische Beurteilung von Zahlungsströmen gleich welcher Struktur konzipiert und eignen sich daher für Investitions- und Finanzierungsentscheidungen gleichermaßen.

Die Frage, ob ein bestimmtes Investitionsvorhaben oder eine ausgewählte Finanzierungsalternative vorteilhaft im Sinne der obersten Unternehmenszielsetzung ist, läßt sich lediglich vor dem Hintergrund eines vollkommenen Kapitalmarktes isoliert beantworten, auf dem für Kredite bzw. Geldanlagen unbeschränkten Ausmaßes ein einheitlicher Zins erhoben bzw. gezahlt wird. Dagegen handelt es sich bei Investitions- und Finanzierungsentscheidungen auf einem von Kapitalknappheit gezeichneten unvollkommenen Kapitalmarkt (vgl. Aufgabe 1 der Fallstudie von Thomas Hering) um interdependente Planungsprobleme, die nur simultan mit Hilfe eines alle relevanten Investitions- und Finanzierungsalternativen umfassenden Totalmodells einer optimalen Lösung zugeführt werden können. Deshalb besteht die Aufgabe der *simultanen Investitions- und Finanzierungsprogrammplanung* darin, das knappe, zu unterschiedlichen Konditionen verfügbare Kapital so auf die Investitionsobjekte aufzuteilen, daß bspw. der Gewinn unter der strengen Nebenbedingung jederzeitiger Zahlungsfähigkeit (Liquidität) maximiert wird.

Klassische Verfahren der Investitionsrechnung gehen davon aus, daß sich für jedes Investitionsprojekt eine bestimmte Zahlungsreihe isolieren läßt. Mithin setzt eine wirtschaftliche Einschätzung produktionsbezogener Investitionen im Falle der Mehrproduktfertigung die vorherige Bestimmung des projektinduzierten Produktionsprogramms voraus, das aber seinerseits vom jeweiligen Investitionsumfang und den durch die Investition determinierten variablen Stückkosten abhängt. Bei mehrstufiger Fertigung ist die Isolierung einer projektspezifischen Zahlungsreihe unmöglich. Die skizzierte Interdependenz und die mangelnde Zurechenbarkeit einzelner Zahlungen zu bestimmten Investitionsprojekten legen eine *simultane Investitions- und Produktionsprogrammplanung* nahe.

Gegenstand der *Produktionsprogrammplanung* ist die Festlegung der in einzelnen Planperioden zu erbringenden Leistungen nach Art und Menge. Die Produktionsprogrammplanung steht in enger Beziehung mit der Absatzprogrammplanung, ist aber nicht mit dieser zu verwechseln, denn Lagerhaltung und Fremdbezug führen zu Unterschieden zwischen in einer Periode produzierten und verkauften Erzeugnissen.

Zusammenfassend läßt sich die Notwendigkeit einer *simultanen Investitions-, Finanz- und Produktionsprogrammplanung* mit dem Umstand begründen, daß

- die Investitionsprogrammplanung Informationen über das beschaffbare Kapital sowie die durch den Güterumwandlungsprozeß determinierten Rückflüsse der Investitionsobjekte,
- die Finanzierungsprogrammplanung Informationen über den aus einmaligen Errichtungs-, Erweiterungs- oder Ersatzinvestitionen bzw. aus laufenden Investitionen in den güterwirtschaftlichen Leistungsprozeß resultierenden Kapitalbedarf und
- die Produktionsprogrammplanung Informationen über die von konkreten Investitionsprojekten abhängigen variablen Stückkosten und zukünftig verfügbaren Fertigungskapazitäten sowie das für den güterwirtschaftlichen Leistungsprozeß beschaffbare Kapital benötigt.

Aufgabe 2

Variablen

x_{njkt} zwischen den Zeitpunkten t und t+1 (also in Periode „t+1") produzierte Menge des Erzeugnisses n auf Anlagetyp j in Fertigungsstufe k („Produktionsmenge gleich Absatzmenge" in der produktspezifischen letzten Fertigungsstufe K_n)

y_{jt} Anzahl der im Zeitpunkt t zu beschaffenden Anlagen vom Typ j

$\overline{y}_{pt}$ im Zeitpunkt t in den Finanzanlagetyp p zu investierender Betrag

$z_{j\tau t}$ Anzahl im Zeitpunkt τ beschaffter und im Zeitpunkt t wieder zu veräußernder Anlagen vom Typ j (frühester Beschaffungszeitpunkt: $-T^*$)

$\overline{z}_{qt}$ Betrag eines im Zeitpunkt t aufzunehmenden Kredits vom Typ q

Konstanten

a^v_{njkt} variable Auszahlungen pro Mengeneinheit des Erzeugnisses n, das auf Anlagetyp j in Fertigungsstufe k in der Periode „t+1" produziert wird

$A^f_{j\tau t}$ fixe Auszahlungen im Zeitpunkt t für eine in τ beschaffte Anlage vom Typ j

A^A_{jt} Anschaffungsauszahlungen für eine im Zeitpunkt t beschaffte Anlage vom Typ j

e_{nt} variable Einzahlungen pro Mengeneinheit (bzw. Preis) des Erzeugnisses n, das in der Periode „t+1" (produziert und) veräußert wird

$E^L_{j\tau t}$ aus der Liquidation einer im Zeitpunkt τ beschafften Anlage vom Typ j resultierende Einzahlungen im Zeitpunkt t

E_t verfügbare Finanzmittel im Zeitpunkt t

EN_t vorgegebene Entnahme im Zeitpunkt t

h_{pt} im Zeitpunkt t geltender Habenzinsfuß für Finanzanlagetyp p

$KAP_{j\tau t}$ Kapazität einer im Zeitpunkt τ beschafften Anlage vom Typ j in der Periode „t+1"

PK_{njkt} Beanspruchung der Kapazität einer Anlage vom Typ j in Fertigungsstufe k durch Produktion einer Mengeneinheit des Erzeugnisses n in Periode „t+1" (Produktionskoeffizient)

s_{qt} im Zeitpunkt t geltender Sollzinsfuß für einen Kredit vom Typ q

X_{nt} maximale Absatzmenge von Erzeugnis n in Periode „t+1"

Y_{jt} maximale Zahl beschaffbarer Anlagen vom Typ j im Zeitpunkt t

$\overline{Y}_{pt}$ maximaler Umfang der Finanzanlage vom Typ p im Zeitpunkt t

$\overline{Z}_{qt}$ maximaler Umfang des Kredits vom Typ q im Zeitpunkt t

Indizes

j   Produktionsanlagenindex (j = 1, 2, ..., J)
k   Fertigungsstufenindex (k = 1, 2, ..., K) → K_n = letzte produktspezifische Fertigungsstufe
n   Erzeugnisindex (n = 1, 2, ..., N)
p   Finanzanlagenindex (p = 1, 2, ..., P)
q   Kreditartenindex (q = 1, 2, ..., Q)
t   Zeitpunktindex (t = 0, 1, 2, ..., T) → Periode „t" (mit „t" = 1, 2, ..., „T") = Zeitraum zwischen t = „t"−1 und t = „t"

Alle Zahlungen mit Ausnahme der produktabhängigen Einzahlungen schlagen zu Beginn einer Periode „t+1" zu Buche, womit die Fertigung der Erzeugnisse vorfinanziert wird: Am Periodenbeginn (Zeitpunkt t) fallen die produktionsbedingten Auszahlungen, aber erst am jeweiligen Periodenende (Zeitpunkt t+1) die korrespondierenden Einzahlungen aus dem Verkauf der Produkte an. Im Zeitpunkt t sind daher u.a. die zwei Konstanten a^v_{njkt} und e_{nt-1} sowie die zugehörigen Produktionsmengen relevant.

Unter der Voraussetzung, daß Finanzmittelüberschüsse bzw. -bedarfe eines Jahres von einjährigen Finanzanlagen bzw. Krediten aufgefangen werden und alle Anlagen am Ende des Planungszeitraums (Zeitpunkt T) zu veräußern sind, besteht kein Unterschied zwischen der angestrebten Gewinnmaximierung und einer Maximierung des Endvermögens (EV) am Planungshorizont.

Zielfunktion „Endvermögensmaximierung"

$$\max. EV; \quad EV := \sum_{jn} e_{nT-1} \cdot x_{njK_nT-1} + \sum_j \sum_{\tau=-T^*}^{T-1} E^L_{j\tau T} \cdot (y_{j\tau} - \sum_{\pi=\tau+1}^{T-1} z_{j\tau\pi})$$

$$+ \sum_p (1+h_{pT-1}) \cdot \overline{y}_{pT-1} - \sum_q (1+s_{qT-1}) \cdot \overline{z}_{qT-1} - EN_T$$

Das Endvermögen im Zeitpunkt T ergibt sich aus den Einzahlungen aus dem Verkauf der in der letzten Periode produzierten Erzeugnisse und noch vorhandenen Anlagen, den Rück- und Zinszahlungen aus im Zeitpunkt T–1 getätigten Finanzanlagen, reduziert um die Zins- und Tilgungszahlungen für in T–1 aufgenommene Kredite sowie eine extern vorgegebene Entnahme. Im Zeitpunkt T können alle Anlagen verkauft werden, die vor (von $\tau = -T^*$ bis $\tau = -1$) und in (von $\tau = 0$ bis $\tau = T-1$) dem betrachteten Planungszeitraum beschafft, aber noch nicht veräußert wurden. Jede angeschaffte Anlage muß mindestens eine Periode lang im Betrieb verbleiben ($\pi \geq \tau+1$).

Die Maximierung des Endvermögens hat unter Einhaltung zahlreicher Restriktionen zu erfolgen. So ist beispielsweise zu jedem Zeitpunkt t = 0 bis t = T–1 das finanzwirtschaftliche Gleichgewicht sicherzustellen. Zum Zeitpunkt 0 muß die Summe aus variablen Auszahlungen für die vorzufinanzierende Produktion der anstehenden Periode, anlagenbedingten fixen Auszahlungen für denselben Zeitraum, Auszahlungen für zu Beginn der ersten Periode anzuschaffende Maschinen und zu tätigende Finanzanlagen, reduziert um Einzahlungen aus dem Verkauf bereits vor dem Planungszeitraum vorhandener Anlagen und aus in in t = 0 in Anspruch genommenen Krediten exakt dem im Zeitpunkt 0 gegebenen Finanzmittelbestand E_0 entsprechen. Zur Ermittlung der anlagenbedingten fixen Auszahlungen ist die Summe der aus allen bis einschließlich t = 0 beschafften Aggregaten resultierenden fixen Auszahlungen (2. Term) um die der bereits veräußerten Anlagen zu korrigieren (Bestandteil des 4. Terms). Im Zeitpunkt 0 können nur Elemente des Anlagenanfangsbestands ($\tau = -T^*$ bis $\tau = -1$) verkauft werden.

Liquiditätsbedingungen

$$\sum_{jkn} a^v_{njk0} \cdot x_{njk0} + \sum_j \sum_{\tau=-T^*}^{0} A^f_{j\tau 0} \cdot y_{j\tau} + \sum_j A^A_{j0} \cdot y_{j0} - \sum_j \sum_{\tau=-T^*}^{-1} (E^L_{j\tau 0} + A^f_{j\tau 0}) \cdot z_{j\tau 0}$$

$$+ \sum_p \bar{y}_{p0} - \sum_q \bar{z}_{q0} = E_0$$

$$\underbrace{\sum_{jkn} a^v_{njkt} \cdot x_{njkt}}_{(1)} + \underbrace{\sum_j \sum_{\tau=-T^*}^{t} A^f_{j\tau t} \cdot y_{j\tau} - \sum_j \sum_{\tau=-T^*}^{t-1} (A^f_{j\tau t} \cdot \sum_{\pi=\tau+1}^{t} z_{j\tau\pi})}_{(2)} + \underbrace{\sum_j A^A_{jt} \cdot y_{jt}}_{(3)}$$

$$- \underbrace{\sum_{jn} e_{nt-1} \cdot x_{njK_n t-1}}_{(4)} - \underbrace{\sum_j \sum_{\tau=-T^*}^{t-1} E^L_{j\tau t} \cdot z_{j\tau t}}_{(5)} - \underbrace{\sum_p (1+h_{pt-1}) \cdot \bar{y}_{pt-1}}_{(6)} + \underbrace{\sum_p \bar{y}_{pt}}_{(7)}$$

$$+ \underbrace{\sum_q (1+s_{qt-1}) \cdot \bar{z}_{qt-1}}_{(8)} - \underbrace{\sum_q \bar{z}_{qt}}_{(9)} + \underbrace{EN_t}_{(10)} = E_t \quad \forall\, t \in \{1, 2, \ldots, T-1\}$$

Zu allen Zeitpunkten t ∈ {1, 2, ..., T–1} muß die

- Summe aus variablen Auszahlungen für die Produktion (1) und anlagenbedingten fixen Auszahlungen (2) für die anstehende Periode „t+1", Auszahlungen für zu Beginn dieser Periode anzuschaffende Maschinen (3) und zu tätigende Finanzanlagen (7), Zins- und Tilgungszahlungen für in t–1 aufgenommene Kredite (8) sowie aus extern vorgegebener Entnahme (10),
- reduziert um Einzahlungen aus dem Verkauf der in der gerade abgelaufenen Periode „t" produzierten Erzeugnisse (4) und von in den vorhergehenden Zeitpunkten angeschafften Anlagen (5), Rück- und Zinszahlungen aus im Zeitpunkt t–1 getätigten Finanzanlagen (6) sowie um in t aufgenommene Kredite (9)

exakt dem im Zeitpunkt t gegebenen Finanzmittelbestand E_t entsprechen.

Zudem muß in jedem Zeitpunkt t für jeden Aggregattyp j sichergestellt sein, daß die Kapazität der vorhandenen Anlagen mindestens ausreicht, das für die jeweils unmittelbar bevorstehende Periode geplante Produktionsprogramm zu realisieren.

Kapazitätsbedingungen

$$\sum_n \sum_{k=1}^{K_n} PK_{njkt} \cdot x_{njkt} \leq \sum_{\tau=-T^*}^{t} KAP_{j\tau t} \cdot y_{j\tau} - \sum_{\tau=-T^*}^{t-1} (KAP_{j\tau t} \cdot \sum_{\pi=\tau+1}^{t} z_{j\tau\pi}) \quad \forall\, j, t$$

Die Produktionsmenge eines Erzeugnisses n in einer bestimmten Periode muß alle produktspezifischen Fertigungsstufen k durchlaufen. Mithin ist die zu bearbeitende periodenspezifische Menge eines Produkts n benachbarter Fertigungsstufen identisch.

Mengenkontinuitätsbedingungen

$$\sum_j x_{njkt} = \sum_j x_{nj\,k+1\,t} \quad \forall\ n,\ t\ \text{und}\ k \in \{1,2,\ldots,K_n-1\}$$

Zu keinem Zeitpunkt t dürfen mehr Anlagen vom Typ j und Beschaffungszeitpunkt τ *insgesamt* wieder verkauft worden sein, als im Zeitpunkt $\tau \leq t-1$ tatsächlich angeschafft wurden.

Anlagenbestandsbedingungen

$$\sum_{\pi=\tau+1}^{t} z_{j\tau\pi} - y_{j\tau} \leq 0 \quad \forall\ j,\ t \in \{0,1,\ldots,T\}\ \text{und}\ \tau \in \{-T^*,\ldots,t-1\}$$

Auch hinsichtlich der übrigen Variablen des Ansatzes sind Obergrenzen einzuhalten: So sind beispielsweise in jedem Zeitpunkt t neben der Zahl beschaffbarer Aggregate vom Typ j die Finanzanlage- und Kreditaufnahmemöglichkeiten p bzw. q begrenzt. Und die Produktionsmenge eines Erzeugnisses n darf in keiner Periode die maximal mögliche Absatzmenge eben dieses Produkts überschreiten.

Variablenobergrenzen

$y_{jt} \leq Y_{jt}$ $\quad \forall\ j,\ t$ $\qquad\qquad \overline{y}_{pt} \leq \overline{Y}_{pt}$ $\quad \forall\ p,\ t$

$\overline{z}_{qt} \leq \overline{Z}_{qt}$ $\quad \forall\ q,\ t$ $\qquad\qquad \sum_j x_{njK_n t} \leq X_{nt}$ $\quad \forall\ n,\ t$

Schließlich gelten noch für die Variablen des Problems

Nichtnegativitätsbedingungen und zum Teil *Ganzzahligkeitsbedingungen*.

$y_{jt} \geq 0$ und ganzzahlig $\quad \forall\ j,\ t$ $\qquad \overline{y}_{pt} \geq 0$ $\quad \forall\ p,\ t$

$z_{j\tau t} \geq 0$ und ganzzahlig $\quad \forall\ j,\ \tau,\ t$ $\qquad \overline{z}_{qt} \geq 0$ $\quad \forall\ q,\ t$

$x_{njkt} \geq 0$ $\qquad\qquad \forall\ n,\ j,\ k,\ t$

Aufgabe 3

Der vorgestellte gemischt-ganzzahlige lineare Optimierungsansatz bildet die diskutierten *Interdependenzen* zwischen der Investitions-, Finanz- und Produktionsprogrammplanung relativ wirklichkeitsnah ab. Dabei unterstreicht der Umstand, daß fertigungsbedingte Auszahlungen vor und entsprechende Einzahlungen erst nach der eigentlichen Produktion anfallen, den Investitionscharakter des güterwirtschaftlichen Leistungsprozesses. Investitions-, Desinvestitions-, Finanzanlage-, Kredit- und Produktvariablen, die über Liquiditäts- und zum Teil auch Kapazitätsbedingungen miteinander in Beziehung stehen, beseitigen das insbesondere bei mehrstufiger Fertigung unlösbare Problem der Isolierung investitionsprojektspezifischer Zahlungsreihen und das der Spezifizierung eines adäquaten Kalkulationszinsfußes. Zudem löst der vorliegende Planungsansatz neben dem reinen Vorteilhaftigkeitsproblem simultan auch das Nutzungsdauer- und Ersatzproblem. Sich gegenseitig ausschließende Investitions- oder Finanzierungsalternativen (Wahlproblem) könnten problemlos über entsprechende Restriktionen in das den unvollkommenen Kapitalmarkt widerspiegelnde Modell integriert werden.

Zu bemängeln sind indes die ausschließliche Berücksichtigung einjähriger, also kurzfristiger *Finanzanlagen* und *Kredite* sowie die Prämisse der unbeschränkten Nutzungsdauer der *Investitionsobjekte*. Auch die Annahme, neu beschaffte Anlagen seien sofort einsatzbereit, ist als realitätsfern zu bezeichnen.

Durch die modellimmanente *zeitpunktbezogene Betrachtungsweise* ist die *Liquidität* des Unternehmens nicht permanent, sondern nur zu Beginn und am Ende einer Periode sichergestellt, wobei das Ausmaß des Problems mit abnehmender Periodenlänge sinkt. Letztlich vermag nur eine tagesgenaue Planung die jederzeitige Zahlungsfähigkeit zu gewährleisten. Im Rahmen eines eher mittel- bis langfristigen Planungsansatzes sind aber derartig kurze Teilperioden völlig unzweckmäßig. Mithin kann eine tagesgenaue Liquiditätsplanung nicht Gegenstand der simultanen Investitions-, Finanz- und Produktionsprogrammplanung sein. In diesem Zusammenhang ist jedoch beschwichtigend ins Feld zu führen, daß der Ansatz durchaus sensibel mit dem Problem der Liquidität umgeht, da produktionsbedingte Einzahlungen eine Periode später als entsprechende Auszahlungen berücksichtigt werden, obwohl ein Teil der Einzahlungen gewiß früher anfallen wird. Die zeitpunktbezogene Betrachtungsweise abstrahiert aber von jeglichen Zahlungen innerhalb einer Periode.

Deshalb ist behelfsmäßig auch davon auszugehen, daß nur zu Beginn einer Periode *Investitionen* und *Desinvestitionen* getätigt werden können. Da es widersinnig wäre, zu ein und demselben Zeitpunkt ein Aggregat anzuschaffen und gleich wieder zu veräußern, muß mindestens eine Periode zwischen Kauf und Verkauf einer Anlage liegen. Problematischer ist der Umstand, daß zur Schließung des zeitlich offenen Entscheidungsfelds eine fiktive Liquidation aller *am Ende des Planungszeitraums* vorhandenen Anlagen unterstellt wird, auch wenn sie faktisch über den Planungshorizont hinaus noch zum Einsatz gelangen könnten. Ihr tatsächlicher Restwert bemißt sich nämlich nicht an ihrem Liquidationswert, sondern an dem aus ihrer zukünftigen produktiven Verwendung resultierenden Zielbeitrag. Doch der jenseits des Planungshorizonts liegende Einsatz der Aggregate ist erst in späteren Planungsrunden zu bestimmen und daher zum jetzigen Planungszeitpunkt noch unbekannt.

Es liegt auf der Hand, daß in einem linearen Optimierungsmodell *nichtlineare Zusammenhänge* nicht abgebildet werden können. Von der Absatzmenge abhängige Preise (Preis-Absatz-Funktionen), von der Fertigungsmenge abhängige variable Auszahlungen oder Kapazitätsbedarfe pro Produkteinheit (Economies of Scale) sowie von der Produkt- oder Variantenzahl abhängige komplexitätsbedingte Auszahlungen (Diseconomies of Scope) bleiben daher Ansätzen der nichtlinearen Optimierung vorbehalten. Der vorliegende Ansatz geht von konstanten Preisen, produktabhängigen Auszahlungen und Kapazitätsbedarfen pro Mengeneinheit und damit ausschließlich von linearen Zusammenhängen aus.

Zudem gilt die Prämisse sicherer Erwartungen hinsichtlich aller Koeffizienten des Modells, obgleich sich reale Planungssituationen durch *Unsicherheit* auszeichnen.

Periodenspezifische Absatzhöchstmengen der einzelnen Produkte werden exogen vorgegeben und darüber hinausgehende Interdependenzen mit der *Absatzplanung* ausgeblendet. Auch die *Beschaffungsplanung* ist nicht Gegenstand des präsentierten Planungsansatzes. Mithin wird weder über den Einsatz des marketingpolitischen Instrumentariums zur Ausdehnung des Absatzprogramms noch über die Möglichkeit des Fremdbezugs von Zwischen- oder Endprodukten zur Ergänzung des eigenen Produktionsprogramms nachgedacht. Allerdings liegt es selbstverständlich in der Natur einer simultanen Investitions-, Finanz- und Produktionsprogrammplanung, ausschließlich investitions-, finanzierungs- und produktionsbedingte Zahlungen zu beachten und deshalb neben der Beschaffungs- und Absatzplanung noch weitere unternehmerische Planungsbereiche, wie beispielsweise die Personalplanung, zu ignorieren.

Doch läßt sich darüber streiten, ob es vertretbar ist, daß der simultane Planungsansatz einzelne Teilpläne der Produktionsdurchführungsplanung vernachlässigt. Hinsichtlich der *zeitlichen Ablaufplanung* (Auftragsreihenfolge-, Maschinenbelegungsplanung) ist diese Frage noch relativ problemlos zu bejahen, weil es sich hierbei um ein Problem handelt, für das keine Optimallösung gefunden und das daher bestenfalls auf heuristischem Wege einer möglichst guten Lösung zugeführt werden kann. Die *Losgrößenplanung* hätte hingegen unter Inkaufnahme zunehmender Planungskomplexität in den unterbreiteten Ansatz integriert werden können. Auch das Problem der *zeitlichen Verteilung der Produktion* wird nicht erfaßt, weil das vorliegende Modell sowohl von periodenübergreifenden Zwischen- als auch Fertigwarenlagern abstrahiert. Zur Entkopplung von Absatz- und Produktionsprogramm müssen jedoch zumindest die Endprodukte gelagert werden können. Zwar greift der präsentierte Planungsansatz mit der Möglichkeit zur quantitativen und selektiven Anpassung des Anlagenbestands zentrale Fragestellungen der *Produktionsaufteilungsplanung* auf, nichtsdestoweniger verzichtet er aber auf eine intensitätsmäßige Anpassung der einzelnen Aggregate. Zur Berücksichtigung diskreter Intensitäten hätten lediglich die Variable für die Produktionsmengen sowie die Konstanten für die variablen Auszahlungen und die Kapazitätsbeanspruchung mit einem zusätzlichen Index für die Leistungsschaltung versehen werden müssen. Letztlich liegt es im Ermessen des Planers, inwieweit er die eher mittel- bis langfristigen Entscheidungsprobleme der Investitions- und Finanzplanung mit kurzfristigen Fragestellungen der Produktionsdurchführungsplanung vermengt.

Abschließend ist darauf hinzuweisen, daß Simultanmodelle der Investitions-, Finanz- und Produktionsprogrammplanung schnell eine Größenordnung erreichen, die einer *Datenbeschaffung* und *Problemlösung* mit vertretbarem Aufwand zuwiderläuft, und letzteres um so mehr, als zahlreiche Ganzzahligkeitsbedingungen einzuhalten sind. Realistische Problemstellungen können durchaus zu Modellen mit Tausenden von Nebenbedingungen sowie Zehntausenden von Variablen führen, von denen mehrere hundert nur ganzzahlige Werte annehmen dürfen. Werden einige oder mehrere der oben aufgeführten Unzulänglichkeiten des Ansatzes durch Modifikation bzw. Erweiterung beseitigt, kommt dem entstehenden Modell allein aus rechentechnischen Gründen letztlich nur noch theoretische Bedeutung zu.

Aufgabe 4

Unternehmensplaner, die das oben beschriebene Modell mit betriebsspezifischen Daten „füttern" und anschließend einer Optimallösung zuführen möchten, sind aus informationstechnischen Gründen dazu gezwungen, das zeitlich offene Entscheidungsfeld durch einen mehr oder weniger „willkürlich" gewählten Planungshorizont abzugrenzen. Hierdurch werden jedoch *zeitliche Interdependenzen* zwischen dem erfaßten Planungszeitraum und den Perioden (t > T) jenseits des Planungshorizonts zerschnitten. Die Gefahr daraus resultierender Fehlentscheidungen sinkt mit zunehmender Länge des Planungszeitraums. Aus diesem Grund sollte dieser so weit ausgedehnt werden wie nur möglich.

Da das betrachtete Unternehmen jährlich *rollierend* plant, ist es ausreichend, den Planungszeitraum so zu dimensionieren, daß Entscheidungen jenseits des Planungshorizonts keinen Einfluß auf die Entscheidungen des ersten Jahres ausüben. Dieser Zeitraum kann aber zu lang sein, um alle relevanten Planungsdaten zu eruieren.

Mithin sehen sich die Unternehmensplaner dem *„Planungshorizontdilemma"* gegenüber: Einerseits ist ein möglichst langer Planungszeitraum wünschenswert, um bei rollierender Planung Fehlentscheidungen in der ersten Periode zu vermeiden. Andererseits sollte er möglichst kurz sein, um zuverlässige Informationen für die Planung beschaffen zu können. Die Festlegung des Planungshorizonts ist folglich ein eigenständiges Entscheidungsproblem bei der Entwicklung von Modellen.

Aufgabe 5

Das zuletzt diskutierte Problem ist im Falle völliger *Sicherheit* nicht von Belang, weil dann alle Handlungsalternativen und -konsequenzen bis zum Ende der Lebensdauer des betrachteten Unternehmens bekannt sind. In einem derartigen geschlossenen Entscheidungsfeld determiniert die besagte Lebensdauer den Planungshorizont. Reale Planungssituationen zeichnen sich jedoch durch *Unsicherheit* in bezug auf zukünftige Handlungsalternativen und -konsequenzen aus. Liegen dem Entscheidungsträger objektive mathematische bzw. statistische Wahrscheinlichkeiten für das Eintreten unsicherer Umweltzustände vor oder glaubt er zumindest an die Richtigkeit subjektiver Wahrscheinlichkeiten (herrscht also „Sicherheit über das Ausmaß der Unsicherheit"), ist von *Risiko* die Rede, bei unbekannten Wahrscheinlichkeiten alternativer Datensituationen von *Ungewißheit*. Völlige *Unwissenheit* ist hinsichtlich zukünftig in das offene Entscheidungsfeld tretender Handlungsalternativen zu beklagen.

Um dem Unsicherheitsproblem in der simultanen Investitions-, Finanz- und Produktionsprogrammplanung Rechnung zu tragen, kann auf Unsicherheit verdichtende und Unsicherheit aufdeckende Planungsmethoden zurückgegriffen werden.

Unsicherheit verdichtende Planungsmethoden sind danach zu unterscheiden, ob sie die Unsicherheit bereits auf der Ebene der Eingangsdaten oder aber erst auf der des Zielwertes komprimieren. Die einfachste und zugleich fragwürdigste Methode besteht darin, die für unsicher gehaltenen Parameter des beschriebenen Modells (bspw. Zahlungsgrößen oder Zinssätze) mit „Risikozuschlägen" oder „Risikoabschlägen" zu belasten, um dem Vorsichtsprinzip Genüge zu leisten. Verlockend an der *Verwendung willkürlich korrigierter Planungsdaten* ist der Umstand, daß mit dem deterministischen Modell weitergearbeitet werden kann. Letzteres gilt auch bei der *Verwendung verdichteter Planungsdaten*. Hierbei werden aus Verteilungen mehrwertiger Koeffizienten einwertige Sicherheitsäquivalente oder Erwartungswerte abgeleitet und in den deterministischen Planungsansatz gespeist. Somit wird in beiden Fällen der Unsicherheitsfall in den Sicherheitsfall überführt. Eine Berücksichtigung der jeweiligen Parameterstreuung erfolgt nicht. Mithin ist auch der Aussagegehalt der berechneten Ergebnisse (insbesondere des Zielfunktionswertes) eher gering.

Hier setzt die *stochastische Optimierung* als Vertreterin der zweiten Gruppe Unsicherheit verdichtender Planungsmethoden an, wenn sie die einzelnen Koeffizienten des oben beschriebenen Ansatzes als Zufallsvariable mit bekannten Wahrscheinlichkeitsverteilungen interpretiert. Die Streuungen der Parameter sollen also explizit bei der Ermittlung einer eindeutigen Handlungsempfehlung berücksichtigt werden. Allerdings existieren bislang noch keine effizienten Algorithmen, die zur Lösung derartig gelagerter Probleme geeignet wären. Zudem ist in realen Planungssituationen auch das Ausmaß der Unsicherheit unsicher, weshalb Wahrscheinlichkeitsverteilungen bestenfalls grob geschätzt werden können. Vage Eingangsinformationen rechtfertigen aber keine einwertige „Optimallösung".

Im Gegensatz zur stochastischen Optimierung ist die *unscharfe lineare Optimierung* (vgl. auch die Fallstudie von Udo Buscher) für Entscheidungen in Situationen nicht nur unter Risiko, sondern auch unter Ungewißheit geeignet, in der sich keine zuverlässigen Wahrscheinlichkeitsverteilungen, wohl aber plausible Bandbreiten für die Eingangsdaten des Modells schätzen lassen. Die unscharfe Logik (Fuzzy Logic) wendet sich von der Idee der klassischen Logik ab, nach der eine Aussage entweder wahr oder falsch ist. An die Stelle diskreter Wahrheitswerte (1 für wahr und 0 für falsch) tritt eine stetige Zugehörigkeitsfunktion, die jedem Element einer gegebenen Menge einen Zugehörigkeitsgrad zu einer unscharfen Menge zwischen null und eins zuweist. Somit sind in Abhängigkeit vom errechneten Zugehörigkeitsgrad beispielsweise zur unscharfen Menge wahrer Aussagen durchaus auch „mehr oder weniger falsche bzw. wahre Aussagen" definiert.

Bezogen auf den vorliegenden Planungsansatz könnte zum Beispiel für die möglicherweise verfügbaren Finanzmittel im Zeitpunkt t ein Intervall zwischen E_t^{min} und E_t^{max} angegeben werden, wobei die Einhaltung der Untergrenze (das Erreichen der Obergrenze) mit einem Zugehörigkeitsgrad zur Menge zufriedenstellender Lösungen von eins (null) korrespondieren müßte. Werte zwischen null und eins ergäben sich bei erforderlichen Finanzmitteln innerhalb des geschätzten Intervalls. In gleicher Form wären auch weitere unscharfe Parameterwerte zu modellieren. Selbst das (eigentlich zu maximierende) Endvermögen müßte in gleicher Weise „eingegabelt" werden, weil in einem Ansatz der unscharfen linearen Optimierung letztlich der einheitliche Zugehörigkeits- bzw. Zufriedenheitsgrad maximiert und die ursprüngliche Zielfunktion zu einer Restriktion „degradiert" wird.

Zugehörigkeitsfunktionen unscharfer Zahlen (Koeffizienten, Parameterwerte) haben eine große Ähnlichkeit mit Wahrscheinlichkeitsdichten von Zufallsvariablen. Insofern ist das naheliegende Pendant zur Verwendung der stochastischen Optimierung bei Risiko der Einsatz der unscharfen Optimierung bei Ungewißheit. Doch auch dieses Planungsinstrument versagt bei Modellen realistischer Größenordnung, und an die Stelle einer groben Schätzung von Wahrscheinlichkeitsverteilungen tritt die von subjektiven Zugehörigkeitsfunktionen. Die zumindest theoretisch berechenbare einwertige Kompromißlösung läßt sich mit zunehmender Zahl berücksichtigter Zugehörigkeitsfunktionen in der Regel kaum noch interpretieren.

Auch die *flexible Planung* auf der Basis bekannter Wahrscheinlichkeitsverteilungen zählt zu den Unsicherheit auf der Ebene des Zielwertes verdichtenden Planungsmethoden. Allerdings trägt sie explizit dem Umstand Rechnung, daß sich der Informationsstand des Entscheidungsträgers im Laufe der Zeit verbessern kann. Deshalb wird für jeden als möglich erachteten zukünftigen Umweltzustand eine bedingte Entscheidung getroffen und in einem optimalen Eventualplan verankert, der jeweils nur dann zum Zuge kommt, wenn die entsprechende Umweltsituation tatsächlich eingetreten ist. Alle nicht die anstehende Periode betreffenden Pläne werden also zunächst „in die Schublade gelegt". Bei Eintritt eines spezifischen Umweltzustands ist der zugehörige Eventualplan für die nachfolgende Periode umzusetzen, während alle übrigen dieselbe Periode betreffenden Pläne „in den Papierkorb wandern". Der im Rahmen eines flexiblen Planungsprozesses ermittelte Zielwert (Erwartungswert des Endvermögens) errechnet sich folglich unter Berücksichtigung explizit formulierter alternativer Handlungsfolgen, die mit den zugehörigen Eintrittswahrscheinlichkeiten der korrespondierenden Umweltzustände gewichtet werden. Dagegen basiert der Zielwert einer starren

Planung auf einer einzigen Handlungsfolge, die unter Zugrundelegung im Planungszeitpunkt verfügbarer Informationen optimal zu sein scheint. Die starre Planung verzichtet auf bedingte Strategien und gibt sich mit einem kleineren Entscheidungsfeld zufrieden als die flexible Planung. Mithin kann es bereits im Hinblick auf die erste Periode zu „suboptimalen" Entscheidungen kommen. Doch die flexible Planung ist in der Realität nicht handhabbar, weil sich theoretisch unendlich viele Eventualpläne aufstellen lassen.

Zu den *Unsicherheit aufdeckenden Planungsmethoden* zählen die Sensitivitäts- und die Risikoanalyse. Zwei Formen der Sensitivitätsanalyse sind zu unterscheiden: Die *Sensitivitätsanalyse der ersten Art* ermittelt für einen oder mehrere Koeffizienten des Planungsproblems mit der Schwankungsbreite kritische Werte, die nicht über- bzw. unterschritten werden dürfen, wenn sich die Struktur der zuvor berechneten Optimallösung nicht ändern soll. Demgegenüber gibt die *Sensitivitätsanalyse der zweiten Art* Auskunft darüber, wie sich gegebene Abweichungen vom ursprünglichen Wert eines oder mehrerer Koeffizienten auf die Struktur der Optimallösung auswirken. In beiden Fällen wird vom bisherigen Optimaltableau ausgegangen, anstatt das modifizierte Planungsproblem von Grund auf neu zu lösen. Derartige Analysen liefern Erkenntnisse über den Einfluß für möglich gehaltener Ausprägungen unsicherer Koeffizienten auf die Optimallösung, ohne allerdings die nicht berechenbare Entscheidung vorwegzunehmen, wie man sich angesichts der unsicheren Datenlage denn nun konkret verhalten sollte. Im Gegensatz zur Sensitivitätsanalyse der zweiten Art wird die Analyse der kritischen Werte mit zunehmender Zahl gleichzeitig schwankender Koeffizienten schnell unübersichtlich und unhandlich.

Unter den Begriff *Risikoanalyse* fallen alle analytischen und simulativen Verfahren, die es erlauben, aus den Wahrscheinlichkeitsverteilungen verschiedener Koeffizienten eine Verteilung für den Zielwert abzuleiten. Im vorgestellten Modell zur simultanen Investitions-, Finanz- und Produktionsprogrammplanung kann eine große Zahl von Parametern unsicher sein, womit analytische Verfahren zur Herleitung einer statistischen Verteilung des Endvermögens ausscheiden. Statt dessen ist auf die Simulation zurückzugreifen, wobei in zahlreichen Rechenläufen für die unsicheren Koeffizienten Zufallszahlen auf der Basis der jeweiligen Wahrscheinlichkeitsverteilungen zu ziehen und die zugehörigen Zielwerte zu bestimmen sind. Bei hinreichend großer Zahl der Berechnungsexperimente kann auf diese Weise eine repräsentative Wahrscheinlichkeitsverteilung des Endvermögens ermittelt werden. Auch die Risikoanalyse deckt somit den Umfang der Unsicherheit des Zielfunktionswertes lediglich auf und gibt keine abschließende Antwort auf die Frage nach dem Optimalverhalten.

Das Prinzip der überlappenden bzw. *rollierenden Planung* ist grundsätzlich mit allen Unsicherheit verdichtenden und aufdeckenden Planungsmethoden verträglich. Hierbei wird der gesamte Planungszeitraum in T Perioden unterteilt, für die auf der

Grundlage der im Planungszeitpunkt verfügbaren Informationen Entscheidungen zu treffen sind. Umgesetzt werden nur die Entscheidungen, die sich auf die unmittelbar bevorstehende Periode beziehen, um den Handlungsspielraum künftiger Perioden nicht unnötig zu beschneiden und auf unerwartete Umweltsituationen möglichst flexibel reagieren zu können. Nach Ablauf einer Periode wird erneut geplant, wobei der Planungshorizont zunächst um eine Periode in die Zukunft zu verschieben ist, so daß die Länge des Planungszeitraums unverändert bleibt. Somit werden für jede Periode T Pläne aufgestellt. Die Qualität der Pläne nimmt im Zeitablauf zu, sofern sich der Informationsstand des Entscheidungsträgers verbessert. Der letzte Plan ist folglich immer auch der beste und wird realisiert.

Da Unsicherheit verdichtende Planungsmethoden aus besagten Gründen nicht zweckmäßig sind, sollte zur Berücksichtigung des Unsicherheitsproblems in der simultanen Investitions-, Finanz- und Produktionsprogrammplanung auf eine um Sensitivitäts- und Risikoanalysen ergänzte rollierende Planung unter Einschluß vieler unbedingter und nur weniger bedingter Strategien zurückgegriffen werden. Letztlich hängt es dann von der Risikobereitschaft des Entscheidungsträgers ab, für welche Handlungsalternativen er sich angesichts der aufgedeckten Unsicherheiten entscheiden wird.

Literaturhinweise

ADAM, D.: Planung und Entscheidung, 4. Auflage, Wiesbaden 1996.

ADAM, D.: Investitionscontrolling, 2. Auflage, München/Wien 1997.

BLOHM, H.; LÜDER, K.: Investition, 8. Auflage, München 1995.

BUSCHER, U.; ROLAND, F.: Fuzzy-Set-Modelle in der simultanen Investitions- und Produktionsplanung, Arbeitsbericht Nr. 1/1992 des Instituts für betriebswirtschaftliche Produktions- und Investitionsforschung der Georg-August-Universität, Göttingen 1992.

GÖTZE, U.; BLOECH, J.: Investitionsrechnung, 2. Auflage, Berlin et al. 1995.

HERING, TH.: Investitionstheorie aus der Sicht des Zinses, Wiesbaden 1995.

JACOB, H.: Investitionsplanung und Investitionsentscheidung mit Hilfe der Linearprogrammierung, 3. Auflage, Wiesbaden 1976.

JACOB, H.: Investitionsrechnung, in: JACOB, H. (Hrsg.), Allgemeine Betriebswirtschaftslehre, 5. Auflage, Wiesbaden 1988, S. 613–728.

JACOB, H.: Die Planung des Produktions- und Absatzprogramms, in: JACOB, H. (Hrsg.), Industriebetriebslehre, 4. Auflage, Wiesbaden 1990, S. 401–590.

PERRIDON, L.; STEINER, M.: Finanzwirtschaft der Unternehmung, 9. Auflage, München 1997.

STEINRÜCKE, M.: Fuzzy Sets und ihre konzeptionelle Anwendung in der Produktionsplanung, Wiesbaden 1997.

Rainer Kasperzak

Berücksichtigung des Risikos bei der Unternehmensbewertung

Aufgabe 1

Welche Bedeutung kommt dem Risiko bei der Bewertung von Unternehmungen zu? Zeigen Sie grundsätzliche Wege zur Berücksichtigung des Risikos bei Unternehmensbewertungen auf.

Aufgabe 2

Im Rahmen einer M&A-Transaktion ergibt sich für den Bewerter die folgende Problematik: Eine Schätzung von Bandbreiten erwarteter Erträge (s. Tabelle) basiert auf dem sog. Phasenschema, welches eine Aufteilung des Planungshorizontes in drei Phasen vorsieht (Periode 1-3, 4-8, 9-∞). Ab der 9. Periode kalkuliert der Investor mit einem uniformen, unendlich anfallenden Zahlungsstrom. Der risikolose Zins möge i = 7% betragen, die Risikonutzenfunktion des potentiellen Erwerbers sei durch den Verlauf $u(e) = \sqrt{e}$ gekennzeichnet.

Periode t	Bandbreiten möglicher Erträge e	Eintrittswahrscheinlichkeiten p der Randwerte in %
1	25.000-28.000	65/35
2	45.000-50.000	70/30
3	55.000-70.000	40/60
4	55.000-90.000	50/50
5	75.000-100.000	45/55
6	110.000-140.000	50/50
7	95.000-155.000	50/50
8	120.000-160.000	50/50
9-∞	130.000-150.000	50/50

Berechnen Sie den Ertragswert über die Methode der Sicherheitsäquivalente.

Aufgabe 3

In einem Gerichtsverfahren, das zwei konfligierende Parteien im Rahmen einer Unternehmensbewertung angestrengt haben, hat der Richter u. a. zu beurteilen, ob ein ad hoc gewählter Risikozuschlag in Höhe von 20% auf den risikofreien Zins plausibel ist. Ausgangspunkt möge eine geschätzte, gleichverteilte und unendlich lange anfallende Einzahlungsbandbreite der zu bewertenden Unternehmung von 70-160 Mio. DM sein. Der risikofreie Zins möge 8% betragen. Risikoscheues Verhalten der Investoren sei unterstellt. Wie könnte der Richter vorgehen?

Aufgabe 4

Wie beurteilen Sie die Verwendung kapitalmarkttheoretischer Erkenntnisse zur Berücksichtigung des Risikos im Rahmen von Unternehmensbewertungen?

Lösung

Aufgabe 1

Im Schrifttum besteht ein breiter Konsens darüber, bei der Bewertung von Unternehmen auf investitionsrechnerische Verfahren zurückzugreifen. Dabei werden Zahlungsgrößen auf den Bewertungszeitpunkt diskontiert. Dies kann grundsätzlich mit Hilfe des Ertragswertverfahrens oder über die verschiedenen Discounted-Cash-Flow-Methoden erfolgen. Künftige Entwicklungen sind jedoch nicht vollständig antizipierbar, so daß ein Bewerter in Abhängigkeit von unterschiedlichen Zukunftsentwicklungen alternative Einzahlungsüberschüsse, deren Struktur etwa unter Zuhilfenahme von quantitativen und qualitativen Prognoseverfahren gewonnen werden kann, in seinen Entscheidungskalkül einbeziehen muß. Kann der Bewerter diesen alternativen Überschüssen Wahrscheinlichkeiten zuordnen, bezeichnet man eine solche Entscheidungssituation als Entscheidung unter Risiko. Das Schrifttum konzentriert sich vor allem auf folgende Verfahren zur Berücksichtigung des Risikos:

- Die Risikozuschlagsmethode

  Diese Methode setzt beim Kalkulationszinsfuß an. Die Diskontierung mit dem Kalkulationszins bewirkt einen impliziten Vergleich, indem der Strom der aus der Unternehmung entziehbaren Einzahlungsüberschüsse an den erzielbaren Überschüssen der günstigsten Handlungsalternative gemessen wird. Infolge des Vergleichsprinzips erscheint es nun geboten, eine Alternative mit erwarteten Einzahlungsüberschüssen zu wählen, die dem des Bewertungsobjektes gleichwertig ist. Die Preise vergleichbarer Zahlungsströme bieten jedoch i. d. R. keinen geeigneten Maßstab, bilden sie sich doch aufgrund individueller Ertragserwartungen und Risikoeinschätzungen. Daher greift man typischerweise auf den landesüblichen Zins als eine vom „Markt" objektivierte Größe (z. B. Umlaufsrendite einer 10-jährigen Bundesanleihe) zurück. Um die Vergleichbarkeit eines unsicheren Zahlungsstroms mit einer quasi-sicheren Anlage am Kapitalmarkt zu gewährleisten, wird der Alternativzins um einen Zuschlag für das allgemeine Unternehmerrisiko erhöht (Äquivalenzprinzip). Solche subjektgeprägten Risikozuschläge, so wie sie bei der Anwendung der Ertragswertmethode in der Praxis weit verbreitet sind, bergen allerdings das Problem der rationalen Begründbarkeit. Eine

Lösungsmöglichkeit besteht darin, logische Grenzen für Risikozuschläge zu erarbeiten. Hier ist auf die Arbeiten von *Ballwieser* hinzuweisen.

Im Rahmen der Discounted-Cash-Flow-Methoden verwendet man dagegen Kalkulationszinsfüße, die aus einem kapitalmarktbezogenen Zusammenhang abgeleitet werden. Zur Berechnung der Renditeforderungen der Eigner bietet sich das Capital Asset Pricing Model (CAPM) an. Dieses Gleichgewichtsmodell postuliert Eigenkapitalkosten in Höhe einer risikolosen Verzinsung R_f zuzüglich einer Risikoprämie, die sich ihrerseits aus dem Marktpreis für die Übernahme von Risiko, ausgedrückt als Differenz zwischen erwarteter Marktrendite $E(R_M)$ und risikoloser Verzinsung, multipliziert mit der Risikohöhe Beta (ß) des Wertpapiers ergibt. Der ß-Faktor berechnet sich aus dem Quotienten der Kovarianz (cov) zwischen der Renditeerwartung des Wertpapiers i und dem Marktportefeuille M und der Renditevarianz σ^2 des Marktportefeuilles M:

$$E(R_i) = R_f + [E(R_M) - R_f] \cdot \beta_i$$

$$\beta_i = \frac{cov(R_i, R_M)}{\sigma^2_{(R_M)}}$$

Investoren werden mithin ausschließlich für die Übernahme von Risiko entlohnt. Dies erfolgt in Form von über dem Sicherheitszinsfuß liegenden erwarteten Renditen. Demnach kann ein Investor eine höhere Rendite lediglich über das Eingehen eines zusätzlichen Risikos realisieren, was durch einen Beta-Faktor größer null ausgedrückt wird. Dieses spezifische Risiko wird als systematisches oder Marktrisiko bezeichnet. Es drückt die Sensibilität von erwarteten Wertpapierrenditen gegenüber allgemeinen, nicht diversifizierbaren Marktschwankungen aus. Demgegenüber wird das unternehmensindividuelle Risiko, auch unsystematisches Risiko genannt, nicht entlohnt, da es, zumindest modelltheoretisch, durch geeignete Portfoliostreuung eliminiert werden kann.

Eigenkapitalkosten können ferner mit Hilfe von Mehrfaktorenmodellen, wie z. B. der Arbitrage Pricing Theory (APT) ermittelt werden. Im Rahmen der APT, die ein in sich geschlossenes Arbitragegebäude darstellt, werden im Gegensatz zur einfaktoriellen Ausrichtung des CAPM mehrere kursbeeinflussende Determinanten zugelassen, indem das systematische Risiko in eine Vielzahl systematischer Risiken zerlegt wird (Dekomposition). Neben fundamental ökonomischen Faktoren, wie der Unternehmensgröße oder dem Verschuldungsgrad, finden so auch Branchenspezifika ihre Berücksichtigung. Ziel dieses Vorgehens ist es, differenziertere Erkenntnisse über die Höhe der Eigenkapitalkosten zu erlangen.

- Die Sicherheitsäquivalentmethode

Diese Methode setzt an den Bandbreiten der geschätzten Einzahlungsüberschüsse an und transformiert sie in Sicherheitsäquivalente. Letztere repräsentieren den sicheren Betrag, den der Bewerter einer Wahrscheinlichkeitsverteilung gleichschätzt. Damit werden zugleich Aussagen über die Risikopräferenzen des Bewerters möglich. Bei einem risikoneutralen Investor ist das Sicherheitsäquivalent gleich dem Erwartungswert der Wahrscheinlichkeitsverteilung, bei einem risikofreudigen ist es größer und bei einem risikoscheuen kleiner als der Erwartungswert. Während die Risikozuschlagsmethode bei dem üblicherweise unterstellten risikoscheuen Verhalten der Investoren Zuschläge zum quasi-sicheren Zinsfuß vornimmt, berechnet sich das Sicherheitsäquivalent, indem die erwarteten Nettozahlungen um Risikoabschläge verkürzt werden. Zur Ermittlung des Sicherheitsäquivalentes unterstellt man dem Entscheidungsträger zumeist eine bestimmte Risikonutzenfunktion. Der Rückgriff auf die Risikonutzentheorie ist jedoch keine zwingende Voraussetzung für die Ermittlung von Sicherheitsäquivalenten. So lassen sich im Rahmen einer iterativen Vorgehensweise Sicherheitsäquivalente auch durch bloße Gegenüberstellung von Bandbreiten und sicheren Werten oder gar durch freie Einschätzung gewinnen. Liegen Sicherheitsäquivalente dann letztlich vor, sind sie mit dem quasi-sicheren Kalkulationszinsfuß zu diskontieren. Das folgt wiederum unmittelbar aus dem Vergleichsprinzip.

- Die Risikoprofilmethode

Im Gegensatz zu den bereits genannten Verfahren errechnet man mit Hilfe der Risikoprofilmethode keinen bestimmten Unternehmenswert. Vielmehr wird mit Hilfe der Simulationstechnik (häufig findet die Monte-Carlo-Simulation Verwendung) versucht, eine Wahrscheinlichkeitsverteilung von Barwerten (Unternehmenswerten) approximativ zu ermitteln. Die Risikostruktur einer Entscheidung bei angenommener Wahrscheinlichkeitsverteilung läßt sich dann in einem Risikoprofil veranschaulichen. Das Verfahren selbst abstrahiert mithin von der Risikoeinstellung des potentiellen Käufers/Verkäufers. Erst in einem zweiten Schritt belegt er die sich ergebende Gesamtverteilung mit einem sicherheitsäquivalenten Wert und gelangt so zu einer individuellen Preisober- bzw. Preisuntergrenze.

Aufgabe 2

In einem ersten Lösungsschritt ist der Erwartungsnutzen für die einzelnen Perioden zu berechnen. Die dazugehörigen Sicherheitsäquivalente erhält man durch Einsetzen des Erwartungsnutzens in die Umkehrfunktion der Risikonutzenfunktion, d. h. $SÄ_t = E(u)^2$. Der Ertragswert ergibt sich dann aus der Summe der abgezinsten Sicherheitsäquivalente. Unter Beachtung der erwarteten Zahlungen gilt somit für den Ertragswert:

$$\sum_{t=1}^{T} \frac{S\ddot{A}_t}{(1+i)^t} + \frac{S\ddot{A}_{T+1}}{i(1+i)^T}$$

Periode t	Erwartungsnutzen E (u)	Sicherheitsäquivalent SÄ	Barwert
1	161,34	26.030	24.327
2	215,57	46.470	40.588
3	252,56	63.787	52.069
4	267,26	71.428	54.492
5	297,17	88.310	62.964
6	352,91	124.545	82.990
7	350,96	123.173	76.706
8	373,21	139.286	81.066
9-∞	373,93	139.824	1.162.555
Ertragswert C_0			1.637.757

Der Ertragswert beträgt somit 1.637.757.

Aufgabe 3

Die Verteilung der Einzahlungsüberschüsse ist dem Richter bekannt. Ein risikoscheuer Investor wird der unsicheren Verteilung mindestens den kleinsten Wert der Verteilung gleichschätzen:

$$\frac{\mu}{i+z} \geq \frac{E_{min}}{i}$$

Für einen begründbaren Risikozuschlag muß gelten: $z \leq z(max)$. Somit gilt für den maximalen Risikozuschlag z(max) bei Auflösung der obigen Gleichung

$$z(max) = \frac{i \cdot \mu}{E_{min}} - i$$

$$z(max) = \left(\frac{\mu}{E_{min}} - 1\right) \cdot i.$$

Gemäß dieser Formel ergibt sich für z (max) somit

$$z(max) = \left(\frac{115}{70} - 1\right) \cdot 0,08 \approx 0,05$$

Ein Risikozuschlag in Höhe von 20% auf den risikolosen Zins erscheint somit nicht plausibel.

Aufgabe 4

Im Vergleich zur Verwendung von pauschalen Risikozuschlägen ergibt sich bei Anwendung des CAPM anscheinend eine methodische Überlegenheit, sind die Risikoprämien doch aus dem Modellzusammenhang ableitbar und marktmäßig „objektivierbar". Allerdings muß stillschweigend akzeptiert werden, daß das Capital Asset Pricing Model die Realität auf den Kapitalmärkten annähernd gut beschreibt. Dabei erscheint eine bloße Prämissenkritik kein hinreichendes Argument zu sein, die Verwendung von marktmäßig „objektivierten" Risikoprämien abzulehnen. Da viele Marktakteure öffentlich verfügbare oder nicht öffentlich verfügbare Beta-Faktoren explizit für ihre Anlageentscheidungen nutzen, paßt sich das Kapitalmarktgeschehen, wie es *Spremann* formuliert, zunehmend der Kapitalmarkttheorie an. Jedoch lassen jüngere empirische Untersuchungen Zweifel am Erklärungsgehalt des CAPM aufkommen. So offenbaren Aktienkurszeitreihen musterhafte Verläufe, deren Existenz nicht mit dem Modell erklärbar ist. Problematisch erscheint in diesem Zusammenhang der sogenannte Size-Effekt, der eine negative Korrelation zwischen risikobereinigten Renditen und der Unternehmensgröße (in Form der Börsenkapitalisierung) postuliert. Wertpapiere mit einer kleinen Börsenkapitalisierung erzielen offenbar höhere Renditen als Wertpapiere mit einer hohen Börsenkapitalisierung. Im Rahmen einer Unternehmensbewertung würde das CAPM die Eigenkapitalkosten infolge der Marktanomalie somit verzerrt widerspiegeln.

Ein weiterer gewichtiger Einwand betrifft die mangelnde zeitliche Stabilität der Beta-Faktoren. Da im Rahmen von Unternehmensbewertungen die zukünftigen Beta-Faktoren von Interesse sind, mithin Schätzungen erforderlich werden, kann es zu erheblichen Verzerrungen bei der Berechnung der Eigenkapitalkosten mit entsprechenden Auswirkungen auf den Unternehmenswert kommen. Selbst bei unterstellter zeitlicher Stabilität des Beta-Faktors können sich erhebliche Ermessensspielräume dann ergeben, wenn bei der Berechnung der Risikoprämie [$E(R_M - R_f)$] mit langfristigen Durchschnittswerten, etwa auf Basis des arithmetischen oder geometrischen Mittels, operiert wird. Eine Untersuchung von *Baetge/Krause* hat mögliche Kalkulatonszinsfüße für das Unternehmen Daimler-Benz zwischen 1 und 17% ergeben. Auch liegen für die Bewertung nicht börsennotierter Unternehmen oder Geschäftsbereiche i. d. R. keine Beta-Faktoren vor. Zwar wird vorgeschlagen, auf Beta-Faktoren vergleichbarer Unternehmen zurückzugreifen (Branchen-Betas). Ob geeignete Vergleichsunternehmen existieren, erscheint fraglich. Zudem sind zusätzliche Modifikationen erforderlich, die wiederum Verzerrungen generieren können.

Auch die Verwendung der APT als Mehrfaktorenmodell muß im Rahmen von Unternehmensbewertungen kritisch gesehen werden. Die APT liefert grundsätzlich keine Informationen über die Anzahl und ökonomische Interpretation wertpapierbeeinflussender Faktoren, sondern lediglich eine Bewertungsstruktur. Die Problematik, plausible mikro- und makroökonomische Einflußfaktoren zu extrahieren, muß in der

Praxis individuell vom jeweiligen Investor gelöst werden. Dazu bedient man sich sogenannter fundamentaler Faktorenmodelle. Es wird unterstellt, daß sich die Faktorladungen durch eine Vielzahl fundamental-ökonomischer Einflußfaktoren erklären lassen. Indem die Veränderung der Wertpapierkurse auf mehrere, in einen mathematisch-statistischen Zusammenhang gebrachte Einflußgrößen zurückgeführt wird, ist die Analyse gegenüber einfaktoriellen Modellen zwar stark verfeinert. Probleme fundamentaler Art beschränken allerdings den Geltungsanspruch der APT. Zum einen kann nicht davon ausgegangen werden, daß die Faktoren bzw. die Faktorsensitivitäten gegenüber dem Faktor Zeit invariant sind, zum anderen sind die mit dem Verfahren der Vorabspezifikation gewonnenen Faktoren nicht eindeutig theoretisch begründbar, sondern beruhen allenfalls auf Plausibilitätsannahmen.

Drukarczyk vertritt im Hinblick auf das CAPM eine pragmatische Auffassung, indem er die Verwendung des Modells zur Ableitung von Eigenkapitalkosten mit fehlenden überzeugenderen Alternativen rechtfertigt. Dieser Auffassung kann man zustimmen, macht doch die Anwendung eines Modells mit klar formulierten Prämissen die Argumentation des Bewerters transparent und somit kommunizierbar. Eine Einigung im Konfliktfall wird so möglicherweise erleichtert. Doch auch wenn das Theoriegebäude mit allen damit im Zusammenhang stehenden Prämissen akzeptiert wird, sollte die Tatsache stets Beachtung finden, daß sich auch bei der Verwendung marktmäßig objektivierter Risikoprämien Ermessensspielräume eröffnen, die zum Teil erhebliche Verzerrungen bei der Wertfindung bewirken können.

Literaturhinweise

BALLWIESER, W.: Methoden der Unternehmensbewertung, in: *GEBHARDT, G./GERKE, W./STEINER, M.*, Handbuch des Finanzmanagements, München 1993, S. 151-176.

BAETGE, J./KRAUSE, C.: Die Berücksichtigung des Risikos bei der Unternehmensbewertung, in: Betriebswirtschaftliche Forschung und Praxis, Heft 5, 1994, S. 433-456.

COENENBERG, A.: Unternehmensbewertung mit Hilfe der Monte-Carlo-Simulation, in: Zeitschrift für Betriebswirtschaft, 40. Jg. 1970, S. 793-804.

DRUKARCZYK, J.: Unternehmensbewertung, 2. Aufl., München 1998.

KRAG, J.: Die Berücksichtigung der Ungewißheit in der Unternehmungsbewertung mit Hilfe eines modifizierten Ertragswertkalküls, in: Zeitschrift für Betriebswirtschaft, 48. Jg. 1978, S. 439-451.

MOXTER, A.: Grundsätze ordnungsmäßiger Unternehmensbewertung, 2. Aufl., Wiesbaden 1983.

SIEGEL, T.: Unternehmensbewertung, Unsicherheit und Komplexitätsreduktion, in: Betriebswirtschaftliche Forschung und Praxis, Heft 5/94, S. 457-476.

SPREMANN, K.: Wirtschaft, Investition und Finanzierung, 5. Aufl., München u. a. 1996.

Thomas Hering

Unternehmensbewertung bei unvollkommenem Kapitalmarkt

Ein wohlhabender Kaufmann aus Daressalam/D.O.A. möchte sich für die Dauer eines Jahres an der Njassa-See-Dampfschiffahrtsgesellschaft beteiligen. Die Gesellschaft betreibt u.a. den 80 t verdrängenden Dampfer „Hermann von Wissmann", welcher mit Fahrgästen und Stückgut vornehmlich zwischen Alt-Langenburg und Sphinxhafen verkehrt. Die nominelle Höhe der Beteiligung ist bereits ausgehandelt. Der Kaufmann geht fest davon aus, seine Anteile in einem Jahr für 110.000 Rupien weiterverkaufen zu können (wobei 15 Rupien genau 20 Mark entsprechen). Im übrigen besteht z.Zt. die Möglichkeit, für 150.000 Rupien ein Warenlager in Tabora zu erwerben, mit dem sich – nach beschwerlichem Transport – in einem Jahr in Hamburg ein Nettoerlös von 280.000 Mark erzielen ließe. Auf Sansibar könnte für 100.000 Rupien eine Pflanzung gepachtet werden, deren Erträge zwölf Monate später mit 20% Reingewinn nach Bombay absetzbar sind. Befreundete hanseatische Kaufleute in Bremen, Greifswald und Elbing erklären sich bereit, zur Finanzierung all dieser Handelsaktivitäten in Ostafrika bis zu 400.000 Mark Kredit zu gewähren. Sie erwarten dafür eine Verzinsung von 10% per annum.

Aufgabe

Wie hoch ist der Wert der Schiffsbeteiligung, d.h., welchen Preis p^* wird der Kaufmann für sie maximal zahlen? Gehen Sie davon aus, daß er sein Endvermögen (in einem Jahr) maximieren möchte, und unterscheiden Sie dabei die folgenden Fälle:

a) Der Kaufmann verfügt über eigenes Kapital (EK) in Höhe von 100.000 Rupien.

b) Der Kaufmann verfügt über keinerlei liquide Mittel.

Lösung

Zunächst sind die relevanten Daten zusammenzustellen. Das Entscheidungsfeld des Kaufmanns enthält neben dem zu bewertenden Kaufobjekt K (Schiffsbeteiligung) zwei beliebig teilbare Investitionsmöglichkeiten A (Warenlager) und B (Pflanzung) sowie eine Finanzierung C (10%-Kredit), dazu ggf. liquide Mittel EK. Die in 1.000 Rupien ausgedrückten Zahlungsreihen sind der folgenden Tabelle zu entnehmen. Im ersten Schritt ist aus den Objekten A, B und C das *Basisprogramm* zu bilden, das sich bei Verzicht auf die Beteiligung K ergäbe. Wegen der einfachen Problemstruktur braucht die endwertmaximale Lösung nicht unter Einsatz der linearen Optimierung ermittelt zu werden. Es bietet sich vielmehr an, auf die graphische Methode nach DEAN zurückzugreifen.

Objekt	t = 0	t = 1	Interner Zins
A	−150	210	40%
B	−100	120	20%
C	300	−330	10%
K	−p	110	110/p −1

a) Wie aus der folgenden Abbildung hervorgeht, umfaßt das optimale Budget die Investitionen A und B sowie den halben Kredit C. Der maximale Endwert lautet EW* = 210 + 120 − 0,5 · 330 = 165. Als Grenzobjekt (d.h. „schlechtestes", nur noch teilweise realisiertes Objekt) fungiert der Kredit, dessen interne Verzinsung den endogenen Grenzzinsfuß i_1^{Basis} = 10% festlegt. Abzinsungsfaktor der betrachteten Periode ist demnach ρ_1^{Basis} = 1/1,1.

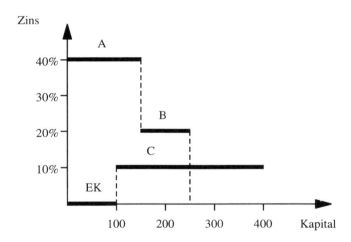

Der Grenzpreis für das Unternehmen K ergibt sich aus dem folgenden Ansatz zur Ermittlung des *Bewertungsprogramms*:

max. U; U :=   p

$$150 x_A + 100 x_B - 300 x_C + p \leq 100$$

$$-210 x_A - 120 x_B + 330 x_C + G_1 \leq 110$$

$$G_1 \geq 165$$

$$x_A, x_B, x_C \leq 1$$

$$x_A, x_B, x_C, G_1, p \geq 0$$

Das Modell sucht den höchsten Preis p, der unter Einhaltung der Liquidität in $t = 0$ und $t = 1$ mindestens den Endwert des Basisprogramms (EW* = 165) liefert, wenn die Zahlungsreihe des Bewertungsobjekts K ($-p$, 110) in das Budget eingefügt wird. Es resultiert $p^* = 100$ mit $x_A = x_B = 1$, $x_C = 5/6$ und $G_1 = 165$. Das Bewertungsprogramm umfaßt also neben A und B den Kredit C im Umfang von $5/6 \cdot 300 = 250$. Damit kann der Grenzpreis p^* der Beteiligung K finanziert werden, und der Endwert stellt sich auf $G_1 = 210 + 120 - 5/6 \cdot 330 + 110 = 165$. Grenzobjekt bleibt nach wie vor der Kredit, so daß der endogene Abzinsungsfaktor von $t = 1$ auf $t = 0$ wie im Basisprogramm $\rho_1 = 1/1,1$ beträgt.

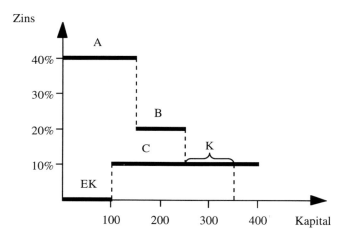

Die obige Abbildung zeigt, wie das Bewertungsobjekt K durch Ausdehnung des Grenzobjekts C finanziert und in das optimale Budget eingefügt werden kann, ohne daß sich der endogene Grenzzinsfuß ($i_1 = 10\%$) im Vergleich zum Basisprogramm verändert. Mit $\rho_1 = \rho_1^{Basis} = 1/1,1$ sind die Voraussetzungen einer „vereinfachten Bewertung" mit der Ertragswertmethode gegeben:

$$p^* = 110 \cdot \rho_1 = 110/1,1 = 100 \qquad (100.000 \text{ Rupien})$$

Der Grenzpreis errechnet sich hier einfach als Ertragswert, weil das Grenzobjekt beim Übergang vom Basis- zum Bewertungsprogramm stabil geblieben ist: Die Umstrukturierung im Programm beschränkt sich auf das Grenzobjekt C, dessen Umfang von 150 auf 250 zunimmt. Weil das Grenzobjekt C zum unveränderten Grenzzinsfuß 10% einen Kapitalwert von null aufweist, hat seine Ausdehnung keinen

Einfluß auf den Kapitalwert des Basis- und des Bewertungsprogramms, so daß es allein auf den Ertragswert des Objekts K ankommt.

b) Eine vereinfachte Bewertung mit dem Ertragswert scheitert, sofern der Übergang vom Basis- zum Bewertungsprogramm mit einer Änderung des endogenen Grenzzinsfußes einhergeht. Diese Situation tritt ein, wenn der Kaufmann in t = 0 über keine eigenen Mittel EK verfügt. Das Basisprogramm kann dann wiederum mit dem DEAN-Modell ermittelt werden:

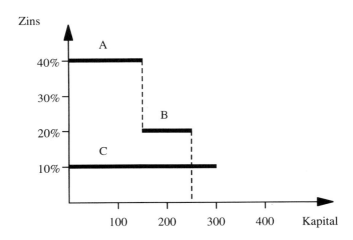

Nach der obigen Abbildung enthält das endwertmaximale Budget die Objekte A und B vollständig sowie als Grenzobjekt den im Umfang von 5/6 des Höchstbetrags aufgenommenen Kredit C. Daraus ergibt sich EW* = 210 + 120 − 5/6 · 330 = 55. Weiterhin resultiert i_1^{Basis} = 10% (interner Zins des einperiodigen Grenzobjekts C) mit der Konsequenz ρ_1^{Basis} = 1/1,1. Um den Grenzpreis der Schiffsbeteiligung K zu bestimmen, ist der folgende lineare Optimierungsansatz zu lösen:

max. U; U := p

$$150 x_A + 100 x_B - 300 x_C + p \leq 0$$

$$-210 x_A - 120 x_B + 330 x_C + G_1 \leq 110$$

$$G_1 \geq 55$$

$$x_A, x_B, x_C \leq 1$$

$$x_A, x_B, x_C, G_1, p \geq 0$$

Das der optimalen Lösung dieses Modells zu entnehmende Bewertungsprogramm lautet: $x_A = 1$, $x_B = 13/24$ und $x_C = 1$. Investition A und Kredit C sind also voll enthalten, während Objekt B im Vergleich zum Basisprogramm von 100 auf 54 1/6 zurückgedrängt wird, um hinreichend Finanzierungsspielraum zur Aufnahme des Bewertungsobjekts K zu schaffen. Bei einem Grenzpreis von $p^* = 95\ 5/6$ beträgt der Endwert $G_1 = 210 + 13/24 \cdot 120 - 330 + 110 = 55 = EW^*$, und der Kredit reicht in t = 0 gerade für das gesamte Investitionsprogramm aus: $150 + 54\ 1/6 + 95\ 5/6 = 300$.

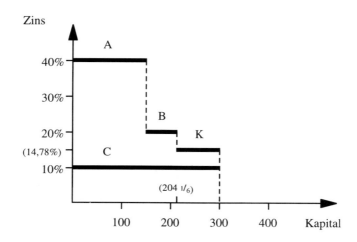

Die Abbildung zeigt, daß das Bewertungsobjekt K den Kredit C voll ausschöpft und darüber hinaus Objekt B teilweise verdrängt. Die Investition B ist im Bewertungsprogramm zum Grenzobjekt geworden. Ihre interne Verzinsung bestimmt daher den neuen endogenen Kalkulationszins $i_1 = 20\%$ und damit auch den gegenüber dem Basisprogramm geänderten Abzinsungsfaktor $\rho_1 = 1/1{,}2$.

Eine „vereinfachte Bewertung" ist wegen $\rho_1 \neq \rho_1^{Basis}$ nicht mehr zulässig. Vielmehr muß auf eine sogenannte „komplexe Bewertung" zurückgegriffen werden, die neben dem Ertragswert des Bewertungsobjekts auch die Kapitalwertänderung durch die Gesamtheit der Umstrukturierungen beim Übergang vom Basis- auf das Bewertungsprogramm berücksichtigt:

$$p^* = \underbrace{\frac{110}{1{,}2}}_{\substack{\text{Ertragswert des} \\ \text{Bewertungs-} \\ \text{objekts K}}} + \underbrace{\left(\underbrace{-150 + \frac{210}{1{,}2}}_{A} + \underbrace{300 - \frac{330}{1{,}2}}_{C} \right)}_{\substack{\text{Kapitalwert des} \\ \text{Bewertungsprogramms} \\ \text{(ohne das Bewertungsobjekt)}}} - \underbrace{\frac{55}{1{,}2}}_{\substack{\text{Kapitalwert des} \\ \text{Basisprogramms} \\ (EW^* = 55)}}$$

$$= \underbrace{91\tfrac{2}{3}}_{\substack{\text{Ertragswert des}\\\text{Bewertungsobjekts}}} + \underbrace{50}_{\substack{\text{Kapitalwert des}\\\text{Bewertungsprogramms}\\\text{(ohne das Bewertungsobjekt)}}} - \underbrace{45\tfrac{5}{6}}_{\substack{\text{Kapitalwert des}\\\text{Basisprogramms}}}$$

$$= \underbrace{91\tfrac{2}{3}}_{\substack{\text{Ertragswert des}\\\text{Bewertungsobjekts}}} + \underbrace{4\tfrac{1}{6}}_{\substack{\text{Kapitalwertänderung durch Umstrukturierung}\\\text{vom Basis- zum Bewertungsprogramm}}}$$

$$= \underbrace{141\tfrac{2}{3}}_{\substack{\text{Kapitalwert des Bewertungsprogramms}\\\text{(mit Bewertungsobjekt, aber ohne p)}}} - \underbrace{45\tfrac{5}{6}}_{\substack{\text{Kapitalwert des}\\\text{Basisprogramms}}}$$

$$= 95\tfrac{5}{6} \qquad \text{(95.833 Rupien und 33 Heller)}$$

Der Grenzpreis p* kann also nur noch mit einer Totalbetrachtung ermittelt werden, die auf die Zahlungsreihen aller Investitions- und Finanzierungsobjekte zurückgreift. Eine isolierte Ertragswertberechnung für das Objekt K reicht nicht mehr aus. Die Ertragswertmethode taugt in dieser Situation nur noch dazu, obere und untere Schranken für den Grenzpreis zu errechnen. Es gilt allgemein E_K (Ertragswert mit dem Zins des Bewertungsprogramms) $\leq p^* \leq E_K^{\text{Basis}}$ (Ertragswert mit dem Zins des Basisprogramms) und darum speziell:

$$91\tfrac{2}{3} = \frac{110}{1{,}2} \leq p^* \leq \frac{110}{1{,}1} = 100$$

Probe: Tatsächlich liegt p* = 95 5/6 im Intervall [91 2/3; 100].

Literaturhinweise

JAENSCH, G.: Wert und Preis der ganzen Unternehmung, Köln/Opladen 1966.

LAUX, H., FRANKE, G.: Zum Problem der Bewertung von Unternehmungen und anderen Investitionsgütern, in: Unternehmensforschung, 13. Jg. (1969), S. 205-223.

MATSCHKE, M. J.: Der Entscheidungswert der Unternehmung, Wiesbaden 1975.

Alexander Dilger

Die Irrelevanz der Kapitalstruktur nach Modigliani/Miller

Aufgabe 1

a) Was ist die Kernaussage der von Franco Modigliani und Merton H. Miller aufgestellten These der Irrelevanz der Kapitalstruktur?

b) Beweisen Sie diese These mit Arbitrageargumenten!

c) Auf welchen entscheidenden Voraussetzungen beruht die Irrelevanzthese? Gehören homogene Erwartungen zu diesen Voraussetzungen?

d) Diskutieren Sie Argumente für und wider die Irrelevanz der Irrelevanzthese!

Aufgabe 2

a) Welchen Einfluß räumen Modigliani und Miller der Dividendenpolitik ein?

b) Wie beeinflussen gemäß Modigliani und Miller Unternehmenssteuern die Kapitalstruktur?

c) Welche Bedeutung kommt in diesem Rahmen Insolvenzkosten zu?

d) Was geschieht, wenn neben die Körperschaft- eine Einkommensteuer bei den Kapitalgebern tritt?

Lösung

Aufgabe 1

a) Modiglianis und Millers These von der Irrelevanz der Kapitalstruktur besagt, daß der Marktwert eines Unternehmens unabhängig vom Anteil des Fremd- zum Eigenkapital ist. Es ist gleichgültig, ob ein Unternehmen hoch verschuldet oder nur durch Eigenkapital finanziert ist. Dies liegt daran, daß die Gesamtsumme der mit einem Unternehmen verbundenen Erträge und Risiken von der Kapitalstruktur unabhängig ist und ihre Aufteilung auf Fremd- und Eigenkapital im Unternehmen durch die Geldgeber in ihrem eigenen Vermögen neu zusammengestellt werden kann.

b) Es gibt mehrere Möglichkeiten, die Irrelevanz der Kapitalstruktur zu beweisen. Hier wird ein Verfahren vorgestellt, für andere auf die Literaturhinweise verwiesen.

Es wird angenommen, daß zwei Unternehmen in allem bis auf ihre Kapitalstruktur identisch sind. Firma 1 ist vollständig durch Eigenkapital finanziert. Firma 2 hat Fremdkapital im Umfang D_2 zum Marktzinssatz r aufgenommen und wird im übrigen auch durch Eigenkapital finanziert. Wenn beide Unternehmen denselben Marktwert V besitzen, dann zeigt dies, daß der Anteil von Fremd- zu Eigenkapital irrelevant ist. Dabei ist $V_1 = S_1$, wenn S_1 den Marktwert des Eigenkapitals der ersten Firma bezeichnet. Für Firma 2 gilt wegen der Fremdfinanzierung $V_2 = S_2 + D_2$. Da beide Unternehmen bis auf ihre Kapitalstruktur identisch sind, werden in beiden Unternehmen auch dieselben Investitionsentscheidungen getroffen, die zu denselben Erträgen X führen. X ist eine Zufallsvariable, die von den eintretenden Umweltzuständen abhängt.

Im folgenden wird ein Kapitalgeber betrachtet, der einen Anteil α am Eigenkapital der Firma 2 besitzt. Der Wert seiner Beteiligung ist αS_2. Sie bringt ihm einen Ertrag in Höhe von

$$Y_2 = \alpha(X - rD_2)$$

ein, weil nach Bezahlung der Fremdkapitalzinsen alle Unternehmensgewinne den Eigenkapitalgebern zustehen. Wenn der Kapitalgeber seine Beteiligung zum Marktwert αS_2 verkauft und zum Marktzinssatz r einen Kredit über αD_2 aufnimmt, dann kann er einen Bruchteil $\alpha(S_2 + D_2)/S_1$ des Eigenkapitals der Firma 1 dafür kaufen. Dies ergibt für ihn einschließlich der fälligen Kreditzinsen einen neuen Ertrag

$$Y_1 = \frac{\alpha(S_2 + D_2)}{S_1} X - r\alpha D_2 = \alpha\left(\frac{V_2}{V_1} X - rD_2\right).$$

Wie ein Vergleich von Y_1 und Y_2 zeigt, sind diese Erträge nur dann identisch, wenn auch die Unternehmenswerte V_1 und V_2 identisch sind. Damit sich keine Arbitragemöglichkeiten ergeben, müssen jedoch die Erträge und damit auch die Unternehmenswerte identisch sein. Denn aus $V_1 < V_2$ folgt $Y_1 > Y_2$. Solange jedoch eine Geldanlage in der Firma 1 höhere Erträge bringt, lohnt sich ein Verkauf der Anteile an Firma 2, um solche der Firma 1 zu erwerben. Um diese Arbitrage zu vermeiden bzw. um überhaupt Käufer für Anteile der Firma 2 und Verkäufer der Anteile an Firma 1 finden zu können, müssen sich die Marktpreise verändern, nämlich S_2 und damit auch V_2 fallen sowie $S_1 = V_1$ steigen, bis $V_1 = V_2$ gilt. $V_1 > V_2$ gibt wegen $Y_1 < Y_2$ Anlaß zu genau umgekehrten Marktbewegungen, bis sich auch hier das arbitragefreie Gleichgewicht $V_1 = V_2$ ergibt.

c) Die wichtigste Voraussetzung des Irrelevanztheorems betrifft den Kapitalmarkt. Dieser muß reibungslos und kompetitiv sein. Ein reibungsloser Kapitalmarkt ist durch die Abwesenheit von Transaktionskosten, Steuern und Marktbeschränkungen gekennzeichnet. Kompetitiv ist der Kapitalmarkt dann, wenn niemand eine marktbeherrschende Stellung besitzt und deshalb jeder die für alle gleichen Marktpreise einschließlich des Zinses als gegeben betrachtet. Leerverkäufe sind möglich, ebenso Kreditaufnahmen in beliebiger Höhe.

Daneben ist die Annahme entscheidend, daß die Kapitalstruktur unabhängig von allen übrigen Unternehmenseigenschaften ist. In dem Arbitrageargument wurden zwei Unternehmen betrachtet, die sich allein im Anteil des Fremdkapitals unterscheiden. Das Argument gilt nicht mehr, wenn die Kapitalstruktur eines Unternehmens auch andere Größen beeinflußt, z. B. die Investitionsentscheidungen der Manager oder realwirtschaftlich anfallende Kosten. Denn dann wäre die Zufallsvariable X nicht mehr für beide Firmen identisch, sondern eine von der Kapitalstruktur abhängige Variable.

Obwohl es gelegentlich behauptet wird, gehören homogene Erwartungen nicht zu den Voraussetzungen des Arbitragearguments von Modigliani und Miller. Mit homogenen Erwartungen ist gemeint, daß alle Marktteilnehmer dieselben Zukunftserwartungen haben. Sie sind sich zumindest darüber einig, welche Umweltzustände überhaupt eintreten können. Darüber hinaus wird manchmal die Auffassung vertreten, die Marktteilnehmer müßten auch noch von derselben Wahrscheinlichkeitsverteilung über diese Zustände ausgehen, damit das Irrelevanztheorem gilt. Doch die Zufallsvariable X wurde bei der Beweisführung unter b) gar nicht näher analysiert. Für das Arbitrageargument ist es gleichgültig, von welchen Umweltzuständen die Beteiligten ausgehen und ob dies für alle dieselben sind oder nicht. Entscheidend ist nur, daß jeder Beteiligte X für identisch in beiden unterschiedlich finanzierten Firmen hält. Die sonstigen Erwartungen bestimmen natürlich die Höhe des Marktwertes beider Firmen, der jedoch wegen des Arbitragearguments für beide Firmen stets derselbe sein muß. Inhomogene Erwartungen sind dann nicht erlaubt, wenn das Irrelevanztheorem nicht über die Arbitragefreiheit, sondern im Rahmen voraussetzungsreicherer Modelle wie z. B. dem CAPM bewiesen werden soll.

d) Das Irrelevanztheorem wird gelegentlich als irrelevant bezeichnet. Damit soll nicht die logische Richtigkeit des Theorems bei Gültigkeit der getroffenen Annahmen bezweifelt werden, sondern die empirische Haltbarkeit der Annahmen. Ausgangspunkt dieser Zweifel kann das Ergebnis des Theorems sein. Es könne einfach nicht stimmen, daß die Finanzierungsstruktur eines Unternehmens in der Realität belanglos ist. Warum beschäftigten sich sonst viele hochbezahlte Spezialisten und ganze Unternehmensabteilungen mit nichts anderem? Alternativ können die Annahmen direkt angegriffen werden. Es existieren einfach Transaktionskosten und andere

Hemmnisse auf den Kapitalmärkten. So kann z. B. nicht jeder zu einem einheitlichen Marktzinssatz beliebig Geld leihen. Zu den Effekten durch Steuern siehe Aufgabe 2. Außerdem mag die Kapitalstruktur mit anderen Unternehmenseigenschaften unlösbar verknüpft sein, wenn z. B. die Kontrolle der Manager durch Fremd- und Eigenkapitalgeber unterschiedlich erfolgt, was die Investitionsentscheidungen, die Erträge und damit den Unternehmenswert beeinflußt. Schließlich könnte die Kapitalstruktur ein Signal für ansonsten nur den Managern zugängliche Informationen liefern und dadurch den Marktwert eines Unternehmens beeinflussen.

Aus diesen weiterführenden Überlegungen und empirischen Relativierungen folgt jedoch nicht, daß das Irrelevanztheorem wissenschaftlich irrelevant wäre. Nicht umsonst haben sowohl Franco Modigliani als auch Merton H. Miller den Nobelpreis erhalten. Dieses Theorem hat die Unhaltbarkeit gewisser älterer Überlegungen zur optimalen Kapitalstruktur aufgezeigt, selbst wenn diese z. T. heute noch irrtümlich vertreten werden. Diese älteren Überlegungen gingen davon aus, es gäbe deshalb eine optimale Kapitalstruktur, weil ein rein durch Eigenkapital finanziertes Unternehmen durch die Hereinnahme von Fremdkapital mit vergleichsweise niedrigen Zinsen seine Rendite erst erhöhen könnte, bis ein zu hoher Leverage das Risiko zu sehr steigern würde (vergleiche die Fallstudie zum Leverage-Effekt von Heiko Burchert in diesem Band). Es müßte einen Punkt geben, wo die gegenläufigen Effekte ein Optimum herbeiführen. Das Irrelevanztheorem zeigt jedoch, daß es keinen solchen Punkt (aus diesem Grund) gibt, sondern sich bei jeder beliebigen Kapitalstruktur die beiden Effekte genau aufheben. Jede Risikoänderung führt auf funktionierenden Kapitalmärkten zu einer entsprechenden Änderung der Risikoprämie.

Das Irrelevanztheorem zeigt nicht, daß die Kapitalstruktur empirisch irrelevant und eine Beschäftigung mit Finanzierungsfragen uninteressant ist, doch es kann aufzeigen, woran eine mögliche Relevanz nicht liegen kann. Damit haben Modigliani und Miller der Finanzierungstheorie eine neue Richtung gewiesen und weitere bahnbrechende Entdeckungen ermöglicht.

Aufgabe 2

a) Das Irrelevanztheorem in bezug auf den Anteil des Fremdkapitals läßt sich vollständig auf die Dividendenpolitik übertragen. Das bedeutet, daß es bei Gültigkeit der genannten Annahmen keine Rolle spielt, ob ein Unternehmen Gewinne durch Dividenden an seine Eigenkapitalgeber ausschüttet oder im Unternehmen behält. Der Wert der Eigentümerposition ist in beiden Fällen gleich. Die Eigentumsanteile ohne Dividendenzahlung haben exakt den Wert der Anteile nach einer Zahlung zuzüglich der ausgeschütteten Summe.

Dieses Ergebnis wird häufig separat bewiesen, ergibt sich jedoch unmittelbar aus der Irrelevanz der Kapitalstruktur. Denn wenn es sich um zusätzliche Gelder handelt, die nicht zur Finanzierung der unternehmenseigenen Investitionsprojekte benötigt werden, ist es offensichtlich irrelevant, ob sie vom Unternehmen oder privat von den Eigentümern zum identischen Marktzins angelegt werden. Würde die ausgeschüttete Dividende dagegen zur Finanzierung von lohnenden Investitionen im Unternehmen benötigt, so daß wegen ihrer Ausschüttung an die Eigentümer am Kapitalmarkt Fremdkapital aufgenommen werden muß, so gilt das Irrelevanztheorem, daß diese Erhöhung des Fremdkapitalanteils für den Marktwert des Unternehmens folgenlos ist.

b) Gemäß Modigliani und Miller ist das Irrelevanztheorem bei der Existenz von Unternehmenssteuern nicht mehr anwendbar. Der Grund dafür ist einfach, daß Unternehmensgewinne versteuert werden müssen, während Fremdkapitalzinsen als Ausgaben vom Unternehmen steuerlich geltend gemacht werden können, also nicht versteuert werden müssen.

Wenn Steuern jedoch nur für das Eigenkapital anfallen, während Fremdkapital steuerlich privilegiert wird, dann folgt aus der vorherigen Irrelevanz der Kapitalstruktur ohne Steuern zwingend, daß mit Einführung der Unternehmenssteuer die Kapitalstruktur durchaus relevant ist. Die Maximierung des Unternehmenswertes erfordert dann eine Maximierung des steuerfreien Fremdkapitalanteils. Gegebenenfalls sollten Investitionen buchmäßig vollständig fremdfinanziert werden. Da dies den Unternehmenswert steigert, bleibt ein gewisser Eigenkapitalanteil bestehen, außer wenn auch dieser durch Schulden ersetzt und dem Unternehmen steuerfrei entnommen werden kann.

c) Insolvenzkosten sind Kosten, die bei einem Sinken des Eigenkapitals unter 0 DM auftreten, weil die Ansprüche der Fremdkapitalgeber nicht mehr vollständig erfüllt werden können. Formalisierte Insolvenzverfahren sind sehr teuer, doch auch informelle Verhandlungen zwischen den Gläubigern und mit den bisherigen Eigentümern und Managern können mit hohen Kosten verbunden sein. Diese Kosten sind nicht damit zu verwechseln, daß das Eigenkapital im Insolvenzfall keinen Wert mehr hat. Letzteres ist im Irrelevanztheorem bereits berücksichtigt, während die Insolvenzkosten zusätzlich auftreten und dazu führen, daß der Wert der Gläubigerposition unstetig ist und mit dem Insolvenzeintritt substantiell sinkt.

Um diese Kosten zu vermeiden, sollte der Anteil des Eigenkapitals möglichst groß sein. Wenn es gar kein Fremdkapital gibt, kann es auch nicht zur Insolvenz und den mit ihr verbundenen Kosten kommen. Wird die Irrelevanz der Kapitalstruktur also allein durch die Existenz von Insolvenzkosten durchbrochen, dann ist eine Eigenkapitalquote von hundert Prozent optimal. Gibt es dagegen gleichzeitig Insolvenzkosten und die unter b) betrachtete, für Fremdkapital sprechende Unternehmenssteuer, dann erweist sich eine gemischte Kapitalstruktur als optimal. Denn von einem Eigenkapitalanteil von hundert Prozent ausgehend überwiegt zuerst der Steuereffekt die mit der Insolvenzwahrscheinlichkeit gewichteten Insolvenzkosten, bis ein steigender Fremdkapitalanteil die Insolvenzwahrscheinlichkeit ausreichend erhöht, so daß sich beide Effekte ausgleichen und eine weitere Erhöhung des Fremdkapitalanteils nicht mehr lohnend wäre.

d) Da die realen Steuersätze zwischen dreißig und über fünfzig Prozent liegen, können die unter c) angesprochenen Insolvenzkosten kaum ausreichen, den unter b) erläuterten Effekt einer Unternehms- bzw. Körperschaftsteuer in nennenswertem Umfang zu kompensieren. Wenn Fremdkapital also tatsächlich dermaßen privilegiert würde, dann sollte es nur ganz wenig Eigenkapital geben. Dies läßt sich allerdings empirisch nicht beobachten. Außerdem werden Holdingkonstruktionen oder Darlehensverträge mit bedingten Zinszahlungen, die aufwendige Insolvenzen vermeiden und somit die Vorteile des Eigenkapitals zusammen mit der Abzugsfähigkeit von Fremdkapitalzinsen bieten, nur selten vereinbart. Folglich ist die bisherige Betrachtung unvollständig.

Was bislang fehlte, war die Einbeziehung der Einkommensteuer bei den Kapitalgebern. Ein Unternehmen kann tatsächlich nur seine Fremdkapitalkosten von der Steuer abziehen und muß seine Gewinne vollständig versteuern. Das heißt aber nicht, daß Zinszahlungen überhaupt steuerfrei sind. Die Zinsen werden nicht beim Schuldner steuerlich erfaßt, sondern beim Gläubiger. Die Kapitalgeber interessiert aber nicht, wo die Steuern erhoben werden oder was sie vor Steuern erhalten, sondern wieviel ihnen nach der Besteuerung verbleibt. Wenn nun der Körperschaftsteuersatz auf Gewinne im Unternehmen dieselbe Höhe hat wie der Einkommensteuersatz für empfangene Zinsen, dann ist das Steuersystem neutral in bezug auf die Finanzierung, und es gilt wieder die Irrelevanz der Kapitalstruktur. Dasselbe gilt dann, wenn die Kapitalgeber die vom Unternehmen gezahlte Körperschaftsteuer vollständig von ihrer Einkommensteuerschuld abziehen können, die sich im übrigen auf Zinszahlungen und Gewinne bezieht.

Es verbleibt eine Wirkung des Steuersystems auf die optimale Kapitalstruktur, wenn die Steuerbelastung von Fremd- und Eigenkapital voneinander abweicht. Es kommt allerdings nur auf die Differenz der Steuersätze an, nicht deren absolute Höhe. Dasselbe trifft auch auf unterschiedliche Möglichkeiten der Steuervermeidung bzw. -hinterziehung zu. Wenn schließlich verschiedene Kapitalgeber unterschiedlichen Grenzsteuersätzen unterliegen, könnten sich die Firmen auf einzelne Kapitalgeberklassen spezialisieren. Für die Gesamtheit aller Unternehmen ergibt sich dann eine optimale Kapitalstruktur, während das einzelne Unternehmen frei ist in der Wahl seiner Spezialisierung.

Literaturhinweise

DILGER, ALEXANDER: Auktionen in Insolvenzen: Ein Vorschlag zur optimalen Gestaltung von Insolvenzverfahren, Berlin 1998.

DRUKARCZYK, JOCHEN: Theorie und Politik der Finanzierung, 2. Auflage, München 1993.

FRANKE, GÜNTER/HAX, HERBERT: Finanzwirtschaft des Unternehmens und Kapitalmarkt, 3. Auflage, Berlin etc. 1994.

KRUSCHWITZ, LUTZ: Finanzierung und Investition, Berlin/New York 1995.

MILLER, MERTON H.: „Debt and Taxes", Journal of Finance 32, 1977, S. 261-275.

MILLER, MERTON H./MODIGLIANI, FRANCO: „Dividend Policy, Growth, and the Valuation of Shares"; Journal of Business 34, 1961, S. 411-433.

MODIGLIANI, FRANCO/MILLER, MERTON H.: „The Cost of Capital, Corporate Finance and the Theory of Investment", American Economic Review 48, 1958, S. 261-297.

MODIGLIANI, FRANCO/MILLER, MERTON H.: „Corporate Income Taxes and the Cost of Capital: A Correction", American Economic Review 53, 1963, S. 433-443.

SCHNEIDER, DIETER: Investition, Finanzierung und Besteuerung, 7. Auflage, Wiesbaden 1992.

SPREMANN, KLAUS: Wirtschaft, Investition und Finanzierung, 5. Auflage, München/Wien 1996.

Lambert T. Koch

Quantitative und qualitative Verfahren der Kapitalmarktanalyse

Aufgabe 1

Im Rahmen der quantitativen Kapital- bzw. Aktienmarktanalyse läßt sich zwischen Ansätzen zur Untersuchung *einzelner Wertpapiere* und solchen zur theoretischen Fundierung einer *Portefeuilleentscheidung* differenzieren. Innerhalb der erstgenannten Kategorie kann man wiederum Methoden der sogenannten *Fundamentalanalyse* einerseits und der *Technischen Analyse* andererseits unterscheiden. Geben Sie einen vergleichenden Überblick über die Grundideen und -vorgehensweisen der beiden letztgenannten Methodenstränge.

Aufgabe 2

Im Kontext von Ansätzen, die einen Portefeuillezusammenhang berücksichtigen, spielen grundlegende kapitalmarkttheoretische Überlegungen eine wichtige Rolle. Besonders das sogenannte *Capital Asset Pricing Model* (CAPM) ist hier seit vielen Jahren in der Diskussion.
Im folgenden wird von einer einfachen *Variante* dieses Modells ausgegangen: Zu betrachten sind zwei Unternehmen, die nach Ablauf eines Jahres liquidiert werden sollen. Unternehmen *A* emittierte seinerzeit *200.000 Aktien*. Die Finanzierung von Unternehmen *B* erfolgte ebenfalls über die Emission von *200.000 Aktien* sowie zusätzlich durch Fremdkapital im Nennwert von *20 Mio. DM*. Der Erwartungswert des Liquidationserlöses ($\tilde{e}_i$) beträgt *50 Mio. DM*. Der Zinssatz der sicheren Anlage und somit auch der Sollzinssatz (*i*) liegt bei *5 %*, die Risikoprämie des Marktportfolios (P_M) bei *80 Mrd. DM* und seine Varianz ($var(\tilde{M})$) bei *10 Trd. DM²*. Die Kovarianz von erwartetem Liquidationserlös und Marktportfolio ($cov(\tilde{e}_i,\tilde{M})$) beläuft sich auf *1 Trio. DM²*.

a) Nennen Sie zunächst die wichtigsten *Anwendungsvoraussetzungen* für das CAPM.

b) Berechnen Sie sodann die *Marktwerte je Aktie* und die erwarteten *Gleichgewichtsrenditen* für beide Unternehmen.

Aufgabe 3

Aus der Kritik an quantitativen Methoden der Kapitalmarktanalyse, deren grundlegende Ideen zuvor thematisiert wurden, ergeben sich zahlreiche Ansatzpunkte einer qualitativen Kapitalmarktanalyse. Diese kann man danach ordnen, ob sie eher auf *verhaltenswissenschaftliche* oder eher auf *kognitionswissenschaftliche* Zusammenhänge Bezug nehmen. Geben Sie einen Überblick über Kernaussagen der Ansätze beider Richtungen und weisen Sie auf Verbindungslinien hin.

Lösung

Aufgabe 1

Die Grundidee der *Fundamentalanalyse* ist, daß der Kurs einer Aktie durch interne und externe Unternehmensdaten und damit durch den sogenannten *Inneren Wert* (Intrinsic Value) des betreffenden Unternehmens bestimmt wird. Als Aufgabe eines Fundamentalanalytikers wird es somit angesehen, diesen Inneren Wert zu berechnen, um ihn dann mit dem jeweiligen Marktpreis (Börsenkurs) vergleichen zu können. Abweichungen der beiden Werte voneinander geben Handlungssignale (Kauf oder Verkauf), denn der Kurs der Aktie richtet sich, so die Annahme, grundsätzlich nach ihrem Inneren Wert; er wird lediglich vorübergehend durch gewisse Störimpulse (z. B. psychologische Effekte) in die eine oder andere Richtung abweichen.

Die Verfahren zur Bestimmung des Inneren Wertes variieren, wobei im weiteren Sinne stets die erwartete Ertragskraft des untersuchten Unternehmens im Mittelpunkt steht. Nach dem *Barwertkonzept* beispielsweise wird der Kurs einer Aktie durch den Wert bestimmt, der sich ergibt, wenn man die Summe aller je noch auf sie entfallenden Dividenden auf den heutigen Tag abzinst. Dabei werden die zukünftigen Dividendensummen im Grundmodell durch Extrapolation auf der Basis von Vergangenheitsdaten ermittelt.

Die an diesem relativ einfachen Verfahren immer wieder geübte Kritik führte zu zahlreichen Modifikationen und Weiterentwicklungen. So beziehen neuere Methoden neben den Determinanten Dividende und Gewinn auch Kennzahlen wie Cash Flow, Leverage, Price Earning Ratio oder Rate of Return mit ein. Zum Teil finden zudem betriebsexterne Einflußfaktoren wie beispielsweise Wechselkurs-, Zins- oder Geldmengenentwicklungen Berücksichtigung.

Mit der Anwendung von Methoden der *Technischen Analyse* hingegen löst man sich von dem Versuch, Börsenkurse in einem streng nomologischen Sinne erklären zu wollen. Hier wird versucht, aus der Beobachtung bisheriger Kursverläufe Rückschlüsse auf zukünftige Bewegungen zu ziehen. Ziel ist es, *Trendverläufe* und ihre Richtung sowie mögliche Umkehrpunkte frühzeitig zu erkennen, um auf diese Weise zu Entscheidungsgrundlagen (Kauf, Verkauf oder Halten) zu gelangen. Im Gegensatz zur Fundamentalanalyse interessieren im Rahmen der Technischen Analyse die fundamentalen Daten eines Unternehmens somit höchstens implizit; im Vordergrund steht die Untersuchung des *aggregierten* Einflusses sowohl „rationaler" als auch „irrationaler" Faktoren auf Nachfrage und Angebot des entsprechenden Wertes am Markt. Dabei wird unterstellt, daß Kurse dazu neigen, sich phasenweise in Trends zu entwickeln. Während „zufällige" Störungen den Trendverlauf nicht kippen, bewirken entscheidungsrelevante Ereignisse deutliche Veränderungen in der Nachfrage-Angebots-Relation und somit in der Kursbewegung. Weiterhin beruhen die abzuleitenden Prognosen auf der Annahme, daß sich charakteristische Kursverläufe der Vergangenheit wiederholen, da sich auch die kursrelevanten Reaktionen der Marktakteure in wiederkehrenden Situationen wiederholen.

Zum Kerninstrumentarium der Technischen Analyse gehören sogenannte *Chart-Diagramme*. Überschaubarer als lange Zeitreihen zeichnen sie den Kursverlauf von Aktien oder den Index von Branchen und Märkten nach. Zudem lassen sich mit ihrer Hilfe Kursentwicklungen als ein System von Überlagerungen verschiedener Zyklen darstellen. Dabei kann man einen Basistrend unterscheiden, der von mehreren simultan ablaufenden zyklischen Kursbewegungen oszillierend überlagert wird. Während langfristig sogenannte Primärbewegungen um den Basistrend schwanken, werden die Primärbewegungen von sekundären und tertiären Bewegungen überlagert. Trendänderungen versucht man mit Hilfe der Methode der gleitenden Durchschnitte „objektiv" zu bestimmen. Gleitende Durchschnittswerte ergeben sich als arithmetisches Mittel einer frei wählbaren Menge von Werten einer bestimmten Zeitreihe, wobei man gleitend fortschreitet, d. h. Tag für Tag den jeweils aktuellen Wert hinzufügt. Eine so gewonnene geglättete Durchschnittskurve stellt man dem aktuellen Kurs- oder Indexverlauf gegenüber. Schneiden sich die beiden Kurven, so werden daraus Handlungsempfehlungen abgeleitet: Durchstößt z. B. die Durchschnittskurve den Kursverlauf von oben her, so gilt dies als Kaufsignal und umgekehrt.

Die hier erläuterte Grundidee der Technischen Analyse wurde in vielerlei Richtungen verfeinert. Unabhängig davon jedoch begleitet alle diese methodischen Varianten der Grundvorwurf der Theorielosigkeit. Da sich Einzeleinflüsse und ihr jeweiliges Gewicht nicht feststellen bzw. isolieren lassen, bleibt man darauf angewiesen, zukunftsweisende Transaktionsentscheidungen allein auf Grundlage früherer Verläufe eines hochaggregierten Informationsindikators (Börsenkurs) zu treffen. Dabei haftet der Interpretation seiner vermeintlichen Trends oder Muster unvermeidbar ein subjektives Moment an, das entsprechende Fehlentscheidungen nach sich ziehen kann.

Aufgabe 2

a) Annahmen
Die Marktakteure verhalten sich *risikoscheu* und maximieren den am Ende der Planperiode erwarteten Risikonutzen ihres Vermögens (CAPM als implizites Einperiodenmodell). Alle Investoren hegen *homogene Erwartungen* im Hinblick auf Erwartungswert, Varianz und Kovarianz der Wertpapiererträge. Eine risikolose Geldanlage ist ebenso wie eine Kreditaufnahme zum sicheren Zinssatz (Risk Free Rate of Return) möglich. Die Marktpreise sind von den einzelnen Akteuren nicht individuell beeinflußbar. Voraussetzung für homogene Erwartungen ist ein *informationseffizienter Kapitalmarkt*; nur dann ist gewährleistet, daß die relevanten (und kostenlosen) In-

formationen allen Anlegern gleichzeitig zur Verfügung stehen und sich eine einheitliche Erwartungsbildung vollziehen kann. Das bedeutet, in einem vollkommenen und informationseffizienten Kapitalmarkt reflektieren die Marktpreise zu jedem Zeitpunkt ohne Verzögerung und vollständig alle maßgeblichen Informationen, wobei hinsichtlich Art und Umfang der Informationen drei Versionen der Effizienzthese diskutiert werden („schwache", „mittlere" und „starke Form"). Zu den Anwendungsbedingungen des CAPM gehört weiterhin, daß alle Wertpapiere jederzeit gehandelt werden, beliebig teilbar sind und keine Transaktionskosten verursachen. Zudem gilt das sogenannte *Separationstheorem*, demzufolge das optimale Investitionsprogramm von der Art seiner Finanzierung unabhängig ist. Homogene Erwartungen und die Gültigkeit des Separationstheorems führen zu *identischen Portefeuillestrukturen* bei allen Marktteilnehmern, die im Kapitalmarktgleichgewicht zudem mit der Struktur des Marktportefeuilles übereinstimmen. Letzteres ist im Gleichgewicht *risikoeffizient*.

b) Marktwert je Aktie und Gleichgewichtsrendite

$\Rightarrow$ *Bewertungsgleichung des CAPMs (in Kursvariante) für Unternehmen A:*

$$p_i = \frac{\tilde{e}_i - \frac{P_M}{\text{var}(\tilde{M})} \text{cov}(\tilde{e}_i, \tilde{M})}{1+i} = \frac{50 \text{ Mio. DM} - \frac{80 \text{ Mrd. DM}}{10 \text{ Trd. DM}^2} 1 \text{Trio. DM}^2}{1{,}05} = 40 \text{ Mio. DM}$$

$$p_i \text{ / Aktie} = \frac{40 \text{ Mio. DM}}{200.000} = 200 \text{ DM}$$

$$\tilde{e}_i \text{ / Aktie} = \frac{50 \text{ Mio. DM}}{200.000} = 250 \text{ DM}$$

$$r_i = \frac{\tilde{e}_i \text{ / Aktie} - p_i \text{ / Aktie}}{p_i \text{ / Aktie}} = \frac{250 \text{ DM} - 200 \text{ DM}}{200 \text{ DM}} = 0{,}25 \Rightarrow 25\%$$

$\Rightarrow$ *Bewertungsgleichung des CAPMs (in Kursvariante) für Unternehmen B:*

$$p_i = \frac{[\tilde{e}_i - (1+i)FK] - \frac{P_M}{\text{var}(\tilde{M})} \text{cov}(\tilde{e}_i, \tilde{M})}{1+i}$$

$$= \frac{[50 \text{ Mio. DM} - 21 \text{ Mio. DM}] - \frac{80 \text{ Mrd. DM}}{10 \text{ Trd. DM}^2} 1 \text{ Trio. DM}^2}{1{,}05} = 20 \text{ Mio. DM}$$

$$p_i \text{ / Aktie} = \frac{20 \text{ Mio. DM}}{200.000} = 100 \text{ DM}$$

$$\tilde{e}_i \text{ / Aktie} = \frac{50 \text{ Mio. DM} - 21 \text{ Mio. DM}}{200.000} = 145 \text{ DM}$$

$$r_i = \frac{\tilde{e}_i \text{ / Aktie} - p_i \text{ / Aktie}}{p_i \text{ / Aktie}} = \frac{145 \text{ DM} - 100 \text{ DM}}{100 \text{ DM}} = 0,45 \Rightarrow 45\%$$

⇒ *Ergebnis:*

Im Falle des ausschließlich durch Eigenkapital finanzierten Unternehmens beträgt der Marktwert einer Aktie *DM 200,-* bei einer erwarteten Rendite von *25 %*. Der Marktwert einer Aktie von Unternehmen *B* hingegen beträgt *DM 100,-* bei einer erwarteten Rendite von *45 %* (steigende Rendite mit steigender Fremdkapitalfinanzierung).

Aufgabe 3

Im Rahmen *verhaltenswissenschaftlich* orientierter Ansätze der qualitativen Kapitalmarktanalyse kommt der Untersuchung sogenannter *Verhaltensanomalien* eine besondere Bedeutung zu. Man bezeichnet damit im Kursverlauf von Wertpapieren zum Ausdruck kommende Abweichungen des Transaktionsverhaltens von Marktakteuren von dem nach der traditionellen Kapitalmarktgleichgewichtstheorie zu erwartenden Verhalten. Dabei stellt die statistische Signifikanz den Maßstab für die Relevanz einer in der Empirie beobachtbaren Anomalie dar. Zu den *individuellen* Verhaltensanomalien zählen etwa Irrationalitäten bei der Auswahl, Aufbereitung und Implementation von Informationen. Anomalien *auf Marktebene* zeigen sich in solchen Fällen, in denen aus der Verwendung öffentlich verfügbarer Kennzahlen systematisch Überrenditen (im Vergleich zum Kapitalmarktgleichgewichtsmodell) erzielt werden können. Zahlreiche Untersuchungen etwa zum Einfluß des Kurs-Gewinn-Verhältnisses (KGV), des Buch-Marktwert-Verhältnisses oder auch der Firmengrößen auf Transaktionsentscheidungen belegen die Evidenz entsprechender Anomalien.

Einige der verhaltenswissenschaftlichen Ansätze sind nach von ihnen besonders betonten Verhaltensphänomenen auf kollektiver Ebene benannt. Die *Preisblasentheorie* beispielsweise versucht das kumulative Abweichen der Wertpapierkurse von einem „fundamental gerechtfertigten" Niveau zu erklären. Hier kommt etwa die Theorie des *Positive Feedback Trading* zur Geltung. Im *Fads-and-Fashions Model* hingegen, einem marktpsychologischen Ansatz, wird der Einfluß von Launen und Modeerscheinungen für „irrationale" Kursverläufe verantwortlich gemacht. Unter anderem wird betont, daß das Marktgeschehen keineswegs stets von professionellen, im Sinne der neoklassischen Theorie „rational" handelnden Akteuren dominiert werde.

Charakteristisch für den Versuch, Kapitalmarktphänomene *kognitionswissenschaftlich* zu erklären, ist die Einbeziehung von Besonderheiten der menschlichen Wahrnehmungs- und Erkenntnisfunktionen. Ausgangspunkt einer in diese Richtung fundierten Handlungstheorie ist die Annahme, daß jeder Akteur originär eine individuelle Wirklichkeit erlebt, die erst über Kommunikationsakte in bestimmten Bereichen an eine intersubjektive Wirklichkeit angeschlossen wird. Es kommt dann nicht nur darauf an, welche Informationen in welcher Art und Weise *transferiert*, sondern auch darauf, wie diese Informationen individuell *interpretiert* werden. Hier spielen gespeicherte Wissensinhalte und Erfahrungen sowie emotionale Einfärbungen eine Rolle. Diese Zusammenhänge werden für die Erklärung realer Kursverläufe um so relevanter, je weniger das Entscheidungsverhalten der Marktakteure durch Institutionen oder andere Verhaltensmaßgaben restringiert ist.

Verhaltens- und kognitionswissenschaftlich orientierte Erklärungen weisen *enge Verknüpfungen* auf. Beispielsweise können sich innerhalb von Gruppen von Individuen aufgrund intensiver Kommunikation nicht nur Präferenzen für bestimmte Modelle oder Heuristiken, sondern in deren Rahmen auch bestimmte Ereignisinterpretationen durchsetzen (Kommunikation bestimmter Kognitionen). Je nachdem, ob ein bestimmter kritischer Wert überschritten wird, werden diese spezifischen Kognitionen dann entweder „versickern" oder aber in einem sich selbst verstärkenden Prozeß in die Grundgesamtheit der Marktakteure hinein diffundieren (Häufigkeitsabhängigkeitseffekte des Verhaltens). Daraus läßt sich schließen, daß bestimmte Theorien und Sichtweisen nicht etwa deshalb dominieren, weil sie „objektiv" überlegen wären, sondern weil sie in Abhängigkeit von der Anzahl ihrer Anhänger temporär funktionieren. So können etwa Prognosen auf Basis der Technischen Analyse allein deshalb zutreffen, weil eine kritische Masse von ihrer Relevanz ausgeht und daher Entscheidungen entsprechend ausrichtet. Aus kognitionswissenschaftlicher Perspektive ergibt sich mithin parallel zum marktlichen Wettbewerb ein ständiger Wettbewerb der Theorien und Sichtweisen um Macht und Einfluß.

Literaturhinweise

FAMA, E. F.: Foundations of Finance: Portfolio Decisions and Security Prices, Oxford 1976.

BITZ, M. / A. OEHLER: Überlegungen zu einer verhaltenswissenschaftlich fundierten Kapitalmarktforschung, Kredit und Kapital 2, S. 246-273 sowie Kredit und Kapital 3, S. 375-416.

KASPERZAK, R.: Aktienkursbildung: Eine handlungstheoretisch fundierte „Erklärung des Prinzips", Berlin 1997.

LOISTL, O. / W. REIß: Pricebuilding mechanisms and their modelling in the literature, in: O. LOISTL / T. LANDES, The Dynamic Pricing of Financial Assets, Hamburg 1989.

PERRIDON, L. / M. STEINER: Finanzwirtschaft der Unternehmung, 9. Aufl., München 1997.

Peter van Aubel und Friedrich Riddermann

Kapitalmarkttheoriegestütztes Portfoliomanagement: Ein Tag aus dem Leben eines Fondsmanagers

Fondsmanager KARL-JOSEF VON HALMACKENREUTHER (seine Freunde nennen ihn KAJO) hat es wieder einmal geschafft: Auch das letzte Jahr hat er überstanden, ohne daß ihm die Bankenaufsicht auf die Schliche gekommen ist. Er arbeitet nämlich beim SCHNAKENBURGER STRUKTURVERTRIEB und betreibt für den von ihm verwalteten FONDS-DUE (Werbeslogan: „Geldanlagen für Feinschmecker") aggressives Stockpicking unter Mißachtung der gesetzlichen Vorschriften. So hatte er letztes Jahr nur vier verschiedene Aktienwerte im Portfolio, obwohl eine breitere Streuung vorgeschrieben ist.

Grundsätzlich wählt er die ins Portfolio aufzunehmenden Aktien anhand von Chartanalysen sowie von einfachen Kennzahlen wie Dividendenrendite, KGV (Kurs-Gewinn-Verhältnis) und Gewinnwachstum aus. Zusätzlich versucht er, vermeintliche Unterbewertungen durch einfache Dividendendiskontierungsmodelle aufzudecken.

Der Fonds wird in der neuen Währung EURO notiert und abgerechnet. Seine Benchmark ist der europäische Aktienindex DOW JONES STOXX 50 (DJS50).

Eigentlich wollte KAJO am heutigen Jahreswechsel schöngeistigen Dingen nachgehen. Jedoch hat ihn seine Chefin Frau DR. ELFRIEDE MÜLLER-WALKENRIED angewiesen, das vergangene Geschäftsjahr abzurechnen und seine Performance auszuweisen sowie anschließend Anlageentscheidungen für das neue Jahr zu treffen. Mit diesen Dingen muß er sich also nun beschäftigen.

Besonders stolz ist er, im vergangenen Jahr trotz eines relativ hohen „Kassenbestandes" (Liquiditätsreserve) annähernd die Rendite des DJS50 erzielt zu haben. Weniger interessiert ihn, daß der Fonds dabei eine Standardabweichung (σ_{PF}) von 11% hatte.

Über die ausschließlichen Wertpapierbestände im Fondsvermögen hat er schon die nachfolgenden Informationen zusammengetragen. Wie man sieht, wurden während des Jahres keine Käufe oder Verkäufe vorgenommen:

Aktien	Kürzel	Anzahl Aktien	Aktienkurse (EURO)		Korrelation mit DJS50 (ρ_{jM})	Standard-abweichung (σ_j)
			Jahres-anfang	Jahres-ende		
ALL-FINANZ	ALF	1.000	80	90	0,50	15,0%
DT.TELEFON	DET	1.250	85	80	0,60	16,0%
MANN-O-MANN	MAN	2.000	40	45	0,70	15,0%
PRÜDENTIAL	PRÜ	1.500	60	80	0,75	20,0%

Aus von ihm abonnierten einschlägigen Börsenbriefen hat KAJO außerdem die folgenden (prognostizierten) fundamentalen Daten gesammelt:

Aktie	Gewinnschätzung pro Aktie	Ausschüttungsquote	Gewinnwachstum (g)
ALF	14	50%	3,0%
DET	5	40%	8,0%
MAN	4	30%	9,0%
PRÜ	6	75%	5,0%

Über den Fonds und den Gesamtmarkt sind weiterhin folgende Sachverhalte bekannt:

- Die verzinslich angelegte Liquiditätsreserve ist auf heute 100.000 EURO angewachsen.
- Während des vergangenen Jahres wurden bei diesen Aktien ausnahmsweise keine Dividenden gezahlt.
- Es sind konstant 10.000 Fondsanteile ausgegeben; der Ausgabeaufschlag beträgt 4%.
- Steuern und sonstige Transaktionskosten können vernachlässigt werden.
- Der DJS50 kann hier als das relevante Marktportefeuille aufgefaßt werden. Im letzten Jahr brachte der DJS50 eine Rendite (R_M) von 12% bei 12% Standardabweichung (σ_M). Dies sind gleichzeitig die für die Zukunft erwarteten Werte. Der risikolose Zins (R_f) liegt nach wie vor bei konstant 6% (flache Zinskurve).
- Nach § 8 Abs. 3 KAGG („Gesetz über Kapitalanlagegesellschaften") dürfen „Wertpapiere desselben Ausstellers für das einzelne Sondervermögen nur insoweit erworben werden, als ihr Wert 10% des Wertes des Sondervermögens nicht übersteigt".
- Die anzustellenden Berechnungen beruhen grds. auf den folgenden Annahmen: Alle statistischen Kennzahlen seien stationär, das CAPM weitestgehend erfüllt und die Renditen normalverteilt.

- Forscher haben herausgefunden, daß der (hier zu betrachtende) europäische Kapitalmarkt zumindest schwach informationseffizient ist.

Aufgaben

[Es bietet sich an, die Aufgaben mit Hilfe eines Tabellenkalkulationsprogrammes zu lösen.]

a) Wie hoch waren bei diesem Fonds jeweils die im abgelaufenen Jahr je Anteil erzielte Brutto-Rendite (d.h. ohne Berücksichtigung des Ausgabeaufschlages) und die Netto-Rendite (d.h. aus Anlegersicht)?

b) Wie viele Aktien welcher Emittenten müßten heute eigentlich verkauft werden, um der Vorschrift lt. § 8 Abs. 3 KAGG Genüge zu tun?

c) Wie hoch sind heute die Betas der vier Aktien und des Fonds insgesamt?

d) Frau DR. ELFRIEDE MÜLLER-WALKENRIED genügt die Aussage nicht, daß der Fonds „annähernd die Rendite des DJS50 erzielt hat". KAJO möchte doch bitte eine risikoadjustierte Performance-Messung vornehmen. Hat der Fondsmanager tatsächlich eine gute (Brutto-)Performance erzielt, wenn man die Performance anhand des Sharpe-Maßes und des Treynor-Maßes beurteilt? Welches der beiden Maße wird er ihr melden?

e) Wie hoch sind die erwarteten Renditen nach CAPM für die im Fondsvermögen enthaltenen Aktien und für das Fondsvermögen insgesamt? Wie hoch ist das erwartete Fondsvermögen in einem Jahr, falls er heute keine Umschichtung vornimmt?

f) Welche effizienten Portfolios dominieren den Fonds in seiner aktuellen Zusammensetzung (mit einer erwarteten Standardabweichung von 11%) und weisen die gleiche Standardabweichung bzw. die gleiche erwartete Rendite auf? Wie setzen sich diese zusammen?

g) Frau DR. ELFRIEDE MÜLLER-WALKENRIED erscheint FONDS-DUE aufgrund der verfolgten Strategie „zu riskant" (sie will KAJO deshalb demnächst auch loswerden). Aus diesem Grund will sie ihre privaten Anlagebeträge lieber direkt in den DJS50 investieren (z.B. in einen DJS50-Index-Fonds). In welcher Spanne wird sich ihr Vermögen in einem Jahr mit einer Wahrscheinlichkeit von 95,5% bewegen?

h) Da KAJO sich überfordert fühlt, alle vier Aktien regelmäßig zu beobachten, überlegt er, grds. nur noch zwei Aktien im Sondervermögen zu halten. Welche beiden der o.g. Aktien würde er jeweils wählen, wenn er sich ausschließlich an der Dividendenrendite, am KGV oder an „Unterbewertungen" orientieren würde? Unter Unterbewertung versteht er die Abweichung der Kurse vom „rechnerischen Wert", welcher durch ein Dividendendiskontierungsmodell mit konstanter Wachstumsrate berechnet wird.

i) Woran liegt es, daß die Entscheidungen anhand der Kriterien Dividendenrendite und KGV oft zu ähnlichen Entscheidungen führen?

j) KAJO erinnert sich an einen von ihm besuchten Abendkurs zum Thema „Wie man an der Börse schnell reich wird". (Die Teilnahmebestätigung hatte ihm seinerzeit zu der momentanen Anstellung verholfen.) Dort hatte er gelernt, wie man sich die technische Analyse zunutze machen kann. Deshalb will er für die Aktien Kurstrends mittels gleitender Durchschnitte prognostizieren. Kann man ihm generell dazu raten? Falls ja, sollte er eher den 30-Tage- oder den 250-Tage-Durchschnitt verwenden?

k) Weiterhin wurde ihm damals beigebracht, daß man auch schon mit nur zwei Aktien approximativ einen Index nachbilden kann. Deshalb erwägt KAJO, aus den zwei Aktien ALF und PRÜ, von denen er annimmt, daß sie mit 0,5 korrelieren, den DJS50 nachzubilden. Welche Anteile wären zu wählen? Wie hoch wären dann das unsystematische Risiko, das systematische Risiko und das gesamte Risiko dieser Mischung?

l) Schließlich konnte er in dem Abendkurs erfahren, daß man selbst mit „naiver Diversifikation" recht gute Ergebnisse erzielen kann. Hierbei werden alle Aktien gleichgewichtet, es wird mit nur einer (durchschnittlichen) Varianz gerechnet und Korrelationen werden nicht explizit in die Analyse einbezogen, da als durchschnittliche Kovarianz die Marktvarianz verwendet wird. (Diese naive Diversifikation könnte KAJO ausgezeichnet durch eine Buy-and-Hold-Strategie umsetzen, d.h. dann müßte er überhaupt keine Analyse mehr betreiben und könnte sich verstärkt auf seine Kakteenzucht konzentrieren.) Er unterstellt für alle im DJS50 enthaltenen Aktien eine „durchschnittliche Varianz", die dem einfachen Mittel der Varianzen der im Fonds enthaltenen Aktien entsprechen soll. Wie hoch wären dann ungefähr die Standardabweichung des Aktienanteils und des Fonds (bei konstantem Baranteil) bei naiver Diversifikation (= alle vier Aktien gleichgewichtet) und wie hoch wären sie, wenn über alle DJS50-Werte „naiv" diversifiziert würde?

1. Investitions- und Finanzierungstheorie 141

Lösung

Die folgenden Berechnungen wurden mit einem Tabellenkalkulationsprogramm erstellt, so daß sich gegenüber Ihren Werten (vernachlässigbare) Rundungsdifferenzen ergeben können.

a) Dem Tableau ist die Berechnung von Fondsvermögen und Preis je Anteil zu entnehmen. Da sich der Kassenbestand mit 6% verzinst hat, muß er am Jahresanfang 94.340 EURO betragen haben. Durch Vergleich der Anteilspreise ergeben sich Renditen (R_{PF}) von 10,97% (brutto) bzw. 6,70% (netto).

	Jahresanfang	Jahresende
ALF	80.000	90.000
DET	106.250	100.000
MAN	80.000	90.000
PRÜ	90.000	120.000
Summe Aktien	356.250	400.000
Kasse	94.340	100.000
Fondsvermögen	450.590	500.000
Anzahl Anteile	10.000	10.000
Inventarwert pro Anteil	45,06	50,00
Ausgabe-Aufschlag	4%	
Preis incl. Ausgabe-Aufschlag	46,86	

b) Die Aktien dürften nur noch im Wert von jeweils 50.000 Euro enthalten sein. Damit ergäben sich die folgenden Werte (unter Berücksichtigung der Ganzzahligkeit):

	zulässige Stückzahl	zu verkaufende Stückzahl	neue Werte	neue Anteile
ALF	555	445	49.950	9,99%
DET	625	625	50.000	10,00%
MAN	1.111	889	49.995	10,00%
PRÜ	625	875	50.000	10,00%
Aktien			199.945	39,99%
Kasse			300.055	60,01%
FONDS-DUE			500.000	100,00%

Hinweis: Die Vorschrift lt. § 8 Abs. 3 KAGG bezieht sich eigentlich auf die „Zeit des Erwerbs", d.h. nachträgliche Wertsteigerungen sind unschädlich.

c) Aktien-Beta:

$$\beta_j = \frac{\text{Cov}[R_j, R_M]}{\sigma_M^2} = \frac{\rho_{jM} \cdot \sigma_j}{\sigma_M}$$

Das Portfolio-Beta ergibt sich aus den marktwertgewichteten Einzelbetas:

$$\beta_{PF} = \sum_{j=1}^{J} \omega_j \cdot \beta_j$$

	Beta (β)	Anteil (ω) am Aktien-Portfolio	Anteil (ω) am Fonds-Portfolio
ALF	0,6250	22,5%	18,0%
DET	0,8000	25,0%	20,0%
MAN	0,8750	22,5%	18,0%
PRÜ	1,2500	30,0%	24,0%
Aktien gesamt	0,9125	100,0%	80,0%
risikolose Anlage	0,0000		20,0%
FONDS-DUE	0,7300		100,0%

d) Das Sharpe-Maß ist definiert:

$$SM_{PF} = \frac{R_{PF} - R_f}{\sigma_{PF}}$$

Es kann als Steigung der Ex-post-Kapitalmarktlinie (im Rendite-Standardabweichung-Diagramm) interpretiert werden. Das Treynor-Maß ist definiert:

$$TM_{PF} = \frac{R_{PF} - R_f}{\beta_{PF}}$$

Es kann als Steigung der Ex-post-Wertpapierlinie (im Rendite-Beta-Diagramm) interpretiert werden. Zur Beurteilung der Leistung des Fondsmanagers müssen die Performance-Maße sowohl für die Benchmark (DJS50) als auch für den FONDS-DUE berechnet werden. Ergibt sich bei einem Performance-Maß für den Fonds ein höherer Wert als für den DJS50, so kann man von einer guten Performance sprechen.

Bei einem risikolosen Zins von 6% ergeben sich folgende Werte:

	Rendite (R)	Standardab-weichung (σ)	Beta (β)	Sharpe-Maß (SM)	Treynor-Maß (TM)
DJS50	12,00%	12%	1,00	0,50	6,00%
FONDS-DUE	10,97%	11%	0,73	0,45	6,80%

Das Treynor-Maß läßt ihn besser aussehen, da er hier den DJS50 „outperformt" hat. Folglich wird er dieses melden und das Sharpe-Maß verschweigen. Im Fonds befindet sich offensichtlich relativ viel unsystematisches Risiko, welches über das Gesamtrisiko (σ_{PF}) vom Sharpe-Maß berücksichtigt wird. Beim Treynor-Maß wird nur das (hier niedrige) systematische Risiko berücksichtigt.
[Als Fonds-Beta hätte man hier auch das Beta am Jahresanfang (die vier Aktien hatten zu diesem Zeitpunkt noch andere Gewichte) oder ein über das Jahr gemitteltes Beta einsetzen können. Am Ergebnis ändert dies allerdings wenig.]

e) CAPM-Renditegleichung: $E[R_j] = R_f + (E[R_M] - R_f) \cdot \beta_j$

Mit Hilfe der oben berechneten Betas ergibt sich:

	Erwartete Rendite
ALF	9,75%
DET	10,80%
MAN	11,25%
PRÜ	13,50%
FONDS-DUE	10,38%

Das erwartete Fondsvermögen beträgt demnach 551.900 EURO.

f) Alle effizienten Portfolios liegen auf der Kapitalmarktlinie (Mischungen von Marktportefeuille und risikoloser Anlage). Die Kapitalmarktlinie aus DJS50 ($E[R_M] = 12\%$; $\sigma_M = 12\%$) und $R_f = 6\%$ ($\sigma_f = 0\%$, da risikolos) lautet:

$$E[R_x] = R_f + \frac{(E[R_M] - R_f)}{\sigma_M} \cdot \sigma_x = 6\% + \frac{(12\% - 6\%)}{12\%} \cdot \sigma_x = 6\% + 0{,}5 \cdot \sigma_x$$

Bei einer vorgegebenen Standardabweichung (σ_x) von 11% ergibt sich eine Rendite ($E[R_x]$) von 11,5% (statt der 10,38% des Fonds). Das vorgegebene Risiko wird erreicht, indem man 11/12 des Vermögens ins Marktportefeuille (DJS50) und 1/12 in die risikolose Anlage (R_f) investiert. Dieses Investment dominiert die Fondsanlage, da bei gleichem Risiko eine höhere Rendite zu erwarten ist.

Bei einer vorgegebenen erwarteten Rendite ($E[R_x]$) von 10,38% ergibt sich eine Standardabweichung (σ_x) von 8,76% (statt der 11% des Fonds). Diese Rendite wird erreicht, indem man 73% des Vermögens ins Marktportefeuille (DJS50) und 27% in die risikolose Anlage (R_f) investiert. Dieses Investment dominiert die Fondsanlage, da für die gleiche erwartete Rendite eine niedrigeres Risiko eingegangen werden muß.

g) Die Renditen sind annahmegemäß normalverteilt, d.h. jeweils die Hälfte der vorgegebenen Wahrscheinlichkeitsmasse (95,5% / 2 = 47,75%) liegt unter- bzw. oberhalb vom Erwartungswert (12%). Die untere Grenze des gesuchten Intervalls liefert somit das 2,25%-Quantil (50% − 47,75%) der Normalverteilung. Die obere Grenze wird durch das 97,75%-Quantil (50% + 47,75%) bestimmt. Die beiden Quantile ergeben ein Intervall von −12% bis +36%, in dem sich die Rendite mit einer Wahrscheinlichkeit von 95,5% bewegen wird.

Hätte man diese Wahrscheinlichkeit dem „Zwei-Sigma-Bereich" zugeordnet, dann wäre das Intervall von zwei Standardabweichungen um den Erwartungswert ebenfalls zu berechnen gewesen (12% − 24% = −12%; 12% + 24% = +36%).

h) Hinweis: Bei konstanter Ausschüttungsquote entspricht das Gewinnwachstum dem Dividendenwachstum! Die Dividenden müssen mit dem risikoadjustierten Zinssatz ($E[R_j]$, siehe Aufgabenteil e) diskontiert werden:

$$\text{Dividendenbarwert} = \frac{D_1}{E[R_j] - g}$$

	Dividende (D_1)	Dividendenrendite	KGV	Dividendenbarwert	Fehlbewertung	Prozentuale Abweichung
ALF	7,00	7,78%	6,4	103,70	13,70	15,23%
DET	2,00	2,50%	16,0	71,43	−8,57	−10,71%
MAN	1,20	2,67%	11,3	53,33	8,33	18,52%
PRÜ	4,50	5,63%	13,3	52,94	−27,06	−33,82%

Die Aktien mit der höchsten Dividendenrendite sind ALF und PRÜ, die mit dem günstigsten (niedrigsten) KGV sind ALF und MAN. Unterbewertet (nach Dividendendiskontierungsmodell) sind ALF und MAN.

i) Bei Vollausschüttung entspricht die Dividendenrendite dem Kehrwert des KGV (sonst Dividendenrendite < 1/KGV). Somit haben Aktien mit einem günstigen KGV i.d.R. (wenn auch nicht immer) hohe Dividendenrenditen. Sie werden als „werthaltige Aktien" bezeichnet. Den sog. „Wachstumsaktien" wird hingegen eine höheres KGV bzw. eine niedrigere Dividendenrendite zugestanden (in der Erwartung höherer Gewinne und Ausschüttungen in der Zukunft).

j) Wenn angabegemäß davon auszugehen ist, daß der hier zu betrachtende Kapitalmarkt zumindest schwach informationseffizient ist, dann sind alle Informationen über historische Kurse in den aktuellen Kursen verarbeitet. Somit haben Kursprognosen mittels technischer Analyse (zu der das Verfahren gleitender Durchschnitte gehört) keine Aussicht auf Erfolg.

k) Bei der approximativen Indexnachbildung ist das Portfolio-Beta gleich „1" zu setzen:

$$\beta_{PF} = \sum_{j=1}^{J} \omega_j \cdot \beta_j = \omega_{ALF} \cdot \beta_{ALF} + (1 - \omega_{ALF}) \cdot \beta_{PRÜ} = 1$$

$$\omega_{ALF} = \frac{1 - \beta_{PRÜ}}{\beta_{ALF} - \beta_{PRÜ}} = \frac{1 - 1{,}25}{0{,}625 - 1{,}25} = 0{,}4$$

$$\omega_{PRÜ} = (1 - \omega_{ALF}) = 1 - 0{,}4 = 0{,}6$$

Das gesamte Risiko dieser Mischung entspricht der Varianz der Portfoliorendite:

$$\sigma_{PF}^2 = \omega_{ALF}^2 \cdot \sigma_{ALF}^2 + \omega_{PRÜ}^2 \cdot \sigma_{PRÜ}^2 + 2 \cdot \omega_{ALF} \cdot \omega_{PRÜ} \cdot \sigma_{ALF} \cdot \sigma_{PRÜ} \cdot \rho_{ALF,PRÜ}$$

$$= 0{,}4^2 \cdot 0{,}15^2 + 0{,}6^2 \cdot 0{,}2^2 + 2 \cdot 0{,}4 \cdot 0{,}6 \cdot 0{,}15 \cdot 0{,}2 \cdot 0{,}5 = 0{,}0252$$

Dieses Gesamtrisiko läßt sich in systematisches und unsystematisches Risiko zerlegen:

$$\sigma_{PF}^2 = \underbrace{\rho_{PF,M}^2 \cdot \sigma_{PF}^2}_{\text{systemat. Risiko}} + \underbrace{(1 - \rho_{PF,M}^2) \cdot \sigma_{PF}^2}_{\text{unsystemat. Risiko}} = \underbrace{\beta_{PF}^2 \cdot \sigma_M^2}_{\text{systemat. Risiko}} + \underbrace{\left(1 - \frac{\beta_{PF}^2 \cdot \sigma_M^2}{\sigma_{PF}^2}\right) \cdot \sigma_{PF}^2}_{\text{unsystemat. Risiko}}$$

$$= \underbrace{\sigma_M^2}_{\text{systemat. Risiko}} + \underbrace{(\sigma_{PF}^2 - \sigma_M^2)}_{\text{unsystemat. Risiko}} = \underbrace{0{,}0144}_{\text{systemat. Risiko}} + \underbrace{0{,}0108}_{\text{unsystemat. Risiko}} = \underbrace{0{,}0252}_{\text{Gesamtrisiko}}$$

mit: $\rho_{PF,M}^2 \cdot \sigma_{PF}^2 = \beta_{PF}^2 \cdot \sigma_M^2 = 1 \cdot 0{,}0144 = 0{,}0144$

l) Bei naiver Diversifikation geht die Varianz mit steigender Anzahl (J) unterschiedlicher Aktien zurück:

$$\overline{\sigma^2} = 0{,}25 \cdot \left(0{,}15^2 + 0{,}16^2 + 0{,}15^2 + 0{,}2^2\right) = 0{,}02765$$

$$\overline{\text{Cov}} = \sigma_{PF}^2 = 0{,}0144$$

$$\sigma_{PF}^2 = \frac{1}{J} \cdot \overline{\sigma^2} + \left(1 - \frac{1}{J}\right) \cdot \overline{\text{Cov}}$$

$$\sigma_{PF}^2(J=4) = \frac{1}{4} \cdot 0{,}02765 + \left(1 - \frac{1}{4}\right) \cdot 0{,}0144 = 0{,}01771 \; ; \; \sigma_{PF}(J=4) = 13{,}31\%$$

$$\sigma_{PF}^2(J=50) = \frac{1}{50} \cdot 0{,}02765 + \left(1 - \frac{1}{50}\right) \cdot 0{,}0144 = 0{,}01467 \; ; \; \sigma_{PF}(J=50) = 12{,}11\%$$

Bezieht man den Barateil in Höhe von 20% mit ein, dann ergeben sich Standardabweichungen von 10,65% (J = 4) bzw. 9,69% (J = 50).

Wird über alle DJS50-Werte (N = 50) naiv diversifiziert, dann ergibt sich rechnerisch annähernd die Marktvarianz. Natürlich weicht bei naiver Diversifikation über alle Aktien die Portfoliovarianz noch von der Marktvarianz ab. Dies liegt einerseits an der Tatsache, daß alle Aktien unterschiedliche Varianzen/Kovarianzen aufweisen, andererseits daran, daß sie im Markt-Index unterschiedliche Gewichte haben.

Literaturhinweise

BREALEY, R.; MYERS, S.: Principles of Corporate Finance, 5. Aufl., New York 1996.

KRUSCHWITZ, L.: Finanzierung und Investition, Berlin/New York 1995. [insbes. S. 232 f.]

SPREMANN, K.: Wirtschaft, Investition und Finanzierung, 5. Aufl., München/Wien 1996. [insbes. S. 526 f., S. 538-541.]

STEINER, M.; BRUNS, CH.: Wertpapiermanagement, 6. Aufl., Stuttgart 1998. [insbes. S. 41 f., S. 57, S. 263-265, S. 535-541.]

UHLIR, H.; STEINER, P.: Wertpapieranalyse, 3. Aufl., Berlin/Heidelberg 1994. [insbes. S. 108, S. 162 ff.]

Rainer Linde

Hedging mit Derivaten

Aufgabe 1

a) Was versteht man in der betrieblichen Finanzwirtschaft unter Derivaten?

b) Geben Sie einen systematischen Überblick über die gebräuchlichsten Arten von Derivaten, und erläutern Sie diese jeweils kurz!

Aufgabe 2

a) Grenzen Sie eine Risikosituation von einer Situation der Ungewißheit ab!

b) Beschreiben Sie das (μ,σ)-Entscheidungsprinzip bei Risiko! Welches Risikoverhalten wird durch die konkrete (μ,σ)-Regel mit

$$\Phi(\mu,\sigma) = \mu - \frac{\alpha}{2}\sigma^2 \quad \text{und} \quad \alpha > 0$$

ausgedrückt? Skizzieren Sie die Entscheidungsindifferenzkurven in einem (μ,σ) Koordinatensystem!

c) Ein Unternehmen hat die Möglichkeit, in eine der beiden Anlagen A oder B jeweils 1 Mio. DM zu investieren. Beide Anlagen haben unsichere Rückflüsse, deren Barwerte (in Mio. DM) und die Wahrscheinlichkeit ihres Eintretens sind der folgenden Tabelle zu entnehmen.

Barwert Anlage A	Wahrscheinlichkeit	Barwert Anlage B	Wahrscheinlichkeit
0,75 Mio.	0,1	0,05 Mio.	0,15
1,20 Mio.	0,3	1,08 Mio.	0,35
1,50 Mio.	0,4	1,90 Mio.	0,45
2,25 Mio.	0,2	5,00 Mio.	0,05

Das Unternehmen entscheidet nach der in Aufgabe b) angegebenen (μ,σ)-Regel mit $\alpha = 0,1$. Welche Anlage wird das Unternehmen vorziehen?

Aufgabe 3

Ein Bauer entschließt sich am 1. Januar eines Jahres zur Aufzucht von 300 Schweinen. Der Verkauf der Schweine erfolgt am 1. August (dabei wird von Verlusten während der Aufzucht abgesehen). Um sich gegen fallende Preise für Schlachtschweine abzusichern, schließt er bereits am 1. Januar einen Verkaufsfuture über eine bestimmte Anzahl y von Schweinen ab. An der Warenterminbörse sind standardisierte Kontrakte mit dem Ausübungstag 15. September, einem Terminpreis von $f_0 = 1.700,00$ DM und Schlachtschweinen der entsprechenden Qualität als „Underlying" verfügbar. Für die Aufzucht sind die folgenden Daten relevant:

Fixkosten der Periode $\quad K_f = 125.000,00$ DM
variable Kosten pro Schwein $\quad k_v = 500,00$ DM.

Der Bauer verkauft am 1. August die 300 Schweine zum dann gültigen Kassapreis p. Gleichzeitig stellt er seine offene Futuresposition am Terminmarkt glatt, indem er y Schweine zum 15. September zum jetzt gültigen Terminpreis f kauft. Der Kassapreis und der Terminpreis, die am 1. August gelten, sind aus Sicht des 1. Januars zufällig. Es sind lediglich die folgenden Verteilungsparameter bekannt:

Erwartungswert des Kassapreises $\quad \mu_p = 1.500,00$ DM
Standardabweichung des Kassapreises $\quad \sigma_p = 10,00$ DM
Erwartungswert des Futurespreises $\quad \mu_f = 1.450,00$ DM
Standardabweichung des Futurespreises $\quad \sigma_f = 12,00$ DM
Korrelationskoeffizient von p und f $\quad \rho = 0,9$.

Bestimmen Sie die optimale Hedgingstrategie! Gehen Sie dabei davon aus, daß der Bauer nach dem (μ,σ)-Prinzip aus Aufgabe 2 mit $\alpha = 0,1$ entscheidet. Auf die Berücksichtigung von Zinsen für den Zeitraum vom 1. August bis zum 15. September kann verzichtet werden.

Aufgabe 4

Der Bauer entscheidet jetzt zu Beginn seiner Schweineaufzucht gleichzeitig (simultan) über die Anzahl der aufzuziehenden Schweine x und der auf Termin zu verkaufenden Schweine y. Die für die Entscheidung relevanten Daten sind der Aufgabe 3 zu entnehmen. Die maximal mögliche Anzahl aufzuziehender Schweine (Kapazitätsgrenze) x_{max} beträgt 1.000 Schweine. Diese Kapazitätserweiterung ist ohne eine Erhöhung der Fixkosten möglich. Bestimmen Sie die optimale Produktions- und Hedgingstrategie!

Lösung

Aufgabe 1

a) Unter Derivaten versteht man Termingeschäfte, deren Wert vom Wert einer anderen Größe direkt oder indirekt abhängt. Das der Wertbestimmung zugrunde liegende Objekt heißt „Underlying". Der Begriff der Derivate ist im HGB nicht enthalten. Im Wertpapierhandelsgestz (WpHG) vom 26.07.1994 (zuletzt geändert mit Wirkung vom 01.01.1998) ist im §2 der Begriff der Derivate durch eine abschließende Aufzählung bestimmt.

b) Es gibt zwei wesentliche Merkmale, nach denen man die Derivate systematisieren kann. Nach der Art des Underlyings und nach der Art der Vertragsgestaltung. Handelt es sich beim Underlying um physische Waren („Commodities"), so spricht man von Warentermingeschäften. Handelt es sich demgegenüber um Finanztitel, so spricht man von Finanztermingeschäften. Letztere werden häufig auch als Finanzderivate oder derivative Finanzinstrumente bezeichnet. Nach der Art der Vertragsgestaltung unterscheidet man unbedingte und bedingte Termingeschäfte. Diese lassen sich dann jeweils weiter in Warentermingeschäfte und Finanztermingeschäfte unterteilen. Die gebräuchlichsten Arten von Derivaten sind die folgenden.

Forwards: Darunter versteht man Terminkontrakte, die das Recht und die Pflicht beinhalten, zu einem bestimmten zukünftigen Termin eine bestimmte Menge einer bestimmten Ware (Ware im weiteren Sinn, d. h. physische Ware oder Finanztitel) zu einem vereinbarten Preis zu kaufen (long position) oder zu verkaufen (short position). Diese Kontrakte werden außerbörslich und individuell zwischen den beiden Vertragsparteien ausgehandelt.

Futures: Unter Futures versteht man standardisierte und börslich gehandelte Forward-Kontrakte. Die Standardisierung bezieht sich dabei auf den Ausübungszeitpunkt, das Kontraktvolumen und auf die Qualität des Underlyings. Der börsliche Handel vollzieht sich an den verschiedenen Terminbörsen, im allgemeinen unter Zwischenschaltung einer Clearing-Stelle.

Optionen: Der Besitzer einer Option hat das Recht, aber nicht die Pflicht, zu einem bestimmten zukünftigen Termin (europäische Option) oder innerhalb einer bestimmten Frist (amerikanische Option) eine bestimmte Menge einer bestimmten Ware (vgl. oben) zu einem bestimmten Preis zu kaufen (Kaufoption, „call") oder zu verkaufen (Verkaufsoption, „put").

Swaps: Unter Swaps versteht man den gleichzeitigen Abschluß von Kassa- und Termingeschäften.

Aufgabe 2

a) In einer Sicherheitssituation kann eine bestimmte Größe genau einen im voraus bekannten Zustand annehmen. Ist dies nicht der Fall, spricht man von Unsicherheit. Dann kann die betrachtete Größe mehrere Zustände annehmen. Ist die (objektive oder subjektive) Wahrscheinlichkeitsverteilung dieser Zustände bekannt, handelt es sich um eine Risikosituation. Ist dies nicht der Fall, liegt eine Situation der Ungewißheit vor.

b) Gegeben ist eine Risikosituation für die zufällige (unsichere) Größe X. Nach den Ausführungen im Punkt a) ist deshalb ihre Wahrscheinlichkeitsverteilung bekannt. Insbesondere kann man ihren Erwartungswert $\mu = \mu(X)$ und ihre Standardabweichung $\sigma = \sigma(X)$ bestimmen. Der Erwartungswert kann als ein durchschnittlicher Wert der Größe aufgefaßt werden. Das Risiko wird im allgemeinen durch die Standardabweichung repräsentiert. Je größer die Standardabweichung ist, um so größer ist die Wahrscheinlichkeit, daß die Größe X wesentlich von ihrem durchschnittlichen Wert abweicht. Wenn ein Entscheider nicht risikoneutral ist, sollte er deshalb neben dem Erwartungswert einer Größe auch deren Risiko in die Entscheidung mit einbeziehen. Durch Festlegung einer (subjektiven) Präferenzfunktion der Form $\Phi(\mu(X), \sigma(X))$ werden der Erwartungswert und die Standardabweichung in die Entscheidung bei Risiko mit einbezogen. Mit jeder konkreten Präferenzfunktion erhält man eine (μ, σ)-Regel. Häufig werden Entscheidungsregeln der Form

$$\Phi(\mu, \sigma) = \mu - \frac{\alpha}{2}\sigma^2 \text{ mit } \alpha > 0$$

gewählt. Das positive α drückt aus, daß der Entscheider risikoavers ist. Ein größeres Risiko verringert den Wert seiner Präferenzfunktion. Er wird ein höheres Risiko nur dann in Kauf nehmen, wenn dieses durch einen höheren Erwartungswert von X ausgeglichen wird. Der Wert von α kann als ein Maß für die Größe der Risikoaversion angesehen werden. Je größer α ist, um so stärker ist die Risikoaversion des Entscheiders. Zeichnet man die Entscheidungsindifferenzkurven Φ = const. in ein (μ, σ)-Koordinatensystem, so erhält man das Bild auf der folgenden Seite.

Die Größe der Präferenzfunktion nimmt nach rechts hin zu. Es wird deshalb eine Risikosituation (μ_1, σ_1) einer anderen Situation mit den Parametern (μ_2, σ_2) dann vorgezogen, wenn sie auf einem weiter rechts liegenden Ast der Kurvenschar liegt. Der konkave Verlauf der Entscheidungsindifferenzkurven ist Ausdruck der Risikoaversion des Entscheiders. Je größer der Wert von α ist, um so stärker sind die Kurven nach rechts gekrümmt. Zwischen Risikosituationen, deren Präferenzfunktionswert gleich ist, kann der Entscheider nicht differenzieren. Diese liegen auf derselben Niveaulinie Φ = const. In diesem Fall ist er entscheidungsindifferent.

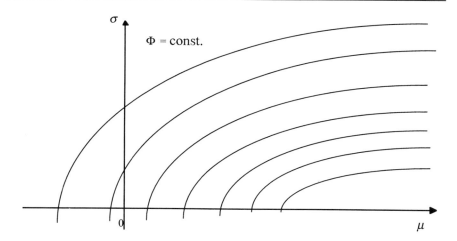

c) Den Kapitalwert einer Anlage erhält man, indem man vom Barwert der Rückflüsse die Anfangsauszahlung der Investition abzieht. Damit ist auch der Kapitalwert eine zufällige Größe. Die Werte sind in den beiden Tabellen zusammengestellt.

Kapitalwert Anlage A	Wahrscheinlichkeit
− 0,25 Mio.	0,1
0,20 Mio.	0,3
0,50 Mio.	0,4
1,25 Mio.	0,2

Kapitalwert Anlage B	Wahrscheinlichkeit
− 0,95 Mio.	0,15
0,08 Mio.	0,35
0,90 Mio.	0,45
4,00 Mio.	0,05

Damit erhält man die folgenden Erwartungswerte, bzw. Varianzen der Kapitalwerte der beiden Anlagen.

Anlage A:

$\mu_A = -0{,}25 \cdot 0{,}1 + 0{,}20 \cdot 0{,}3 + 0{,}50 \cdot 0{,}4 + 1{,}25 \cdot 0{,}2 = 0{,}4850$

$\sigma_A^2 = (-0,25-0,485)^2 \cdot 0,1 + (0,20-0,485)^2 \cdot 0,3 + (0,5-0,485)^2 \cdot 0,4 + (1,25-0,485)^2 \cdot 0,2$
$= 0,1955$

Anlage B:

$\mu_B = -0,95 \cdot 0,15 + 0,08 \cdot 0,35 + 0,90 \cdot 0,45 + 4,0 \cdot 0,05 = 0,4905$,

$\sigma_B^2 = (-0,95-0,4905)^2 \cdot 0,15 + (0,08-0,4905)^2 \cdot 0,35 + (0,9-0,4905)^2 \cdot 0,45 + (4,0-0,4905)^2 \cdot 0,05$
$= 1,0615$

Für die angegebene (μ,σ)-Regel mit $\alpha = 0,1$ folgt

$$\Phi(\mu_A,\sigma_A) = 0,4850 - 0,5 \cdot 0,1 \cdot 0,1955 = 0,4752$$

und

$$\Phi(\mu_B,\sigma_B) = 0,4905 - 0,5 \cdot 0,1 \cdot 1,0615 = 0,4374.$$

Da $\Phi(\mu_A,\sigma_A)$ größer als $\Phi(\mu_B,\sigma_B)$ ist, wird sich der Unternehmer für die Anlage A entscheiden, obwohl der Erwartungswert des Kapitalwertes der Anlage B größer ist.

Aufgabe 3

Die Nettosituation N des Bauern stellt sich am 1. August in Abhängigkeit von der Variablen y wie folgt dar. (Es sei nochmals darauf hingewiesen, daß das Ergebnis aus dem Termingeschäft erst am 15. September anfällt. Es wird jedoch darauf verzichtet, diesen Summanden abzudiskontieren.)

$$N(y) = -125.000 + (p-500) \cdot 300 + (1.700 - f) \cdot y.$$

Die Größe N(y) ist eine zufällige Größe. Zur Entscheidung für das optimale y wird die (μ,σ)-Regel mit $\alpha = 0,1$ verwendet. Deshalb müssen der Erwartungswert und die Standardabweichung von N(y) bestimmt werden. Es gilt:

$\mu = \mu(N(y)) = -125.000 + (\mu_p - 500) \cdot 300 + (1.700 - \mu_f) \cdot y = 175.000 + 250 \cdot y$

$\sigma^2 = \sigma^2(N(y)) = 300^2 \cdot \sigma_p^2 + y^2 \cdot \sigma_f^2 - 2 \cdot 300 \cdot y \cdot \rho \cdot \sigma_p \cdot \sigma_f = 9.000.000 + 144 \cdot y^2 - 64.800 \cdot y.$

Für die Funktion $\Phi(y) = \Phi(\mu(N(y)),\sigma(N(y)))$ gilt damit:

$\Phi(y) = \mu - 0,5 \cdot 0,1 \cdot \sigma^2 = 175.000 + 250 \cdot y - 0,05 \cdot (9.000.000 + 144 \cdot y^2 - 64.800 \cdot y)$

$= -275.000 + 3.490 \cdot y - 7,2 \cdot y^2.$

Damit dieser Ausdruck maximal wird, muß seine 1. Ableitung null sein und die 2. kleiner als null sein. Man erhält:

$$\frac{d\Phi}{dy} = 3.490 - 14{,}4 \cdot y = 0 \quad \text{und} \quad \frac{d^2\Phi}{dy^2} = -14{,}4 < 0.$$

Die notwendige Bedingung (1. Ableitung gleich null) umgeformt ergibt das optimale Hedgingvolumen y_0. Die hinreichende Bedingung (2. Ableitung kleiner null) ist erfüllt. Es gilt:

$$y_0 = 242{,}36 \approx 242.$$

Der Bauer sollte deshalb 242 der 300 aufzuziehenden Tiere bereits am 1. Januar zum Terminpreis von 1.700,00 DM zum Termin 15. September verkaufen. Am 1. August verkauft er die Tiere am Kassamarkt und kauft gleichzeitig 242 Schweine zum Termin 15. September zum dann gültigen Terminpreis. Der Erwartungswert seiner Nettoposition am 1. August beträgt dann μ = 235.500,00 DM mit einer Standardabweichung von σ = 1.323,50 DM.

Diese Form des Hedgings, d. h. Festlegung der Produktionsmenge und dann erst über die optimale Hedgingstrategie zu entscheiden, ist in der Praxis der Standardfall. Man spricht deshalb vom Standardmodell.

Aufgabe 4

Die Überlegungen sind ähnlich denen aus Aufgabe 3. Der Bauer hat jetzt allerdings noch eine zweite Entscheidungsvariable, die Stückzahl x der aufzuziehenden Schweine. Aufgrund der Kapazitätsgrenze gilt $0 \le x \le 1.000$. Damit ergibt sich die Nettoposition N als Funktion von zwei Variablen:

$$N(x,y) = -125.000 + (p - 500) \cdot x + (1.700 - f) \cdot y.$$

Die Größe N(x,y) ist wieder eine zufällige Größe. Zur Entscheidung wird analog die (μ,σ)-Regel mit $\alpha = 0{,}1$ verwendet. Deshalb müssen der Erwartungswert und die Standardabweichung von N(x,y) bestimmt werden. Es gilt:

$$\mu = \mu(N(x,y)) = -125.000 + (\mu_p - 500) \cdot x + (1.700 - \mu_f) \cdot y = -125.000 + 1.000 \cdot x + 250 \cdot y$$

$$\sigma^2 = \sigma^2(N(x,y)) = x^2 \cdot \sigma_p^2 + y^2 \cdot \sigma_f^2 - 2 \cdot x \cdot y \cdot \rho \cdot \sigma_p \cdot \sigma_f = 100 \cdot x^2 + 144 \cdot y^2 - 216 \cdot x \cdot y.$$

Für die Funktion $\Phi(x,y) = \Phi(\mu(N(x,y)),\sigma(N(x,y)))$ gilt damit:

$$\Phi(x,y) = \mu - 0{,}5 \cdot 0{,}1 \cdot \sigma^2 = -125.000 + 1.000 \cdot x + 250 \cdot y - 0{,}05 \cdot (100 \cdot x^2 + 144 \cdot y^2 - 216 \cdot x \cdot y)$$

$$= -125.000 + 1.000 \cdot x + 250 \cdot y - 5 \cdot x^2 - 7{,}2 \cdot y^2 + 10{,}8 \cdot x \cdot y.$$

Gesucht ist jetzt das Maximum dieser Funktion in Abhängigkeit von $0 \leq x \leq 1.000$ und $-\infty < y < \infty$. Für $y > 0$ liegt eine short position vor. Diese wird dann eingegangen, wenn man wie in der Aufgabe mit fallenden Kassa- und Terminpreisen rechnet. Falls der Produzent jedoch damit rechnet, daß die Preise steigen werden, wird er eine long position ($y < 0$) eingehen. Er kauft zusätzlich zu seiner Produktion noch Ware (hier Schweine) auf Termin zu. Man spricht dann vom sogenannten „Texas-Hedging". Man hat die notwendige Bedingung, daß alle partiellen Ableitungen 1. Ordnung gleich null sein müssen. Damit folgt:

$$\frac{\partial \Phi}{\partial x} = 1.000 - 10 \cdot x + 10,8 \cdot y = 0$$

$$\frac{\partial \Phi}{\partial y} = 250 - 14,4 \cdot y + 10,8 \cdot x = 0$$

Durch Lösen des linearen Gleichungssystemes erhält man die optimale Produktions- und Hedgingstrategie (x_0, y_0) mit

$$x_0 = 625 \text{ und } y_0 = 486.$$

Die für ein Maximum hinreichenden Bedingungen sind erfüllt, es soll hier nicht näher darauf eingegangen werden. Unter den gegebenen Umständen ist es für den Bauern optimal, 625 Schweine aufzuziehen und davon sofort 486 auf Termin zum 15. September zu verkaufen. Das weitere Vorgehen ist analog zu dem aus Aufgabe 3. Der Erwartungswert seiner Nettoposition am 1. August beträgt dann μ = 621.500,00 DM mit einer Standardabweichung von σ = 2.732,20 DM. Durch eine weitere Erhöhung der Anzahl der aufzuziehenden Schweine (bis zur Kapazitätsgrenze, da der erwartete Kassapreis über den variablen Produktionskosten liegt) könnte er seinen durchschnittlich erwarteten Gewinn noch steigern. Das Verwertungsrisiko würde dadurch jedoch so stark zunehmen, daß dieses Vorgehen aufgrund seiner Risikopräferenz für ihn nicht in Frage kommt. Da hier simultan über Produktion und Hedging entschieden wird, kann das Ergebnis verbessert werden. Man spricht deshalb auch vom Simultanmodell.

Zusatz: Falls dem Produzenten die Möglichkeit des Hedgings mit Futures nicht zur Verfügung steht, würde sich für ihn folgende Entscheidungssituation stellen.

$$\text{Maximiere } \Phi(x) = \Phi(\mu(N(x)), \sigma(N(x))) \text{ mit}$$

$$N(x) = -125.000 + (p - 500) \cdot x$$

für $0 \leq x \leq 1.000$. Wegen $\mu(N(x)) = -125.000 + 1.000 \cdot x$ und $\sigma^2(N(x)) = 100 \cdot x^2$ folgt:

$$\Phi(x) = -125.000 + 1.000 \cdot x - 5 \cdot x^2.$$

Indem man die Funktion $\Phi(x)$ nach x differenziert und null setzt, erhält man sofort $x_0 = 100$. Der Produzent wird in einer Risikosituation ohne die Möglichkeit des Hedgings wesentlich weniger produzieren. Der Erwartungswert seiner Nettosituation am 1. August ist dann sogar negativ und beträgt $\mu = -25.000$ DM bei einer Standardabweichung von $\sigma = 1.000$ DM. Bei Sicherheit des zukünftigen Kassapreises p (mit p > k_v) würde er demgegenüber mit der vollen Kapazität x = 1.000 produzieren.

Literaturhinweise

BAMBERG, G./BAUER, F.: Commodity Futures Markets and the Level of Production, in: OPITZ, O./RAUHUT, B. (Hrsg.), Ökonomie und Mathematik, Berlin 1987, S. 381-395.

BAMBERG, G./COENENBERG, A. G.: Betriebswirtschaftliche Entscheidungslehre, 8. Aufl., München 1994.

BITZ, M.: Entscheidungstheorie, München 1981.

KÜRSTEN, W.: Standardhedging, Simultanhedging und Portefeuille-Theorie, WiSt, 26. Jg. (1997), S. 119-123.

KÜRSTEN, W.: Entscheidungssituationen beim Hedging von Unternehmensrisiken, WiSt, 26. Jg. (1997), S. 167-168.

PERRIDON, L./STEINER, M.: Finanzwirtschaft der Unternehmung, 9. Aufl., München 1997.

SPREMANN, K.: Produktion, Hedging, Spekulation. Zu den Funktionen von Futures-Märkten, ZfB, 38. Jg. (1986), S. 443-464.

STEINER, M./BRUNS, C.: Wertpapiermanagement, 5. Aufl., Stuttgart 1996.

UHLIR, H./STEINER, M.: Wertpapieranalyse, 2. Aufl., Heidelberg, Wien 1991.

Martin Steinrücke

Optionspreise auf vollkommenen Kapitalmärkten

Aufgabe 1

Erklären Sie den Begriff der Option und systematisieren Sie verschiedene Optionsarten nach geeigneten Kriterien! Wo findet man Vertragsverhältnisse mit Optionscharakter?

Aufgabe 2

Beschreiben Sie die Wirkung der wichtigsten Einflußfaktoren des Optionspreises!

Aufgabe 3

Leiten Sie für den Fall einer prognostizierten guten und schlechten Kursentwicklung eines Wertpapiers eine allgemeine Formel her, mit welcher der heutige Preis einer Kaufoption auf dieses Wertpapier auf einem vollkommenen Kapitalmarkt berechnet werden kann! Ordnen Sie Ihre Vorgehensweise in den ökonomischen Zusammenhang ein!

Aufgabe 4

Führen Sie nun Bereichsschätzungen für die Anzahl der Wertpapiere, das Kreditvolumen und den Gegenwartspreis der Kaufoption aus Aufgabe 3 durch! Ordnen Sie die Ergebnisse sowie einzelne Rechenschritte aus der vorhergehenden Aufgabe in den ökonomischen Gesamtzusammenhang ein!

Aufgabe 5

Gehen Sie im weiteren von folgendem Beispiel aus. Ein Wertpapier notiere heute mit dem Kurs 650 DM. Der Wert steige bei günstiger Kursentwicklung innerhalb von 12 Monaten um 20 %, während er bei schlechter Kursentwicklung im gleichen Zeitraum um 6 % falle. Gleichzeitig sei eine Kapitalanlage bzw. Kreditaufnahme zu 4 % p.a. möglich.

Ermitteln Sie die Anzahl zu kaufender Wertpapiere sowie den heutigen und zukünftigen Preis einer europäischen Kaufoption auf dieses Wertpapier, wenn der Ausübungskurs nach einer Laufzeit von 12 Monaten bei 678,60 DM liegt! Zeigen Sie, daß die Vergabe eines Kredits zu 4 % p.a. zur Geldanlage in dem errechneten Hedge-Portefeuille gleichwertig ist und daß beide Anlagemöglichkeiten mit keinem Risiko verbunden sind! Von welcher einschränkenden Prämisse gehen Sie dabei aus? Welche allgemein gültigen Aussagen lassen sich daraus ableiten?

Aufgabe 6

Es gelten die Daten aus Aufgabe 5. Nach einer Kapitalmarktstudie wird für das Wertpapier auch eine Kurssteigerung von 10 % im nächsten Jahr für möglich gehalten. Außerdem ist der Portefeuille-Manager auf ein anderes Wertpapier aufmerksam geworden, das derzeit mit dem Kurs k_1 notiert wird. Für dieses rechnet er im nächsten Jahre mit Kursänderungen von + 20 %, + 15 % oder − 6 %.

Der Portefeuille-Manager beauftragt Sie, das risikolose Hedge-Portefeuille aus diesen beiden Wertpapieren und der Kaufoption aus Aufgabe 5 zu bestimmen. Gehen Sie von dem dort berechneten aktuellen Preis der Kaufoption aus und interpretieren Sie die Ergebnisse!

Lösung

Aufgabe 1

Eine Option ist eine vertragliche Vereinbarung zwischen zwei Parteien. Der Erwerber der Option zahlt an den Stillhalter einen Optionspreis und erhält dafür das Recht, von diesem innerhalb einer vereinbarten Optionsfrist bestimmte in der Option spezifizierte Leistungen zu einem vorab festgelegten Ausübungskurs zu beziehen. Die Option begründet für den Erwerber ein Wahlrecht und für den Stillhalter eine Leistungspflicht für den Fall der Ausübung der Option. Dadurch wird das Risiko einseitig für den Erwerber begrenzt, weil dieser die Option kursabhängig ausübt oder verfallen läßt, während der Stillhalter nur reagieren kann.

Optionen lassen sich im wesentlichen hinsichtlich folgender Kriterien unterscheiden:

- Die Art des Transfers

Bei einer Kaufoption (Verkaufsoption) erhält der Erwerber das Recht, bestimmte Leistungen zu einem vorab festgelegten Kurs innerhalb der Optionsfrist vom Stillhalter zu beziehen (an den Stillhalter zu verkaufen). Bei einer Kaufoption erwartet der Erwerber steigende Kurse, weil er dann die zum niedrigeren Ausübungskurs bezogenen Leistungen mit Gewinn veräußern kann. Bei einer Verkaufsoption geht der Erwerber von fallenden Kursen aus, um dann die zum niedrigeren Tageskurs bezogenen Leistungen mit Gewinn an den Stillhalter verkaufen zu können. Stillhalter sind meistens institutionelle Anleger (z.B. Banken, Versicherungen). Diese erwarten stagnierende Kurse oder nur geringfügige Kursänderungen. In diesem Fall stehen zusätzlichen Einnahmen in Höhe des Optionspreises keine oder nur geringfügige Verluste gegenüber.

- Die Art der Leistung

Sowohl Kauf- als auch Verkaufsoptionen können im wesentlichen für Aktien, Devisen, Terminkontrakte oder auch für an Börsen gehandelte Waren abgeschlossen werden.

- Der Zeitpunkt der Ausübung einer Option

Amerikanische Optionen können zu jedem Zeitpunkt innerhalb der Optionsfrist und europäische Optionen nur am Ende der Laufzeit wahrgenommen werden. An den meisten Börsen werden fast nur noch amerikanische Optionen gehandelt.

Der Abschluß einer Sachversicherung entspricht dem Kauf einer Verkaufsoption. Der Versicherungsnehmer zahlt eine Versicherungsgebühr. Damit erwirbt er das Recht, sich während der Vertragslaufzeit von der Versicherung einen Sachschaden erstatten zu lassen. Diese zahlt die Differenz zwischen taxiertem Marktwert vor und nach dem Schadensfall. Deshalb kann die Schadensregulierung als Verkauf der im Marktwert geminderten Sache zum taxierten Marktwert vor dem Schadensfall gedeutet werden.

Eine (teilweise) Fremdfinanzierung von Unternehmensvermögen entspricht dem Kauf einer Kaufoption. Das Unternehmen bietet Kreditsicherheiten und zahlt Fremdkapitalzinsen. Im Gegenzug erwirbt das Unternehmen das Recht, diesen Teil des Vermögens innerhalb einer vereinbarten Kreditlaufzeit in eigenfinanziertes Vermögen umzuwandeln. Das Unternehmen wird diese Option wahrnehmen, wenn der subjektive Vermögenswert den nominellen Rückzahlungsbetrag übersteigt. Anderenfalls verstößt es im juristischen Sinn gegen die Rückzahlungspflicht, so daß alle Rechte an diesem Vermögen erlöschen.

Aufgabe 2

Der innere Wert einer Kaufoption ergibt sich am Verfalltag aus dem Ausübungskurs der Kaufoption (A) und dem aktuellen Kurs des Wertpapiers (k_0). Wenn der aktuelle Kurs über dem Ausübungskurs liegt, dann wird der Erwerber seine Kaufoption wahrnehmen und einen Gewinn in Höhe von $k_0 - A$ realisieren. Er läßt die Kaufoption verfallen, falls der aktuelle Kurs unter den Ausübungskurs fällt. Der innere Wert bildet dann für den Nachfrager einer Kaufoption die Preisobergrenze und für den Anbieter einer Kaufoption die Preisuntergrenze. Am Markt stellt sich also ein Preis in Höhe des inneren Wertes ein. Dagegen entspricht der Preis einer Option vor dem Fälligkeitsdatum dem inneren Wert zuzüglich eines Aufgelds. Die Bestimmung des Preises vor Fälligkeit ist zentrales Anliegen der Optionspreistheorie.

Die Kursentwicklung eines Wertpapiers kann als Zufallsprozeß aufgefaßt werden. Ein Wertpapier besitzt also über einen längeren Zeitraum ein höheres Kursveränderungspotential in beide Richtungen. Dadurch steigen auch die Chancen, mit einer Option Gewinne durch Ausnutzung günstiger Kursbewegungen zu erzielen, während das im gleichen Umfang gestiegene Risiko ungünstiger Kursveränderungen keine Auswirkungen auf die Gewinnsituation des Erwerbers hat. Deshalb steigt mit zunehmender Restlaufzeit sowohl der Wert einer Kaufoption als auch der einer Verkaufsoption.

Die Volatilität eines Wertpapiers ist ein Maß für die Streuung der Kurse um ihren Mittelwert und wird über die Standardabweichung oder die Varianz gemessen. Mit der gleichen Begründung wie im letzten Abschnitt zeigt sich, daß eine Option auf den Kauf oder Verkauf hoch volatiler Wertpapiere einen entsprechend hohen Wert hat.

Im Fall der an deutschen Börsen gehandelten nicht dividendengeschützten Kaufoptionen partizipiert der Erwerber einer Kaufoption nicht an den Dividendenzahlungen. Deshalb verringert sich der Wert einer Kaufoption um den Betrag der ausgeschütteten Dividenden.

Aufgabe 3

Es werden die folgenden Bezeichnungen eingeführt:

Parameter:

k_0 : Gegenwärtiger Kurs des Wertpapiers

t^g : Verzinsungsfaktor des Wertpapiers bei günstiger Entwicklung

t^s : Verzinsungsfaktor des Wertpapiers bei schlechter Entwicklung

t : Verzinsungsfaktor der sicheren Anlage

A : Ausübungskurs der Kaufoption

p_1^g : Preis der Kaufoption zum Prognosezeitpunkt bei günstiger Entwicklung

p_1^s : Preis der Kaufoption zum Prognosezeitpunkt bei schlechter Entwicklung

Entscheidungsvariablen:

p_0 : Preis der Kaufoption auf genau *ein* Wertpapier zum gegenwärtigen Zeitpunkt

λ : Anzahl der in das Portefeuille aufzunehmenden Wertpapiere (Hedge-Rate)

μ : Kreditvolumen

II. Vertiefende Fallstudien

Einzahlungen werden mit einem positiven und Auszahlungen mit einem negativen Vorzeichen versehen. Die Parameter k_0, t^g, t^s, t und A sind positiv und erhalten bei der formalen Abbildung die entsprechenden Vorzeichen. Die Optionspreise p_1^g und p_1^s sind nicht-negativ.

Auf einem vollkommenen Kapitalmarkt kann man Geld zum sicheren Zinssatz $t-1$ anlegen bzw. als Kredit aufnehmen. Darüber hinaus werden hier Arbitragemöglichkeiten ausgeschlossen, d.h. es gilt $t^s < t < t^g$. Anderenfalls könnte man ohne Risiko aus kreditfinanzierten Wertpapierkäufen Gewinne erzielen oder die sichere Anlagealternative wäre auf jeden Fall der Wertpapieranlage vorzuziehen.

Man kann nun ein Portefeuille aus dem Wertpapier und der sicheren Anlage in der Weise zusammensetzen, daß unabhängig von den als möglich unterstellten Kursentwicklungen die Zahlungsströme dieses Portefeuilles mit dem der Kaufoption auf genau *ein* Wertpapier übereinstimmen. Beide Anlagealternativen sind dann gleichwertig. Bildet man die Zahlungsströme in Vektorschreibweise ab, dann ist folgendes Gleichungssystem zu lösen:

$$\lambda \cdot \begin{pmatrix} -k_0 \\ t^g \cdot k_0 \\ t^s \cdot k_0 \end{pmatrix} + \mu \cdot \begin{pmatrix} -1 \\ t \\ t \end{pmatrix} = \begin{pmatrix} p_0 \\ p_1^g \\ p_1^s \end{pmatrix}$$

Daraus ergibt sich:

(1) $-\lambda \cdot k_0 - \mu = p_0$ $\Rightarrow$ **(1a)** $-\mu \cdot t = t \cdot (\lambda \cdot k_0 + p_0)$

(2) $\lambda \cdot t^g \cdot k_0 + \mu \cdot t = p_1^g$ $\Rightarrow$ **(2a)** $-\mu \cdot t = \lambda \cdot t^g \cdot k_0 - p_1^g$

(3) $\lambda \cdot t^s \cdot k_0 + \mu \cdot t = p_1^s$ $\Rightarrow$ **(3a)** $-\mu \cdot t = \lambda \cdot t^s \cdot k_0 - p_1^s$

(2a), (3a) $\Rightarrow$ **(4)** $-\mu \cdot t = \lambda \cdot t^g \cdot k_0 - p_1^g = \lambda \cdot t^s \cdot k_0 - p_1^s$

$\Rightarrow$ **(4a)** $\lambda = \dfrac{p_1^g - p_1^s}{k_0 \cdot (t^g - t^s)}$

(1a), (4) $\Rightarrow$ **(5)** $t \cdot (\lambda \cdot k_0 + p_0) = \lambda \cdot t^g \cdot k_0 - p_1^g$

(5) $\Rightarrow$ **(6)** $p_0 = \lambda \cdot k_0 \cdot \left(\dfrac{t^g - t}{t} \right) - \dfrac{p_1^g}{t}$

Durch Einsetzen von (4a) in (6) erhält man nach einigen Umformungen die folgende Preisformel:

$$p_0 = \frac{t^s - t}{(t^g - t^s) \cdot t} \cdot p_1^g - \frac{t^g - t}{(t^g - t^s) \cdot t} \cdot p_1^s$$

Aufgabe 4

Die folgenden Kursentwicklungen sind denkbar:

1. Möglichkeit: $t^g \cdot k_0 > A$ und $t^s \cdot k_0 < A$

a.) Preisformel $\Rightarrow p_0 < 0$

b.) $t^s \cdot k_0 < A \Leftrightarrow t^g \cdot k_0 - A < t^g \cdot k_0 - t^s \cdot k_0 \Leftrightarrow \lambda = \frac{t^g \cdot k_0 - A}{k_0 \cdot (t^g - t^s)} < 1$

c.) $t^g \cdot k_0 > A \Leftrightarrow \lambda = \frac{t^g \cdot k_0 - A}{k_0 \cdot (t^g - t^s)} > 0$

d.) (3a) $\Rightarrow \mu = -\lambda \cdot k_0 \cdot \frac{t^s}{t} < 0$

2. Möglichkeit: $t^g \cdot k_0 > A$ und $t^s \cdot k_0 \geq A$

a.) Preisformel $\Rightarrow p_0 < 0$

b.) (4a) $\Rightarrow \lambda = 1$

c.) (3a) $\Rightarrow \mu = -\lambda \cdot k_0 \cdot \frac{t_s}{t} + \frac{p_1^s}{t} = -\frac{A}{t} < 0$

3. Möglichkeit: $t^g \cdot k_0 \leq A$ und $t^s \cdot k_0 < A$

a.) $p_1^g = 0, p_1^s = 0 \Rightarrow p_0 = 0$

b.) (4a) $\Rightarrow \lambda = 0$

c.) (3a) $\Rightarrow \mu = 0$

Die Ergebnisse sind in der folgenden Tabelle zusammengefaßt:

	$t^s \cdot k_0 < A$	$t^s \cdot k_0 \geq A$
$t^g \cdot k_0 \leq A$	$p_0 = \lambda = \mu = 0$	-
$t^g \cdot k_0 > A$	$0 < \lambda < 1 \,/\, p_0 < 0 \,/\, \mu < 0$	$\lambda = 1 \,/\, p_0 < 0 \,/\, \mu < 0$

Die Lösung des Gleichungssystems ist für $t^g \neq t^s$ eindeutig. An den Vorzeichen der Entscheidungsvariablen erkennt man, daß die entsprechende Kombination aus Wertpapierkauf und Kreditaufnahme dem Kauf einer Kaufoption gleichwertig ist. Deshalb ist auch ein Hedge-Portefeuille, das aus dem Wertpapierkauf und dem Verkauf einer Kaufoption besteht, zur Kreditvergabe gleichwertig. Dieses Hedge-Portefeuille ist risikolos, weil unabhängig von der Kursentwicklung im Prognosezeitpunkt eine Einnahme in Höhe von $-\mu \cdot t$ eintritt. Das sagt (4) aus. Gleichzeitig werden mit (5) Arbitragemöglichkeiten ausgeschlossen, weil sich der Gegenwartswert des Hedge-Portefeuilles in Höhe von $\lambda \cdot k_0 + p_0$ genau mit der sicheren Marktrendite $t-1$ verzinst.

Für die möglichen Kursentwicklungen gibt es folgenden Anlagealternativen:

Wenn der Kurs des Wertpapiers bei guter Entwicklung den Ausübungskurs der Kaufoption nicht übersteigt, dann ist diese sowohl im Gegenwarts- als auch im Prognosezeitpunkt wertlos. Wegen $t^g \neq t^s$ gibt es kein zur Kreditvergabe zum Zinssatz $t-1$ gleichwertiges Hedge-Portefeuille. Deshalb wird weder ein Kredit vergeben noch Geld in Wertpapieren angelegt.

Falls der Kurs des Wertpapiers bei guter Entwicklung den Ausübungskurs der Kaufoption übersteigt und bei schlechter Entwicklung unter diesen fällt, dann besteht das Hedge-Portefeuille aus einem Bruchteil des Wertpapiers und dem Verkauf einer Kaufoption. Wenn dagegen bei schlechter Kursentwicklung der Kurs des Wertpapiers den Ausübungskurs nicht unterschreitet, besteht das Hedge-Portefeuille aus genau *einem* Wertpapier und dem Verkauf einer Kaufoption. Der Preis der Kaufoption ist höher als in den ersten beiden Fällen, weil die Kaufoption auch bei schlechter Entwicklung ausgeübt wird. Diese Abschätzung ergibt sich unmittelbar aus der Preisformel. Alternativ kann zu dem Hedge-Portefeuille ein gleichwertiger Kredit in Höhe von μ vergeben werden.

Aufgabe 5

Mit den Formeln aus Aufgabe 3 errechnet man:

1. $p_1^g = \max\{0 \,/\, 1{,}2 \cdot 650 - 678{,}6\} = 101{,}4$

2. $p_1^s = \max\{0 \,/\, 0{,}94 \cdot 650 - 678{,}6\} = 0$

3. $p_0 = \dfrac{0{,}94 - 1{,}04}{(1{,}2 - 0{,}94) \cdot 1{,}04} \cdot 101{,}4 = -37{,}5$

4. Hedge-Rate $\lambda = \dfrac{101{,}4}{650 \cdot (1{,}2 - 0{,}94)} = 0{,}6$

5. Volumen der Kreditvergabe $\mu = \dfrac{0{,}6 \cdot 650 \cdot 1{,}2 - 101{,}4}{-1{,}04} = -352{,}5$

Dementsprechend ergeben sich für das Hedge-Portefeuille und die Kreditvergabe die in der nachfolgenden Tabelle zusammengefaßten Zahlungsströme:

	heute	Prognosezeitpunkt	
		günstige Kursentwicklung	schlechte Kursentwicklung
Hedge-Portefeuille	−352,50	366,60	366,60
Kauf von 0,6 Wertpapieren	$0{,}6 \cdot (-650) = -390$	$0{,}6 \cdot 1{,}2 \cdot 650 = 468$	$0{,}6 \cdot 0{,}94 \cdot 650 = 366{,}60$
Verkauf einer Kaufoption	37,50	$678{,}60 - 1{,}2 \cdot 650 = -101{,}40$	0
Kreditvergabe	−352,50	$1{,}04 \cdot 352{,}50 = 366{,}60$	

Sowohl mit dem Hedge-Portefeuille als auch mit der Kreditvergabe sind unabhängig von der Kursentwicklung gleich hohe Aus- und Einzahlungen verbunden. Deshalb sind beide Anlagealternativen gleichwertig und risikolos.

Diese Aussage gilt nur unter der einschränkenden Prämisse, daß genau *eine* der beiden oben genannten Kursentwicklungen eintritt. In der Regel sind aber unendlich viele Kursänderungen ab −100 % möglich. Am Gleichungssystem aus Aufgabe 3 erkennt man aber, daß durch Berücksichtigung weiterer möglicher Kursänderungen die bisherige Lösung unzulässig wird, weil auf vollkommenen Kapitalmärkten jede Geldanlage immer die sichere Marktrendite $t-1$ erwirtschaftet.

Bei η möglichen Kursentwicklungen entsteht ein risikoloses Hedge-Portefeuille im allgemeinen aus $\eta-1$ Wertpapieren mit linear unabhängigen Zahlungsreihen und dem Verkauf *einer* Kaufoption auf *ein* Wertpapier. Dieses muß nicht notwendigerweise in dem Hedge-Portefeuille enthalten sein.

Aufgabe 6

Bildet man die Zahlungsreihen aller Anlagealternativen in Vektoren ab, dann erhält man unter Berücksichtigung der Daten aus Aufgabe 5 folgendes Gleichungssystem:

$$\lambda_0 \cdot \begin{pmatrix} -650 \\ 780 \\ 715 \\ 611 \end{pmatrix} + \lambda_1 \cdot \begin{pmatrix} -k_1 \\ 1{,}2 \cdot k_1 \\ 1{,}15 \cdot k_1 \\ 0{,}94 \cdot k_1 \end{pmatrix} + \mu \cdot \begin{pmatrix} -1 \\ 1{,}04 \\ 1{,}04 \\ 1{,}04 \end{pmatrix} = \begin{pmatrix} -37{,}5 \\ 101{,}4 \\ 1{,}1 \cdot 650 - 678{,}6 \\ 0 \end{pmatrix}$$

Daraus ergibt sich:

(1) $\quad -650 \cdot \lambda_0 - k_1 \cdot \lambda_1 - \mu = -37{,}5$

(2) $\quad 780 \cdot \lambda_0 + 1{,}2 \cdot k_1 \cdot \lambda_1 + 1{,}04 \cdot \mu = 101{,}4$

(3) $\quad 715 \cdot \lambda_0 + 1{,}15 \cdot k_1 \cdot \lambda_1 + 1{,}04 \cdot \mu = 36{,}4$

(4) $\quad 611 \cdot \lambda_0 + 0{,}94 \cdot k_1 \cdot \lambda_1 + 1{,}04 \cdot \mu = 0$

Mit dem Substitutionsverfahren ergeben sich folgende Rechenschritte:

(4) $\Rightarrow$ (4a) $\quad 1{,}04 \cdot \mu = -611 \cdot \lambda_0 - 0{,}94 \cdot k_1 \cdot \lambda_1$

(4a) in (3) $\Rightarrow$ (5) $\quad \lambda_0 = -\dfrac{21}{10400} \cdot k_1 \cdot \lambda_1 + 0{,}35$

(5) in (2) $\Rightarrow$ (6) $\quad \mu = \dfrac{75}{208} \cdot k_1 \cdot \lambda_1 - 165$

(5) in (1) $\Rightarrow$ (7) $\quad \mu = 0{,}3125 \cdot k_1 \cdot \lambda_1 - 190$

I. Investitions- und Finanzierungstheorie   165

(6), (7) $\Rightarrow$ (8) $\lambda_1 = -\dfrac{520}{k_1}$

(8) in (5) $\Rightarrow$ $\lambda_0 = 1{,}4$

(8) in (6) $\Rightarrow$ $\mu = -352{,}5$

Das risikolose Hedge-Portefeuille entsteht durch den Kauf von 1,4 Wertpapieren zum aktuellen Kurs von 650 DM, den Verkauf von λ_1 Wertpapieren zum aktuellen Kurs von k_1 DM und den Verkauf einer Kaufoption zu 37,50 DM auf das Wertpapier mit dem aktuellen Kurs von 650 DM. Das zusätzlich berücksichtigte Wertpapier wird in einem solchen Umfang verkauft, daß daraus ein Umsatzvolumen von 520 DM entsteht. Dieses Hedge-Portefeuille ist gleichwertig zur Vergabe eines Kredits in Höhe von 352,50 DM. Für alle Umweltzustände ergibt sich derselbe Zahlungsstrom wie in Aufgabe 5, das Hedge-Portefeuille verzinst sich also zu 4 % p.a.

Literaturhinweise

Cox, J.C., Ross, S.A., Rubinstein, M.: Option Pricing: A Simplified Approach, in: Journal of Financial Economics, 7. Jg. (1979), S. 229-263.

Kruschwitz, L.: Finanzierung und Investition, Berlin/New York 1995.

Perridon, L., Steiner, M.: Finanzwirtschaft der Unternehmung, 9. Auflage, München 1997.

Spremann, K.: Wirtschaft, Investition und Finanzierung, 5. Auflage, München/Wien 1996.

Gerhard Schünemann

Zinsreaktionsfunktionen

Aufgabe 1

Ein risikofreudiger Unternehmer hat einen Kreditgeber gefunden, der eine Vergabe langfristiger Kredite für Investitionszwecke von folgenden Bedingungen abhängig machen möchte:

(1) Mit sinkender Eigenkapitalquote q soll der Fremdkapitalzinssatz f progressiv steigen. Dabei gilt:
$$q = \frac{\text{Eigenkapital}}{\text{Gesamtkapital}},$$
wobei die Kapitalgrößen der jeweiligen Eröffnungsbilanz zu entnehmen sind.

(2) Besteht das Gesamtkapital ausschließlich aus Eigenkapital, so soll f = 0,1 gelten.

(3) Bei einer Eigenkapitalquote von 10% (die der Kreditgeber als unterste vertretbare Grenze ansieht) wird f = 0,2 gefordert, und bei einer Eigenkapitalquote < 10% wird kein Kredit mehr vergeben.

(4) Fällt die Eigenkapitalquote von q = 1 auf q = 0,2, so soll f um weniger als 5% steigen, während sich f um mehr als 5% erhöhen soll, wenn die Eigenkapitalquote von q = 0,2 auf q = 0,1 sinkt (die prozentualen Steigerungen beginnen beim „günstigsten" Zinssatz von 10% als Ausgangswert).

a) Ermitteln Sie den Zusammenhang zwischen Eigenkapitalquote und Fremdkapitalzinssatz entsprechend den oben formulierten Bedingungen unter Zugrundelegung der modifizierten Exponentialfunktion
$$f = g \cdot h^{q^{-1}} \,; g > 0, h > 1\,!$$

b) Erörtern Sie, inwieweit sich in den obigen vom Kreditgeber geforderten Bedingungen sowie in der aus diesen abgeleiteten Exponentialfunktion entsprechend a) reale Verhaltensweisen von Kreditgebern widerspiegeln! Wie lassen sich derartige Verhaltensweisen ökonomisch begründen?

c) Wie kann der Investor die in a) zugrunde gelegte Exponentialfunktion als spezielle Zinsreaktionsfunktion in seine unternehmerischen Entscheidungen einbeziehen, und welchen Informationswert hat sie für ihn dabei?

d) Neben der Kapitalstruktur (vertikale Kennzahlen) beziehen Fremdkapitalgeber auch horizontale Kennzahlen (z. B. den Anlagedeckungsgrad) in die Beurteilung der Kreditwürdigkeit eines Investors ein.
Überlegen Sie, wie die unter a) angegebene Exponentialfunktion unter zusätzlicher Berücksichtigung von Anlagedeckungsgrad a mit

$$a = \frac{\text{Eigenkapital}}{\text{Anlagevermögen}}$$

weiter modifiziert werden könnte!
Gehen Sie bei Ihren Überlegungen davon aus, daß ein Anlagedeckungsgrad von a = 1 die in a) ermittelten Zinssätze unverändert lassen soll, während ein fallender (steigender) Anlagedeckungsgrad ceteris paribus einen steigenden (fallenden) Zinssatz nach sich ziehen soll!

e) Wie läßt sich die in d) formulierte Vorgehensweise ökonomisch begründen?

Aufgabe 2

[Dieser Aufgabe liegt ein von *Adam, Schünemann* und *Sibbel* entwickeltes Modellsystem zugrunde, vgl. *Adam, Schünemann, Sibbel*, 1994.]

Ein Investor tätigt nur einperiodige Sachinvestitionen und setzt diese Prozedur über (beliebig) viele Perioden fort. Besitzt er zu Beginn einer Periode (Zeitpunkt t) eigene liquide Mittel (kurz: Eigenmittel) in Höhe von E_t, so nimmt er zusätzlich dazu noch ein a-faches dieser Eigenmittel als einperiodiges Fremdkapital F_t auf:

$$F_t = a \cdot E_t, a \geq 0.$$

Die nun insgesamt verfügbaren liquiden Mittel G_t mit

$$G_t = E_t + F_t \text{ bzw. } G_t = E_t + a \cdot E_t$$

investiert er zunächst für eine Periode, wobei G_t nach Maßgabe des Zinssatzes r_t verzinst wird. Am Periodenende (Zeitpunkt t + 1) verfügt er zunächst über einen Gesamtkapitalbetrag von

$$G_{t+1} = (1 + r_t) G_t = E_t (1 + a)(1 + r).$$

Von diesem Betrag hat er noch Zinsen auf das Fremdkapital nach Maßgabe des Zinssatzes f_t abzuführen sowie das in t aufgenommene Fremdkapital zu tilgen.

Sodann tätigt er eine Entnahme in Höhe der in t vorhandenen Eigenmittel E_t. Der danach verbleibende Betrag stellt die für den Zeitpunkt t + 1 verfügbaren Eigenmittel dar. Der oben beschriebene Vorgang von Fremdkapitalaufnahme, Investition, Zinszahlung, Tilgung und Entnahme wiederholt sich und setzt sich von Periode zu Periode über beliebig viele Perioden fort. Dabei soll der in t_o für den Parameter a festgelegte Wert stets über sämtliche folgenden Perioden beibehalten werden.

a) Bestimmen Sie die Höhe der im Zeitpunkt $t + 1$ verfügbaren Eigenmittel E_{t+1}! Der Zinssatz r_t für die Verzinsung des Gesamtkapitals G_t bei Tätigung der Sachinvestition soll nach der Formel

$$r_t = \frac{6 + \dfrac{54}{1,04^{G_t}}}{100}$$

bestimmt werden.

b) Welche ökonomischen Vorstellungen spiegeln sich in idealisierter Form im Zinssatz r_t wider?

Für die Verzinsung des Fremdkapitals F_t werde ein Zinssatz f_t nach der Formel

$$f_t = 0,1 \cdot 1,04^{q^{-1}} = 0,1 \cdot 1,04^{(1+a)}$$

bestimmt, wobei $q = \dfrac{E_t}{G_t}$ die Eigenkapitalquote bezeichnen soll.

c) Inwieweit werden über die Bildungsvorschrift von f_t reale Verhaltensweisen von Fremdkapitalgebern in idealtypischer Weise erfaßt?

Die dem Investor zu Beginn seiner Investitionstätigkeit (Zeitpunkt t_o) verfügbaren Eigenmittel sollen mit $E_o = 1$ angesetzt werden.

d) Simulieren Sie die Entwicklung der Eigenmittel (resp. der Entnahmen) auf einem PC über sehr viele (z. B. einige hundert) Perioden unter Zugrundelegung folgender Intervalle für den Parameter a:
(1) $0 \leq a \leq 0,8$;
(2) $0,8 < a \leq 9,1$;
(3) $9,1 < a \leq 11,2$;
(4) $11,2 < a \leq 11,65$;
(5) $11,8 < a \leq 13,2$;
(6) $13,2 < a$!
Was stellen Sie dabei jeweils fest?

e) Setzen Sie $a = 12,5$ an, und wählen Sie für E_o zum einen den Wert 1,00, zum anderen den Wert 1,01! Verfolgen Sie die Entwicklungen der E_t-Werte über jeweils ca. 12 Perioden! Was stellen Sie fest?

f) Setzen Sie für a nacheinander die Werte 5, 6, 7, 8, 9, 10, 11, 12 und 13 an, und ermitteln Sie jeweils die E_1-Werte ($E_o = 1$ gilt stets)! Interpretieren Sie die erhaltenen Ergebnisse unter Bezugnahme auf die unter d) erhaltenen Lösungen!

g) Wodurch mögen im vorliegenden Modellfall bei bestimmten Konstellationen des Parameters a Bifurkationen oder gar chaotisches Systemverhalten bewirkt werden?

h) Welche Bedeutung kann der Chaostheorie bei der Untersuchung betriebswirtschaftlicher Modellsysteme beigemessen werden?

j) Modifizieren Sie das vorliegende Modell (z. B. durch Variation der Bildungsvorschriften für r_t und f_t), oder versuchen Sie selbst, „chaosträchtige" betriebswirtschaftliche Modellsysteme zu konstruieren!

Lösung

Aufgabe 1

a) Aus den Bedingungen (1) bis (3) resultiert das Gleichungssystem
I $0{,}1 = g \cdot h$
II $0{,}2 = g \cdot h^{10}$,
woraus folgt $h \approx 1{,}08$ und $g \approx 0{,}0926$. Die Bedingungen $g > 0$ und $h > 1$ sind also erfüllt. Somit lautet die gesuchte Exponentialfunktion
$$f = 0{,}0926 \cdot 1{,}08^{q^{-1}},$$
wobei entsprechend Aufgabenstellung $0{,}1 \leq q \leq 1$ und zugleich $0{,}2 \geq f \geq 0{,}1$ gilt. Bedingung (4) ist dann (automatisch!) ebenfalls erfüllt: Für $q = 1$ ergibt sich $f = 0{,}1$ ($\hat{=} 10\%$), für $q = 0{,}2$ erhält man $f = 0{,}136$ ($\hat{=} 13{,}6\%$ bzw. einer Erhöhung von 3,6% gegenüber $f = 0{,}1$) und für $q = 0{,}1$ entsprechend $f = 0{,}2$ ($\hat{=} 20\%$ bzw. einer Erhöhung von 6,4% gegenüber $f = 0{,}136$).

b) Fremdkapitalgeber sehen in einer geringeren Eigenkapitalquote ein höheres Risiko für die Rückgewinnung ihres bereitgestellten Kapitals. Gegen dieses Risiko versuchen sie sich durch höhere Zinsforderungen abzusichern, wobei sie von einer bestimmten Höhe des Risikos an (im vorliegenden Fall bei einer Eigenkapitalquote von $q < 0{,}1$) keinen Kredit mehr vergeben.
Im Beispiel erhöht sich der Fremdkapitalzinssatz beim Übergang von einer Eigenkapitalquote $q = 1$ zu einer Eigenkapitalquote $q = 0{,}1$ exponentiell.

Dabei entspricht es ganz gut den realen Verhaltensweisen von Kreditgebern, wenn sich bei einer Verringerung der Eigenkapitalquote von 100% auf 20% der Zinssatz zunächst nur wenig erhöht (im Beispiel um 3,6%), denn Eigenkapitalquoten um 20% können durchaus noch als „normal" eingestuft werden und stellen i. d. R. noch kein besonderes Risiko dar.
Nähert sich jedoch die Eigenkapitalquote der 10%-Grenze, kann die Situation aus Sicht eines Kreditgebers bereits als sehr kritisch beurteilt werden. Im vorliegenden Fall kommt dies darin zum Ausdruck, daß beim Übergang der Eigenkapitalquote von 20% zu 10% der Fremdkapitalzinssatz mit 6,4% nun deutlich zulegt und damit seinen Höchstwert von 20% erreicht.

c) Der Investor kann – sofern er bei aller Risikofreudigkeit auch ein gewisses Minimum an wirtschaftlicher Vernunft besitzt – aufgrund des zu erwartenden Fremdkapitalzinssatzes seine Investitionsplanung noch einmal überdenken und dabei das auf ihn möglicherweise zukommende höhere Risiko neu abschätzen. Insbesondere mit der Erarbeitung von Alternativen über einen Mehrjahreszeitraum unter Zugrundelegung von Planbilanzen könnten solche Zinsreaktionsfunktionen wertvolle entscheidungsrelevante Informationen liefern.

d) Die unter a) angegebene Exponentialfunktion kann unter Berücksichtigung von Anlagedeckungsgrad a wie folgt modifiziert werden:

$$f = 0{,}0926 \cdot 1{,}08^{q^{-1} \cdot a^{-1}}.$$

e) Entsprechend der Goldenen Bilanzregel soll das Anlagevermögen durch das Eigenkapital (Anlagedeckungsgrad a) oder durch die Summe von Eigenkapital und langfristigem Fremdkapital (Anlagedeckungsgrad b) möglichst vollständig abgedeckt werden. Dabei stellt die mit Anlagedeckungsgrad a verbundene Bedingung eine strengere Forderung dar. Die unter d) angegebene Zinsreaktionsfunktion besitzt eine höhere Aussagekraft als die in a) formulierte, weil sie neben der Kapitalstruktur noch die Goldene Bilanzregel in adäquater Weise berücksichtigt: Beträgt die Eigenkapitalquote bei einem Anlagedeckungsgrad a = 1 z. B. 20%, so resultiert daraus ein Zinssatz von 13,6%. Sinkt jedoch bei gleichbleibender Eigenkapitalquote (20%) der Anlagedeckungsgrad auf a = 0,5, so „springt" der Zinssatz bereits auf seinen höchstzulässigen Wert von 20%!

Aufgabe 2

a) Die Höhe der in t + 1 verfügbaren Eigenmittel E_{t+1} ergibt sich zu
$E_{t+1} = G_{t+1} - (1 + f_t) \cdot F_t - E_t;$
$E_{t+1} = (1 + a) E_t r_t - a\, E_t f_t.$

b) Der Zinssatz r_t widerspiegelt in idealisierter Form die Vorstellung, daß ein Investor hinsichtlich Rentabilität mehr oder weniger günstige und (im Idealfall beliebig teilbare) Sachinvestitionen tätigen kann. Hat er eine geringe Kapitalsumme verfügbar, so wird er zunächst die rentabelsten Projekte realisieren, und mit steigendem verfügbarem Kapitalbetrag ist er gezwungen, immer weniger rentable Projekte in sein Investitionsprogramm einzubeziehen, so daß die durch den Zinssatz r_t repräsentierte Gesamtrentabilität aller realisierten Projekte tendenziell sinken muß. Da jedoch unterstellt werden kann, daß in jedem Falle eine Geldanlage mit einem Zinssatz größer null existieren wird, zu dem praktisch auch beliebig hohe Beträge angelegt werden können, bildet der Zinssatz dieser Geldanlage die untere Grenze, gegen die r_t für sehr hohe G_t-Werte konvergiert. Für den Beispielfall gilt

$$\lim_{G_t \to +\infty} r_t = 0{,}06.$$

Für gegen null strebende Kapitalbeträge G_t erhält man hingegen

$$\lim_{G_t \to +0} r_t = 0{,}6.$$

Wie man sich leicht klarmachen kann, fällt der Zinssatz r_t im Intervall $0 < G_t < +\infty$ streng monoton und degressiv.

c) Die Bildungsvorschrift für den Fremdkapitalzinssatz f_t berücksichtigt in idealtypischer Weise die Neigung von Fremdkapitalgebern, höhere Zinsen zu fordern, wenn ihnen durch eine niedrigere Eigenkapitalquote ein höheres Risiko signalisiert wird. Im vorliegenden Fall wird ein exponentieller Zusammenhang zwischen dem Sinken der Eigenkapitalquote und dem Anstieg des Fremdkapitalzinssatzes unterstellt (vgl. auch Aufgabe 1).

d) Wird die Entwicklung der Eigenmittel (resp. der Entnahmen) im vorliegenden Modellfall über sehr viele Perioden simuliert, so können (abgesehen von einer über mehrere Perioden andauernden Einschwingphase) für die einzelnen angegebenen Intervalle die folgenden bemerkenswerten Verhaltensweisen festgestellt werden (Vgl. Abbildung 1. Nachfolgende Abbildungen und Tabelle entnommen aus: *Adam, Schünemann, Sibbel*, 1994.):

(1) $0 \leq a \leq 0{,}8$:
E_t strebt relativ rasch gegen null. Somit ist für den Investor ein gewisser durch $a > 0{,}8$ bestimmter Mindestverschuldungsgrad erforderlich, um auf Dauer „überleben" zu können.

(2) $0{,}8 < a \leq 9{,}1$:
E_t konvergiert für ein festes a aus diesem Intervall jeweils gegen einen endlichen Wert, der für $a \approx 3{,}3$ mit $E_t = 4{,}257$ sein Maximum erreicht.

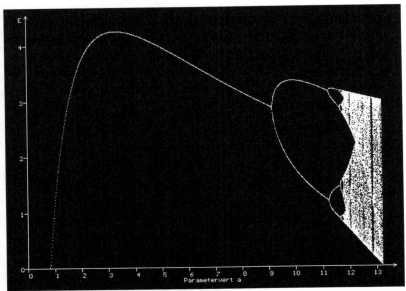

Abb. 1: Entwicklung von E_t ($E_0 = 1$).

(3) $9{,}1 < a < 11{,}2$:
Überschreitet a den Wert 9,1, so tritt ein qualitativ neues Modellverhalten in Erscheinung: E_t wechselt von Periode zu Periode zwischen zwei unterschiedlichen, jedoch (für ein festes a) gleichbleibenden Werten: Es ist ein stabiler 2er-Zyklus (oder eine Bifurkation) entstanden.

(4) $11{,}2 < a \leq 11{,}65$:
Überschreitet a den Wert 11,2, so geht der stabile 2er-Zyklus in einen stabilen 4er-Zyklus über. *Anmerkung:* Im Intervall $11{,}65 < a \leq 11{,}8$ werden in immer kürzeren Abständen sämtliche weiteren 2^n-Zyklen durchlaufen.

(5) $11{,}8 < a \leq 13{,}2$:
Die E_t-Werte scheinen innerhalb einer gewissen „Bandbreite" „nach Belieben" hin und her zu „springen", ohne daß in einem solchen Verhalten irgendein „geordnetes Prinzip" erkennbar wäre: Das System verhält sich chaotisch. Allerdings gibt es innerhalb des „chaotischen Bereichs" sogenannte „Fenster", d. h. Teilintervalle für den Parameter a, über denen die E_t-Werte wieder Perioden von endlicher Länge durchlaufen.

(6) $13{,}2 < a$:
Et nimmt nach einigen Perioden einen negativen Wert an, womit das System „zusammenbricht".

e) Es ist feststellbar, daß sich die E_t-Werte bis etwa zur achten Periode nur minimal voneinander entfernen, ab der neunten Periode jedoch die Unterschiede plötzlich so groß werden, daß man den noch vor wenigen Perioden existierenden gemeinsamen „Ursprung" nicht mehr vermuten würde. (Vgl. Abbildung 2.) Man glaubt, völlig unterschiedliches Systemverhalten vor sich zu haben. Der hier vorliegende Effekt wird auch als „Schmetterlingseffekt" bezeichnet und drückt die empfindliche Abhängigkeit des (künftigen) Systemzustandes eines chaotischen Systems von seinen Anfangsbedingungen aus. Diese empfindliche Abhängigkeit ist auch der Grund dafür, daß bei chaotischem Systemverhalten bereits mittelfristige Prognosen stets zum Scheitern verurteilt sind.

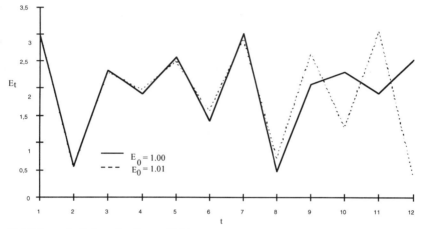

Abbildung 2: Schmetterlingseffekt.

f) Die sich aus den einzelnen Konstellationen für den Parameter a ergebenden E_1-Werte können der folgenden Tabelle entnommen werden:

a	5	6	7	8	9	10	11	12	13
E_1	2,29	2,50	2,68	2,82	2,92	2,98	3,01	3,00	2,95

Interessant ist, daß bei Zugrundelegung nur einer einzigen Planungsperiode sich Finanzierungsstrategien als optimal erweisen, die – über viele Perioden angewandt – das System sehr nahe an den chaotischen Bereich heranführen würden.

Werden solche Finanzierungsstrategien (a = 11; a = 12) jedoch über einen langfristigen Zeitraum verfolgt, so gelangt man zu einem vergleichsweise niedrigen durchschnittlichen Einkommensstrom (der höchste durchschnittliche Einkommensstrom ergibt sich im „Viel-Periodenfall" bei einem Parameterwert a ≈ 3,3 mit $E_t = 4,257$). Diese Betrachtung lehrt, daß Strategien, die auf den langfristigen Erfolg optimal ausgerichtet sind, für kurzfristige Planungszeiträume nicht gleichermaßen empfehlenswert sein müssen, wie es umgekehrt Strategien geben kann, deren Anwendung zwar über einen kurzfristigen Planungszeitraum den Erfolg maximieren kann, die jedoch bei langfristiger starrer Beibehaltung das System ins Chaos führen können.

g) Die Ursache für auftretende Bifurkationen und chaotische Systemzustände kann in dem Einfluß des aus der Investitions- und Finanzierungstheorie bekannten Leverage-Effekts gesehen werden. Die in a) ermittelte Gleichung

$$E_{t+1} = (1 + a) E_t r_t - a E_t f_t$$

läßt sich umformen in $E_{t+1} = r_t E_t + a E_t (r_t - f_t) = r_t E_t + F_t (r_t - f_t)$. Für die Ausprägung der Hebelwirkung ist maßgeblich die Differenz $r_t - f_t$ verantwortlich: Ein höherer Verschuldungsgrad a bewirkt ceteris paribus eine Verringerung von r_t und eine Erhöhung von f_t. Damit verringert sich die Differenz $r_t - f_t$; kann bei „zu großem" a sogar negative Werte annehmen. Darüber hinaus wird der Zinssatz r_t noch von der Höhe des zum Zeitpunkt t investierten Eigenkapitals E_t beeinflußt: Ein größerer Wert für E_t bewirkt (ceteris paribus) zunächst eine Verringerung von r_t und damit über eine verringerte Differenz $r_t - f_t$ eine entsprechend geringe (oder sogar negative) Hebelwirkung. Der damit für t + 1 geringere Eigenkapitaleinsatz E_{t+1} (resp. Gesamtkapitaleinsatz $G_{t+1} = E_{t+1} (1 + a)$) führt nun aber zu einem höheren Zinssatz r_t, wodurch sich die Differenz $r_t - f_t$ wieder vergrößert usw.

Die nichtlinearen Abhängigkeiten des Zinssatzes r_t von a und von E_t führen schließlich ab einer bestimmten Höhe von a zu denjenigen unregelmäßigen „zwischenperiodischen" Schwankungen des Terms $r_t - f_t$, die bestimmend für die Erzeugung zunächst von Bifurkationen und schließlich von chaotischen Verhaltensmustern sind.

h) Da betriebswirtschaftliche Systeme komplexe Ganzheiten sind, zwischen deren Teilen auch eine Reihe nichtlinearer Beziehungen besteht, können chaotische Verhaltensmuster durchaus im „normalen Leben" eines Unternehmens auftreten und dort ganz gehörig für Verwirrung sorgen. Die Chaostheorie liefert ein methodisches Instrumentarium zur Modellierung solchen Systemverhaltens. Dabei kann freilich von einem Modell nicht erwartet werden, daß es etwa künftige chaotische Werte „prognostiziert" (die Unmöglichkeit derartiger Prognosen ist ja gerade eine fundamentale Erkenntnis aus der Chaostheorie!). Vielmehr wäre jedoch denkbar, daß „chaosverdächtige" Parameter und deren „kritische" Werte identifiziert werden, um das Unternehmen rechtzeitig um solche „tödlichen Klippen" herumsteuern zu können (Aspekt der „Chaosvermeidung").

Andererseits haben Chaosforscher festgestellt, daß ein gewisses „chaotisches Rauschen" häufig eine notwendige Bedingung für ein System darstellt, um in seiner Umwelt flexibel reagieren und erfolgreich agieren zu können. Was aber könnte ein solches „chaotisches Rauschen" für ein Unternehmen bedeuten, wie sollte es erzeugt werden? Fragen über Fragen, deren Antworten erst noch gefunden werden müssen!

j) Legen Sie ohne Umschweife los, und lassen Sie sich durch anfängliche Mißerfolge nicht beirren!
Viel Spaß und viel Erfolg!

Literaturhinweise

ADAM, D.: Investitionscontrolling, 2. Aufl., München/Wien 1997.
ADAM, D., SCHÜNEMANN, G., SIBBEL, R.: Deterministisches Chaos im Verhalten dynamischer Investitions- und Finanzierungsmodelle, in: WiSt, 23. Jg. (1994), S. 546-551.
ALBACH, H.: Geburt und Tod von Unternehmen, IFM-Materialien, Nr. 55, Bonn 1987.
BRIGGS, J., PEAT, D. F.: Die Entdeckung des Chaos, Hanser München/Wien 1990.
FEICHTINGER, G., KOPEL, M.: Nichtlineare dynamische Systeme und Chaos: Neue Impulse für die Betriebswirtschaftslehre?, in: ZfB, 64. Jg. (1994), S. 7-34.
KOPEL, M.: Kontrolliertes Chaos: Ein Ausweg aus der Unternehmenskrise, in: ZfB, 66. Jg. (1996), S. 487-503.
LOISTL, O., BETZ, I.: Chaostheorie, München 1993.
MATSCHKE, M. J.: Finanzierung der Unternehmung, Herne/Berlin 1991.
MÖHRLE, M. G.: Mit dem Ertragsgesetz ins Chaos, in: technologie & management, 39. Jg. (1990), S. 46-47.
PINKWART, A.: Chaos und Unternehmenskrise, Wiesbaden 1992.
SCHÜNEMANN, G.: Erweiterung des Produktionsprogramms bei unsicheren Informationen, Veröffentlichungen des Instituts für Industrie- und Krankenhausbetriebslehre der Westfälischen Wilhelms-Universität Münster, Hrsg. D. ADAM, Nr. 40, Münster, 1996.

Udo Terstege

Asymmetrieprobleme in Finanzierungsbeziehungen

Während Ihres wirtschaftswissenschaftlichen Studiums konnten Sie durch besonders sparsame Lebensweise ein Vermögen in Höhe von 1.200.000 EURO ansammeln. Nach jahrelanger Tortur aus Mensaessen und öffentlichem Personennahverkehr planen Sie nach Studienende die Investition Ihrer Mittel. Die CAMPUS-Bank bietet Ihnen eine sichere einjährige Anlage der Mittel zu 10% an. Sie planen hingegen die Gründung einer GmbH. Dazu haben Sie bereits folgende Entscheidungen getroffen:

- Die Gesellschaft soll genau ein Jahr nach ihrer Gründung wieder liquidiert werden.
- Die Gesellschaft investiert im Zeitpunkt ihrer Gründung einen Betrag von genau 1,2 Mio. EURO. Weitere Nettoauszahlungen sind bis zur Liquidierung der GmbH nicht geplant.

Noch keine endgültige Entscheidung haben Sie demgegenüber hinsichtlich der Art des durchzuführenden Investitionsprojektes getroffen. In Betracht kommen noch zwei Projekte, die jeweils nur ganz oder gar nicht realisiert werden können:

Projekt I: Errichtung und Betrieb einer Bungee-Anlage auf dem Dach des Hochhauses der Uni-Verwaltung.

Projekt II: Betrieb einer Kart-Bahn in der Tiefgarage des Audimax.

Sie erwarten, daß bei Liquidation aller Vermögensgegenstände der Gesellschaft je nach realisiertem Projekt und je nach eingetretener Situation der Umwelt mit den angegebenen Wahrscheinlichkeiten folgende Liquidationserlöse zur Verteilung an Kapitalgeber zur Verfügung stehen werden:

Situation	Eintritts-wahrscheinlichkeit	Liquidationserlöse bei	
		Projekt I	Projekt II
(1)	25%	800.000	500.000
(2)	50%	1.400.000	1.400.000
(3)	25%	2.000.000	2.100.000

Aufgabe

a) Sie sind risikoneutral und wollen Ihr Vermögen nach Ablauf eines Jahres maximieren. Welche Anlage sollten Sie wählen, wenn Sie zunächst davon ausgehen, daß Sie nur Ihre eigenen Mittel in der GmbH einsetzen?

b) Gehen Sie davon aus, daß Sie sich grundsätzlich zur Durchführung von Projekt I entschieden haben. Sie haben aber nochmals in Ihren Vorlesungsmitschriften zur „Investition und Finanzierung" nachgelesen und sind ins Grübeln gekommen, ob nicht eine partielle Kreditfinanzierung der GmbH günstiger ist als die ursprünglich geplante reine Eigenfinanzierung. Zur Beurteilung dieser Frage fehlen Ihnen allerdings die Konditionen eines gegebenenfalls aufzunehmenden Kredits. Daher entschließen Sie sich zu einer Kreditvoranfrage bei der CAMPUS-Bank. Sie fragen um einen einjährigen Kredit in Höhe von 800.000 EURO nach und fügen Ihrer Anfrage eine Aufstellung Ihrer Zahlungserwartungen für Projekt I bei. Die CAMPUS-Bank teilt Ihre Zahlungserwartungen für Projekt I und erarbeitet ein Kreditangebot nach den hausinternen Richtlinien. Danach sind die Konditionen eines Kredits so zu bemessen, daß unter Berücksichtigung möglicher Ausfallrisiken eine erwartete Rendite auf ausgereichte Mittel von mindestens 15% p.a. erzielt wird. Kreditnehmer soll die GmbH sein. Zusätzliche Haftungsvereinbarungen, etwa in Form einer privaten Bürgschaft, sollen nicht getroffen werden, so daß die CAMPUS-Bank Befriedigung ihrer Ansprüche ausschließlich aus dem Vermögen der GmbH erlangen könnte. Wird die CAMPUS-Bank auf Basis dieser Richtlinie überhaupt ein Kreditangebot über 800.000 EURO zur Durchführung von Projekt I unterbreiten und, wenn ja, zu welchem vertraglich vereinbarten Mindestzins?

c) Sie erkundigen sich bei der CAMPUS-Bank nach dem Bearbeitungsstand Ihrer Kreditvoranfrage. Der Sachbearbeiter teilt Ihnen das zu erwartende Ergebnis mit. Ist das zu erwartende Kreditangebot zur Realisierung von Projekt I für Sie noch interessant, oder stellt die reine Eigenfinanzierung Ihre präferierte Handlungsalternative dar?

d) Am folgenden Morgen finden Sie in Ihrer Post einen Brief, in dem Ihnen angeboten wird, Ihre in einem Jahr fälligen BAFÖG-Schulden in Höhe von 950.000 EURO bereits jetzt zu begleichen. Die Zahllast würde im Gegenzug auf 800.000 EURO reduziert. Sie können von diesem Angebot auch in beliebigen Bruchteilen Gebrauch machen. Ist diese Information für Ihre Überlegungen hinsichtlich der Unternehmensfinanzierung relevant? Gehen Sie bei Ihren Überlegungen davon aus, daß Sie in einem Jahr auf jeden Fall über genügend sonstiges Vermögen verfügen werden, um Ihre privaten Verbindlichkeiten begleichen zu können.

e) Am selben Tag entdeckt Ihr zuständiger Kreditsachbearbeiter der CAMPUS-Bank zwischen den eingereichten Unterlagen einen Schmierzettel, auf dem Sie Ihre Zahlungserwartungen für das später verworfene Projekt II notiert hatten. Der Sachbearbeiter schließt daraus, daß Sie gegebenenfalls auch dieses Projekt planen könnten. Soll er sein bereits ausgearbeitetes Kreditangebot nochmals überarbeiten? Welche Überlegungen muß er dazu anstellen?

f) Am übernächsten Tag halten Sie ein Kreditangebot der CAMPUS-Bank über 800.000 EURO zu einem Zinssatz von 32,5% p.a. in Ihren Händen. Diese Nachricht wirft Ihre Planungen durcheinander. Sie rufen den zuständigen Sachbearbeiter an und versuchen, ihn davon zu überzeugen, daß der angebotene Zinssatz zu hoch ist. Können Sie sich mit Ihrem Sachbearbeiter auf einen niedrigeren Zinssatz einigen? Um welches Problem geht es bei Ihrer Auseinandersetzung?

g) Im Zuge Ihrer Auseinandersetzung diskutieren Sie mit Ihrem Sachbearbeiter unter anderem alternativ die folgenden Lösungsansätze:
  i Der Kreditbetrag wird auf 600.000 EURO reduziert.
  ii Sie betreiben Ihr Unternehmen nicht in der Rechtsform einer GmbH, sondern als Einzelunternehmen.

Inwieweit bieten diese beiden Modifikationen jeweils einen Ansatz zur Lösung der Problematik? Wird es zu einer Kreditvereinbarung auf Basis einer dieser beiden Vertragsvarianten kommen und, wenn ja, zu welcher?

Lösung

a) Je nach Anlagealternative erzielen Sie ein Endvermögen mit folgenden Erwartungswerten:

– sichere Anlage: $EV_S = 1.200.000 \cdot 1{,}1 = 1.320.000 \, [EURO]$

– Projekt I: $EV_{PI} = 0{,}25 \cdot 800.000 + 0{,}5 \cdot 1.400.000 + 0{,}25 \cdot 2.000.000 = 1.400.000 \, [EURO]$

– Projekt II: $EV_{PII} = 0{,}25 \cdot 500.000 + 0{,}5 \cdot 1.400.000 + 0{,}25 \cdot 2.100.000 = 1.350.000 \, [EURO]$.

Bei Risikoneutralität präferieren Sie die Handlungsalternative, die den höchsten Erwartungswert des Endvermögens liefert, also Projekt I.

b) Die Frage, ob die CAMPUS-Bank überhaupt ein Kreditangebot unterbreiten wird, läßt sich unmittelbar beantworten. Hinreichende Bedingung dafür ist es, daß die Bank eine erwartete Rendite in Höhe von 15% auf die von ihr eingesetzten Mittel erzielen könnte, wenn ihr in jeder Umweltsituation die gesamten Liquidationserlöse zustünden. Unter dieser Bedingung würde die Bank eine Rückflußerwartung in Höhe von 1,4 Mio. EURO erzielen (vgl. Aufgabenteil a)). Zur Realisierung einer Rendite von 15% würde aber bereits eine Rückflußerwartung von 920.000 EURO (= 800.000·1,15) ausreichen. Die Bank wird also ein Kreditangebot unterbreiten. Die Frage nach der Höhe des vertraglich zu vereinbarenden Zinssatzes erfordert allerdings einige zusätzliche Überlegungen.

Der vertraglich zu vereinbarende Zinssatz muß im Erwartungswert zu einer Ex-ante-Rendite von 15% führen. Bei Eintritt von Situation (1) stehen aber überhaupt nur Liquidationserlöse in Höhe von 800.000 EURO zur Verfügung. Unabhängig von der Höhe des vereinbarten (positiven) Zinssatzes kommt es in dieser Situation also gerade zu einer Tilgung des Kredits, aber darüber hinaus zu keinerlei Zinszahlung. Um trotz dieses „Zinsausfalls" in Situation (1) eine erwartete Rendite von 15% realisieren zu können, muß die Bank in anderen Situationen mehr als eine 15%ige Zinszahlung erhalten. Der vertraglich zu vereinbarende Zinssatz muß damit auf jeden Fall oberhalb von 15% liegen. Diese Relation, nach der der vertragliche Zinsanspruch oberhalb der Zinserwartung liegen muß, gilt allgemein, sobald ein Kreditgeber überhaupt Ausfallrisiken ausgesetzt ist.

Bei der Berechnung des vertraglich zu vereinbarenden Zinssatzes r stellt sich nun folgendes Problem:
- Je höher der Zinssatz r festgelegt wird, desto höher ist der gesamte Forderungsbetrag F der Bank: $F = 800.000 \cdot (1 + r)$.
- In jeder Situation, in der der Liquidationserlös kleiner ausfällt als F, erhält die Bank nicht F, sondern nur den geringeren Liquidationserlös.
- In welchen Situationen die Bank nicht F, sondern nur einen geringeren Liquidationserlös erhält, hängt natürlich von der Höhe der Liquidationserlöse, aber eben auch von der Höhe von F, also indirekt von der Höhe des vertraglich vereinbarten Zinssatzes ab.

Damit hängt der Rechenansatz, mittels dessen r zu bestimmen ist, selbst von r ab. In dem Beispiel von Projekt I ist wie folgt zu rechnen:
- $F \leq 800.000$ also $r \leq 0$

Diese Konstellation ist nicht weiter zu betrachten, da sie $r = 0$ und damit eine Renditeerwartung unterhalb von 15% impliziert.
- $800.000 < F \leq 1.400.000$ also $0 < r \leq 75\%$

In Situation (1) erhält die Bank den Liquidationserlös von 800.000 EURO, in den beiden anderen Situationen ihren Forderungsbetrag. Damit eine erwartete Rendite von 15% realisiert wird, muß gelten:
$$800.000 \cdot 0,25 + 800.000 \cdot (1+r) \cdot 0,75 = 800.000 \cdot 1,15 \Leftrightarrow r = 20\%$$

Der errechnete Zinssatz von $r = 20\%$ liegt innerhalb des Zinsintervalls von 0 bis 75%, für den der Rechenansatz gilt. Bei einem vertraglichen Zinssatz von 20% realisiert die CAMPUS-Bank also genau eine erwartete Rendite von 15%. Bei einem Zinssatz von 20% beträgt ihre Gesamtforderung 960.000 EURO. Mit 75%iger Wahrscheinlichkeit kann sie diese Forderung in voller Höhe und mit 25%iger Wahrscheinlichkeit nur 800.000 EURO realisieren: $0,75 \cdot 960.000 + 0,25 \cdot 800.000 = 920.000 = 800.000 \cdot 1,15$. Die Bank wird also einen Kredit mit einem Zinssatz von mindestens 20% anbieten.

c) Die Entscheidung zwischen Kreditaufnahme und ausschließlicher Eigenfinanzierung von Projekt I ist wiederum anhand eines Endvermögensvergleichs zu treffen. Bei ausschließlicher Eigenfinanzierung realisieren Sie ein bereits in Aufgabenteil a) ermitteltes erwartetes Endvermögen in Höhe von $EV_{PI} = 1.400.000$ EURO. Bei Kreditfinanzierung ergibt sich Ihr Endvermögen zunächst einmal aus dem Betrag, um den die Liquidationserlöse von Projekt I die Forderung der CAMPUS-Bank übersteigen. Dabei ist von folgender Verteilung auszugehen:

Situation	Eintritts-wahrscheinlichkeit	Liquidations-erlöse	Zahlung an Bank	Restbetrag
(1)	25%	800.000	800.000	–
(2)	50%	1.400.000	960.000	440.000
(3)	25%	2.000.000	960.000	1.040.000

Daneben können Sie 800.000 EURO nicht in der GmbH benötigte Mittel sicher zu 10% anlegen. Insgesamt erzielen Sie damit im Erwartungswert ein Endvermögen von

$$EV'_{PI} = 0,5 \cdot 440.000 + 0,25 \cdot 1.040.000 + 800.000 \cdot 1,1 = 1.360.000 \; [EURO].$$

Die Kreditaufnahme wäre für Sie also nicht vorteilhaft, da sie zu einem geringeren Endvermögen als die reine Eigenfinanzierung führen würde. Dabei läßt sich die Differenz der beiden Endvermögen in Höhe von 40.000 EURO (= 1.400.000 ./. 1.360.000) einfach erklären. Bei Aufnahme des Bankkredits würden Sie an die CAMPUS-Bank im Erwartungswert Zinszahlungen in Höhe von 120.000 EURO leisten, auf die freien Mittel andererseits aber selbst nur Zinszahlungen von 80.000 EURO erhalten. Die Differenz der Endvermögen von 40.000 EURO ergibt sich also aus der Differenz zwischen Zinsauszahlungen und Zinseinzahlungen – wenn man beide Zinsgrößen auf der Basis ihrer Erwartungswerte vergleicht:

$$800.000 \cdot (0,15 - 0,1) = 40.000 \; [EURO].$$

d) Mit dem Angebot zur vorzeitigen Begleichung Ihrer BAFÖG-Schulden eröffnet sich eine zusätzliche Möglichkeit zur sicherverzinslichen Anlage der 800.000 EURO, die sie bei einer Aufnahme des CAMPUS-Kredits nicht selbst in das Unternehmensvermögen einbringen müßten. Diese zusätzliche Geldanlagemöglichkeit bietet mit 18,75% (= (950.000 – 800.000)/800.000) eine höhere Verzinsung als die Aufnahme des CAMPUS-Kredits im Erwartungswert verursacht. Im Unterschied zu Aufgabenteil c) können Sie nun also bei Inanspruchnahme des CAMPUS-Kredits und gleichzeitiger vorzeitiger Tilgung der BAFÖG-Schulden eine positive Zinsdifferenz von 30.000 EURO (= $(0,1875 - 0,15) \cdot 800.000$) erzielen. Ihr erzielbares Endvermögen ergibt sich dann aus

$$EV''_{PI} = 0,5 \cdot 440.000 + 0,25 \cdot 1.040.000 + 950.000 = 1.430.000 \; [EURO].$$

Unter diesen Bedingungen wäre es bei Durchführung von Projekt I also vorteilhaft, von dem zu erwartenden Kreditangebot Gebrauch zu machen. Sie könnten dann durch Kreditaufnahme, vorzeitige Rückzahlung der BAFÖG-Schulden und Durchführung von Projekt I ein Endvermögen von 1.430.000 statt von 1.400.000 EURO realisieren.

Die Veränderung der Antwort gegenüber Fall c) resultiert daraus, daß der „Nutzen", den Sie aus den wegen der Kreditaufnahme nicht in die GmbH eingebrachten Mitteln ziehen können, nun deutlich höher ausfällt. Sie sparen jetzt nämlich eine ansonsten entstehende Zinsbelastung von 18,75% ein, während Sie in Fall c) nur einen Zinsertrag von 10% erzielen konnten. Das Produkt dieser Zinsdifferenz (8,75%) mit dem Betrag von 800.000 EURO ergibt mit $0{,}0875 \cdot 800.000 = 70.000$ EURO genau den Betrag, um den sich Ihr Endvermögen im Fall d) gegenüber Fall c) erhöhen würde.

Die Durchführung von Projekt I bleibt mit einem Endvermögen von 1.430.000 EURO dabei gleichzeitig besser als die sich jetzt bietende veränderte Unterlassensalternative, die aus vorzeitiger Rückzahlung der BAFÖG-Schulden und Anlage der restlichen Mittel zu 10% besteht und die ein Endvermögen von $1.390.000 \text{ EURO} \left(= 950.000 + 400.000 \cdot 1{,}1\right)$ liefert.

e) Zu einer Revision seines Kreditangebotes sieht sich der Kreditsachbearbeiter dann veranlaßt, wenn gleichzeitig zwei Bedingungen erfüllt sind:
i   Er muß davon ausgehen, daß Sie nicht Projekt I, sondern Projekt II realisieren.
ii Wenn Sie Projekt II realisieren, müssen zudem die auf Basis von Projekt I bestimmten Kreditkonditionen für die Bank zu einer Zahlungserwartung führen, die geringer als 920.000 EURO ist.

zu i: Die Frage, ob Sie Projekt I oder II durchführen, war bereits Gegenstand von Teilaufgabe a). Dort wurde festgestellt, daß aus Ihrer Sicht die Durchführung von Projekt I vorteilhaft ist. Dieses Ergebnis liefert allerdings noch keine Antwort auf die Frage, die nun der Sachbearbeiter zu beantworten hat. Relevant ist jetzt nämlich nicht die relative Vorteilhaftigkeit der Projekte bei reiner Eigenfinanzierung, sondern unter der Annahme einer Kreditaufnahme über 800.000 EURO zu 20%.

Unter Berücksichtigung dieser Kreditaufnahme verknüpft sich für Sie mit den beiden Projekten die folgende Zahlungserwartung:

Situation	Eintritts-wahrscheinlichkeit	restlicher Liquidationserlös bei Aufnahme eines Kredits über 800.000 EURO zu 20% und Durchführung von	
		Projekt I	Projekt II
(1)	25%	–	–
(2)	50%	440.000	440.000
(3)	25%	1.040.000	1.140.000

Ihre Zahlungserwartung bei Durchführung von Projekt II liegt mit 505.000 EURO also jetzt höher als die Zahlungserwartung von 480.000 EURO bei Projekt I. Die Bank muß also tatsächlich davon ausgehen, daß Sie nach Kreditvergabe Projekt II realisieren, obwohl Sie ohne Kreditvergabe Projekt I realisieren würden. Durch den Abschluß des Kreditvertrages ändert sich für Sie also die Präferenzordnung der Projekte.

Das vorliegende Phänomen, bei dem durch den Abschluß eines Vertrages die Präferenzfolge von Handlungsalternativen verändert wird, bezeichnet man ganz allgemein als moral hazard. Die Ursache des moral hazard besteht allgemein darin, daß durch den Vertragsschluß die beurteilungsrelevanten Konsequenzen der Handlungsalternativen beeinflußt werden. Im vorliegenden Fall einer Kreditaufnahme durch eine Gesellschaft ohne zusätzliche private Haftung bewirkt der Vertragsschluß, daß für den Kreditnehmer nicht mehr alle Zahlungskonsequenzen einer Handlungsalternative beurteilungsrelevant sind, sondern nur noch die ihn betreffenden Zahlungen, also Zahlungen soweit sie die Forderung des Kreditgebers übersteigen. Beurteilungsirrelevant werden für den Kreditnehmer damit insbesondere Zahlungen in Situation (1), da diese ohnehin vollständig an den Kreditgeber abfließen. Damit geht aus Kreditnehmersicht aber gerade der Vorteil von Projekt I, das in Situation (1) die höheren Rückflüsse liefert, verloren.

zu ii: Vergibt die Bank den Kredit über 800.000 EURO zu 20% und realisieren Sie dann aber Projekt II, so sieht die Bank sich mit folgender Rückzahlungserwartung konfrontiert: $500.000 \cdot 0,25 + 960.000 \cdot 0,75 = 845.000$ [EURO]. Die Bank würde dann also nur noch eine erwartete Rendite von 5,625% statt der geforderten 15% erzielen.

Damit wären also beide Bedingungen für eine Revision des Kreditangebotes gegeben, sowohl Ihr Anreiz zum Projektwechsel als auch die negative Betroffenheit der Bank aus einem Projektwechsel. Damit die CAMPUS-Bank von einer Renditeerwartung von 15% ausgehen kann, muß sie ihrer Zinsberechnung Projekt II zugrundelegen. Der vertraglich zu vereinbarende Zins ergibt sich dann aus

$500.000 \cdot 0,25 + 800.000 \cdot (1 + r) \cdot 0,75 = 920.000 \Leftrightarrow r = 32,5\,\%.$

Die Bank würde einen Kreditbetrag von 800.000 EURO dann also nur gegen eine Gesamtforderung in Höhe von 1.060.000 EURO ausreichen.

Im Beispiel wird (bei einem Kreditzins von 20%) die asymmetrische Betroffenheit von Kreditgeber und Kreditnehmer deutlich. Wie bereits aufgezeigt, ist der Kreditnehmer bei Ausschluß von privater Haftung nur von Ergebnissen betroffen, die den Forderungsbetrag des Kreditgebers übersteigen. Die bei Projekt II in Situation (3) zusätzlich erzielbaren 100.000 EURO sind aus seiner Sicht allein beurteilungsrelevant. Daß Projekt I dafür in Situation (1) zusätzlich 300.000 EURO liefert, ist für ihn irrelevant.

Genau umgekehrt stellen sich die Betroffenheiten des Kreditgebers dar. Für ihn sind allein die zusätzlichen Zahlungen in Höhe von 300.000 EURO bei Durchführung von Projekt I und Eintritt von Situation (1) relevant. Demgegenüber interessieren ihn die Mehrzahlungen von 100.000 EURO bei Durchführung von Projekt II und Eintritt von Situation (3) nicht. Diese asymmetrische Betroffenheit ist im Beispiel dafür maßgeblich, daß die Bank nach Kreditvergabe von der Realisierung des Projektes II ausgehen muß, obwohl bei reiner Eigenfinanzierung Projekt I durchgeführt würde. Durch den Übergang zu Projekt II kann der Kreditnehmer den Kreditgeber im Erwartungswert um 75.000 EURO (= 0,25 · 300.000) enteichern. Ein Teil von 50.000 EURO dieses Betrages geht durch den Übergang auf ein, gemessen am Erwartungswert des Gesamtvermögens, insgesamt ertragsärmeres Projekt für beide Parteien verloren, aber um die restlichen 25.000 EURO (= 0,25 · 100.000) steigt das Endvermögen des Kreditnehmers.

Asymmetrische Betroffenheit zwischen Kreditgeber und Kreditnehmer bildet im Beispiel für den Kreditnehmer einen Anreiz zur Durchführung eines anderen als des avisierten bzw. bei reiner Eigenfinanzierung zu erwartenden Projektes. Die Gefahr aus Sicht des Kreditgebers besteht hier also in einer faktischen Änderung des Investitionsprogrammes. Die Wirkung der asymmetrischen Betroffenheit auf die Chance/Risikoposition von Kreditgeber und Kreditnehmer würde sich im übrigen aber sehr ähnlich darstellen, wenn die unterschiedlichen Zahlungskonsequenzen nicht unterschiedliche Investitionsprojekte darstellen würden, sondern unterschiedliche Zahlungserwartungen für ein und dasselbe Investitionsprojekt. Asymmetrische Betroffenheit bildet dann nicht den Anreiz zur Durchführung eines anderen Investitionsprogramms als avisiert, sondern einen Anreiz zu unwahrer Auskunft über die Konsequenzen eines fest geplanten Investitionsprojektes. Dazu läßt sich etwa die zu Projekt II angegebene Zahlungserwartung als die Erwartung interpretieren, die der

Kreditnehmer für die Durchführung eines Projektes tatsächlich hegt. Da er absehen kann, daß die Bank bei Offenlegung dieser Erwartung nur einen Kredit mit hohem Zinssatz auszureichen bereit ist, legt er der Bank bei seiner Kreditanfrage eine aus deren Sicht günstigere Zahlungserwartung vor – etwa die zu Projekt I angegebene Zahlungserwartung.

Neben der im Beispiel illustrierten Gefahr, daß ein Kreditgeber die Durchführung eines ungünstigeren Projektes befürchten muß, ist die asymmetrische Betroffenheit also auch ursächlich für andere Gefahren eines Kreditgebers – z.B. eben der einer verzerrten Information über die zu erwartenden Projektergebnisse durch den Kreditnehmer oder aber auch der Realisierung eines höheren Verschuldungsgrades als seitens des Kreditnehmers avisiert.

f) Bei der Erstellung des Kreditangebotes mit einem vertraglichen Zinssatz von 32,5% ist die Bank entsprechend den Überlegungen unter e) davon ausgegangen, daß Sie nach Kreditvergabe Projekt II realisieren. Würden Sie tatsächlich den Kredit zu 32,5% in Anspruch nehmen, Ihre BAFÖG-Schulden vorzeitig zurückzahlen und dann Projekt II durchführen, würden Sie im Erwartungswert folgendes Endvermögen realisieren: $340.000 \cdot 0,5 + 1.040.000 \cdot 0,25 + 950.000 = 1.380.000$ [EURO].

Damit wäre für Sie aber die Unternehmensgründung insgesamt sogar uninteressant. Denn mit $1.390.000$ EURO $(= 950.000 + 400.000 \cdot 1,1)$ lieferte dann die Unterlassensalternative das höhere Endvermögen. Ihr Endvermögen wäre damit geringer, als wenn Sie Ihre BAFÖG-Schulden vorzeitig zurückzahlen würden, Projekt I realisieren würden und die Bank auch ex ante von der Durchführung von Projekt I überzeugen könnten. Dann würde die Bank nämlich nur einen Kreditzins von 20% verlangen, und Sie könnten das unter d) berechnete Endvermögen von 1.430.000 EURO erzielen. Die Erzielbarkeit des höheren Endvermögens hängt davon ab, von der Durchführung welchen Projektes die Bank bei der Erstellung des Kreditangebotes ausgeht. Der Kern des Problems besteht damit darin, daß Sie sich gegenüber der CAMPUS-Bank bereits vor Vergabe des Kredits wirksam auf die Durchführung von Projekt I festlegen müssen. Eine solche Selbstbindung ist in Ihrem eigenen Interesse, da Ihnen ansonsten 40.000 EURO Endvermögen entgehen. Gelingt diese Selbstbindung, dann wird die Bank Ihnen auch einen Kredit über 800.000 EURO zu 20% statt zu 32,5% einräumen.

g) Zu einer wirksamen Verhaltensbindung des Kreditnehmers bestehen grundsätzlich zwei mögliche Ansatzpunkte:
– Zum einen können Maßnahmen ergriffen werden, die dem Kreditnehmer eine Realisierung bestimmter Handlungsalternativen faktisch unmöglich machen oder zumindest erschweren. Dabei ist etwa an die vertragliche Vereinbarung einer Geschäftsführung durch den Kreditgeber oder auch an die Beschränkung der

Veräußerbarkeit bestimmter Vermögensgegenstände durch Vereinbarung dinglicher Sicherungsrechte zu denken.
- Zum anderen können Maßnahmen ergriffen werden, die den Handlungsspielraum des Kreditnehmers grundsätzlich unbeschränkt lassen, aber seine persönlichen Anreize zur Durchführung von aus Kreditgebersicht unerwünschten Handlungsalternativen eliminieren. Die beiden diskutierten Lösungsansätze gehören zu dieser zweiten Kategorie von Maßnahmen.

zu i: Bei Beschränkung des Kreditbetrages auf 600.000 EURO und Zugrundelegung von Projekt I würde die CAMPUS-Bank einen vertraglich zu vereinbarenden Zinssatz von 15% berechnen, da sie dann keinerlei Ausfallrisiken zu tragen hätte. Bei Aufnahme eines Kredites über 600.000 EURO zu 15% würde sich mit den beiden Projekten dann aus Kreditnehmersicht die folgende Zahlungserwartung verknüpfen:

Situation	Eintrittswahrscheinlichkeit	restlicher Liquidationserlös bei Aufnahme eines Kredits über 600.000 EURO zu 15% und Durchführung von	
		Projekt I	Projekt II
(1)	25%	110.000	–
(2)	50%	710.000	710.000
(3)	25%	1.310.000	1.410.000

Mit einem Erwartungswert von 710.000 EURO liefert Projekt I dem Kreditnehmer eine höhere Zahlungserwartung als Projekt II mit einem Erwartungswert von 707.500 EURO. Die Bank könnte bei Ausreichung eines Kredits über 600.000 EURO zu 15% also mit Recht von der Realisierung des Projektes I ausgehen. Sie als Kreditnehmer könnten damit folgendes Endvermögen realisieren:
$710.000 + (600.000/800.000) \cdot 950.000 = 1.422.500$ [EURO].

Damit wird deutlich, daß die Intensität des moral hazard offensichtlich von der Höhe der Kreditaufnahme abhängt. Im Beispiel reicht eine Reduktion des Kreditbetrages von 800.000 auf 600.000 EURO offensichtlich aus, um den aus Sicht der Bank schädlichen Anreiz des Kreditnehmers zum Projektwechsel zu eliminieren. Ein vollständiger Verzicht auf die Kreditvergabe ist dazu nicht erforderlich.

Zum anderen ist aber festzustellen, daß dieser Lösungsansatz beim Kreditnehmer im Endeffekt „Asymmetriekosten" zurückläßt. Das Endvermögen bleibt um 7.500 EURO hinter dem Endvermögen zurück, das bei kostenfreier Verhaltensbindung erzielbar wäre. Diese Vermögenseinbuße ergibt sich daraus, daß ein Viertel der BAFÖG-Schulden (Rendite einer vorzeitigen Rückzahlung: 18,75%) wegen des ge-

ringeren Kreditbetrags nicht vorzeitig durch einen Kredit getilgt werden kann, der im Erwartungswert Zinszahlungen in Höhe von nur 15% verursacht:
7.500 = 950.000/ 4 − 200.000 · 1,15.

zu ii: Mit einem Wechsel von der Rechtsform der GmbH auf die Rechtsform einer Einzelunternehmung verknüpft sich für die CAMPUS-Bank die Möglichkeit, zur Befriedigung ihrer Zahlungsansprüche gegebenenfalls auch auf Ihr Privatvermögen zuzugreifen. Wie sich Ihre private Haftung für Unternehmensschulden auf die Zahlungserwartung von Ihnen und der CAMPUS-Bank auswirkt, hängt dabei vor allem auch von der Höhe Ihres Privatvermögens ab. Geht man davon aus, daß Sie in einem Jahr auf jeden Fall über Privatvermögen in solcher Höhe verfügen werden, daß Sie alle Zahlungsforderungen der CAMPUS-Bank werden erfüllen können, dann besteht für die CAMPUS-Bank keinerlei Ausfallrisiko. Die Bank wird Ihnen, wie gewünscht, einen Kredit über 800.000 EURO zu dann 15% vertraglichem Zinssatz gewähren. Bei Inanspruchnahme dieses Kredits verknüpft sich für Sie mit den beiden Projekten die folgende Zahlungserwartung:

Situation	Eintritts-wahrscheinlichkeit	restlicher Liquidationserlös bei Aufnahme eines Kredits über 800.000 EURO zu 15% und Durchführung von	
		Projekt I	Projekt II
(1)	25%	−120.000	−420.000
(2)	50%	480.000	480.000
(3)	25%	1.080.000	1.180.000

Mit 480.000 EURO liefert Projekt I den höheren Erwartungswert als Projekt II mit 430.000 EURO. Sie werden also die Durchführung von Projekt I präferieren. Bei Aufnahme des Kredits, Durchführung von Projekt I und vorzeitiger Rückzahlung Ihrer BAFÖG-Schulden würden Sie damit ein Endvermögen in Höhe von 480.000 + 950.000 = 1.430.000 $[\text{EURO}]$ realisieren. In diesem Fall ließe sich durch Aufhebung der Haftungsbeschränkung das Asymmetrieproblem also sozusagen „kostenfrei" lösen. Die Lösung gelingt, da die Bank in der unterstellten Situation von Ihrer letztlich getroffenen Investitionsentscheidung überhaupt nicht betroffen ist. Die Bank erhält auf jeden Fall den von ihr geforderten Betrag von 920.000 EURO. Gleichzeitig entfällt damit für Sie der Anreiz zum Wechsel auf Projekt II, der sich bei Gründung einer GmbH aus den Möglichkeiten der „Gläubigerschädigung" ergab.

Dieses Ergebnis verliert aber seine eindeutige Gültigkeit, wenn man davon ausgeht, daß Sie nach einem Jahr und Eintreten von Situation (1) nicht über ein privates Nettovermögen (= Summe des privaten Vermögens ./. Summe aller sonstigen privaten Schulden) in Höhe von mindestens 420.000 EURO verfügen. Dann hängt bereits Ihre Entscheidung über die Projektwahl davon ab, wie hoch Ihr privates Nettovermögen in einem Jahr sein wird und wie Sie nach Einsatz Ihres gesamten Privatvermögens eventuell noch verbleibende Schulden bewerten.

Noch komplexer stellt sich dann allerdings die Situation für die CAMPUS-Bank dar:
- Sie muß zunächst ebenfalls Ihre private Vermögenssituation und Ihre Präferenzen kennen, um zunächst Ihre Investitionsentscheidung und darauf aufbauend die Höhe ihrer nicht zu befriedigenden Zahlungsforderungen zu prognostizieren.
- Zur Berechnung möglicher Zahlungsausfälle reicht es allerdings nicht, daß die Bank die Höhe Ihres privaten Nettovermögens kennt. Vermögenswerte in Höhe des Nettovermögens stehen der Bank *mindestens* zur Verfügung, um offene Ansprüche aus Ihrem Privatvermögen zu befriedigen. Evtl. stellen sich die Befriedigungsmöglichkeiten der Bank aus Ihrem Privatvermögen aber auch günstiger dar. Zur Abschätzung dieser günstigeren Befriedigungsmöglichkeiten muß die Bank die Höhe Ihres gesamten Brutto-Privatvermögens und die Höhe und Sicherungsrechte aller Ihrer sonstigen privaten Schulden kennen. Erst dann kann die Bank abschätzen, in welchem Umfang sie nicht durch das Unternehmensvermögen gedeckte Zahlungsforderungen im Konkurrenzkampf mit anderen Gläubigern durch Rückgriff auf Ihr Privatvermögen doch noch befriedigen kann.

2. Angewandte Finanzwirtschaft

Michael Olbrich

Projektfinanzierung

Die NAG Nukleartechnik AG, Rothenburg/Lausitz, erhält von der Powerplant Corp., Pittsburgh, den Auftrag, in Pennsylvanien ein Atomkraftwerk zu errichten, das die dort ansässige Schwerindustrie mit Energie versorgen soll. Den monetären Anforderungen dieses Vorhabens sucht die Gesellschaft dabei mit dem Instrument der Projektfinanzierung zu begegnen.

Aufgabe 1

Die Finanzierung von Großprojekten weist gegenüber der Finanzierung anderer Investitionen bestimmte Spezifika auf. Bitte stellen Sie diese Besonderheiten im einzelnen dar!

Aufgabe 2

Im Rahmen der Projektfinanzierung sehen sich die Beteiligten einer Vielzahl von Risiken gegenüber. Bitte erläutern Sie diese Risiken, und zeigen Sie darauf aufbauend, wie die Projektparteien mit ihnen umgehen!

Aufgabe 3

Die unternehmerische Handhabung von Risiken ist Gegenstand der Risikopolitik. Bitte arbeiten Sie die verschiedenen Ausprägungen der Risikopolitik heraus, und analysieren Sie vor diesem Hintergrund die im Rahmen der Projektfinanzierung praktizierte risikopolitische Vorgehensweise des Projektträgers!

Lösung

Aufgabe 1

Die Projektfinanzierung, also die Finanzierung einer sich selbst tragenden Wirtschaftseinheit, bei der die Kreditgeber aus dem Umsatz des betreffenden Objektes bedient werden sollen und vor allem die Projektaktiva als Besicherung herhalten, zeichnet sich insbesondere durch zwei Spezifika aus: die Vielzahl der Beteiligten sowie die Orientierung am Cash-Flow des Vorhabens.

Zunächst soll die *Vielzahl der Beteiligten* näher betrachtet werden, deren gemeinsames Vorgehen die Finanzierung erst ermöglicht. Der Kreis der einzelnen Parteien umfaßt dabei die Projektträger, die Projektgesellschaft, die Anlagenlieferanten, die Beratungsgesellschaften, die Lieferanten von Roh-, Hilfs- und Betriebsstoffen, die Fremdkapitalgeber, die Abnehmer der Projektleistung, die staatlichen Institutionen des Projektlandes und die Projektförderer. Dabei kann ein an der Projektfinanzierung Beteiligter durchaus mehrere dieser Funktionen gleichzeitig übernehmen.

Unter den *Projektträgern*, die auch als „Sponsoren" bezeichnet werden, versteht man jene Organisationen oder Institutionen, die – wirtschaftlich, nicht juristisch gesehen – gegenüber den Anlagenlieferanten als Besteller der Projektbestandteile auftreten und die Planung und Organisation der Projektrealisierung innehaben. In dem betrachteten Beispielfall nimmt die NAG Nukleartechnik AG die Rolle des Projektträgers ein. Um ihre Haftung für das zur Projektdurchführung aufzunehmende Fremdkapital zu vermeiden, gründen die Sponsoren eine rechtlich selbständige *Projektgesellschaft*, bei der es sich im juristischen Sinne um den Besteller der Projektelemente handelt. Diese Unternehmung, an der die Projektträger über das Einbringen entsprechenden Eigenkapitals beteiligt sind, nimmt dann eigenständig die benötigten Kredite auf. Schuldner der Darlehen ist also die Projektgesellschaft, nicht etwa die hinter ihr stehenden Projektträger. Als bilanzielle Konsequenz folgt aus dieser Konstruktion, daß die Projektgesellschaft selbst die aufgenommenen Fremdmittel passivieren muß und daher die Jahresabschlüsse der Sponsoren von der Darlehensaufnahme unbeeinflußt bleiben: Eine Belastung der Bilanzstruktur der Projektträger wird durch eine derartige Gestaltung also vermieden. Die *Lieferanten der Anlagen sowie der Roh-, Hilfs- und Betriebsstoffe* stellen die materiellen Wirtschaftsgüter zur Verfügung, die zur Projektrealisierung benötigt werden. Daneben können sie ebenfalls Kapital vermitteln oder selbst zur Verfügung stellen und – genauso wie *Beratungsgesellschaften* – das entsprechende technische und ökonomische Wissen beisteuern, das zum erfolgreichen Vollzug des Vorhabens notwendig ist. Möglich ist es darüber hinaus, daß die Anlagenlieferanten auch, in einem bestimmten, ex ante festgelegten Zeitrahmen, den Betrieb der Projektanlagen übernehmen – eine Konstruktion, die als „BOT-Geschäft" (BOT = Build, Operate, Transfer) bezeichnet wird.

Bei den im Rahmen der Projektfinanzierung involvierten *Fremdkapitalgebern* kann es sich sowohl um Geschäftsbanken als auch um internationale und supranationale Finanzierungsinstitutionen, Leasinggesellschaften und Lieferanten von Anlagen oder Roh-, Hilfs- und Betriebsstoffen handeln. Zu beachten ist in diesem Zusammenhang, daß die Geschäftsbanken neben der Vergabe von Darlehen auch Beratungsleistungen im Hinblick auf die wirtschaftlichen und rechtlichen Konsequenzen von Finanzierungsangeboten und die für das betreffende Projekt anzustrebende Finanzstruktur anbieten. Die *Abnehmer der Projektleistung* – bezogen auf den Beispielfall also die in Pennsylvanien ansässige Schwerindustrie – schließen mit der Projektgesellschaft häufig Abnahmeverträge ab, aus deren Konditionen sich eine bestimmte, enge Verbindung zwischen beiden Vertragspartnern ergibt. Die Bedeutung einer derartigen Kontrahierungspolitik soll im Rahmen der Beantwortung der Aufgabe 2 noch näher erläutert werden. Auch die Kunden der Projektgesellschaft können als Fremdkapitalgeber in die Projektfinanzierung einbezogen werden, indem sie der Unternehmung im voraus Zahlungen für erst später zu erfolgende Lieferungen leisten. *Staatliche Institutionen* des Projektlandes unterstützen das betreffende Vorhaben vor allem durch die Erteilung der zahlreichen Genehmigungen, die für den Aufbau und den Betrieb der jeweiligen Projektanlagen notwendig sind. Darüber hinaus kann die Projektbeteiligung des Staates auch darin liegen, das Vorhaben durch weitere administrative Maßnahmen zu beschleunigen oder steuerlich besonders zu begünstigen. Bezogen auf die letzten beiden Aktivitäten kann der Staat bereits zum Kreis der *Projektförderer* gezählt werden. Des weiteren gehören in diese Gruppe von Projektbeteiligten beispielsweise jene Institutionen, die die Finanzierung durch Darlehen zu Vorzugskonditionen ergänzen (wie die Weltbank) oder die Absicherung gegen Risiken ermöglichen (wie die nationalen Exportkreditversicherer).

Neben der dargestellten Vielzahl der Beteiligten ist als weiteres Merkmal der Projektfinanzierung das sogenannte „*cash flow related lending*" anzuführen. Bei einer derartigen Cash-Flow-Finanzierung machen die potentiellen Fremdkapitalgeber ihre Kreditvergabeentscheidung abhängig von der Einschätzung, ob das betreffende Projekt zur Erwirtschaftung eines Cash-Flow in der Lage ist, der sowohl für die Deckung der Betriebskosten als auch des geplanten Schuldendienstes ausreicht. In der Regel wird der Cash-Flow dabei errechnet als Differenz zwischen den prognostizierten Umsatzerlösen des Projektes und den zu ihrer Erzielung notwendigen Auszahlungen, wobei der Schuldendienst aber außen vor gelassen wird. Da die Beurteilung des erzielbaren Cash-Flow als Kriterium für eine Kreditvergabeentscheidung genutzt werden soll, sind ihr vergleichsweise vorsichtige Prämissen voranzustellen. Die Abschätzung der Entwicklung des Cash-Flow kann dabei auch gestützt werden auf entsprechende Sensitivitätsanalysen oder Simulationen, die die Berücksichtigung von Variationen der Einflußfaktoren des Cash-Flow während der Kreditlaufzeit ermöglichen. Derartige Modifikationen der Einflußfaktoren können sich beispielsweise ergeben aus einer Erhöhung der Betriebskosten der Anlage oder einer Senkung der Verkaufspreise der durch sie erstellten Leistungen. In aller Regel sind für potentielle Fremdkapitalgeber nur solche Projekte von Interesse, bei denen es trotz stark negativer Schätzungen der Cash-Flow-Einflußgrößen noch zu einem Prognoseergebnis kommt, nach dem der periodisierte Cash-Flow die fälligen Schuldendienstzahlungen überdeckt.

Aufgabe 2

Aufgrund der erheblichen technologischen, juristischen und betriebswirtschaftlichen Komplexität internationaler Großprojekte zeichnet sich die Finanzierung derartiger Vorhaben durch eine Vielzahl unterschiedlicher Risiken aus. Angesichts dieser Gefahren sind die Sponsoren stets bemüht, die übrigen Projektbeteiligten durch eine geschickte Kontrahierungspolitik insofern an die Projektgesellschaft zu binden, als sie zumindest teilweise in die Bewältigung der dem Vorhaben innewohnenden Risiken integriert werden. Bezüglich des Umfangs der Rückgriffsmöglichkeiten, die die Fremdkapitalgeber gegenüber den Projektträgern selbst haben, wird in diesem Zusammenhang grundsätzlich unterschieden zwischen der Finanzierung ohne („non recourse financing") und mit begrenztem („limited recourse financing") Rückgriff auf die Sponsoren: Bei der in der Praxis vergleichsweise selten vorkommenden Ausgestaltung als *non recourse financing* werden die Projektträger – zumindest ab einem bestimmten Zeitpunkt des Projektbetriebes – in vollem Umfang aus der Haftung für die zur Verfügung gestellten Projektkredite entlassen. Die Haftung der Projektträger wird dadurch folglich reduziert auf das Eigenkapital, das sie in die Projektgesellschaft eingebracht haben. Das Konzept des *limited recourse financing* sieht eine betragsmäßige Limitierung der Rückgriffsrechte der Gläubiger gegenüber den Projektträgern vor und/oder bedeutet, daß derartige Rückgriffsmöglichkeiten der Fremdkapitalgeber einer zeitlichen Begrenzung unterliegen. Des weiteren kann sich für die Gläubiger eine Limitierung insofern ergeben, als sie nur bei dem Eintritt ganz bestimmter Risikoarten ihr Rückgriffsrecht geltend machen können.

Welche Risikoarten im einzelnen im Rahmen der Projektfinanzierung auftreten können, welchen Inhalt sie haben und auf welche Art und Weise die Projektbeteiligten mit ihnen umgehen, soll im folgenden eingehender dargestellt werden. Dient das Projekt der Erschließung und Nutzbarmachung bestimmter Rohstoffe, ergibt sich das sogenannte *Abbaurisiko*. Seine Ursache liegt in den Informationsdefiziten der Beteiligten sowohl im Hinblick auf den tatsächlichen Umfang und die Güte der Rohstoffvorkommen als auch in bezug auf die Wahl des besten Abbauverfahrens. In aller Regel wird dieses Risiko von den Eigenkapitalgebern übernommen und auch von den Fremdkapitalgebern mitgetragen, da es nicht absicherbar ist. Eine derartige Übernahme erfolgt allerdings nur, soweit das Abbaurisiko aufgrund von Gutachten eigener oder neutraler Sachverständiger als nicht zu hoch eingeschätzt wird.

Als weiteres Risiko ist das während der Projektrealisierung auftretende *Fertigstellungsrisiko* zu nennen. Es resultiert aus der Gefahr, daß das geplante Vorhaben gar nicht oder nicht rechtzeitig verwirklicht wird. Als Konsequenz erfolgt die geplante Cash-Flow-Erzielung nicht oder nur verzögert, und die Kredittilgung wird dementsprechend beeinträchtigt. Die Ursache einer solchen Unterlassung oder Verspätung der Fertigstellung kann beispielsweise in der Weigerung der Behörden liegen, die notwendigen Genehmigungen zu erteilen. In der Regel wird das Fertigstellungsrisiko von den Projektträgern mittels einer Fertigstellungsgarantie übernommen. In einer derartigen Garantie werden sowohl die Bauzeit als auch die Erzielung einer bestimmten Leistungshöhe festgelegt. Werden die durch die Garantie fixierten Aspekte letztendlich nicht entsprechend realisiert, können die Projektträger dazu verpflichtet sein, Fremdkapitalmittel, die die Projektgesellschaft bereits erhalten hat, wieder zurückzuzahlen.

Neben dem Abbau- und Fertigstellungsrisiko ergibt sich für die Projektbeteiligten ebenfalls das *Kostenüberschreitungsrisiko*, das auf einer zu optimistischen Prognose der für die Projekterstellung anfallenden Kosten basiert. Ein die Erwartungen übersteigender Kostenverlauf ergibt sich unter anderem aus notwendig gewordenen technischen Änderungen oder einem Anstieg der Inflation. Die Absicherung kann hierbei beispielsweise in Form einer Nachschußverpflichtung der Projektträger erfolgen. Des weiteren sind das Anstreben von Festpreisabschlüssen oder die Aufnahme von Standby-Krediten Möglichkeiten, dem Kostensteigerungsrisiko zu begegnen. Darüber hinaus ist das *verfahrenstechnische Risiko* anzuführen. Es beruht auf der Gefahr, daß die errichteten Projektanlagen nicht in der Lage sind, ihr geplantes Leistungsniveau zu verwirklichen. Im Ergebnis kommt es dann, ebenso wie bei Eintritt des Fertigstellungsrisikos, zu einer unzureichenden Cash-Flow-Erzielung und damit zu einer Beeinträchtigung der Kredittilgung. Der Grund für eine derartige Unterschreitung der Projektleistung kann in der Wahl einer suboptimalen, unausgereiften Technologie liegen. Eine Absicherung gegen das verfahrenstechnische Risiko erfolgt daher durch eine technologische Beschränkung auf bereits erprobte Verfahren und eine entsprechende Fixierung ihres Einsatzes in den Verträgen zwischen Anlagenlieferant und Projektgesellschaft.

Die Projektbeteiligten haben des weiteren das *Betriebsrisiko* zu berücksichtigen. Darunter versteht man die Gefahr, daß es während der Betriebsphase der Projektanlagen zu Ausfällen in der Leistungserstellung kommt, die auf technische Pannen oder Fehlentscheidungen der Betriebsführung zurückzuführen sind. Um derartigen Schwierigkeiten zu begegnen, bietet es sich beispielsweise an, sowohl Wartungsverträge mit den Anlagenlieferanten als auch Betriebsführungsverträge mit kompetenten Betreibergesellschaften abzuschließen. Ebenfalls auftretende Risiken sind das *Preis-* und das *Absatzrisiko*. Sie ergeben sich durch die Möglichkeit, daß die Entwicklung der Absatzpreise und der Nachfragemengen der durch die Projektanlage erstellten Leistungen negativ von den ex ante erstellten Prognosen der Projektbeteiligten abweicht. Da die Preise und Mengen der abgesetzten Projektleistungen zentrale Bestimmungsfaktoren des Cash-Flow darstellen, verlangen die Fremdkapitalgeber in der Regel vertragliche Bindungen zwischen der Projektgesellschaft und ihren Kunden, in denen sowohl die Abnahmemengen als auch die Preise während der Laufzeit der Kredite fixiert sind. Derartige Abnahmeverträge erfolgen meist in der Form des sogenannten „through-put-agreement" oder des „take-or-pay-contract". Unter einem „through-put-agreement" versteht man eine vertragliche Vereinbarung zwischen der Projektgesellschaft und ihrem Kunden, gemäß der sich der Abnehmer verpflichtet, für einen bestimmten Umfang einer Transportleistung (zum Beispiel mittels einer Pipeline) oder einer Umformleistung (zum Beispiel durch ein Walzwerk) zu zahlen, unabhängig davon, ob er diese für ihn reservierten Leistungen tatsächlich in vollem Umfang in Anspruch nimmt oder nicht. Bei einem „take-or-pay-contract" handelt es sich um einen zwischen der Projektgesellschaft und ihrem Abnehmer geschlossenen Vertrag, der den Kunden verpflichtet, periodisch Zahlungen in einer bestimmten Höhe zu leisten für den Bezug einer vereinbarten Menge von Gütern, die auf den Projektanlagen erstellt werden. Der „take-or-pay-contract" betrifft also nicht die Inanspruchnahme einer Transport- oder Umformleistung, sondern einer Güterleistung. Die Verpflichtung zur Zahlung besteht für den Kunden dabei unabhängig davon, ob die Projektgüter tatsächlich von ihm abgenommen werden oder durch die Projektgesellschaft geliefert werden können.

Als eine weitere Gefahr im Rahmen der Projektfinanzierung ist auch das *Zulieferrisiko* zu nennen. Es ergibt sich aus der Unsicherheit einer langfristigen, termingerechten Belieferung der Projektgesellschaft mit Roh-, Hilfs- und Betriebsstoffen in der richtigen Quantität und Qualität. Um sich gegen dieses Risiko abzusichern und die gewünschten Lieferungen zu erhalten, schließt die Projektgesellschaft mit ihren Lieferanten sogenannte „deliver-or-pay-agreements" ab. Sie stellen eine vertragliche Übereinkunft dar, in deren Rahmen sich der Anbieter gegenüber der Projektgesellschaft verpflichtet, seine vereinbarten Lieferungen ordnungsgemäß zu erfüllen. Sollte er dazu nicht in der Lage sein, muß er seinem Kunden entsprechende Geldmittel zur Verfügung stellen, die es ihm ermöglichen, die benötigten Stoffe anderweitig bei Dritten zu beziehen. Zu beachten ist ebenfalls das *Währungsrisiko*, das entsteht, wenn das zur Verfügung gestellte Fremdkapital in einer anderen Währung notiert als die Erlöse der Projektgesellschaft. Eine Möglichkeit, sich diesem Risiko zu entziehen, ist beispielsweise die Herstellung einer Währungsübereinstimmung zwischen Kreditmitteln und Projekterlösen; ebenso können entsprechende Finanzderivate genutzt werden.

Ein zusätzliches Risiko im Rahmen der Projektfinanzierung ist das *Zinsänderungsrisiko*, dem sich die Projektgesellschaft gegenübersieht, wenn sie variabel verzinsliches Fremdkapital aufnimmt. Als Weg, dem Zinsänderungsrisiko zu begegnen, bietet sich – neben der ausschließlichen Aufnahme festverzinslicher Kredite – die Vereinbarung einer Zinsobergrenze, eines sogenannten „cap", zwischen Projektgesellschaft und Gläubigern an. Eine derartige Abmachung bedeutet für die Kapitalgeber, daß sie ihre Zinsforderungen trotz eines entsprechenden Anstiegs des zugrundeliegenden Referenzzinssatzes am Euromarkt nicht über die vereinbarte Grenze hinaus anheben dürfen. Die Projektgesellschaft wiederum muß den Gläubigern für die Einräumung des „cap" eine entsprechende Prämie zahlen. Darüber hinaus unterliegen die Projektbeteiligten ebenfalls *politischen Risiken*, wie zum Beispiel dem *Risiko störender staatlicher Eingriffe in den Projektbetrieb*, dem *Transferrisiko*, unter dem man die Gefahr einer Beschränkung länderübergreifender Finanzströme versteht, oder dem *Konvertierungsrisiko*, das eine Beeinträchtigung der Währungsumwandlung betrifft. Eine Absicherung kann hierbei unter anderem durch die Inspruchnahme staatlicher Exportkreditversicherungen oder eine finanzielle Beteiligung des Gastlandes an der Projektgesellschaft erfolgen. Nicht zuletzt sind ebenfalls die Risiken aus höherer Gewalt, die sogenannten „*Force-Majeur-Risiken*", zu beachten, die sich beispielsweise aus der Gefahr des Eintritts einer Naturkatastrophe oder eines Krieges ergeben. Auch sie können von den Projektbeteiligten durch die Inspruchnahme staatlicher Ausfuhrkreditversicherungen abgesichert werden.

Aufgabe 3

Grundsätzlich können sechs verschiedene risikopolitische Strategien unterschieden werden, die eine Unternehmung verfolgen kann, um etwaigen drohenden Risiken zu begegnen, und zwar die Risikoübernahme, die Risikovermeidung, die Risikoabwälzung, die Risikoteilung, die Risikokompensation und die Risikoübertragung: Bei der Strategie der *Risikoübernahme* unterläßt der Betrieb jegliche Maßnahmen zur Verringerung der Eintrittswahrscheinlichkeit des Risikos oder zur Abschwächung der bei seinem Eintritt entstehenden negativen Folgen. Das Risiko wird also akzeptiert, und es erfolgen keinerlei Maßnahmen, um ihm in irgendeiner Weise zu begegnen. Eine derartige Vorgehensweise ist immer dann angebracht und vorteilhaft, wenn das Risiko nur vergleichsweise unbedeutend ist und sich daher die eventuell aufzubringenden Kosten einer Risikobekämpfung nicht lohnen würden. Dennoch müssen bei einem derartigen Procedere unter Umständen gewisse Vorkehrungen getroffen werden, wie beispielsweise eine Bildung von Rückstellungen im Jahresabschluß. Selbstverständlich ist eine solche Strategie der Risikoübernahme immer dann von Nachteil, wenn eine negative Entwicklung tatsächlich eintritt und sich ihr Schadensausmaß als weitaus höher herausstellt, als es von der Unternehmung ex ante veranschlagt worden ist. Das genaue Gegenteil der Risikoübernahme ist die Möglichkeit der *Risikovermeidung*, die darauf abzielt, von vornherein die Zahl und das Ausmaß wirtschaftlicher und politischer Risiken zu begrenzen durch eine Unterlassung der diesen Gefahren unterliegenden Unternehmungsaktivitäten. Ein solches Procedere ist dabei immer dann als sinnvoll anzusehen, wenn eine Risikoabsicherungsmöglichkeit nicht zur

Verfügung steht oder nicht in Anspruch genommen werden soll und die Risiken nach Einschätzung der Betriebsführung gleichzeitig zu groß sind, um sich ihnen im Rahmen der Risikoübernahme ohne jeglichen Schutz zu stellen. Die dritte Möglichkeit im Rahmen der Risikopolitik ist die Strategie der *Risikoabwälzung*. Unter einer solchen Vorgehensweise versteht man die Verlagerung des Risikos auf den/die Geschäftspartner, ohne dabei ein für die Risikotransferierung zu zahlendes Entgelt zu vereinbaren. Selbstverständlich hängt ihre Realisierbarkeit erheblich von der in der jeweiligen Transaktion vorhandenen Machtverteilung zwischen den Vertragsparteien ab. Eine weitere Maßnahme im Rahmen der Risikopolitik stellt die Strategie der *Risikoteilung* dar, bei der die jeweiligen Risiken zwar hingenommen werden, aber – und dies ist der Unterschied zur Risikoübernahme – nicht nur von einer Partei, sondern vielmehr von verschiedenen Beteiligten, so daß eventuell eintretende Schadensfälle von mehreren Partnern getragen werden und sich die negativen Folgen für den einzelnen folglich verringern. Als fünfte Möglichkeit der Risikopolitik bietet sich die Strategie einer *Risikokompensation* an. Ihr werden all jene Vorgehensweisen subsumiert, bei denen einer risikobehafteten Wirtschaftsmaßnahme eine Position gegenübergestellt wird, deren Erfolgswirkung in die entgegengesetzte Richtung verläuft, so daß eine negative Entwicklung auf der einen Seite einen Ausgleich durch positive Ergebnisse auf der Gegenseite erfährt. Nicht zuletzt besteht als weiterer Weg der Risikopolitik die Möglichkeit der *Risikoübertragung*. Im Rahmen einer solchen Strategie versucht die betreffende Unternehmung, die drohenden Schadensfolgen etwaiger Risiken auf bestimmte Risikoträger zu verlagern gegen die Gewährung eines entsprechenden Entgelts. Dieses Merkmal der Vergütung einer derartigen Gefahrenübernahme unterscheidet damit auch die Vorgehensweise der Risikoübertragung von derjenigen der Risikoabwälzung, da letztere unentgeltlich erfolgt und meist lediglich von Unternehmungen mit einer gewissen Marktmacht durchsetzbar ist.

Analysiert man die Projektfinanzierung im Hinblick auf das risikopolitische Procedere des Projektträgers, wird deutlich, daß dieser parallel verschiedene Strategien realisiert, um der bei einem Großvorhaben auftretenden Gefahren Herr zu werden, und zwar insbesondere die Risikoabwälzung, die Risikoübertragung, die Risikoübernahme, die Risikovermeidung und – gegebenenfalls – auch die Risikoteilung. So praktiziert der Sponsor eine Strategie der *Risikoabwälzung* beispielsweise im Rahmen der Ausgründung einer Projektgesellschaft und der damit verbundenen Vereinbarung eines „non recourse financing" oder eines „limited recourse financing". Auch der Abschluß von „through-put-agreements" oder „take-or-pay-contracts" mit den Nachfragern der Projektleistungen sowie die Vereinbarung von „deliver-or-pay-agreements" mit den Lieferanten stellen risikoabwälzende Maßnahmen dar. Eine *Risikoübertragung* vollzieht der Projektträger dagegen unter anderem bei der Inanspruchnahme von Exportkreditversicherungen oder dem Abschluß von Wartungs- und Betriebsführungsverträgen mit Anlagenlieferanten und Betreibergesellschaften; das gleiche gilt bei der Vereinbarung eines „cap" zur Absicherung des Zinsänderungsrisikos.

Um eine *Risikoübernahme* handelt es sich bei dem Verhalten des Sponsors gegenüber dem Abbaurisiko, das nicht absicherbar ist; auch das Fertigstellungs- sowie das Kostenüberschreitungsrisiko werden von dem Projektträger mittels Fertigstellungsgarantien und Nachschußverpflichtungen übernommen. Im Gegensatz dazu verfolgt der Projektträger in bezug auf das verfahrenstechnische Risiko eine Strategie der *Risikovermeidung*, wird doch durch die Beschränkung auf bereits erprobte Leistungserstellungsverfahren die Gefahr eines Einsatzes unausgereifter, problemanfälliger Technologien umgangen. Entscheidet sich der Sponsor dafür, die Realisation des betreffenden Vorhabens nicht alleine durchzuführen, sondern vielmehr weitere Projektträger an der Projektverwirklichung teilhaben zu lassen – die sich dafür entsprechend ebenfalls mit Eigenkapital an der Projektgesellschaft beteiligen – so nimmt er eine Strategie der *Risikoteilung* vor, werden die drohenden Verlustgefahren – allerdings freilich auch die bestehenden Gewinnchancen – doch damit durch mehrere Projektverantwortliche getragen.

Literaturhinweise

KIETHE, K./HEKTOR, D.: Grundlagen und Techniken der Projektfinanzierung, in: Deutsches Steuerrecht 1996, S. 977 - 983.

STAHR, G.: Risiken im Auslandsgeschäft und Maßnahmen zu ihrer Absicherung, in: Das Wirtschaftsstudium 1981, S. 115 - 118 und S. 167 - 171.

UEKERMANN, H.: Technik der internationalen Projektfinanzierung, in: BACKHAUS, K./ SANDROCK, O./SCHILL, J./UEKERMANN, H. (Hrsg.): Projektfinanzierung, Stuttgart 1990, S. 13 - 28.

WYNANT, L.: Essential elements of project financing, in: Harvard Business Review 1980, May-June, S. 165 - 173.

ZIMMERMANN, A.: Spezifische Risiken des Auslandsgeschäfts, in: DICHTL, E./ISSING, O. (Hrsg.): Exporte als Herausforderung für die deutsche Wirtschaft, Köln 1984, S. 105 - 139.

Grazyna Bielicka

Unternehmensbewertung in Osteuropa

Die polnische Regierung hat im Rahmen der Privatisierung die Aktiengesellschaft Mebelski S. A. zum Kauf angeboten. Die Unternehmung stellt aus speziell gebeiztem Holz zueinander passende Eßzimmermöbel (Stühle, Tische und Geschirrschränke) her. Mebelski S. A. war eine exportorientierte Gesellschaft, inzwischen bedient sie nur noch den deutschen Markt: Sie beliefert aufgrund von festen Lieferverträgen die Möbelhauskette Wohnlich. Die Regierung hat die Mebelski S. A. gründlich sanieren lassen: Die Eigentumsfrage der Grundstücke und Gebäude wurde geklärt, Personal reduziert, veraltete Maschinen und Lagerbestände entweder verkauft oder vernichtet, alle Verbindlichkeiten mit Ausnahme von einer in Höhe von 1.000.000 Zloty, die demnächst getilgt werden soll, beglichen.

Aufgabe 1

Der deutsche Möbelhersteller Möbelbau AG möchte das von Mebelski S. A. bediente Marktsegment übernehmen. Dabei muß er folgende Tatsachen beachten:
- Es existiert ein noch zwei Jahre gültiger Vertrag zwischen Mebelski S. A. und Wohnlich, der die Lieferung einer festen Anzahl von Möbeln beinhaltet. Die Erlöse im ersten Jahr betragen 7.573.299 Zloty. Die Preisvereinbarung sieht eine Indexierung vor: Die Preissteigerungsrate des offiziellen Konsumgüterindex am Jahresende gilt für die Inflationierung der Abnahmepreise für das nächste Jahr.
- Der Vertrag wird voraussichtlich im dritten Jahr unter Beibehaltung der Modalitäten verlängert. Lediglich eine Anpassung der Produktionslinien an ein neues modisches Muster ist zu erwarten. Die Kosten dieser Modifizierung werden ca. 15% der zu diesem Zeitpunkt aktuellen Herstellkosten betragen.
- Durch den geplanten Übergang zur Just-In-Time-Beschaffung und -Lieferung kann ein Teil des Grundstücks zum Verkehrswert von 1.158.997 Zloty veräußert werden; aus dieser Summe erfolgt die Tilgung der Kredite.
- Die Herstellkosten betragen im ersten Jahr 5.335.882 Zloty, die Lohnkosten 1.955.837 Zloty, der branchenübliche Zins aus Sicht der Möbelbau AG wird auf 6% geschätzt.
- Die prognostizierten Inflationsraten lauten: Ende des ersten Jahres – 14%, Ende des zweiten – 9%, Ende des dritten – 7%, ab dem vierten Jahr – Stabilisierung auf 5%. Der Industriekostenindex liegt 1,5%-P. unter der Inflationsrate, ab dem vierten Jahr erfolgt die Angleichung an diese Rate. Die Lohnkosten steigen um 10%, ab dem vierten Jahr um 5% jährlich. Die Steuerabgaben belaufen sich auf 45% der Bruttogewinne jährlich.

Welche Preisvorstellung hat die Möbelbau AG?

Aufgabe 2

Skizzieren Sie kurz die Probleme, die sich bei der Unternehmensbewertung unter Transformationsbedingungen ergeben!

Aufgabe 3

Häufig übersteigt allein die Summe der Verkehrswerte von Grundstücken, Gebäuden sowie Maschinen die angebotenen Kaufpreise der zu privatisierenden Unternehmungen; dies war auch vor der Sanierung bei Mebelski S. A. der Fall. Das Angebot der Möbelbau AG liegt unter den Sanierungskosten, nichtsdestotrotz nimmt die Regierung diese Gelegenheit wahr. Welche Gründe sprechen aus Sicht der Regierung, Unternehmungen zu veräußern anstatt zu liquidieren?

Lösung

Aufgabe 1

Die Angaben lassen eine Bewertung von Mebelski S. A. mit der Ertragswertmethode zu, d. h. durch Diskontierung aller zukünftig zu erwartenden Reingewinne.

Bei der Berechnung der Gewinne müssen die Preissteigerungsraten berücksichtigt werden. Da die Einnahmen und Ausgaben in den ersten vier Jahren unterschiedlich inflationieren, müssen sie einzeln berechnet werden. Die Einnahmensteigerung gleicht gemäß dem Liefervertrag der Inflationsrate, die jeweiligen Lohnkostensteigerungen sind in der Aufgabenstellung explizit angegeben. Es wird angenommen, daß die Herstellkosten den Industriekosten entsprechen, so daß hier der Industriekostenindex Anwendung findet.

in Zloty	1. Jahr	2. Jahr	3. Jahr	4. Jahr
Einnahmen (Liefervertrag)	7.573.299	8.633.561 *Inflationsrate 14%*	9.410.581 *Inflationsrate 9%*	10.069.322 *Inflationsrate 7%*
+ Zusatzeinnahmen	1.158.997 *Grundstücksverkauf*			
./. Herstellkosten	5.335.882	6.002.867 *Industriekosteninflation 14% – 1,5% = 12,5%*	6.453.082 *Industriekosteninflation 7,5%*	6.808.002 *Industriekosteninflation 5,5%*
./. Lohnkosten	1.955.837	2.151.421 *Steigerung um 10%*	2.366.563 *Steigerung um 10%*	2.603.219 *Steigerung um 10%*
– Zusatzausgaben	1.000.000 *Kredittilgung*		967.963 *Anpassung der Produktionslinien, 15% der Herstellkosten*	
= Bruttogewinn	440.577	479.273	– 377.027	658.101

Ab dem vierten Jahr gleichen sich alle Preissteigerungsraten an. Da die Einnahmen und Ausgaben nur der einheitlichen Inflation und keinen anderen Veränderungen unterliegen, reicht es aus, nur die Gewinne zu betrachten. Da keine Angaben bezüglich des Zeithorizonts vorhanden sind, wird eine unbegrenzte Lebensdauer des Betriebs unterstellt.

Die Bruttogewinne steigen ab dem vierten Jahr um 5% jährlich. Die Summe der inflationierten und auf das dritte Jahr (Bruttogewinn des vierten Jahres wird mitberücksichtigt) abdiskontierten Bruttogewinne lautet:

$$\sum_{t=4}^{\infty} \frac{\text{Bruttogewinn}_4 \cdot 1,05^{t-4}}{1,06^{t-4+1}}$$

Unter Berücksichtigung der mathematischen Formeln $\sum_{t=0}^{n} c^t = \frac{1-c^{n+1}}{1-c}$ und $\sum_{t=0}^{\infty} c^t = \frac{1}{1-c}$, wenn $|c| < 1$, und der Tatsache, daß die konstante Inflationsrate kleiner als der Kalkulationszinsfuß ist ($1,05/1,06 < 1$), läßt sich folgender, auf das dritte Jahr abdiskontierte Wert für alle Bruttogewinne ab dem dritten Jahr berechnen:

$$\sum_{t=4}^{\infty} \frac{\text{Bruttogewinn}_4 \cdot 1,05^{t-4}}{1,06^{t-4+1}} = \sum_{t=4}^{\infty} \text{Bruttogewinn}_4 \cdot \frac{1,05^{t-4}}{1,06^{t-4} \cdot 1,06}$$

$$= \frac{\text{Bruttogewinn}_4}{1,06} \cdot \sum_{t=4}^{\infty} \left(\frac{1,05}{1,06}\right)^{t-4} = \frac{\text{Bruttogewinn}_4}{1,06} \cdot \frac{1}{1-\frac{1,05}{1,06}} = \frac{\text{Bruttogewinn}_4}{1,06-1,05}$$

$$= 65.810.100$$

Jetzt müssen dieser Wert und die Bruttogewinne der ersten drei Jahre unter Berücksichtigung der zu zahlenden Steuern (Reingewinn = 0,55·Bruttogewinn) auf den heutigen Zeitpunkt abdiskontiert werden:

$$\text{Ertragswert} = 0,55 \cdot \left(\frac{440.577}{1,06} + \frac{479.273}{1,06^2} + \frac{65.810.100 - 377.027}{1,06^3} \right) = 30.679.583$$

Die Möbelbau AG ist bereit, bis zu 30.679.583 Zloty für Mebelski S. A. zu zahlen.

Aufgabe 2

Der Unternehmensbewerter wird in Osteuropa mit einem verstärkten *Unsicherheitsproblem* konfrontiert. Der allseitige Informationsmangel ergibt sich aus der langsamen Etablierung von effizienten Güter-, Finanz- und Arbeitsmärkten, die als Rahmenbedingungen Einfluß auf die Funktionsweise der Unternehmung ausüben. Häufig kommen zusätzliche Risiken hinzu, die auf den demokratischen Lernprozeß zurückzuführen sind, nämlich politische und damit rechtliche Instabilität. Die früheren Strukturen, in denen sich die Unternehmung befand, können nur selten aufrechterhalten werden. Die Anpassung an die neuen, in dem Transformationsprozeß starken Veränderungen unterliegenden Bedingungen kann daher kaum prognostiziert werden.

So fehlen bei der *Ertragswertberechnung* zuverlässige Anhaltspunkte für die Erstellung von *Szenarien für die Gewinnentwicklung*: Einbrüche auf den bisherigen Absatzmärkten (RGW-Handelsbeziehungen) sind die Regel, nur in wenigen Fällen (wie bei Mebelski S. A.) können sichere Gewinne erzielt werden. Ein Rückgriff auf die Vergangenheitsdaten ist nicht möglich, Prognosen müssen dagegen auf fraglichen, häufig improvisierten und daher kurzfristigen Plänen basieren. Ferner müssen in den Szenarien Restrukturierungsausgaben berücksichtigt werden, falls eine Anpassung an die neuen Bedingungen und eine Erfolgserzielung beabsichtigt sind.

Auch die für die Transformationsländer typische hohe *Inflation* bereitet Probleme bei der Ertragswertberechnung. Es muß die Entscheidung getroffen werden, ob die Preissteigerungsrate bei den zukünftigen Gewinnen oder über eine Kalkulationszinsfußkorrektur berücksichtigt werden soll. Außerdem existiert auch hier ein Prognoseproblem: Die Art der Inflationsbekämpfung wird häufig zum politischen Programm erklärt, was die Änderung der Methode der Bekämpfung im Verlauf der Zeit impliziert. Die Verläßlichkeit auf die Szenarien ist also gering. Außerdem stellt sich die Frage, welche Preissteigerungsraten für welche Bestandteile des Gewinns verantwortlich sind (Unterscheidung zwischen Konsumgüter-, Industriegüter-, Immobilien-, Lohnkostenpreisindex etc.).

Der schwierig zu erfaßende Umbruch auf den Märkten erschwert auch die Festlegung des *Kalkulationszinsfußes*; so erlaubt die Branchensituation oft keinerlei Schätzungen, ein internationaler Vergleich ist jedoch aufgrund des länderspezifischen Verlaufs des Transformationsprozesses nicht empfehlenswert.

Ein Ausweichen auf den *Substanzwert* bietet keine Lösung: Er liefert nur unter bestimmten Voraussetzungen einen Ansatzpunkt für den Unternehmenswert und auch seine Berechnung stößt auf Schwierigkeiten. Die Hilfestellung der Bilanz ist eingeschränkt, da einerseits die marktwirtschaftsorientierten *Rechnungslegungsvorschriften* erst entworfen bzw. eingeführt werden und andererseits die Manipulationen von Bilanzposten vor der Systemänderung nicht aufzudecken sind. Die benötigten Werte können nicht immer auf dem Markt bestimmt werden. Bei einem Rückgriff auf die historischen Werte muß wiederum die Inflationsrate berücksichtigt werden. Ferner muß die Substanz auf ihre *Betriebsnotwendigkeit* geprüft werden, was die Kenntnis der auf unsicherem Umfeld basierenden Restrukturierungspläne verlangt.

Selbst die Ermittlung des *Liquidationswertes* kann Probleme bereiten, wenn keine Liquidationsmärkte für die Betriebsteile existieren bzw. sich erst entwickeln. Oft ist die Liquidation mit Aufwand verbunden: Ein Grundstück kann zum Beispiel nicht ohne eine gründliche Sanierung (Altlastenproblematik) veräußert werden.

Im Laufe des Transformationsprozesses werden die Märkte effektiver, die Informationen zuverlässiger und die Risiken geringer, so daß die Datengewinnung einfacher und somit der Unternehmenswert feststellbar wird.

Aufgabe 3

Die Privatisierung, d. h. die Verlagerung bisher staatlicher Aktivitäten in den privaten Bereich der Volkswirtschaft, erfüllt im Rahmen des Transformationsprozesses mehrere Aufgaben: Sie sichert den Wettbewerb durch Demonopolisierung und sorgt für die Bildung von Kapitalmärkten (Börse). Damit werden sowohl die effiziente Faktorallokation gesichert als auch die Produktivität und Anpassungsfähigkeit der Wirtschaft erhöht. Dies trägt zur Minderung der in der Lösung von Aufgabe 2 beschriebenen Unsicherheiten bei. Die Regierung möchte außerdem die betroffenen Wirtschaftszweige vor einer schockartigen Strukturanpassung schützen, indem sie ihnen durch die Aufrechterhaltung von Betrieben eine Restrukturierungschance bietet. Ferner müssen auch soziale (Arbeitsplatzgarantien im Hinblick auf die hohe Arbeitslosigkeit) sowie politische Motive (Investitionszusagen) beachtet werden.

Die Regierung verfolgt also wirtschaftspolitische Zwecke, die nicht immer mit der Gewinnerzielung korrespondieren. Im Falle der Privatisierung gilt also das Entscheidungskriterium für bzw. wider die Fortführung (der Vergleich des Liquidationswertes mit dem Ertragswert) nicht; auch wenn der Liquidationswert höher ist, wird nach Möglichkeiten gesucht, die Unternehmung bestehen zu lassen, z.B. durch Sanierung und anschließenden Verkauf (inkl. Management-Buy-Out) oder Börsengang.

Literaturhinweise

AIGNER, H./BARISITZ, S./FINK, G.: Unternehmensbewertung in Osteuropa: Methoden und Fallstudien, Wiesbaden 1993.

BESTERS, H. (HRSG.): Marktwirtschaft in Osteuropa: Eine Zwischenbilanz, Baden-Baden 1993.

FRÜH, H-J.: Polen: Bewertung von Unternehmen. Bundesstelle für Außenhandelsinformation (Hrsg.), Köln/Berlin 1993.

ULRICH, R.: Das Ungewißheitsproblem bei Unternehmensbewertungen in den neuen Bundesländern, München 1995.

Wolfgang Nadvornik und Renate Fischer

Österreichische Ertragsbesteuerung im Rahmen der Kapitalwertermittlung

Aufgabe 1

Wie sollen durch Investitionsprojekte ausgelöste Steuerzahlungen bei der Ermittlung von Kapitalwerten berücksichtigt werden?

Aufgabe 2

Die XY-GmbH mit Sitz in Wien, Österreich, plant aufgrund steigender Personalkosten Automatisierungsmaßnahmen. Die XY-GmbH unterliegt der österreichischen Körperschaftsteuer. Es besteht die Möglichkeit, steuerliche Verluste durch entsprechende Gewinne aus anderen Unternehmensbereichen auszugleichen. Die XY-GmbH möchte bei Gegebenheit der rechtlichen Voraussetzungen als Investitionsbegünstigungen Investitionsfreibetrag (IFB) und Übertragung stiller Reserven in Anspruch nehmen. Die Gesellschafter der GmbH können bei gleich riskanter Alternativanlage 10% nach Körperschaftsteuer und vor Einkommensteuer erzielen. Es stehen zwei Investitionsalternativen zur Verfügung (die steuerliche Abschreibung beträgt bei beiden Alternativen linear 5 Jahre).

Alternative I:
Es besteht die Möglichkeit, die bereits bestehende Fertigungsstraße auf halbautomatischen Betrieb umzustellen. Die Investitionsausgaben belaufen sich auf 2,5 Mio. öS. An laufenden Auszahlungen werden pro Jahr 5 Mio. öS angesetzt. Die Einzahlungen werden mit 6 Mio. öS geschätzt. Die Geschäftsleitung geht davon aus, daß die Anlage ohne größere Reparaturen und Umstellungen 5 Jahre in Betrieb sein wird. Mit einem nennenswerten Restwert wird nach Ablauf der 5 Jahre nicht mehr gerechnet.

Alternative II:
Weiters wird überlegt, auf einen vollautomatischen Betrieb umzusteigen. Dafür müßte eine komplett neue Anlage errichtet werden. Die Investitionsausgaben für diese Alternative liegen bei 10 Mio. öS. Allerdings könnten 4,6 Mio. öS (Buchwert 2,1 Mio. öS) aus dem Verkauf der dann nicht mehr benötigten alten Anlagen realisiert werden. Die laufenden jährlichen Auszahlungen liegen mit 4,4 Mio. öS unter denen der Alternative I. Die erwarteten Einzahlungen sowie die Nutzungsdauer entsprechen denen bei halbautomatischen Betrieb. Auch bei dieser Investition wird nach Ablauf der 5 Jahre nicht mehr mit einem nennenswerten Restwert gerechnet.

a) Berechnen Sie die Kapitalwerte ohne Berücksichtigung der Besteuerung. Für welche Alternative soll sich die Geschäftsleitung danach entscheiden?
b) Welche Änderungen ergeben sich im Besteuerungsfall bei der Berechnung der Kapitalwerte? Ändert sich die Entscheidung der Geschäftsleitung?

Lösung

Aufgabe 1

Steuerzahlungen können sich auf die Vorteilhaftigkeit von Investitionsobjekten auswirken. Es kann sogar der Fall eintreten, daß ein Investitionsvorhaben erst bei Einbeziehung von Steuern absolut vorteilhaft ist, nicht jedoch ohne Berücksichtigung der Steuern. In diesem Fall wird auch von einem *Steuerparadoxon* gesprochen.

Wenn Steuerzahlungen bei der *Kapitalwertermittlung* berücksichtigt werden, muß ermittelt werden, wie die Realisierung des Investitionsprojektes den steuerpflichtigen Gewinn der Unternehmung als Bemessungsgrundlage der Steuer ändern würde. Die Art und Höhe der Besteuerung hängt somit einerseits vom steuerpflichtigen Gewinn ab, andererseits wird (nicht nur) in Österreich der Steuersatz wesentlich von der Rechtsform der Unternehmung bestimmt.

Die folgenden Ausführungen sollen sich nun auf die steuerlichen Belastungen von Körperschaften (etwa Kapitalgesellschaften wie AG und GmbH) in Österreich beziehen. Es soll dabei zweierlei gezeigt werden: einerseits der Einfluß von Ertragsteuern auf die Kapitalwertermittlung im allgemeinen und andererseits zugleich die konkrete österreichische ertragsteuerliche Situation von Unternehmensinvestitionen.

Eine Investition in Österreich ist diesbezüglich – im Vergleich zu Deutschland – nämlich mit zwei grundlegenden Besonderheiten konfrontiert:

- der Steuersatz für Kapitalgesellschaften beträgt prinzipiell einheitlich und fix 34% *Körperschaftsteuer* (von der sogenannten Mindestkörperschaftsteuer im § 24 Abs. 4 öKStG soll hier abgesehen werden).

- die Ausschüttung von Gewinnanteilen aus Kapitalgesellschaften unterliegt bei der natürlichen Person (Gesellschafter) als Empfänger grundsätzlich auch wieder einem einheitlichen und fixen Steuersatz, nämlich 25%; dabei handelt es sich um eine Endbesteuerung – das bedeutet, daß die mit 25% *Kapitalertragsteuer* versteuerten Ausschüttungen bei der empfangenen natürlichen Person keiner weiteren Besteuerung mehr unterliegen.

Für das Demonstrationsbeispiel in diesem Beitrag sollen aus methodisch-didaktischen Gründen – neben den Annahmen des Kapitalwertmodelles – die Voraussetzungen bzw. Prämissen in Anlehnung an gängige theoretische und praktische betriebswirtschaftliche Standards wie folgt gelten:

- Es handelt sich um ein Unternehmen, das der Körperschaftsteuer unterliegt. Es kann also auf Unternehmensebene ein linearer Steuersatz von 34% angewendet werden.

- Es werden nur Steuerzahlungen auf Unternehmensebene berücksichtigt, da davon ausgegangen wird, daß die sonstigen ertragsteuerlichen Belastungen der Anteilseigner zwischen Anlage in das Unternehmen und Alternativanlage identisch sind. Als Ertragsteuer auf Unternehmensebene ist die Körperschaftsteuer von Relevanz. Die Gewerbesteuer existiert in Österreich nicht mehr.

- Alle durch das Investitionsprojekt verursachten Ein- bzw. Auszahlungen sind zugleich Erträge bzw. Aufwendungen. Hiervon soll jedoch folgende wichtige Ausnahme gelten: Der Anschaffungspreis eines Investitionsprojektes kann steuerlich nicht in t = 0 voll abgesetzt werden, sondern erst anteilig ab t = 1 in Form von Abschreibungen.

- Vereinfachend soll die Zahlungswirkung der an das laufende Ergebnis anknüpfenden Steuern am Ende jener Periode gegeben sein, in der sie dem Grunde nach entstanden sind. Es wird aber ausdrücklich darauf hingewiesen, daß realiter Entstehungs- und effektiver Zahlungszeitpunkt der Steuer mehr oder minder weit auseinanderfallen können (beispielsweise sehr späte Vorschreibung und Entrichtung der Steuer infolge Ausschöpfung aller Fristen für eine späte Abgabe der Steuererklärung); effektiv ist in einer realen Investitionsplanung naturgemäß der Zahlungsanfall einer Steuer von Bedeutung.

- Die Zahlungswirkung von steuerlichen Einflüssen aus Investitionsbegünstigungen, die unmittelbar an den Anschaffungsvorgang knüpfen, werden annahmegemäß generell am Ende der ersten vollen Jahresperiode berücksichtigt. Es handelt sich hierbei naturgemäß um eine Vereinfachung, die auch in einschlägigen Literaturquellen häufig zu finden ist; wenn auch nicht immer deutlich erkennbar. Es sei also explizit darauf hingewiesen, daß realiter einzig und allein die effektive steuerliche Zahlungswirkung (bzw. Steuerersparnis) der Investitionsbegünstigung von Relevanz ist.

- Die absolute Höhe der Körperschaftsteuer ist auch von einem eventuellen Verlustausgleich abhängig. Entstehen etwa durch das jeweils betrachtete Investitionsvorhaben Verluste, so können diese annahmegemäß mit Gewinnen aus anderen Unternehmensbereichen steuerlich ausgeglichen werden (Verlustausgleich). Dieser Verlustausgleich ermöglicht eine Steuerersparnis in Höhe des steuerlichen Verlustes multipliziert mit dem Körperschaftsteuersatz.

- Es ist keine Überwälzung der Körperschaftsteuer über die Preise auf die Abnehmer möglich. Die Zahlungen sind somit unabhängig von der Höhe der Körperschaftsteuer.

Bei der Berücksichtigung von Steuern in der Kapitalwertberechnung sind im Vergleich zu einer Situation ohne Steuern i. d. R. zwei zusätzliche Schritte erforderlich:

- Die ursprüngliche Zahlungsreihe ist um die Zahlungen zu modifizieren, die aufgrund der Besteuerung anfallen, und
- es muß der Kalkulationszinsfuß herangezogen werden, der für eine Alternativanlage nach bzw. ohne Körperschaftsteuer gilt.

Der Kapitalwert eines Investitionsprojektes nach Körperschaftsteuer wird grundsätzlich folgendermaßen ermittelt, wenn der Restwert mit null angenommen wird:

$$K_0 = -A + \sum_{t=1}^{n}\left[Q_t - s(Q_t - Ab_t)\right](1+i)^{-t}$$

wobei:
K_0 = Kapitalwert eines Investitionsprojektes zu t = 0
A = Anschaffungspreis
n = Nutzungsdauer
Q_t = Zahlungsüberschuß aus einem Investitionsprojekt zu t
s = Körperschaftsteuersatz
Ab_t = steuerliche Abschreibung in t
i = Kalkulationszinsfuß nach Körperschaftsteuer

Kann das Unternehmen *Investitionsbegünstigungen* in Anspruch nehmen, sind auch diese in der Kapitalwertberechnung zu berücksichtigen. Investitionsbegünstigungen, die das österreichische Einkommensteuerrecht (Einkommensteuergesetz 1988) zur Förderung der Investitionstätigkeit ermöglicht und die für diese Fallstudie relevant sind, sind sowohl der *Investitionsfreibetrag* wie auch die *Übertragung stiller Reserven*.

Der Steuerpflichtige kann unter gewissen Voraussetzungen, auf die hier nicht genauer eingegangen werden kann, gemäß § 10 des österreichischen Einkommensteuergesetzes einen Investitionsfreibetrag gewinnmindernd geltend machen. Der Investitionsfreibetrag beträgt höchstens 9% der Anschaffungs- oder Herstellungskosten des Wirtschaftsgutes. Mit Ablauf des vierten auf das Jahr der Anschaffung oder Herstellung folgenden Wirtschaftsjahres (Behaltefrist) ist der Investitionsfreibetrag auf eine als versteuert geltende freie Rücklage oder auf ein Kapitalkonto steuerfrei zu übertragen. Wird diese Behaltefrist nicht eingehalten und erfolgt das Ausscheiden des Wirtschaftsgutes nicht aufgrund höherer Gewalt, so ist der Investitionsfreibetrag im Jahr des Ausscheidens gewinnerhöhend aufzulösen. Die steuerliche Abschreibung wird durch die Bildung des Investitionsfreibetrages nicht berührt. Der Investitionsfreibetrag führt zu einer Steuerminderung, die in der Kapitalwertberechnung berücksichtigt werden muß.

Eine weitere Investitionsbegünstigung stellt die Übertragung stiller Reserven dar. Bei einem Verkauf von Wirtschaftsgütern des Anlagevermögens kommt es zu einer Auflösung stiller Reserven, wenn der Buchwert des veräußerten Wirtschaftsgutes unter dem Verkaufswert liegt. Diese aufgedeckten stillen Reserven können gemäß § 12 des österreichischen Einkommensteuergesetzes unter gewissen Voraussetzungen von den Anschaffungs- oder Herstellungskosten des im Wirtschaftsjahres der Veräußerung angeschafften oder hergestellten Anlagevermögens abgesetzt werden. Da als Anschaffungs- oder Herstellungskosten die um die übertragenen stillen Reserven gekürzten Beträge (fiktive Anschaffungs- bzw. Herstellungskosten) gelten, sind diese die Bemessungsgrundlage für die steuerliche Abschreibung und für den Investitionsfreibetrag. Der durch eine Übertragung stiller Reserven bewirkte steuerliche Einfluß muß in der Kapitalwertberechnung berücksichtigt werden.

Aufgabe 2

a) Es sollen die Kapitalwerte für beide Alternativen ermittelt werden, unter der Voraussetzung, daß Steuern nicht berücksichtigt werden. Um die Kapitalwerte errechnen zu können, sind die Zahlungsströme aus beiden Alternativen zu ermitteln. Der Zahlungsstrom erklärt sich folgendermaßen: Q_0 ist die Anschaffungsauszahlung für die Alternative I. Q_1 bis Q_5 ergeben sich aus der Differenz zwischen Einzahlungen und Auszahlungen. Zahlungen aus *Alternative I*:

	t = 0	t = 1	t = 2	t = 3	t = 4	t = 5
Q_t	−2.500.000	1.000.000	1.000.000	1.000.000	1.000.000	1.000.000

$$K_1 = -2.500.000 + 1.000.000 \cdot 1{,}1^{-1} + 1.000.000 \cdot 1{,}1^{-2} + 1.000.000 \cdot 1{,}1^{-3} + 1.000.000 \cdot 1{,}1^{-4} + 1.000.000 \cdot 1{,}1^{-5}$$

$K_1 = 1.290.787$

Zahlungen aus *Alternative II*: Q_0 setzt sich aus der Anschaffungsauszahlung für die Alternative I und der Einzahlung aus der alten Anlage zusammen. Q_1 bis Q_5 ergeben sich aus der Differenz zwischen Einzahlungen und Auszahlungen.

	t = 0	t = 1	t = 2	t = 3	t = 4	t = 5
Q_t	−5.400.000	1.600.000	1.600.000	1.600.000	1.600.000	1.600.000

$K_2 = -5.400.000 + 1.600.000 \cdot 1{,}1^{-1} + 1.600.000 \cdot 1{,}1^{-2} + 1.600.000 \cdot 1{,}1^{-3}$
$+ 1.600.000 \cdot 1{,}1^{-4} + 1.600.000 \cdot 1{,}1^{-5}$

$K_2 = 665.259$

In einer Situation ohne Steuerberücksichtigung ist die Alternative I der Alternative II vorzuziehen.

b) Es sollen die Kapitalwerte für beide Alternativen ermittelt werden, unter der Voraussetzung, daß Steuern berücksichtigt werden. Dabei sind auch die in der Lösung zu Aufgabe 1 erläuterten Investitionsbegünstigungen einzubeziehen. Auch hier ist eine Ermittlung der Zahlungsströme beider Alternativen notwendig. Zusätzlich zur ursprünglichen Zahlungsreihe müssen die Körperschaftsteuerzahlungen berücksichtigt werden. Zahlungen aus *Alternative I*:

	t = 0	t = 1	t = 2	t = 3	t = 4	t = 5
Q_t	-2.500.000	1.000.000	1.000.000	1.000.000	1.000.000	1.000.000
- KSt		-93.500	-170.000	-170.000	-170.000	-170.000
Q_t nach KSt	-2.500.000	906.500	830.000	830.000	830.000	830.000

$K_1 = -2.500.000 + 906.500 \cdot 1{,}1^{-1} + 830.000 \cdot 1{,}1^{-2} + 830.000 \cdot 1{,}1^{-3}$
$+ 830.000 \cdot 1{,}1^{-4} + 830.000 \cdot 1{,}1^{-5}$

$K_1 = 715.898$

Die Körperschaftsteuer wurde folgendermaßen berechnet:

	t = 1	t = 2	t = 3	t = 4	t = 5
Q_t	1.000.000	1.000.000	1.000.000	1.000.000	1.000.000
- Abschreibungen	-500.000	-500.000	-500.000	-500.000	-500.000
- IFB	-225.000				
steuerpflichtiger Gewinn	275.000	500.000	500.000	500.000	500.000
KSt (34%)	93.500	170.000	170.000	170.000	170.000

Es wurde angenommen, daß die betriebswirtschaftliche und steuerliche Nutzungsdauer übereinstimmen und, daß die rechtlichen Grundlagen zur Bildung eines Investitionsfreibetrages gegeben sind. Dieser wurde in Höhe von 9% der Anschaffungskosten gebildet. In dieser Höhe mindert sich der steuerpflichtige Gewinn und somit auch die Körperschaftsteuer. Auch durch die Abschreibungen reduziert sich der steuerpflichtige Gewinn, wogegen die Einzahlungen diesen erhöhen.

Zahlungen aus *Alternative II*:

	t = 0	t = 1	t = 2	t = 3	t = 4	t = 5
Q_t	– 5.400.000	1.600.000	1.600.000	1.600.000	1.600.000	1.600.000
– KSt		195.500	– 34.000	– 34.000	– 34.000	– 34.000
Q_t nach KSt		1.795.500	1.566.000	1.566.000	1.566.000	1.566.000

$K_2 = -5.400.000 + 1.795.500 \cdot 1{,}1^{-1} + 1.566.000 \cdot 1{,}1^{-2} + 1.566.000 \cdot 1{,}1^{-3}$
$+ 1.566.000 \cdot 1{,}1^{-4} + 1.566.000 \cdot 1{,}1^{-5}$

$K_2 = 745.008$

Die Körperschaftsteuer wurde folgendermaßen berechnet:

	t = 1	t = 2	t = 3	t = 4	t = 5
Q_t	1.600.000	1.600.000	1.600.000	1.600.000	1.600.000
– Abschreibungen	– 1.500.000	– 1.500.000	– 1.500.000	– 1.500.000	– 1.500.000
– IFB	– 675.000				
steuerpflichtiger Gewinn	– 575.000	100.000	100.000	100.000	100.000
KSt (34%)	– 195.500	34.000	34.000	34.000	34.000

Durch den Verkauf der alten Anlage wurden stille Reserven (Differenz zwischen Liquidationswert und Buchwert) in Höhe von 2,5 Mio. öS aufgedeckt. Um die Versteuerung dieser stillen Reserven zu vermeiden, werden sie auf das neue Investitionsprojekt übertragen. Es wird davon ausgegangen, daß die rechtlichen Voraussetzungen für diese Übertragung gegeben sind. Durch diese Übertragung vermindern sich die Anschaffungskosten auf 7,5 Mio. öS und damit auch die Abschreibungen des Investitionsprojektes. Der Investitionsfreibetrag kann nur mehr in Höhe der verminderten Anschaffungskosten geltend gemacht werden. Da davon ausgegangen wird, daß jederzeit anderweitige Gewinne zum steuerlichen Verlustausgleich vorhanden sind, erhöht sich zu t = 1 der Zahlungsstrom durch die erzielte Steuerersparnis.

Hinweis: Gäbe es zu dieser Fallstudie nicht die Bedingung, daß die XY-GmbH auf jeden Fall eine Übertragung stiller Reserven durchführen möchte, müßte ermittelt werden, ob eine Unterlassung der Übertragung stiller Reserven vorteilhafter wäre. Ohne Übertragung würden die Abschreibungen 2 Mio. öS und der Investitionsfreibetrag 0,9 Mio. öS betragen. Allerdings erhöht sich durch den Anlagenverkauf und der daraus resultierenden Auflösung stiller Reserven der steuerpflichtige Gewinn um 2,5 Mio. öS.

In einer Situation, in der Steuern berücksichtigt werden, ist die Entscheidung in diesem Fall eine andere als ohne Steuerberücksichtigung. Basiert die Entscheidungsgrundlage der Geschäftsleitung auf der Kapitalwertmethode, ist die Alternative II der Alternative I vorzuziehen. Es zeigt sich somit, daß sich bei Steuerberücksichtigung die Vorteilhaftigkeit von Alternativen verändern kann. Steuern sind als tatsächlich entstehende Auszahlungen bei der Investitionsrechnung miteinzubeziehen.

Literaturhinweise

DORALT, W./RUPPE, H.G.: Grundriß des österreichischen Steuerrechts, Bd. 1, 6. Auflage, Wien 1998.

GÖTZE, U./BLOECH, J.: Investitionsrechnung – Modelle und Analysen zur Beurteilung von Investitionsvorhaben, 2. Auflage, Berlin et al. 1995.

MATSCHKE, M. J.: Investitionsplanung und Investitionskontrolle, Herne/Berlin 1993.

PFLAUMER, P.: Investitionsrechnung, 3. Auflage, München/Wien 1998.

SEICHT, G.: Investition und Finanzierung, 9. Auflage, Wien 1997.

SWOBODA, P.: Investition und Finanzierung, 5. Auflage, Göttingen 1996.

Malte Greve

Verweilzeitverteilungen als Instrument der Zahlungsprognose

Der Modehersteller 'Katherine' will zu Beginn des Jahres ein neues Vertriebskonzept etablieren. Bisher wurde die eigene Kreation nur größeren Einzelhändlern angeboten. Dazu wurde ihnen quartalsweise ein Katalog zugesandt, aus dem die Einzelhändler in den folgenden Wochen ihre Bestellungen tätigten. Im neuen Jahr soll nun eine eigene Boutique mit Verkauf an Endkunden eröffnet werden. Zudem sollen neben dem Hauptkatalog zwei weitere Kataloge mit zusätzlichen Produkten an die auch schon bisher beworbenen Einzelhändler verschickt werden.

Aus den Erfahrungen der letzten Jahre schätzt der Hersteller die Umsätze aus den vier Bereichen für die nächsten vier Wochen, welche in der folgenden Tabelle zusammengefaßt sind.

in Tausend Euro (T€)	Umsatz in Periode 0	Umsatz in Periode 1	Umsatz in Periode 2	Umsatz in Periode 3
Boutique	8	11	17	20
Hauptkatalog	50	50	30	20
Spezialkatalog I	10	30	30	20
Spezialkatalog II	50	10	10	0

Aufgabe

Dem Geschäftsführer des Hauses ist nicht klar, ob er in den nächsten Wochen allen seinen finanziellen Verpflichtungen nachkommen kann. Er benötigt daher für die Liquiditätsentwicklungen aller vier Bereiche eine Prognose.
Zunächst geht es hier um die Abschätzung der zu erwartenden Einzahlungen. Es kann dabei angenommen werden, daß in der Boutique 40% der Waren in bar, 25% mit Schecks gezahlt werden, welche eine Periode später dem Bankkonto gutgeschrieben werden, und 35% mit Kreditkarten gezahlt werden. Hier erfolgt die Gutschrift erst zwei Wochen nach dem Umsatzzeitpunkt.
Für die drei Kataloge wird das bisherige Zahlungsverhalten weiterhin unterstellt. 10% der Waren werden an Kunden verkauft, denen kein Zahlungsziel einräumt wird. Die Zahlungen erfolgen durch Banküberweisung oder über Lastschriftverfahren und beanspruchen stets einige Tage. Sie gehen erst in der Folgeperiode auf dem Bankkonto ein. 50% der Waren werden unter Abzug von 3% Skonto nach zwei Wochen beglichen, wobei der Zahlungseingang auf dem eigenen Bankkonto

regelmäßig erst in der dritten Woche erfolgt. 35% des Warenwertes wird in der vierten Woche dem Bankkonto gutgeschrieben (Ausnutzung des Zahlungszieles). In der Vergangenheit mußten durchschnittlich 5% der Forderungen als uneinbringlich abgeschrieben werden.

a) Ermitteln Sie die Einzahlungen der nächsten Perioden mit Hilfe der Matritzenrechnung. Stellen Sie zunächst den bei Berechnungen der Verweilzeitverteilung genutzten Zusammenhang $\vec{EZ} = \overline{U}_{(m \times n)} \cdot \vec{p}$ verbal dar! $\vec{EZ}$ bezeichnet den Einzahlungsvektor, $\overline{U}_{(m \times n)}$ die Umsatzmatrix mit m Zeilen und n Spalten und $\vec{p}$ den Vektor zur Abbildung der Verweilzeiten. Bestimmen Sie dann für die vier Bereiche die Umsätze als Matrix und die Verweilzeitspektren als Vektor!

b) Gibt es zur Berechnung der Einzahlungen noch Vereinfachungsmöglichkeiten, indem man Matrizen oder Vektoren zusammenfaßt? Berechnen Sie dann die zu erwartenden Einzahlungen des Modehauses in den folgenden Perioden!

c) Wie verändern sich die Einzahlungen in t = 3, wenn die beiden Spezialkataloge erst eine Woche später verschickt werden, als ursprünglich angenommen? Berechnen Sie den Wert für die dritte Periode!

d) Welche Umstände verhindern in der Praxis häufig eine Anwendung des Verweilzeitspektrums zur Prognose von zukünftigen Einzahlungen? Gehen Sie dabei auch auf die Annahmen der Verweilzeitanalyse ein.

Lösung

a) Bei der Zahlungsprognose mittels einer Verweilzeitverteilung werden zu unterschiedlichen Zeitpunkten anfallende Umsätze anhand einer konstanten Verteilungsannahme auf verschiedene nachfolgende Zahlungstermine verteilt. Im vorgestellten Beispiel handelt es sich um vier unterschiedliche Umsatzträger (Boutique, Hauptkatalog, Spezialkatalog I und Spezialkatalog II), deren Umsätze anhand zweier verschiedener Verteilungsannahmen beschrieben werden. Die (Ein-) Zahlungen ergeben sich im Beispiel aus der Verknüpfung eines Umsatzvektors mit einem Verweilzeitvektor, der die Zahlungswahrscheinlichkeit zu unterschiedlichen Zahlungszeitpunkten wiedergibt.

$$\vec{EZ} = \overline{U}_{(m \times n)} \cdot \vec{p}$$

$$\begin{pmatrix} EZ_t \\ EZ_{t+1} \\ EZ_{t+2} \\ \vdots \\ EZ_{t+m} \end{pmatrix} = \begin{pmatrix} U_t & U_{t-1} & U_{t-2} & \cdots & U_{t-(n-1)} \\ U_{t+1} & U_t & U_{t-1} & \cdots & U_{t-(n-2)} \\ \vdots & U_{t+1} & U_t & \cdots & U_{t-(n-3)} \\ \vdots & \vdots & \vdots & & \vdots \\ U_{t+m} & U_{t+m-1} & U_{t+m-2} & \cdots & U_{t+m-(n-1)} \end{pmatrix} \cdot \begin{pmatrix} p_1 \\ p_2 \\ \vdots \\ p_n \end{pmatrix}$$

Dabei geben die Eintragungen der Diagonale der Umsatzmatrix die Umsätze des aktuellen Zeitpunktes (t=0) an, die Eintragungen oberhalb geben die Umsätze der Vergangenheit an, und die Eintragungen der Zukunft (Planumsätze) werden unterhalb der Diagonale eingetragen!

Es ergeben sich folgende Matrizen für die Umsätze U der vier Bereiche:

$$U_{Boutique} = \begin{pmatrix} U_0 \\ U_1 \\ U_2 \\ U_3 \\ U_4 \\ U_5 \end{pmatrix} = \begin{pmatrix} 8 & 0 & 0 \\ 11 & 8 & 0 \\ 17 & 11 & 8 \\ 20 & 17 & 11 \\ 0 & 20 & 17 \\ 0 & 0 & 20 \end{pmatrix} \qquad U_{Spezialkatalog\;I} = \begin{pmatrix} U_0 \\ U_1 \\ U_2 \\ U_3 \\ U_4 \\ U_5 \\ U_6 \\ U_7 \end{pmatrix} = \begin{pmatrix} 10 & 0 & 0 & 0 & 0 \\ 30 & 10 & 0 & 0 & 0 \\ 30 & 30 & 10 & 0 & 0 \\ 20 & 30 & 30 & 10 & 0 \\ 0 & 20 & 30 & 30 & 10 \\ 0 & 0 & 20 & 30 & 30 \\ 0 & 0 & 0 & 20 & 30 \\ 0 & 0 & 0 & 0 & 20 \end{pmatrix}$$

$$U_{Katalog} = \begin{pmatrix} U_0 \\ U_1 \\ U_2 \\ U_3 \\ U_4 \\ U_5 \\ U_6 \\ U_7 \end{pmatrix} = \begin{pmatrix} 50 & 0 & 0 & 0 & 0 \\ 50 & 50 & 0 & 0 & 0 \\ 30 & 50 & 50 & 0 & 0 \\ 20 & 30 & 50 & 50 & 0 \\ 0 & 20 & 30 & 50 & 50 \\ 0 & 0 & 20 & 30 & 50 \\ 0 & 0 & 0 & 20 & 30 \\ 0 & 0 & 0 & 0 & 20 \end{pmatrix} \qquad U_{Spezialkatalog\;II} = \begin{pmatrix} U_0 \\ U_1 \\ U_2 \\ U_3 \\ U_4 \\ U_5 \\ U_6 \\ U_7 \end{pmatrix} = \begin{pmatrix} 50 & 0 & 0 & 0 & 0 \\ 10 & 50 & 0 & 0 & 0 \\ 10 & 10 & 50 & 0 & 0 \\ 0 & 10 & 10 & 50 & 0 \\ 0 & 0 & 10 & 10 & 50 \\ 0 & 0 & 0 & 10 & 10 \\ 0 & 0 & 0 & 0 & 10 \\ 0 & 0 & 0 & 0 & 0 \end{pmatrix}$$

Die Verweilzeitvektoren lassen sich ebenfalls direkt aus dem Aufgabentext ablesen. Hier gibt der erste Wert die Wahrscheinlichkeit für den Anteil der Barzahler am Gesamtumsatz an, der zweite Wert die Wahrscheinlichkeit für den Zahlungseingang in der ersten Periode usw. Es ergibt sich dann:

$$p_{\text{Boutique}} = \begin{pmatrix} 0,4 \\ 0,25 \\ 0,35 \end{pmatrix} \text{ und } p_{\text{Katalog}} = \begin{pmatrix} 0 \\ 0,1 \\ 0 \\ 0,47 \\ 0,35 \end{pmatrix}$$

Aus der Anzahl der Elemente des Verweilzeitvektors bestimmt sich die Anzahl der n Spalten der jeweiligen Umsatzmatrix.

b) Da die drei Kataloge dem gleichen Verweilzeitspektrum unterliegen, muß nicht jede Matrix mit einem Vektor multipliziert werden, sondern es ist vorteilhaft, zunächst die Umsatzmatrizen zusammenzufassen.
Anstelle von

$$\vec{EZ} = \overline{U}_{\text{Boutique}} \cdot \vec{p}_{\text{Boutique}} + \overline{U}_{\text{Katalog}} \cdot \vec{p}_{\text{Katalog}} + \overline{U}_{\text{Spezialkatalog I}} \cdot \vec{p}_{\text{Spezialkatalog I}} + \overline{U}_{\text{Spezialkatalog II}} \cdot \vec{p}_{\text{Spezialkatalog II}}$$

kann man zusammenfassen in

$$\vec{EZ} = \overline{U}_{\text{Boutique}} \cdot \vec{p}_{\text{Boutique}} + \left(\overline{U}_{\text{Katalog}} + \overline{U}_{\text{Spezialkatalog I}} + \overline{U}_{\text{Spezialkatalog II}} \right) \cdot \vec{p}_{\text{Katalog}}$$

$$\vec{EZ} = \overline{U}_{\text{Boutique}} \cdot \vec{p}_{\text{Boutique}} + \overline{U}_{\text{Kataloge gesamt}} \cdot \vec{p}_{\text{Katalog}}$$

Die drei Umsatzmatrizen zusammen ergeben dann folgende Matrix, welche mit dem entsprechenden Vektor zu folgendem Ergebnis der erwarteten Einzahlungen führt:

$$\text{Einzahlungen}_{\text{Kataloge}} = \begin{pmatrix} EZ_0 \\ EZ_1 \\ EZ_2 \\ EZ_3 \\ EZ_4 \\ EZ_5 \\ EZ_6 \\ EZ_7 \end{pmatrix} = \begin{pmatrix} 50+10+50 & & & & & \\ 50+30+10 & 110 & & & & \\ 30+30+10 & 90 & 110 & & & \\ 20+20+0 & 70 & 90 & 110 & & \\ & 40 & 70 & 90 & 110 & \\ & & 40 & 70 & 90 & \\ & & & 40 & 70 & \\ & & & & 40 & \end{pmatrix} \cdot \begin{pmatrix} 0 \\ 0,1 \\ 0 \\ 0,47 \\ 0,35 \end{pmatrix} = \begin{pmatrix} 0 \\ 11 \\ 9 \\ 58,7 \\ 84,8 \\ 64,4 \\ 43,3 \\ 14 \end{pmatrix}$$

Die gesamten Zahlungen addieren sich zu 285,20 T€.

(<u>Kontrollrechnung</u>: Summe der Umsätze • Summe der Einzelwahrscheinlichkeiten = Summe der Zahlungen, hier: 310 T€ • 0,92 = 285,20 T€)

Für den Boutiqueumsatz ergeben sich folgende Werte für die erwarteten Einzahlungen:

$$\text{Einzahlungen}_{\text{Boutique}} = \begin{pmatrix} EZ_0 \\ EZ_1 \\ EZ_2 \\ EZ_3 \\ EZ_4 \\ EZ_5 \end{pmatrix} = \begin{pmatrix} 8 & & \\ 11 & 8 & \\ 17 & 11 & 8 \\ 20 & 17 & 11 \\ & 20 & 17 \\ & & 20 \end{pmatrix} \bullet \begin{pmatrix} 0,4 \\ 0,25 \\ 0,35 \end{pmatrix} = \begin{pmatrix} 3,2 \\ 6,4 \\ 12,35 \\ 16,1 \\ 10,95 \\ 7 \end{pmatrix}$$

Somit ergeben sich also als gesamte Einzahlungen des Unternehmens für die Periode 0 bis 7 folgende Werte:

$$\text{Einzahlungen}_{\text{gesamt}} = \begin{pmatrix} EZ_0 \\ EZ_1 \\ EZ_2 \\ EZ_3 \\ EZ_4 \\ EZ_5 \\ EZ_6 \\ EZ_7 \end{pmatrix} = \begin{pmatrix} 0 \\ 11 \\ 9 \\ 58,7 \\ 84,8 \\ 64,4 \\ 43,3 \\ 14 \end{pmatrix} + \begin{pmatrix} 3,2 \\ 6,4 \\ 12,35 \\ 16,1 \\ 10,95 \\ 7 \\ 0 \\ 0 \end{pmatrix} = \begin{pmatrix} 3,2 \\ 17,4 \\ 21,35 \\ 74,8 \\ 95,75 \\ 71,4 \\ 43,3 \\ 14 \end{pmatrix}$$

c) Für die Einzahlungen in Periode 3 verschieben sich die Werte der Umsatzmatrix.

in T€	Umsatz in Periode 0	Umsatz in Periode 1	Umsatz in Periode 2	Umsatz in Periode 3	Umsatz in Periode 4
Hauptkatalog	50	50	30	20	
Spezialkatalog I	-	10	30	30	20
Spezialkatalog II	-	50	10	10	0
Summe	**50**	**110**	**70**	**60**	**20**

Es ergibt sich durch die Verschiebung in der Umsatzmatrix folgende Zeile zur Berechnung der Zahlungen in Periode t = 3:

$$EZ_{\text{Kataloge, 3}} = \begin{pmatrix} 60 & 70 & 110 & 50 & 0 \end{pmatrix} \bullet \begin{pmatrix} 0 \\ 0,1 \\ 0 \\ 0,47 \\ 0,35 \end{pmatrix} = 30,5$$

Der Zahlungseingang verringert sich von 58,7 T€ auf 30,5 T€ aus dem Kataloggeschäft. Insgesamt stehen in t = 3 nicht mehr 74,8 T€, sondern nur noch 46,6 T€ zur Verfügung.

d) Um Verweilzeitverteilungen nutzen zu können, sind insbesondere zwei Voraussetzungen notwendig: Erstens muß das Unternehmen genaue Angaben über die geplanten Umsätze besitzen. Zweitens müssen auch Vorstellungen über das zukünftige Zahlungsverhalten vorliegen. Insbesondere beim Zahlungsverhalten werden in der Vergangenheit beobachtete Werte als Prognosewerte für zukünftiges Zahlungsverhalten zur Berechnung verwendet. Ersatzweise wäre wie in der Aufgabenstellung für den Fall der Boutique der Einsatz von auf anderen Wegen prognostizierten Werten möglich. Die Ermittlung von zukünftigen Umsatzzahlen und zukünftigem Zahlungsverhalten ist jedoch beim Neugeschäft schwierig. Daher bietet sich eine Verweilzeitverteilung als Instrument der Zahlungsprognose dort an, wo Umsatzzahlen relativ sicher vorhergesagt werden können und kaum Schwankungen im Zahlungsverhalten der Kunden auftreten.

Literaturhinweise

LANGEN, H.: Unternehmensplanung mit Verweilzeitverteilungen, Berlin 1971.
PERRIDON, L. UND STEINER, M.: Finanzwirtschaft der Unternehmung, 9. Aufl., München 1997, S. 631-636.
SCHWARZE, J.: Mathematik für Wirtschaftswissenschaftler, Band 3: Lineare Algebra, lineare Optimierung und Graphentheorie, 10. Aufl., Herne 1996.
SÜCHTING, J.: Finanzmanagement, 6. Aufl., Wiesbaden 1995, S. 289-291.

Andreas Hoffjan

Internationales Cash Management

Cash Management umfaßt alle Aufgaben und Maßnahmen der kurzfristigen finanziellen Unternehmensführung mit dem Ziel, die Planung, Disposition und Kontrolle der liquiden Mittel hinsichtlich eines zuvor bestimmten finanzwirtschaftlichen Zielkriteriums zu optimieren. Im internationalen Unternehmen beinhaltet es zudem die Gestaltung des kurzfristigen Währungsmanagement unter Einbeziehung der konzerninternen finanziellen Beziehungen bei einem um die Optimierung des Liquiditäts- und Wechselkursrisikoausgleichs erweiterten finanzwirtschaftlichen Zielsystem.

Zentrale Problemfelder des internationalen Cash Management sind einzelstaatliche Kapitaltransferrestriktionen, die dezentrale Liquiditätsverantwortung der einzelnen Gesellschaften eines Konzerns sowie die Wechselkursrisiken. Der instrumentelle Kern eines Cash Management in internationalen Unternehmen besteht entsprechend aus einem System spezifischer Methoden zur simultanen Realisation des konzerninternen Liquiditäts- und Wechselkursrisikoausgleichs.

Aufgabe 1

Skizzieren Sie die folgenden Instrumente des konzerninternen Liquiditäts- und Wechselkursrisikoausgleichs: Matching, Clearing, Cash-Pooling sowie Leading und Lagging.

Aufgabe 2

Grundlage einer Verrechnung der Zahlungsströme im Clearing ist die vollständige Erfassung der konzerninternen Forderungen und Verbindlichkeiten in einer Zahlungsmatrix. Dazu sind die in verschiedenen Valuten angefallenen Transaktionsbeträge in eine einheitliche Konzernwährung zu konvertieren.

Stellen Sie die Transferstruktur des Konzerns mit der in Tab. 1 abgebildeten Zahlungsmatrix für die folgenden Fälle dar:
- ohne Clearing,
- bilaterales Clearing,
- multilaterales Clearing mit konzerninternem Clearing-House sowie
- multilaterales Clearing ohne Clearing-House bei unmittelbarem Saldenausgleich.

	Empfänger				
Zahler	Mutter	Tochter A	Tochter B	Tochter C	Σ
Mutter	-	14	13	13	40
Tochter A	3	-	4	5	12
Tochter B	9	10	-	11	30
Tochter C	8	7	6	-	21
Σ	20	31	23	29	103

Tab. 1: Ausgangssituation vor Clearing

Aufgabe 3

Nach dem Clearing sollen die drei in Deutschland, den USA und Frankreich angesiedelten Tochtergesellschaften eine zentralisierte Vorsichtskasse in DM einrichten. Dabei soll das bisherige für den Fall unerwarteter Liquiditätsengpässe gedachte Sicherheitsniveau von 99% aufrechterhalten werden. Die konkreten Zahlenwerte der Ausgangssituation sind der Tab. 2 zu entnehmen. Der Umrechnung in DM liegen folgende Wechselkurse zugrunde: 1 DM = 0,70 US-$ und 1 DM = 3 FF.

Tochtergesellschaft	Erwarteter Liquiditätsbedarf (μ)	Standardabweichung (σ)
Tochter A (in DM)	300.000	225.000
Tochter B (in US-$)	350.000	87.500
Tochter C (in FF)	600.000	450.000

Tab. 2: Ausgangssituation vor Cash-Pooling

Wieviel Finanzmittel können unter der Annahme voneinander unabhängiger und normalverteilter Liquiditätsbedarfe durch eine Zentralisation der Vorsichtskassenhaltung freigesetzt werden?

Lösung

Aufgabe 1

Matching umfaßt alle Maßnahmen zur Synchronisation der Denominations-, Betrags- und Laufzeitstrukturen des Bestandes an Forderungen und Verbindlichkeiten des Konzerns. Ziel ist die Senkung der Wechselkurssicherungskosten durch die Gegenüberstellung entgegengesetzter Zahlungsströme in Fremdvaluta. Es zeigt Möglichkeiten zur Umschichtung und Kompensation risikobehafteter Währungspositionen zwischen verschiedenen Tochtergesellschaften auf. Den Verrechnungsmöglichkeiten werden die notwendigen Transfers zugeordnet. Das Matching dient damit als Vorbereitungsphase der eigentlichen Verrechnung innerhalb des Clearing.

Als *Clearing* bezeichnet man die weltweite gegenseitige Verrechnung konzerninterner Forderungen und Verbindlichkeiten. Über die Reduktion der Zahlungsströme, bis maximal auf die verbleibenden Nettosummen, sollen die Kosten des Kapitaltransfers gesenkt werden. Diese Saldierung schließt vornehmlich Forderungen und Verbindlichkeiten ein, kann aber auch Dividendenansprüche, Zins- und Tilgungsraten sowie Management- und Lizenzgebühren umfassen. Voraussetzung eines Clearing-Systems ist die Existenz einer hinreichenden Anzahl gegen- bzw. wechselseitig kompensierbarer Währungspositionen und -transaktionen innerhalb des Unternehmens.

Cash-Pooling bedeutet die zentrale Verwaltung und Disposition der freien Liquiditätsbestände des Konzernverbundes. Die freien liquiden Mittel sämtlicher Unternehmenseinheiten werden zeitgleich in einem Pool gesammelt. Von der Umsetzung eines konzernweiten Cash-Pooling-Systems versprechen sich Unternehmen im wesentlichen zwei Effekte: die Freisetzung von liquiden Mitteln durch eine Reduktion der Kassenreserve (Liquiditätsfreisetzungseffekt) sowie die Optimierung der in- und externen Liquiditätsbeschaffungs- und -verwendungsdisposition (Rentabilitätssteigerungseffekt).

Unter dem Begriff *Leading und Lagging* werden alle Maßnahmen der gezielten Beeinflussung des Zeitpunktes vorbestimmter Zahlungstransfers verstanden. Leading kennzeichnet die Beschleunigung von Zahlungen im Sinne einer zeitlichen Vorverlegung, Lagging deren Verzögerung auf einen späteren Termin. Mit der autonomen Terminierung von Transfers innerhalb des Unternehmensverbundes können interne Liquiditätswirkungen erzielt werden. Im Rahmen von Fremdwährungstransfers ermöglicht es durch die koordinierte Abstimmung von Fälligkeiten interner Zahlungsströme den Ausgleich entgegengesetzter Währungsexposures und somit eine Reduktion des Wechselkursrisikos.

Aufgabe 2

In Abhängigkeit von der Struktur und der Komplexität der innerkonzernlichen Finanzströme werden mit dem bilateralen und dem multilateralen Clearing zwei Grundformen unterschieden. Deren Wirkungsgrade bezüglich einer Verringerung von Anzahl und Volumina der Zahlungstransfers sind in Gestalt von Zahlungsstromdiagrammen verdeutlicht. Zunächst aber zeigt Abb. 1 die Struktur der grenzüberschreitenden Zahlungsströme zwischen der Muttergesellschaft (MG) sowie den drei Tochtergesellschaften ($TG_{A,B,C}$) ohne Anwendung eines Verrechnungssystems.

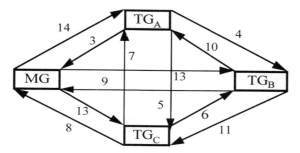

Abb. 1: Transferstruktur ohne Clearing

Beim *bilateralen Clearing* werden die internen Forderungen und Verbindlichkeiten zu einem bestimmten Stichtag paarweise gegenseitig aufgerechnet. Wie aus Abb. 2 ersichtlich, läßt sich auf diesem Wege eine Verringerung der ursprünglich benötigten zwölf auf nunmehr sechs Zahlungsakte sowie eine Reduktion des Transfervolumens von 103 auf 33 Währungseinheiten erreichen.

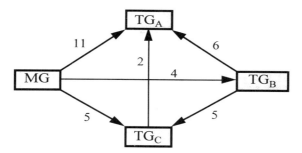

Abb. 2: Transferstruktur bei bilateralem Clearing

Beim *multilateralen Clearing mit konzerninternem Clearing-House* nimmt die Muttergesellschaft die Position einer Verrechnungsstelle ein, während im gleichen Fall mit externem Clearing-House eine konzerneigene Finanz-Servicegesellschaft bzw. eine externe Bank zwischengeschaltet wird. Die beteiligten Gesellschaften gleichen ihre offene Nettoposition gegenüber der Verrechnungszentrale aus. Diese wird aus der Zahlungsmatrix für jedes Konzernunternehmen gegenüber der Gesamtheit der anderen Konzerneinheiten ermittelt. Pro Unternehmen ist nur ein Zahlungsvorgang in Höhe der verbleibenden Spitze erforderlich. Im Beispielsfall ergibt sich eine Halbierung der Anzahl notwendiger Transaktionen auf nunmehr drei (siehe Abb. 3).

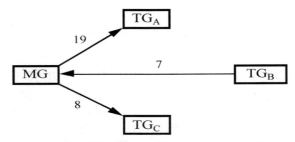

Abb. 3: Transferstruktur bei multilateralem Clearing (internes Clearing-House)

Das *multilaterale Clearing mit unmittelbarem Saldenausgleich* sieht einen direkten Zahlungsfluß von den Nettoschuldnern an die Nettogläubiger zum Zwecke des Positionsausgleichs vor (siehe Abb. 4). Diesbezüglich sind zwei hinsichtlich Transaktionsanzahl und Zahlungsvolumen identische Lösungen möglich. In beiden Fällen reduziert sich bei drei Transaktionen das Zahlungsvolumen auf ein Minimum von 27 Währungseinheiten (WE). Nicht abgebildet ist die Alternativlösung mit der Transferstruktur MG an TG_A 19 WE, MG an TG_C 1 WE sowie TG_B an TG_C 7 WE.

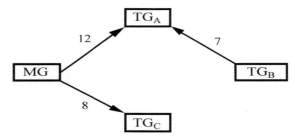

Abb. 4: Transferstruktur bei multilateralem Clearing (ohne Clearing-House)

Aufgabe 3

Eine Konzentration der Zahlungsmittelbestände der einzelnen Konzerngesellschaften in einem gemeinsamen Pool bedingt durch die teilweise Kompensation gegenläufiger Zahlungsstromvolatilitäten eine Gesamtrisikominderung. Demzufolge erfordert eine zentralisierte Vorsichtskasse eine geringere Liquiditätsreserve zur Aufrechterhaltung eines bestimmten Sicherheitsniveaus als dies bei dezentraler Reservehaltung der Fall ist. Folglich können Teile der zuvor dezentral als Liquiditätsreserve gebundenen Kassenbestände freigesetzt und anderen Verwendungsformen zugeführt werden.

In der Ausgangssituation ohne Pooling bei voneinander unabhängigen und normalverteilten Wahrscheinlichkeiten der Liquiditätsbedarfe hält jede der drei Töchter über die reine Transaktionskasse hinaus eine Liquiditätsreserve entsprechend der 2,325-fachen Standardabweichung (σ) ihres erwarteten Liquiditätsbedarfes (μ). Die Standardabweichung ergibt sich aus den Abweichungen der tatsächlich eingetretenen von den prognostizierten Liquiditätsbedarfen der vorhergehenden Perioden. Der eingesetzte Faktor 2,325 läßt sich der Standardnormalverteilungstabelle bei einem Sicherheitsniveau von 99% entnehmen. Bei Einsetzen der in DM umgerechneten Zahlenwerte der Ausgangssituation (siehe Tab. 3) berechnet sich die benötigte dezentrale Cash-Reserve der drei Tochtergesellschaften wie folgt:

$$2{,}325 \cdot (225.000 + 125.000 + 150.000) = 1.162.500.$$

Tochtergesellschaften	Erwarteter Liquiditätsbedarf (μ in DM)	Standardabweichung (σ in DM)	Budgetierte Kassenhaltung ($\mu + 2{,}325\sigma$)	Liquiditätsreserve ($2{,}325\sigma$)
Tochter A	300.000	225.000	823.125	523.125
Tochter B	500.000	125.000	790.625	290.625
Tochter C	200.000	150.000	548.750	348.750
Σ	1.000.000	500.000	2.262.500	1.162.500

Tab. 3: Berechnung der dezentralen Liquiditätsreserve (Sicherheitsniveau 99%)

Sind die Wahrscheinlichkeitsverteilungen der Liquiditätsbedarfe der Tochtergesellschaften nicht vollkommen positiv korreliert, gestattet die Bündelung der Liquiditätsreserven in einer *zentralen Vorsichtskasse* die Freisetzung liquider Mittel bei unverändertem Sicherheitsniveau. Dieser Portfolio-Effekt geht darauf zurück, daß die Standardabweichung (σ) des Cash-Pools niedriger ist als die Summe der Standardabweichungen der einzelnen nationalen Vorsichtskassen. Die Gesamt-Standardabweichung des Cash-Pools beträgt:

$$\sqrt{(225.000)^2 + (125.000)^2 + (150.000)^2} = 297.909{,}38.$$

Bei Unterstellung vollkommen unkorrelierter Illiquiditätsrisiken der drei Tochtergesellschaften ergibt sich das Volumen einer zentralisierten gemeinsamen Vorsichtskasse aus der Multiplikation dieses Wertes mit dem Faktor 2,325 zu DM 692.639,31. Die Zentralisation der Vorsichtskassenhaltung bewirkt somit gegenüber der dezentralen Liquiditätsreserve von DM 1.162.500 einen Finanzmittelfreisetzungseffekt in Höhe von DM 469.860,69.

Literaturhinweise

HOHENSTEIN, G.: Cash Flow – Cash Management, 2. Aufl., Wiesbaden 1994.
NITSCH, R./NIEBEL, F.: Praxis des Cash Managements, Wiesbaden 1997.
SHAPIRO, A.C.: Multinational Financial Management, 5. Aufl., Boston 1996.
PAUSENBERGER, E./GLAUM, M./JOHANSSON, A.: Das Cash Management internationaler Unternehmungen in Deutschland, in: ZfB, 65. Jg. (1995), S. 1365-1386.
PAUSENBERGER, E./VÖLKER, H.: Praxis des internationalen Finanzmanagement, Wiesbaden 1985.

Wolfgang Nadvornik und Renate Fischer

Die Kapitalflußrechnung als Instrument der Finanzanalyse

Aufgabe 1

Führen Sie mittels der vorliegenden Jahresabschlußdaten (Steyr-Daimler-Puch AG) eine Kapitalflußrechnung nach den Richtlinien des International Accounting Standard No. 7 am Beispiel des österreichischen Fachgutachtens über die Geldflußrechnung als Ergänzung des Jahresabschlusses (im wesentlichen vergleichbar der diesbezüglichen Stellungnahme des Hauptfachausschusses des Institutes der Wirtschaftsprüfer in Deutschland e. V. zur Kapitalflußrechnung als Ergänzung des Jahres- und Konzernabschlusses) durch.

Aufgabe 2

Worin liegt die Problematik bei extern ermittelten Kapitalflußrechnungen?

Lösung

Aufgabe 1

Im folgenden soll aus konkreten Jahresabschlußdaten eine *Kapitalflußrechnung* entwickelt werden. Es handelt sich dabei um den Jahresabschluß der Steyr-Daimler-Puch AG, aus dem – mit dem Informationsstand eines *externen Bilanzlesers* – die Kapitalflußrechnung nach der indirekten Methode des österreichischen Fachgutachtens (ÖFG) über die Geldflußrechnung als Ergänzung des Jahresabschlusses ermittelt wird. In diesem Zusammenhang zwei Hinweise:

- Diese Demonstration an einer österreichischen AG ist nicht zuletzt deshalb gewählt, weil damit ausdrücklich auf die enge Affinität in diesem Bereich zwischen Deutschland und Österreich hingewiesen werden kann.

- Da als Ersteller der Kapitalflußrechnung ein externer Bilanzleser angenommen wird, kann die Kapitalflußrechnung genaugenommen nur eine Umgruppierung von Jahresabschlußdaten sein. Um aber die Funktionsweise der aktuellen Geldflußrechnung anschaulich zeigen zu können, werden, aus methodisch-didaktischen Gründen, Annahmen getroffen, die über die gesetzlich für den externen Bilanzleser verfügbaren Jahresabschlußdaten hinausgehen.

Die hier gezeigte Kapitalflußrechnung für die Steyr-Daimler-Puch AG orientiert sich nach der im ÖFG aufgezeigten Mindestgliederung der Geldflußrechnung bei indirekter Ermittlung. Als Informationsquelle dienen die Bilanz, die GuV und der (gekürzte) Anlagenspiegel der Steyr-Daimler-Puch AG. Diese entsprechen im wesentlichen den Vorschriften des dHGB. Diese Informationsgrundlagen werden zusätzlich mit von uns getroffenen Annahmen insofern erweitert als es notwendig ist, um daraus exemplarisch eine Kapitalflußrechnung im o. a. Sinne zu erstellen. Diese Annahmen wurden dabei aus methodischen Gründen von uns frei gewählt und sind als solche in der Berechnungsanleitung explizit angeführt (vgl. dort den Zusatz „annahmegemäß"). Weitere Angaben, die dem veröffentlichten Geschäftsbericht zu entnehmen sind, sollen hier aus Platzgründen keine Verwendung finden. In der Berechnungsanleitung werden nur jene Posten angeführt, die in diesem Beispiel betragsmäßig in die Kapitalflußrechnung eingehen.

International hat sich der Fonds „*cash and cash equivalents*", der sowohl nach IAS 7, HFA 1/1995 als auch nach ÖFG verpflichtend vorgeschrieben ist, durchgesetzt. Dieser Fonds umfaßt grundsätzlich neben dem Bargeld und den jederzeit abrufbaren Geldforderungen (cash) auch die jederzeit zu bekannten Kursen leicht veräußerbaren Wertpapiere mit einer vom Kaufdatum gerechneten Restlaufzeit von höchstens drei Monaten (cash equivalents). Zentrales Merkmal ist das unbedeutende Risiko einer Wertänderung der in den Fonds einbezogenen Positionen.

Nach dem ÖFG sind die Wertpapiere des Umlaufvermögens nur dann verpflichtend einzubeziehen, wenn diese als Liquiditätsreserven gehaltenen Titel sofort in Geld umgewandelt werden können und dabei nur einem unwesentlichen Wertschwankungsrisiko unterliegen. Aktien scheiden für den Einbezug damit aus. Für diese Fallstudie soll mangels anderer Information die Annahme getroffen werden, daß sämtliche Wertpapiere die Voraussetzung erfüllen, um in den Fonds aufgenommen zu werden. Der Fonds setzt sich demzufolge aus den Bilanzpositionen B III und B IV zusammen.

1 Ergebnis der gewöhnlichen Geschäftstätigkeit 263,2
2 Überleitung auf den Netto-Geldfluß aus der gewöhnlichen Geschäftstätigkeit
  a) ± Abschreibungen/Zuschreibungen auf Vermögensgegenstände
      des Investitionsbereiches + 156,8
  b) ± Verlust/Gewinn aus dem Abgang von Vermögensgegenständen
      des Investitionsbereiches − 101,2
  c) ± sonstige zahlungsunwirksame Aufwendungen/Erträge − 15,8
  d) ± Abnahme/Zunahme der Vorräte, der Forderungen aus Lieferungen
      und Leistungen sowie anderer Aktiva − 165,4
  e) ± Zunahme/Abnahme von Rückstellungen − 4,6

f) ± Zunahme der Verbindlichkeiten aus Lieferungen und Leistungen
   sowie anderer Passiva — 132,0
3 Netto-Geldfluß aus der gewöhnlichen Geschäftstätigkeit + 1,0
4 ± Netto-Geldfluß aus außerordentlichen Posten —
5 – Zahlungen für Ertragsteuer — 1,6
6 *Netto-Geldfluß aus laufender Geschäftstätigkeit* — *0,6*
7 Einzahlungen aus Anlagenabgang (ohne Finanzanlagen) + 106,4
8 + Einzahlungen aus Finanzanlagenabgang und sonstigen
   Finanzinvestitionen + 16,8
9 – Auszahlungen für Anlagenzugang (ohne Finanzanlagen) — 30,8
10 – Auszahlungen für Finanzanlagenzugang und sonstige
   Finanzinvestitionen — 170,8
11 *Netto-Geldfluß aus der Investitionstätigkeit* — *78,4*
12 Einzahlungen von Eigenkapital —
13 – Rückzahlungen von Eigenkapital —
14 – Auszahlungen aus der Bedienung des Eigenkapitals — 60,0
15 + Einzahlungen aus der Begebung von Anleihen und der
   Aufnahme von Finanzkrediten + 76,5
16 – Auszahlungen für die Tilgung von Anleihen und Finanzkrediten —
17 *Netto-Geldfluß aus der Finanzierungstätigkeit* + *16,5*
18 *zahlungswirksame Veränderung des Finanzmittelbestandes*
    (Z 6+11+17) — *62,5*
19 ± wechselkursbedingte und sonstige Wertänderungen des
   Finanzmittelbestandes —
20 + Finanzmittelbestand am Beginn der Periode + 312,9
21 *Finanzmittelbestand am Ende der Periode* + *250,4*

Berechnungsanleitung:

(2a): + Abschreibung lt. Anlagenspiegel 157,3
   – Erträge aus der Zuschreibung zu Finanzanlagen lt. Anlagenspiegel 0,5
Hier sind die Abschreibungen und Zuschreibungen, die den Fonds betreffen, nicht zu berücksichtigen. Somit dürfen die Abschreibungen und Zuschreibungen der Wertpapiere des Umlaufvermögens nicht aufgenommen werden, da diese annahmegemäß zur Gänze dem Fonds zuzuordnen sind.
(2b): – Erträge aus dem Abgang von Anlagevermögen
   mit Ausnahme von Finanzanlagen gem. Punkt 4a GuV 93,6
   – Erträge aus dem Abgang von Finanzanlagen und sonstigen
   Finanzinvestitionen gem. Punkt 13 GuV (annahmegemäß sind
   Erträge aus dem Abgang und der Zuschreibung zu Wertpapieren = 0) 8,1

+ Zuschreibung laut Anlagenspiegel (da im Punkt 13 GuV
auch die Zuschreibungen enthalten sind, müssen sie hier
ausgegliedert werden) 0,5

Annahmegemäß gibt es keine Verluste aus dem Abgang von Anlagevermögen und Finanzinvestitionen.

(2c): − Auflösung der Abgrenzung von Investitionszuschüssen 15,8
(2d): + Abnahme der Vorräte gem. Punkt B I lt. Bilanz 76,5
− Zunahme der Forderungen und sonstigen Vermögensgegenstände
gem. Punkt B II lt. Bilanz 243,4
+ Abnahme ARA Punkt C lt. Bilanz 1,5

Annahmegemäß sind alle in Punkt 2d enthaltenen Posten der gewöhnlichen Geschäftstätigkeit zuzuordnen.

(2e): + Zunahme der Rückstellungen für Abfertigungen und Pensionen
gem. Punkt D 1 und D 2 lt. Bilanz 1,0
− Abnahme sonstiger Rückstellungen gem. Punkt D 4 lt. Bilanz 5,6

Annahmegemäß sind alle Steuerrückstellungen Ertragsteuerrückstellungen, die unter Punkt 2e nicht zu berücksichtigen sind.

(2f): − Abnahme der Verbindlichkeiten gem. Punkt E lt. Bilanz mit Ausnahme
Punkt E 1 lt. Bilanz, da diese annahmegemäß zur Gänze den
Finanzierungsbereich betreffen 128,5
− Abnahme der PRA gem. Punkt F lt. Bilanz 3,5

Annahmegemäß sind alle in Punkt 2f enthaltenen Posten der gewöhnlichen Geschäftstätigkeit zuzuordnen.

(5): − Steuern vom Einkommen und Ertrag gem. Punkt 18 lt. GuV 39,6
+ Zunahme Ertragsteuerrückstellung 38,0

Annahmegemäß gibt es keine Veränderung der Verbindlichkeiten aus Ertragsteuern gem. Punkt E 7a lt. Bilanz gegenüber dem Vorjahr.

(7): + Erträge aus Anlagenabgang gem. Punkt 4a lt. GuV 93,6
+ Abgänge lt. Anlagenspiegel zu Buchwerten (wird wie folgt
ermittelt: Buchwert Vorjahr minus Abschreibung plus
Zuschreibungen plus Zugänge plus/minus Umbuchungen
minus Buchwert aktuelles Jahr) 12,8
(8): + Erträge aus dem Abgang von Finanzanlagen gem. Punkt 13 lt. GuV
(annahmegemäß sind Erträge aus dem Abgang und der Zuschreibung
zu Wertpapieren = 0, Zuschreibungen zu Finanzanlagen lt.
Anlagenspiegel werden ausgegliedert) 7,6
+ Abgänge von Finanzanlagen lt. Anlagenspiegel zu Buchwerten
(Ermittlung wie oben beschrieben) 9,2
(9): − Zugang lt. Anlagenspiegel 30,8
(10): − Zugang lt. Anlagenspiegel 170,8
(14): − Bilanzgewinn des Vorjahres gem. Punkt A IV 66.8
+ Gewinnvortrag 6,8

(15): + Zunahme der Verbindlichkeiten gegenüber Kreditinstituten (betreffen annahmegemäß zur Gänze den Finanzierungsbereich)   76,5

Aufgabe 2

Weder in Deutschland noch in Österreich stellt die Kapitalflußrechnung einen obligatorischen Bestandteil des Jahresabschlusses dar. Dies ist insofern problematisch, als ein externer Analyst eine Kapitalflußrechnung aus den Jahresabschlüssen nur unter sehr *restriktiven Annahmen* ableiten kann, da dem externen Bilanzleser in der Regel Informationen über „*noncash transactions*" nur sehr unzureichend zur Verfügung stehen.

Darüber hinaus ergeben sich für den externen Analytiker erhebliche Probleme im Zusammenhang mit der Zuordnung von Zahlungsströmen zu den einzelnen Tätigkeitsbereichen; es müssen meist etliche Annahmen getroffen werden: So werden bei externen Kapitalflußrechnungen sämtliche Anlagenzugänge i. d. R. im Investitionsbereich als cash-outflows aufscheinen, auch wenn tatsächlich noch kein Zahlungsmittelabfluß stattgefunden hat. Die Erhöhung der Lieferverbindlichkeiten aus dem Anlagenverkauf verzerrt i. d. R. ebenfalls den Cash Flow aus der laufenden Geschäftstätigkeit, da der externe Bilanzleser meist mangels zusätzlicher Information die gesamte Veränderung der Lieferverbindlichkeiten dem Bereich der laufenden Geschäftstätigkeit zuordnen wird. Im Rahmen der externen Analyse führen derartige Vorgänge zu einem verzerrten Ausweis des Cash Flows aus der laufenden Geschäftstätigkeit. Gleichartige Probleme wirft eine Veräußerung von Anlagen auf Ziel auf, wenn der Kaufpreis zum Bilanzstichtag noch nicht bezahlt ist.

Wie die obigen Ausführungen gezeigt haben, führen die damit verbundenen Einschränkungen in den Möglichkeiten zur externen Ermittlung einer Kapitalflußrechnung zu Ungenauigkeiten. Auch kann eine extern aufgestellte Kapitalflußrechnung, die letztendlich aus nichts anderem als einem Umgruppieren von Werten aus dem Jahresabschluß besteht, materiell nicht mehr Informationen bieten als dieser. Der Vorteil einer solcherart erstellten Kapitalflußrechnung besteht aber in einem besseren Ersichtlichmachen von Zahlungsströmen. Im Rahmen der Interpretation extern ermittelter Kapitalflußrechnungen ist es notwendig, diese Ungenauigkeiten entsprechend zu berücksichtigen.

Literaturhinweise

AUER, K.: Cash Flow Statements im Einzel- und Konzernabschluß, Wien 1998.
EGGER, A./SAMER, H.: Der Jahresabschluß nach dem Handelsgesetzbuch: Erstellung und Analyse, Bd. 1: Der Einzelabschluß, 6. Aufl., Wien 1997.
Österreichische Kammer der Wirtschaftstreuhänder (Fachsenat): Die Geldflußrechnung als Ergänzung des Jahresabschlusses, Wien 1998.
HFA: Die Kapitalflußrechnung als Ergänzung des Jahres- und Konzernabschlusses, HFA-Stellungnahme 1/1995, Die Wirtschaftsprüfung, 1995, S. 210-213.
MANDL, G./RABEL, K.: Analyse der Finanzlage durch eine Kapitalflußrechnung, RWZ 1991, S. 23-29.

JAHRESABSCHLUSS 1997

ANLAGENSPIEGEL (GEKÜRZT)

	Zugänge	Buchwert Stand 31.12.97	Buchwert Stand 31.12.96	Abschreibungen im Geschäftsjahr 1997	Zuschreibungen im Geschäftsjahr 1997
	ATS	ATS	ATS	ATS	ATS
I. Immaterielle Vermögensgegenstände	4.535.065	4.250.444	5.179.556	-5.464.177	
II. Sachanlagen	26.244.398	629.612.565	734.974.728	-118.806.868	
III. Finanzanlagen	170.787.901	907.182.870	778.097.016	-33.000.480	487.200
	201.567.364	1.541.045.879	1.518.251.300	-157.271.525	487.200

JAHRESABSCHLUSS 1997

BILANZ ZUM 31. DEZEMBER 1997

AKTIVA		31.12.1997 (ATS)		31.12.1996 (TATS)	
A. ANLAGEVERMÖGEN					
I. Immaterielle Vermögensgegenstände Gewerbliche Schutzrechte, Lizenzen und ähnliche Rechte		4.250.444		5.180	
II. Sachanlagen					
1. Grundstücke und Bauten, einschließlich der Bauten auf fremdem Grund					
a) Grundwert der bebauten Grundstücke		10.262.251		21.014	
b) Gebäudewert		326.898.936		359.378	
c) Unbebaute Grundstücke		2.155.154		2.158	
		339.316.341		382.550	
2. Technische Anlagen und Maschinen		258.671.338		318.827	
3. Andere Anlagen, Betriebs- und Geschäftsausstattung		31.418.107		33.241	
4. Geleistete Anzahlungen und Anlagen in Bau					
a) Anzahlungen für Anlagen		100.247		13	
b) Anlagen in Bau		106.532		343	
		206.779		356	
		629.612.565		734.974	
III. Finanzanlagen					
1. Anteile an verbundenen Unternehmen		778.400.053		645.918	
2. Ausleihungen an verbundene Unternehmen		6.667.100		7.820	
3. Beteiligungen		524.364		525	
4. Wertpapiere (Wertrechte) des Anlagevermögens		118.179.775		120.881	
5. Sonstige Ausleihungen		3.411.578		2.953	
		907.182.870	1.541.045.879	778.097	1.518.251
B. UMLAUFVERMÖGEN					
I. Vorräte					
1. Roh-, Hilfs- und Betriebsstoffe		119.321.707		133.268	
2. Unfertige Erzeugnisse		84.517.233		149.436	
3. Fertige Erzeugnisse und Waren		12.827.500		16.499	
4. Noch nicht abrechenbare Leistungen		50.096.796		45.083	
5. Geleistete Anzahlungen		2.164.339		1.124	
		268.927.575		345.410	
II. Forderungen und sonstige Vermögensgegenstände					
1. Forderungen aus Lieferungen und Leistungen		149.119.364		144.846	
2. Forderungen gegenüber verbundenen Unternehmen		1.246.756.753		1.114.152	
3. Forderungen gegenüber Unternehmen, mit denen ein Beteiligungsverhältnis besteht		142.281.515		62.500	
4. Sonstige Forderungen und Vermögensgegenstände		113.829.420		87.106	
		1.651.987.052		1.408.604	
III. Wertpapiere und Anteile Sonstige Wertpapiere und Anteile		179.678.241		221.658	
IV. Kassenbestand, Schecks, Guthaben bei Kreditinstituten					
1. Kassenbestand und Postscheckguthaben		999.754		1.115	
2. Guthaben bei Kreditinstituten		69.670.186		90.094	
davon aus verbundenen Unternehmen	47.465.691				
		70.669.940	2.171.262.808	91.209	2.066.881
C. RECHNUNGSABGRENZUNGSPOSTEN			3.061.816		4.562
			3.715.370.503		3.589.694
D. EVENTUALFORDERUNGEN			197.691.500		330.377

2. Angewandte Finanzwirtschaft

PASSIVA		31.12.1997 (ATS)		31.12.1996 (TATS)	
A. EIGENKAPITAL					
I. Grundkapital		1.000.000.000		1.000.000	
II. Kapitalrücklagen					
1. Gebundene Rücklagen		200.000.000		200.000	
2. Nicht gebundene Rücklagen		23.760.319		23.760	
		223.760.319		223.760	
III. Gewinnrücklagen					
1. Satzungsmäßige Rücklagen		22.504.330		22.504	
2. Freie Rücklagen		220.000.000		220.000	
		242.504.330		242.504	
IV. Bilanzgewinn		232.700.274	1.698.964.923	66.785	1.533.049
davon Gewinnvortrag	6.784.987				
B. UNVERSTEUERTE RÜCKLAGEN					
1. Bewertungsreserve auf Grund von Sonderabschreibungen		42.931.848		45.494	
2. Sonstige unversteuerte Rücklagen					
a) Investitionsfreibetrag 1996 gem. § 10 EStG		1.049.352		1.049	
Investitionsfreibetrag 1997 gem. § 10 EStG		2.187.563		0	
		3.236.915		1.049	
b) Mietzinsrücklage gem. § 11 EStG		10.629.269		12.511	
		13.866.184	56.798.032	13.560	59.054
C. INVESTITIONSZUSCHÜSSE					
1. Reserve aus investitionsabhängigen Zuschüssen		48.014.038		63.499	
2. Reserve aus investitionsabhängigen Zuschüssen von Instituten der öffentlichen Hand		711.111	48.725.149	1.022	64.521
D. RÜCKSTELLUNGEN					
1. Rückstellungen für Abfertigungen		132.561.186		129.159	
2. Rückstellungen für Pensionen		120.640.272		123.076	
3. Steuerrückstellungen		38.000.000		11	
4. Sonstige Rückstellungen		619.951.058	911.152.516	625.581	877.827
E. VERBINDLICHKEITEN					
1. Verbindlichkeiten gegenüber Kreditinstituten		322.749.972		246.269	
davon aus verbundenen Unternehmen	244.069.836				
2. Erhaltene Anzahlungen auf Bestellungen		94.076.969		61.761	
3. Verbindlichkeiten aus Lieferungen und Leistungen		244.668.961		181.258	
4. Verbindlichkeiten aus der Annahme gezogener Wechsel und der Ausstellung eigener Wechsel				100.000	
5. Verbindlichkeiten gegenüber verbundenen Unternehmen		96.531.859		205.498	
6. Verbindlichkeiten gegenüber Unternehmen, mit denen ein Beteiligungsverhältnis besteht		1.723.354		4.934	
7. Sonstige Verbindlichkeiten		219.671.486	979.422.601	231.711	1.031.431
a) davon aus Steuern	13.464.397				
b) davon im Rahmen der sozialen Sicherheit	13.209.101				
F. RECHNUNGSABGRENZUNGSPOSTEN			20.307.282		23.812
			3.715.370.503		3.589.694
G. EVENTUALVERBINDLICHKEITEN			197.691.500		330.377

JAHRESABSCHLUSS 1997

GEWINN- UND VERLUSTRECHNUNG FÜR DAS GESCHÄFTSJAHR 1997

		Jänner - Dezember 1997 ATS		Jänner - Dezember 1996 TATS	
1.	Umsatzerlöse		3.429.913.271		3.774.266
2.	Veränderung des Bestandes an fertigen und unfertigen Erzeugnissen sowie an noch nicht abrechenbaren Leistungen		-61.893.714		-29.587
3.	Andere aktivierte Eigenleistungen		372.514		663
4.	Sonstige betriebliche Erträge:				
	a) Erträge aus dem Abgang vom Anlagevermögen mit Ausnahme der Finanzanlagen	93.618.162		88.223	
	b) Erträge aus der Auflösung von Rückstellungen	62.008.829		82.911	
	c) Übrige	391.090.595	546.717.586	391.530	562.664
5.	Aufwendungen für Material und sonstige bezogene Herstellungsleistungen:				
	a) Materialaufwand	-2.534.568.581		-2.949.765	
	b) Aufwendungen für bezogene Leistungen	-31.753.285	-2.566.321.866	-17.458	-2.967.223
6.	Personalaufwand:				
	a) Löhne	-233.624.863		-259.369	
	b) Gehälter	-261.546.230		-265.016	
	c) Aufwendungen für Abfertigungen	-24.300.067		-19.204	
	d) Aufwendungen für Altersversorgung	-9.783.299		-17.016	
	e) Aufwendungen für gesetzlich vorgeschriebene Sozialabgaben sowie vom Entgelt abhängige Abgaben und Pflichtbeiträge	-135.745.213		-142.934	
	f) Sonstige Sozialaufwendungen	-1.928.086	-666.927.758	-2.890	-706.429
7.	Abschreibungen auf immaterielle Gegenstände des Anlagevermögens und Sachanlagen		-124.271.045		-134.318
8.	Sonstige betriebliche Aufwendungen:				
	a) Steuern, soweit sie nicht unter Z 18 fallen	-2.546.201		-2.686	
	b) Übrige	-526.685.246	-529.231.447	-842.326	-845.012
9.	**Zwischensmme aus Z. 1 bis 8**		28.357.541		-344.976
10.	Erträge aus Beteiligungen		289.824.990		369.978
	davon aus verbundenen Unternehmen 1996 TATS	289.824.990		369.978	
11.	Erträge aus anderen Wertpapieren und Ausleihungen des Finanzanlagevermögens		9.698.280		9.043
	davon aus verbundenen Unternehmen 1996 TATS	3.334.728		1.911	
12.	Sonstige Zinsen und ähnliche Erträge		98.347.690		108.308
	davon aus verbundenen Unternehmen 1996 TATS	28.441.877		25.971	
13.	Erträge aus dem Abgang von und der Zuschreibung zu Finanzanlagen und Wertpapieren des Umlaufvermögens		8.136.666		100.182
14.	Aufwendungen aus Finanzanlagen und aus Wertpapieren des Umlaufvermögens		-110.371.075		-85.533
	davon sind gesondert auszuweisen:				
	a) Abschreibungen	-33.857.324			
	1996 TATS	-61.210			
	b) Aufwendungen aus verbundenen Unternehmen	-106.890.571			
	1996 TATS	-78.704			
15.	Zinsen und ähnliche Aufwendungen		-60.767.761		-71.285
	davon betreffend verbundene Unternehmen	-15.527.254			
	1996 TATS	-21.139			
16.	**Zwischensumme aus Z. 10 bis 15**		234.868.790		430.693
17.	**Ergebnis der gewöhnlichen Geschäftstätigkeit**		263.226.331		85.717
18.	Steuern vom Einkommen und vom Ertrag		-39.566.795		-494
19.	**Jahresüberschuß**		223.659.536		85.223
20.	Auflösung unversteuerter Rücklagen		4.443.314		7.585
21.	Zuweisung zu unversteuerten Rücklagen		-2.187.563		-1.049
			225.915.287		91.759
22.	Gewinnvortrag/Verlustvortrag aus dem Vorjahr		6.784.987		-24.974
23.	**Bilanzgewinn**		232.700.274		66.785

Jürgen Bernhardt

Investitionsüberlegungen im Rahmen des Marketing-Mix

Aufgabe 1

Warum ist es aus finanzwirtschaftlicher Sicht sinnvoll, eine kommunikationspolitische Maßnahme mit differenzierten Marktforschungsinstrumenten ex ante zu beurteilen?

Aufgabe 2

Die „Sonnenlicht KGaA" plant zur Einführung des neuen Vollwaschmittels „Herkules" eine Werbekampagne in Printmedien, die die Markteinführung „optimal" unterstützen soll. Hierzu steht einmalig der Gesamtwerbeetat von 590.000 DM zur Verfügung.

Auf einem Testmarkt wurde herausgefunden, daß Frauen (Männer) mit einer Kaufwahrscheinlichkeit von 35 % (4 %) das Produkt benutzen werden.

Für die Budgetverteilung stehen folgende Medien zur Verfügung:

Zeitschrift	Erscheint	Kosten pro Belegung (1/1 Seite)	Nutzer[1] pro Ausgabe (kumulierte Reichweite bei einmaliger Schaltung = K1-Wert)
TV am Abend	wöchentlich	35.000 DM	200.000
Women's World	alle 14 Tage	20.000 DM	80.000
Heim und Herd	alle 2 Monate	5.000 DM	100.000

[1] Die Begriffe Nutzer und Leser werden im folgenden synonym verwandt.

Die Leserschaft der einzelnen Zeitschriften wurde durch Mediaanalyse ermittelt:

Zeitschrift	männlich	weiblich
TV am Abend	50 %	50 %
Women's World	5 %	95 %
Heim und Herd	20 %	80 %

Darüber hinaus ist als Erfahrungswert bekannt, daß „Heim und Herd" ein durchschnittlich wirksames Medium ist und dafür den Kontaktqualitätsfaktor 1 erhält. Eine Schaltung in „TV am Abend" („Women's World") ist doppelt (halb) so wirksam wie eine Anzeige vergleichbarer Größe in „Heim und Herd".

a) Ermitteln Sie den optimalen Streuplan für das Unternehmen, wenn es seine Kontaktsumme über das Tausender-Kontaktpreis-Kriterium maximieren möchte.

b) Welche maximale Kontaktsumme (gewichtet und ungewichtet) wird durch den optimalen Streuplan realisiert?

c) Überprüfen Sie die Vorteilhaftigkeit der Werbeinvestition (nach Maßgabe des optimalen Streuplans, einmalige Investition des Werbebudgets) mit Hilfe der Kapitalwertmethode. Es sind – auf drei Perioden gleichmäßig verteilt – Deckungsbeiträge (Einzahlungsüberschüsse) in Höhe von DM 0,60 pro voraussichtlich verkaufter Produkteinheit (der Absatz wird nur durch den Einsatz obiger Werbemittel beeinflußt) zu erwarten. Es kann von der (unrealistischen) Annahme ausgegangen werden, daß jeder Werbemittelkontakt der Zielgruppe genau eine Kaufhandlung auslöst. Der Kalkulationszinsfuß beträgt 10 %.

Lösung

Aufgabe 1

Kommunikationpolitische Maßnahmen sind, ebenso wie die meisten anderen Instrumente des Marketing-Mix, mittelverwendende Aktivitäten des Unternehmens. Es ist daher opportun, sie auch aus finanzwirtschaftlicher Sicht (Knappheitsgesichtspunkte) als Investitionen zu sehen und zu beurteilen. Es sollten aus diesem Grund alle ökonomisch sinnvollen und verfügbaren Marktforschungsinformationen herangezogen werden, um die Entscheidung abzusichern. Auf einem Käufermarkt, der heute wohl für die meisten Produkte die Realität darstellt, hat die systematische Planung des unternehmerischen Marktauftritts eine herausragende Bedeutung. Der Markt – und damit die Absatzplanung – ist der Enpaßfaktor, an dem sich (alle) unternehmerischen Teilpläne auszurichten haben. Hintergrund für Überlegungen, die sich – wie die Werbeplanung – mit der Beseitigung von Marktwiderstand, der sich einerseits aus mangelnder Nachfrage der Verbraucher und andererseits aus den Angeboten und den Aktivitäten der Konkurrenz ergibt, beschäftigen, ist erstens das Gesetz des abnehmenden Grenzertrags und zweitens die Prüfung, ob eine alternative Mittelverwendung (z.B. ein anderes Investitionsprojekt oder eine Alternativanlage) nicht zu höheren Erträgen führen könnte.

Aufgabe 2

Die Werbeplanung umfaßt zwei Dimensionen. Zum einen muß die Höhe des bereitzustellenden Werbebudgets festgelegt werden, und zum anderen wird bestimmt, auf welche Werbeträger dieses Budget verteilt werden soll (Streuplanung). Die Zielsetzung der Werbeplanung liegt nun darin, sowohl die Höhe der Werbeausgaben festzulegen als auch Aufteilung des Werbebudgets so zu bestimmen, daß nicht nur die Kosten der Werbeaktion selbst gedeckt werden, sondern darüber hinaus durch die zusätzlichen Umsätze ein möglichst großer Nettogewinn bleibt. Das Werbebudget soll also möglichst *effizient* auf die zur Verfügung stehenden Medien verteilt werden. Das Effizienzkriterium ist in diesem Fall erfüllt, wenn möglichst viele Personen der relevanten Zielgruppe(n) von der Werbebotschaft erreicht werden (optimaler Werbestreuplan).

Ein häufig zur Mediaselektion verwendetes Instrument ist das *Tausender-Kontaktpreis-Kriterium*. Hier wird für jedes Medium ermittelt, wieviel es kostet, mit einer Belegung jeweils eintausend Personen zu erreichen (Tausender-Kontaktpreis, TKP):

$$TKP_j = \frac{c_j}{Kl_j} \cdot 1000$$

mit: c_j = Kosten je Belegung des j-ten Mediums
Kl_j = Nutzer pro Ausgabe des j-ten Mediums

Ist der Tausenderkontaktpreis für alle in Betracht kommenden Medien ermittelt, wird nach folgender Entscheidungsregel verfahren: Verwende das Medium mit dem günstigsten TKP so oft wie möglich. Ist das Werbebudget dann noch nicht ausgeschöpft, so folgt die Belegung des Mediums mit dem zweitniedrigsten TKP und so weiter. Das Tausender-Kontaktpreis-Kriterium stellt sicher, daß die Kontaktsumme maximiert wird. Dies sagt jedoch nichts – und dies ist ein Kritikpunkt an diesem Modell – darüber aus, wieviele Personen tatsächlich (neu) erreicht wurden. Mehrfachkontakte (denselben Leser erreicht die gleiche Werbebotschaft über verschiedene Zeitschriften oder mehrmals hintereinander), bedingt durch interne oder externe Überschneidungen, werden wie – wertvollere – Neukontakte gezählt. Der TKP kann auf Basis verschiedener Größen ermittelt werden. So kann die Heranziehung des genauen Zielgruppensegmentes und eine Gewichtung der betrachteten Medien nach Wirksamkeit (wie in dieser Aufgabe), anstatt lediglich der Nutzer/Leser pro Ausgabe, dazu führen, daß durchaus auch vordergründig teurere Medien belegt werden.

a) Zur Ermittlung des gewichteten TKPs sind zuerst die (mutmaßlichen) Käufer des Produkts unter allen Lesern der Zeitschriften pro Ausgabe zu berechnen. Es ist dies die Summe der männlichen und weiblichen Nutzer der Zeitschrift, die voraussichtlich zu den Käufern von „Herkules" gehören werden, jeweils gewichtet mit dem Kontaktqualitätsfaktor des Mediums.

Die zielgruppengewichteten Reichweiten der Zeitschriften betragen also:

TV am Abend: $Kl_1^{zg} = 0{,}5 \cdot Kl \cdot 0{,}04 \cdot 2 + 0{,}5 \cdot Kl \cdot 0{,}35 \cdot 2 = 78.000$

Erläuterung:
50% (0,5) der gesamten Leserschaft (Reichweite K1=200.000) der Zeitschrift sind Männer, die mit 4% (0,04) Wahrscheinlichkeit das Produkt kaufen werden. Diese Kontaktsumme wird – wegen der „doppelten" Wirksamkeit des Mediums – mit 2 multipliziert. Zur gesamten zielgruppengewichteten Reichweite gelangt man durch Addition des entsprechenden Wertes für die weibliche Nutzerschaft im zweiten Teil des obigen Terms.

Analog ist das Vorgehen für die beiden weiteren Zeitschriften:

Women's World: $\quad K1_2^{zg} = 0,05 \cdot K1 \cdot 0,04 \cdot 0,5 + 0,95 \cdot K1 \cdot 0,35 \cdot 0,5 = 13.380$

Heim und Herd: $\quad K1_3^{zg} = 0,2 \cdot K1 \cdot 0,04 \cdot 1 + 0,8 \cdot K1 \cdot 0,35 \cdot 1 = 28.800$

Hieraus ergeben sich folgende Tausenderkontaktpreise (gerundet):

$$TKP_1^{zg} = \frac{35.000}{78.000} \cdot 1.000 = 449,- \text{ DM} \quad \text{(TV am Abend)}$$

$$TKP_2^{zg} = \frac{20.000}{13.380} \cdot 1.000 = 1.495,- \text{ DM} \quad \text{(Women's World)}$$

$$TKP_3^{zg} = \frac{5.000}{28.800} \cdot 1.000 = 174,- \text{ DM} \quad \text{(Heim und Herd)}$$

Nach der Entscheidungsregel ergibt sich daraus folgender *optimaler Streuplan* für ein Budget von 590.000 DM:

- 6 Belegungen (maximal mögliche Anzahl, da sechs Ausgaben pro Jahr) in „Heim und Herd": $\quad 6 \cdot 5.000 \text{ DM} = 30.000 \text{ DM}$
- 16 Belegungen in „TV am Abend": $\quad 16 \cdot 35.000 \text{ DM} = \underline{560.000 \text{ DM}}$
$\quad\quad\quad\quad\quad\quad\quad\quad\quad\quad\quad\quad\quad\quad\quad\quad\quad\quad\quad\quad$ 590.000 DM

Das zur Verfügung stehende Werbebudget wäre hiermit vollständig ausgeschöpft.

b) Hierdurch wird folgende maximale Kontaktsumme realisiert:

gewichtet: $\quad R_g^{zg} = 6 \cdot K1_3^{zg} + 16 \cdot K1_1^{zg} = 6 \cdot 28.800 + 16 \cdot 78.000 = 1.420.800$

ungewichtet: $R = 6 \cdot K1_3 + 16 \cdot K1_1 = 6 \cdot 100.000 + 16 \cdot 200.000 = 3.800.000$

c) Der voraussichtliche Gesamtabsatz bei Einsatz des optimalen Streuplans beträgt 1.420.800 Produkteinheiten (gewichtete Kontaktsumme).

Dieser Absatz verteilt sich (laut Aufgabenstellung) gleichmäßig auf drei Perioden, also 473.600 Einheiten pro Jahr. Jedes verkaufte Waschmittelpaket bedeutet für das Unternehmen einen Deckungsbeitrag von 0,60 DM, der als Einzahlungsüberschuß zu betrachten ist.

Es ergibt sich daraus folgender Zahlungsstrom (in DM):

t=0	1	2	3
$-590.000 = -a_0$	284.160	284.160	284.160

Für den vorliegenden Fall kann der Kapitalwert (C) der Zahlungsreihe relativ einfach ermittelt werden, da am Ende der Zeitspanne kein Restwert zu beachten ist und die Einzahlungen als Annuität mit jeweils gleicher Höhe (g = 284.160 DM, n = Anzahl der Einzahlungsperioden) angesehen werden können. Bei gegebenem Kalkulationszinsfuß (i = 10%) und der Werbeinvestition (a_0 = 590.000) gilt daher:

$$C = g \cdot \frac{(1+i)^n - 1}{i \cdot (1+i)^n} - a_0 = 284.160 \cdot \frac{(1+0,1)^3 - 1}{0,1 \cdot (0,1+1)^3} - 590.000 = 116.664$$

Der Kapitalwert nimmt in unserem Beispiel also einen positiven Wert an, was bedeutet, daß die Werbeinvestition – bei Beurteilung mit der Kapitalwertmethode – lohnend ist und durchgeführt werden sollte.

Literaturhinweise

KRUSCHWITZ, L.: Investitionsrechnung, 6. Aufl., Berlin/New York 1995.
MATSCHKE, M.J.: Investitionsplanung und Investitionskontrolle, Herne/Berlin 1993.
NIESCHLAG, R./DICHTL, E./HÖRSCHGEN, H.: Marketing, 17. Aufl., Berlin 1994.
SCHMALEN, H.: Kommunikationspolitik – Werbeplanung –, 2. Aufl., Stuttgart/Berlin/Köln 1992.

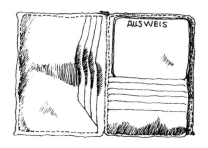

III. Fallstudien zu speziellen Problemen der Betrieblichen Finanzwirtschaft

1. Bank- und Versicherungsbetriebslehre

Rainer Linde

Bestimmung des effektiven Jahreszinses nach Preisangabeverordnung (PAngV)

Aufgabe 1

Was versteht man nach der Preisangabeverordnung (PAngV) unter dem effektiven Jahreszins? In welchen Fällen und wem gegenüber ist dieser anzugeben?

Aufgabe 2

Beschreiben Sie das Newton-Verfahren zur näherungsweisen Bestimmung einer Nullstelle einer differenzierbaren Funktion f! Bestimmen Sie ausgehend vom Startwert $x_0 = 0$ eine Nullstelle der Funktion $f(x) = x^3 + x^2 + 2x + 1$ auf 4 Stellen nach dem Komma genau!

Aufgabe 3

a) Um einen Kredit in Höhe von 1 Mio. DM, der am 1.1.00 voll ausgezahlt wird, zurückzuzahlen, wurden 12 nachschüssig zu zahlende Monatsraten von jeweils 87.026,00 DM vereinbart. Außer den Monatsraten sind keine weiteren Zahlungen zu leisten. Bestimmen Sie den effektiven Jahreszins nach PAngV für diesen Kredit!

b) Leiten Sie allgemein eine Bestimmungsgleichung für den effektiven Jahreszins nach PAngV für einen Kredit K her, der am 1.1.00 voll ausgezahlt wird und monatlich nachschüssig mit gleichen Raten R getilgt wird! Die Laufzeit betrage n volle Jahre, so daß insgesamt 12n Raten zu zahlen sind.

c) Bestimmen Sie mit dem Ergebnis aus Teilaufgabe b) und dem Newton-Verfahren den effektiven Jahreszins nach PAngV für einen Kredit über 100.000,00 DM, der am 1.1.00 voll ausgezahlt wird, eine Laufzeit von 5 Jahren hat und für den eine monatlich nachschüssige Rate von 1.950,00 DM vereinbart wurde!

Aufgabe 4

a) Beschreiben Sie die in der II. Verbraucherkreditrichtlinie (VKRL) der EG-Richtlinien geforderte internationale Methode zur Bestimmung des effektiven Jahreszinses!

b) Am 1.1.00 erhalten Sie einen Kredit in Höhe von 10.000,00 DM, den Sie durch die folgenden Zahlungen tilgen:

        3.000,00   DM am 1.4.00
        4.000,00   DM am 1.9.00
        4.000,00   DM am 1.3.01

Bestimmen Sie den effektiven Jahreszins des Krediles nach der PAngV und nach der internationalen Methode!

Lösung

Aufgabe 1

Entsprechend §4 Abs. 1 Satz 1 PAngV sind als Preis bei einem Kredit die Gesamtkosten als „effektiver Jahreszins" anzugeben. Nach §4 Abs. 2 wird dieser ausgehend von den tatsächlichen Zahlungen auf der Grundlage taggenauer Verrechnung und nachschüssiger Zinsbelastung entsprechend §608 BGB (Zinsen für ein Darlehen sind nach Ablauf eines Jahres zu erstatten) staffelmäßig abgerechnet. Dieses Verfahren wird treffend auch als „Sparbuchmethode" bezeichnet. Nach dem §1 Abs. 1 Satz 1 PAngV ist der effektive Jahreszins dem Letztverbraucher anzugeben, wenn der Kreditgeber gewerbs- oder geschäftsmäßig oder regelmäßig in sonstiger Weise Kredite vergibt.

Aufgabe 2

Das Newton-Verfahren ist ein iteratives Verfahren zur Nullstellenapproximation einer differenzierbaren Funktion f. Dabei wird ausgehend von einem Startwert x_0 eine Folge $x_1, x_2, \ldots$ gebildet, die unter bestimmten Voraussetzungen (auf die hier nicht eingegangen werden soll) gegen eine Nullstelle der Funktion konvergiert. Das Approximationsverfahren kann abgebrochen werden, wenn eine vorgegebene Genauigkeitsschranke $\Delta > 0$ erreicht wurde, wenn also $|x_{n+1} - x_n| < \Delta$ gilt. Die Iterationsvorschrift lautet dabei:

$$x_{n+1} = x_n - \frac{f(x_n)}{f'(x_n)} \quad \text{für} \quad n = 0, 1, \ldots$$

In der konkreten Aufgabenstellung gilt $f'(x) = 3x^2 + 2x + 2$ und $\Delta = 0{,}0001$. Damit folgt:

$$x_1 = 0 - \frac{1}{2} = -0{,}5,$$

$$x_2 = -0{,}5 - \frac{0{,}125}{1{,}75} = -0{,}5714,$$

$$x_3 = -0{,}5714 - \frac{-0{,}00286}{1{,}8367} = -0{,}56984 \text{ und}$$

$$x_4 = -0{,}56984 - \frac{-0{,}000074}{1{,}8344} = -0{,}56980, \text{ d. h. } |x_4 - x_3| < \Delta.$$

Die Funktion f hat näherungsweise bei $-0{,}5698$ eine Nullstelle.

Aufgabe 3

a) Mit R = 87.026,00 DM gilt für den effektiven Jahreszins i im konkreten Kreditfall die folgende Bestimmungsgleichung:

$$1.000.000 = \left[R(1+\frac{11}{12}i) + R(1+\frac{10}{12}i) + \ldots + R(1+\frac{1}{12}i) + R \right] \cdot \frac{1}{1+i}$$

$$= \left[12R + \frac{i}{12}R(11+10+\ldots+1) \right] \cdot \frac{1}{1+i}$$

$$= \left[12R + \frac{11}{2}iR \right] \cdot \frac{1}{1+i}.$$

Durch Umstellung dieser Gleichung nach i erhält man:

$$i = \frac{12R - 1.000.000}{1.000.000 - 5{,}5R} = \frac{12 \cdot 87.026 - 1.000.000}{1.000.000 - 5{,}5 \cdot 87.026} = 0{,}085.$$

Der effektive Jahreszins nach PAngV für diesen Kredit beträgt 8,50%.

b) Die unterjährigen Zahlungen R müssen zuerst auf den Zeitpunkt der Verzinsung umgerechnet werden. Es gilt:

$$r = R(1+\frac{11}{12}i) + R(1+\frac{10}{12}i) + \ldots + R(1+\frac{1}{12}i) + R$$

$$r = R(12 + 5{,}5i).$$

Auf diesen umgerechneten Betrag r kann man nun den nachschüssigen Rentenbarwertfaktor anwenden. Damit erhält man die folgende Bestimmungsgleichung für den effektiven Jahreszins eines Kredites der Höhe K, der in 12n Monatsraten R (d. h. in n Jahren) getilgt wird:

$$K = r\frac{(1+i)^n - 1}{i(1+i)^n} = R\frac{(1+i)^n - 1}{i(1+i)^n}(12 + 5{,}5i).$$

Diese Formel ist für n > 1 allerdings nicht mehr geschlossen nach dem gesuchten Zinssatz i umstellbar.

c) Es gilt K = 100.000,00 DM, n = 5 Jahre (das entspricht 60 Monaten) und R = 1.950,00 DM. Damit muß die Gleichung:

$$100.000 = 1.950 \frac{(1+i)^5 - 1}{i(1+i)^5}(12 + 5{,}5i)$$

gelten. Um das Newton-Verfahren anwenden zu können, muß man diese Gleichung in die folgende umformen:

$$f(i) = 1.950 \frac{(1+i)^5 - 1}{i(1+i)^5}(12 + 5{,}5i) - 100.000 = 0.$$

Jetzt ist diese Funktion nach i zu differenzieren. Es gilt:

$$f'(i) = 1.950 \left[\frac{5(1+i)^4 i(1+i)^5 - \left((1+i)^5 - 1\right)\left((1+i)^5 + 5i(1+i)^4\right)}{i^2(1+i)^{10}}(12 + 5{,}5i) + \right.$$
$$\left. + \frac{(1+i)^5 - 1}{i(1+i)^5} 5{,}5 \right].$$

Durch Zusammenfassen und Kürzen erhält man:

$$f'(i) = 1.950 \left[\frac{1 + 6i - (1+i)^6}{i^2(1+i)^6}(12 + 5{,}5i) + \frac{(1+i)^5 - 1}{i(1+i)^5} 5{,}5 \right].$$

Beginnt man die Iteration mit $i_0 = 0{,}1$, so ergibt sich die Folge $i_1, i_2, \ldots$. Die Abbruchbedingung sei $\Delta = 0{,}0001$. Das entspricht einer Genauigkeitsangabe des effektiven Zinssatzes bis auf 2 Stellen nach dem Komma. Es ergibt sich folgende Iteration:

$$i_1 = 0{,}1 - \frac{-7229{,}97}{-196339{,}69} = 0{,}06318, \quad i_2 = 0{,}06318 - \frac{552{,}21}{-227371{,}52} = 0{,}06561$$

und $\quad i_3 = 0{,}06561 - \dfrac{2{,}43}{-225132{,}91} = 0{,}06562$, d. h. $|i_3 - i_2| < \Delta$.

Damit ergibt sich ein effektiver Jahreszins für diesen Kredit von 6,56 %. Tatsächlich ist der effektive Jahreszins durch die 3 Iterationsschritte sogar noch genauer bekannt.

Auch die 3. Stelle nach dem Komma ist richtig. Nach der PAngV (§4 Abs. 2 Satz 3) ist der Vomhundertsatz des effektiven Jahreszinses mit der im Kreditgewerbe üblichen Genauigkeit zu berechnen. Hier werden jedoch üblicherweise maximal zwei Nachkommastellen angegeben.

Zusatz: Es existieren Approximationsverfahren, die ohne die Berechnung der Ableitung der Funktion f(i) auskommen, dafür aber i. a. wesentlich langsamer gegen eine Nullstelle konvergieren. Als einfachstes Verfahren bietet sich das Verfahren der Intervallschachtelung an. Man bemerkt, daß f(0,1) negativ ist. Nun sucht man einen Zinssatz (der muß zwingend kleiner sein), so daß man einen positiven Funktionswert erhält. Dieser sei etwa i = 0,05. Jetzt wird dieses Intervall halbiert, man erhält i = 0,075. Da f(0,075) wieder ein negatives Vorzeichen hat, wird das Intervall von 0,5 bis 0,075 halbiert und analog weiter untersucht. Als weitere Möglichkeiten bietet sich das Sekantenverfahren (Regula falsi) an, auf das hier nicht näher eingegangen werden soll (vgl. etwa SCHWARZE, S. 103). Im Gegensatz zum Newton-Verfahren werden dabei ebenfalls zwei Startwerte i_0 und i_1 mit $f(i_0)f(i_1) < 0$ benötigt.

Aufgabe 4

a) In der EG-Richtlinie zur Angleichung der Rechts- und Verwaltungsvorschriften der Mitgliedstaaten über den Verbraucherkredit in der vom 22.2.1990 geänderten Fassung (vgl. *EG-RICHTLINIE* 90/88 vom 22.2.1990) ist ab dem 1. Januar 1993 der effektive Jahreszins von Verbraucherkrediten grundsätzlich nach der internationalen Methode zu bestimmen. Diese Methode wurde von der „Association of International Bond Dealers", die sich zwischenzeitlich in „International Securities Market Association" umbenannt hat, festgelegt. Sie wird deshalb häufig auch als AIBD- oder ISMA-Methode bezeichnet. Deutschland macht zur Zeit noch von dem Wahlrecht Gebrauch, die Berechnungsmethode nach der PAngV beizubehalten. Ursprünglich galt diese Ausnahmeregelung für Deutschland nur bis zum 31. Dezember 1995. Mit Einverständnis der Kommission wurde sie jedoch bis auf weiteres verlängert. Es wird allerdings davon ausgegangen, daß diese Ausnahmeregelung bis höchstens Ende 1999 gültig bleibt und Deutschland ab dem Jahr 2000 den effektiven Jahreszins ebenfalls nach der internationalen Methode angeben muß.

Die internationale Methode der Berechnung des effektiven Jahreszinses geht von der exponentiellen Zinsrechnung aus. Hierbei werden die Zinsfaktoren nicht nur für ganzzahlige Exponenten, sondern auch für Bruchteile von Jahren berechnet, während in der PAngV von unterjährig linearer Verzinsung ausgegangen wird. Damit ergibt sich für einen Kredit der Höhe K mit den Zahlungen R_t zu den Zeitpunkten t = 1,2,...,n (Angabe von t in Jahren oder Jahresbruchteilen) die Bestimmungsgleichung für den effektiven Jahreszins nach internationaler Methode in der Gestalt:

$$K = \sum_{t=1}^{n} \frac{R_t}{(1+i)^t}.$$

Zugrunde gelegt werden dabei für das Jahr 365 Tage, 52 Wochen oder 12 gleich lange Monate der Länge 365/12 = 30,41666 Tage. Die Mitgliedstaaten haben damit ein faktisches Wahlrecht zwischen der taggenauen (actual-365 Tage Methode) und der Methode der standardisierten Monatslänge, wenn monatliche Zahlungen erfolgen. Da bereits heute in Deutschland von einer fiktiv gleichen Monatslänge von 360/12 = 30 Tage ausgegangen wird, ist mit der Einführung der Methode der standardisierten Monatslänge zu rechnen. Probleme entstehen bei der Anwendung dieser Methode jedoch, wenn die Zahlungen nicht in Abständen von vollen Monaten erfolgen. Die Zahlung am 4.2.00 eines Kredites, der am 1.1.00 ausgezahlt wird, könnte danach auch mit 365/12 + 4 = 34,41666 Tagen abgezinst werden. Das Rechnen mit „krummen" Tagen ist jedoch den Verbrauchern nicht zu vermitteln. In diesem Fall müßte zur actual-365 Tage Methode übergegangen werden und dieser Zeitraum mit 35 Tagen berechnet werden.

b) Nach der PAngV muß die Gleichung:

$$10.000 = \frac{3.000(1+\frac{9}{12}i)+4.000(1+\frac{4}{12}i)}{(1+i)} + \frac{4.000}{(1+i)(1+\frac{2}{12}i)}$$

gelten. Mit dem Startwert $i_0 = 0,1$ und $\Delta = 0,0001$ erhält man nach drei Iterationsschritten den gesuchten effektiven Jahreszins nach PAngV von 14,15% (tatsächlich hat man sogar 14,148%).

Zur Berechnung des effektiven Jahreszinses nach der internationalen actual-365 Tage Methode hat man die folgende Bestimmungsgleichung:

$$10.000 = \frac{3.000}{(1+i)^{\frac{90}{365}}} + \frac{4.000}{(1+i)^{\frac{243}{365}}} + \frac{4.000}{(1+i)^{\frac{365+31+28}{365}}}.$$

Durch vier Iterationsschritte erhält man einen effektiven Jahreszins von 14,09% (sogar genauer 14,091%). Zum Vergleich sei noch die internationale Methode mit standardisierter Monatslänge angeführt. Hier hat man die folgende Bestimmungsgleichung:

$$10.000 = \frac{3.000}{(1+i)^{\frac{3}{12}}} + \frac{4.000}{(1+i)^{\frac{8}{12}}} + \frac{4.000}{(1+i)^{\frac{14}{12}}}.$$

Es ergibt sich nach drei Iterationsschritten ein effektiver Jahreszins von 14,03% (sogar genauer 14,027%). Aufgrund dieser Berechnungen ist festzustellen, daß durch das faktische Wahlrecht der Mitgliedstaaten zwischen der actual-365 Tage Methode und der Methode der standardisierten Monatslänge von 365/12 das Harmonisierungsziel nicht erreicht wird. Selbst bei der oft üblichen Angabe des effektiven Jahreszinses auf nur eine Stelle nach dem Komma genau ist eine Abweichung zwischen beiden Methoden (14,1% und 14,0%) zu beobachten. Zu bemerken ist allerdings, daß diese Unterschiede bei längeren Kreditlaufzeiten geringer ausfallen.

Literaturhinweise

EG-RICHTLINIE 87/102: Zur Angleichung der Rechts- und Verwaltungsvorschriften der Mitgliedstaaten über den Verbraucherkredit (VKRL), 22.12.1986.

EG-RICHTLINIE 90/8 : Geänderte Fassung der VKRL, 22.2.1990.

KRUSCHWITZ, L.: Finanzmathematik: Lehrbuch der Zins-, Renten,- Tilgungs-, Kurs- und Renditerechnung, 2. Aufl., München 1995.

KRUSCHWITZ, L./DECKER, R.: Effektivrenditen bei beliebigen Zahlungsstrukturen, ZfB 1994, S. 619-628.

PFEIFER, A.: Praktische Finanzmathematik, Frankfurt am Main 1995.

PREISANGABEVERORDNUNG (PAngV), Verkündet als Bestandteil (Art. 1) der VO zur Regelung der Preisangaben vom 14. März 1985 (BGBl. I S. 580), zuletzt geändert durch das Gesetz zur Regelung der Rahmenbedingungen für Informations- und Kommunikationsdienste (IuKDG) vom 22.7.1997 (BGBl. I S. 1870).

RITZ, C.: Harmonisierungsprobleme bei der Umsetzung der EG-Richtlinie 87/102 über den Verbraucherkredit, Frankfurt am Main 1996.

SCHWARZE, J.: Mathematik für Wirtschaftswissenschaftler, Band 1: Grundlagen, Herne/Berlin 1992.

TIETZE, J.: Einführung in die Finanzmathematik, Braunschweig, Wiesbaden 1996.

VERBRAUCHERKREDITGESETZ (VerbrKrG), Vom 17.12.1990 (BGBl. I S. 2840), zuletzt geändert durch das Gesetz über die Veräußerung von Teilnutzungsrechten an Wohngebäuden (TzWrG) vom 20.12.1996 (BGBl. I S. 2154).

WIMMER, K./STÖCKL-PUKALL, E.: Die neue Preisangabeverordnung, München 1997.

WIMMER, K./STÖCKL-PUKALL, E.: Neuregelung der Effektivzinsberechnung, Die Bank, 1/1998, S. 33-37.

Michael Schmelz

Die Bewertung sicherer und unsicherer Zahlungsströme im Marktzinsmodell

Aufgabe 1

Stellen Sie die grundsätzliche Konzeption der Marktzinsmethode dar. Welche Steuerungsimpulse kann sie bieten, die mit den traditionellen Verfahren der bankbetrieblichen Kundenkalkulation nicht zu erzielen sind?

Aufgabe 2

Gegeben sei ein endfälliges Darlehen in Höhe von 100.000 GE mit einer Laufzeit von sechs Jahren und einem Nominalzins von 5,15%. Die Zinssätze des Geld- und Kapitalmarktes für die verschiedenen Laufzeiten sowie die arbitragefreien Abzinsfaktoren vom 24.06.1998 sind aus der nachfolgenden Abbildung zu entnehmen:

Laufzeit in Jahren	1	2	3	4	5	6
Zinssatz in %	3,94	4,18	4,35	4,50	4,63	4,72
Abzinsfaktoren	?	?	0,8798	0,8379	0,7964	0,7567

Abbildung 1: Geld- und Kapitalmarktzinssätze und arbitragefreie Abzinsfaktoren nach Laufzeiten.

a) Ermitteln Sie die in der Abbildung 1 fehlenden arbitragefreien Abzinsfaktoren.

b) Berechnen Sie den Konditionsbeitragsbarwert des Kundengeschäfts nach der Konzeption der Margenkalkulation.

Aufgabe 3

Das obige Darlehen möge nach einer dreijährigen Festzinsphase mit einem jährlichen Kündigungsrecht auf Seiten des Kunden ausgestattet sein. Zeigen Sie auf, wie das Kreditinstitut mit Hilfe einer Swaption (Option, in drei Jahren einen dreijährigen Zinsswap als Festzins-Empfänger und Libor-Zahler übernehmen zu können) eine konstante Bruttomarge erzielen kann. Der Marktpreis einer solchen Option mit einem Festzins von 5,15% (Strikeprice) betrug nach Angaben einer Frankfurter Großbank am 24.06.1998 als einmalige, barwertige Prämie 1,17% des Swapvolumens. Diese Prämie möge dem Kunden durch Verrechnung mit dem Auszahlungsbetrag belastet werden.

Lösung

Aufgabe 1

Im Unterschied zu den traditionellen Pool- und Schichtbilanzmethoden basiert die Marktzinsmethode auf dem Opportunitätsprinzip. Bei der Kalkulation einzelner Kundengeschäfte richtet sie sich nach dem Postulat der grenznutzenorientierten Einzelbewertung und berücksichtigt ausschließlich Bewertungsmaßstäbe der gleichen Bilanzseite, während Pool- und Schichtbilanzmethoden jeweils mit Durchschnittszinssätzen der gegenüberliegenden Bilanzseite rechnen. Als Kalkulationsmaßstab dienen der Marktzinsmethode dabei die Renditen fristenkongruenter und alternativ jederzeit möglicher, externer Geld- und Kapitalmarktgeschäfte, die – einen zumindest annähernd vollkommenen Geld- und Kapitalmarkt unterstellt – für das kalkulierende Kreditinstitut als kaum zu beeinflussendes Datum angesehen werden müssen. Die Abgrenzung von Kundengeschäften einerseits und Geld- und Kapitalmarktgeschäften (Interbanken- und Wertpapiergeschäft) andererseits ermöglicht erst die kalkulatorische Trennung von Aktiv- und Passivseite der Bilanz. Demnach verdrängt jeder Kundenkredit eine alternativ mögliche Anlage am Geld- und Kapitalmarkt gleicher Laufzeit bzw. Zinsbindung (z.B. in Interbankengeld oder Wertpapieren) bzw. jede Kundeneinlage eine ansonsten notwendige Refinanzierung im Interbankenbereich oder über Schuldverschreibungen. Neben den so für jedes Einzelgeschäft separat ermittelbaren Konditionsbeiträgen für die Aktiv- und Passivseite läßt sich als weiterer Ergebnisbeitrag der Strukturbeitrag ermitteln. Dieser stellt die in Banken übliche Fristentransformation – kurzfristige Aufnahme und längerfristige Anlage von Geldern bei normaler Zinsstruktur – in den Mittelpunkt der Betrachtung und ist als eigenständig steuerbare Erfolgsquelle der Zentraldisposition von erheblicher Bedeutung.

Die klare organisatorische und kalkulatorische Aufspaltung des Ergebnisbeitrages eines einzelnen Geschäfts stellt ein wesentliches Steuerungsinstrument innerhalb der Bank dar. So kann beispielsweise direkt nach Abschluß eines Kundenkredites einer als Profit-Center geführten Geschäftsstelle der verbarwertete Ergebnisbeitrag, der die Vorteilhaftigkeit dieses Darlehens gegenüber einer alternativen Geld- und Kapitalmarktanlage verdeutlicht, gutgeschrieben werden, während die Entscheidung über das Eingehen oder Nichteingehen einer Fristentransformation im Verantwortungsbereich der Zentraldisposition liegt. Die Zentraldisposition kann über Bonus- und Malussysteme den Verkauf von Produkte gezielt fördern bzw. zurückfahren, um für die Gesamtbanksteuerung notwendige Einlagen hereinzuholen bzw. den Verkauf von Darlehen zu fördern. Diese Profit-Center-orientierte Kalkulation ist weder mit der Pool- noch der Schichtbilanzmethode darstellbar, da hier die Einlagenseite lediglich zur Mittelbeschaffung für die Aktivseite dient und dieser kein eigenständiger Ergebnisbeitrag zugerechnet werden kann.

Aufgabe 2

a) Die Ermittlung von arbitragefreien – d.h. ohne implizite Wiederanlage- oder Nachfinanzierungsprämisse – Zerobond-Abzinsfaktoren aus den jeweils gültigen Geld- und Kapitalmarktsätzen erfolgt entweder mit Hilfe von Forward-Rates (Renditen von in der Zukunft beginnenden, jedoch durch die aktuelle Zinsstruktur determinierten Geschäften) oder durch eine Synthetisierung einzelner Fristenstrukturen durch konstruierte Zerobonds. Diese sind allgemein gekennzeichnet durch einen Zahlungsstrom, der lediglich zwei Werte aufweist: Einen Emissionskurs (E_0) sowie einen Rückzahlungskurs (R_n). Der arbitragefreie Abzinsfaktor eines Zerobonds errechnet sich aus der nachfolgenden Formel, in der (i) die Rendite oder den interne Zinsfuß (i) eines Zerobonds darstellt:

(1) $\quad \dfrac{E_0}{R_n} = \left(\dfrac{1}{1+i}\right)^n$

Setzt man für i den Zinssatz der einjährigen Laufzeit i.H.v. 3,94% in die Formel (1) ein, so läßt sich ein Zerobond-Abzinsfaktor von 0,9621 ermitteln. Für Laufzeiten größer als ein Jahr lassen sich die Abzinsfaktoren über die Formel (1) lediglich mittels Forward-Rates ermitteln. Ohne in der Folge auf die Berechnung von Forward-Rates aus der aktuellen Zinsstruktur eingehen zu wollen, soll die Bestimmung des zweijährigen Abzinsfaktors anhand eines synthetisch konstruierten Zerobonds verdeutlicht werden. Die Ermittlung erfolgt stets vom laufzeitlängsten Geschäft zum jeweils nächst kürzeren, also von rechts nach links. Als Ausgangszahlungsreihe dient ein zweijähriges Geld- und Kapitalmarktgeschäft zum aktuellen Zinssatz von 4,18%. Dieses ist gekennzeichnet durch eine Zinszahlung im Zeitpunkt 1 und eine Kapital- und Zinszahlung im Zeitpunkt 2, wobei beide auf 1 bzw. 100% normiert werden. Der Wert 0,9599 errechnet sich durch einfache Abzinsung mittels 4,18%. Um die Zinszahlung von 0,0401 im Zeitpunkt 1 vollständig zu kompensieren, ist eine Einzahlung in gleicher Höhe notwendig.

Laufzeit	GKM-Sätze	Zahlungszeitpunkte		
		0	1	2
2 Jahre	4,18 %	+0,9599	–0,0401	–1
1 Jahr	3,94 %	–0,0386	+0,0401	
		–0,9213	0	–1

Abbildung 2: Ermittlung des Zerobond-Abzinsfaktors für zwei Jahre (ZBF2).

Diese kann durch ein einjähriges Geld- und Kapitalmarktgeschäft zu einem Zinssatz von 3,94% erreicht werden. Der saldierte Wert beider Geschäfte, die im Zeitpunkt 0 notwendig sind, stellt den Zerobond-Abzinsfaktor für zwei Jahre (ZBF_2) dar.

b)

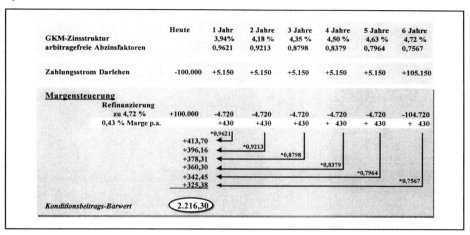

Abbildung 3: Konditionsbeitrags-Barwert nach der Margenkalkulation.

Der Konditionsbeitragsbarwert zeigt den Mehrertrag des Kundendarlehens gegenüber einem alternativ möglichen Geld- und Kapitalmarktgeschäft an. Er läßt sich durch Duplizierung des Zahlungsstroms am Geld- und Kapitalmarkt ermitteln. Eine Refinanzierung des Kundendarlehens führt zu jährliche Margen von 430 GE bzw. 0,43%. Eine Verbarwertung durch Multiplikation mit den jeweiligen Zerobond-Abzinsfaktoren ergibt den Konditionsbeitragsbarwert von 2.216,30.

Aufgabe 3

Wie die nachfolgende Abbildung zeigt, bewirkt der Kauf einer Swaption konstante Margen über die gesamte Laufzeit des Darlehens. Ein Zinssatz größer als 5,15% nach drei Jahren hat keinen Einfluß auf den Gesamt-Cash-flow, da die Ausübung der Kündigungsoption durch den Darlehensnehmer keine rationale Entscheidung darstellt. Selbst eine Ausübung des Kündigungsrechts bei einem Zinssatz kleiner als 5,15% ist ohne Einfluß auf den Gesamt-Cash-flow, da den Zinsaufwendungen aus der Libor-Komponente des Zinsswaps durch die Wiederanlage der Sondertilgung zu Libor Zinserträge in identischer Höhe entgegenstehen. Die Marge von jährlich 0,43 ergibt sich in diesem Szenario als Differenz aus den Zinserträgen der Festzinsposition unseres Zinsswaps i.H.v. 5,15% und den Zinsaufwendungen i.H.v. 4,72% aus der Refinanzierung.

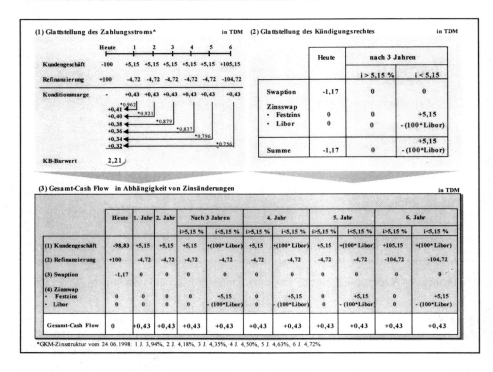

Abbildung 4: Duplikation des Darlehens mit Kündigungsrecht.

Literaturhinweise

BENKE H./GEBAUER, B./PIASKOWSKI, F.: Die Marktzinsmethode wird erwachsen: Das Barwertkonzept, Teil I u. II, in: Die Bank, o. Jg. (1991), S. 457–463 u. S. 514–521.

ROLFES, B.: Die Steuerung von Zinsänderungsrisiken in Kreditinstituten, Frankfurt a.M. 1985.

ROLFES, B./HASSELS, M.: Das Barwertkonzept in der Banksteuerung, in: ÖBA, 42. Jg. (1994), Heft 5, S. 337–349.

SCHIERENBECK, H.: Ertragsorientiertes Bankmanagement, 5. Aufl., Band 1 u. Band 3, Wiesbaden 1997.

SCHIERENBECK, H./MARUSEV, A. W.: Margenkalkulation von Bankprodukten im Marktzinsmodell, in: ZfB, 60. Jg. (1990), Heft 8, S. 789–814.

III. „Das Schlangenhaus in den Dünen von H.-Neusee"
Flöckner
1995.

„Das Haus des Holzschildhauers Klein in den Dünen von Vitte/Hiddensee – Zustand November 1987"
Flöckner
1995.

Stefan Kram

Marktzinsmethode unter Berücksichtigung der Mindestreserve

Als neu eingestellter Assistent des Vorstandes der Chaos-Bank AG erhalten Sie die Aufgabe, die nachfolgende stark vereinfachte Bilanz unter verschiedenen Gesichtspunkten zu analysieren:

AKTIVA			
Position	Kundengeschäft	Kundenzins in %	Volumen in Mio. EURO
A 1	Kontokorrentkredit (tägl. fällig)	8,0	20
A 2	Überbrückungskredit (3 Monate fest)	7,0	25
A 3	Konsumentenkredit (5 Jahre fest)	9,0	75
A 4	Hypothekendarlehen (10 Jahre Festzinsbindung)	9,5	80

PASSIVA			
Position	Kundengeschäft	Kundenzins in %	Volumen in Mio. EURO
P 1	Sichteinlagen (tägl. fällig)	0,5	30
P 2	Termingeld (1-Jahresgeld)	5,5	100
P 3	Sparbriefe (2 Jahre)	6,0	40
P 4	Inhaberschuldverschreibung (5 Jahre)	7,5	30

Aufgabe 1

Stellen Sie unter Zugrundelegung der oben aufgeführten Kundengeschäfte eine Zinsertragsbilanz auf. Berechnen Sie in diesem Zusammenhang neben der aktivischen und der passivischen Fristentransformations- sowie der aktivischen und der passivischen Konditionsmarge die Gesamtmargen. Ermitteln Sie des weiteren die zugehörigen Fristentransformations- und die Zinskonditionsbeiträge. Interpretieren Sie das Ergebnis.

Zinsstruktur:

Fristigkeit	1 Tag	3 Monate	1 Jahr	2 Jahre	5 Jahre	10 Jahre
GKM-Zins	4,5%	6,0%	6,5%	7,0%	8,0%	8,5%

Aufgabe 2

An einem nachfolgenden Wochenende treffen Sie Ihren ehemaligen Studienkollegen, der bei einer anderen Bank für den Bereich Zinsprognose zuständig ist. Er teilt Ihnen mit, daß er von einer Drehung der Zinsstrukturkurve ausgehe und kurzfristig folgende Zinsstruktur annehme:

III. Fallstudien zu speziellen Problemen

Zinsstruktur:

Fristigkeit	1 Tag	3 Monate	1 Jahr	2 Jahre	5 Jahre	10 Jahre
GKM-Zins	7,5%	7,0%	6,5%	6,0%	5,5%	5,0%

In der folgenden Woche stellen Sie fest, daß sich die durchschnittlichen Kundenzinssätze einzelner Bereiche unter Berücksichtigung der prognostizierten Zinsstrukturkurve wie folgt verändern werden:

AKTIVA			
Position	Kundengeschäft	Kundenzins in %	Volumen in Mio. EURO
A 3	Konsumentenkredit (5 Jahre fest)	7,1	75
A 4	Hypothekendarlehen (10 Jahre Festzinsbindung)	7,2	80

PASSIVA			
Position	Kundengeschäft	Kundenzins in %	Volumen in Mio. EURO
P 2	Termingeld (1-Jahresgeld)	5,8	100

Stellen Sie die Zinsertragsbilanz gemäß der prognostizierten Zinsstrukturkurve mit den veränderten Positionen auf! Welche Empfehlung können Sie der der Geschäftsleitung geben?

Aufgabe 3

Nach Abschluß ihrer Analyse- und Prognosearbeiten möchten Sie das Ergebnis dem Vorstand vorstellen. Vor Ihrer morgigen Präsentation treffen Sie beim Mittagstisch den Zentraldisponenten Ihres Hauses. Nach einem kurzen Fachgespräch über Ihre vorgenommene Untersuchung merkt er an, daß Sie bei Ihrer Analyse die Mindestreserve nicht berücksichtigt haben. Führen Sie auf der Basis der nachfolgenden Mindestreservesätze die Analyse [Ausgangspunkt Aufgabe 2] erneut durch!

∅ MR-Sätze	Sichteinlagen:	10,0%
	Termingeld 1 Jahr:	7,7%
	Sparbrief 2 Jahre:	5,0%

Lösung

Aufgabe 1

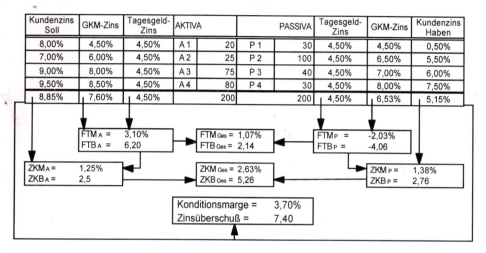

Fristentransformationsmarge:

Aktiva:

FTM_{An} = (GKM-Zins$_A$ – Tagesgeld-Zins)   => FTM_A = 7,60% – 4,50% = 3,10%

Passiva:

FTM_{Pn} = (Tagesgeld-Zins – GKM-Zins$_P$)   => FTM_P = 4,50% – 6,53% = – 2,03%

Gesamtbilanz:

FTM_{Ges} = (GKM-Zins$_A$ – Tagesgeld-Zins) + (Tagesgeld-Zins – GKM-Zins$_P$) = 1,07%

Fristentransformationsbeitrag:

Aktiva:

FTB_{An} = (FTM_{An} · Volumen) = (3,10% · 200) = 6,2 Mio. EURO

Passiva:

FTB_{Pn} = (FTM_{Pn} · Volumen) = (–2,03% · 200) = – 4,05 Mio. EURO

Gesamtbilanz:

FTB_{Ges} = (FTB_{An} + FTB_{Pn}) = (6,2 – 4,05) = 2,15 Mio. EURO

Zinskonditionsmarge:

Aktiva:

ZKM_{An} = (Kundenzins$_A$ – GKM-Zins)   => ZKM_A = 8,85% – 7,60% = 1,25%

Passiva:

ZKM_{Pn} = (GKM-Zins – Kundenzins$_P$)   => ZKM_P = 6,53% – 5,15%= 1,38%

Gesamtbilanz:

ZKM_{Ges} = (Kundenzins$_A$ – GKM-Zins) + (GKM-Zins – Kundenzins$_P$) = 2,63%

Zinskonditionsbeitrag:

Aktiva:

ZKB_{An} = (ZKM_{An} · Volumen) = (1,25% · 200) = 2,5 Mio. EURO

Passiva:

ZKB_{Pn} = (ZKM_{Pn} · Volumen) = (1,38% · 200) = 2,75 Mio. EURO

Gesamtbilanz:

ZKB_{Ges} = (ZKB_{An} + ZKB_{Pn}) = (2,5 – 2,75) = 5,25 Mio. EURO

Die Bank erzielt insgesamt eine Konditionsmarge von 3,7%-Punkten. Zu diesem Erfolg steuert die betriebene Fristentransformation 1,07%-Punkte bei, d. h. die Chaos-Bank leiht das Geld länger aus als es ihr zur Verfügung steht. Aufgrund der normalen Zinsstruktur erzielt sie damit ein positives Ergebnis. Wenn die Zinsstruktur invers wird, führt die vorliegende Struktur zu einer negativen Fristentransformationsmarge.

Aufgabe 2

Die Bank erzielt unter den veränderten Bedingungen eine Konditionsmarge von insgesamt 1,92%-Punkten. Der bei normaler Zinsstruktur positive Fristentransformationsbeitrag der Ausgangssituation schlägt bei der angenommenen inversen Zinsstruktur ins negative um, und belastet den Gesamterfolg mit –0,71%-Punkten.

Die Zinskonditionsmarge bleibt im Gesamtergebnis mit 2,63%-Punkten unverändert. Allerdings steigt die Marge auf der Aktivseite und dies insbesondere, weil die Positionen A3 und A4 trotz merklich gesunkener durchschnittlicher Zinssätze von der inversen Zinsstruktur besonders profitieren (die Marge steigt von jeweils 1%-Punkt auf 1,6%- bzw. 1,7%-Punkte). Die Marge der Passivseite sinkt aus zweierlei Gründen: zum einen erhöht sich der durchschnittliche Zins für Position P2 und zum anderen führt die inverse Zinsstruktur zu einer negativen Teilmarge bei der Position P4.

ZINSERTRAGSBILANZ

Kundenzins Soll	GKM-Zins	Tagesgeld-Zins	AKTIVA		PASSIVA		Tagesgeld-Zins	GKM-Zins	Kundenzins Haben
8,00%	7,50%	7,50%	A 1	20	P 1	30	7,50%	7,50%	0,50%
7,00%	7,00%	7,50%	A 2	25	P 2	100	7,50%	6,50%	5,80%
7,10%	5,50%	7,50%	A 3	75	P 3	40	7,50%	6,00%	6,00%
7,20%	5,00%	7,50%	A 4	80	P 4	30	7,50%	5,50%	7,50%
7,22%	5,69%	7,50%		200		200	7,50%	6,40%	5,30%

FTM$_A$ = -1,81%   FTM$_{Ges}$ = -0,71%   FTM$_P$ = 1,10%
FTB$_A$ = -3,63   FTB$_{Ges}$ = -1,43   FTB$_P$ = 2,20

ZKM$_A$ = 1,53%   ZKM$_{Ges}$ = 2,63%   ZKM$_P$ = 1,10%
ZKB$_A$ = 3,06   ZKB$_{Ges}$ = 5,26   ZKB$_P$ = 2,20

Konditionsmarge = 1,92%
Zinsüberschuß = 3,83

Wenn von der prognostizierten Situation ausgegangen wird (drohende Inversität der Zinsstrukturkurve), ist der Geschäftsleitung zu empfehlen, die bislang betriebene Fristentransformation einzudämmen. Als geschäftspolitische Maßnahme würde es sich beispielsweise empfehlen, den hohen kurzfristigen Block an Termineinlagen (50% der Bilanzsumme) in längerfristige Refinanzierungsmittel umzuleiten.

Die im Passivbereich hereingenommenen Mittel haben eine formelle Laufzeit von 1,65 Jahren und die ausgeliehenen Mittel von 5,9 Jahren. Eine Drehung der Zinsstrukturkurve, hin zur Inversität, wirkt negativ auf den Zinsüberschuß, da für die kurzfristig fälligen Positionen der Passivseite höhere Zinsen aufzuwenden sind, gleichzeitig aber die Positionen auf der Aktivseite durch die längeren Zinsbindungsfristen aber nicht im gleichen Maße erhöht werden können.

Aufgabe 3

Nur ein um den Mindestreservesatz korrigierter Geld- und Kapitalmarktzins führt zum jeweils richtigen Ergebnis. Eine Korrektur an dem mit dem Kunden vereinbarten Passivzins darf nicht vorgenommen werden, da der Kunde durch die Mindestreservepflicht der Bank keine höheren Zinsen erhält. Vielmehr muß der Opportunitätszins verändert werden (sinken), um den jeweiligen Vergleichszins für eine mindestreservefreie Mittelbeschaffung zu erhalten.

korrigierter GKM-Zins			
Fristigkeit	1 Tag	1 Jahr	2 Jahre
GKM-Zins	7,50%	6,50%	6,00%
Korrekturfaktoren	0,9	0,923	0,95
korr. GKM-Zins	*6,75%*	*6,00%*	*5,70%*

ZINSERTRAGSBILANZ

	PASSIVA	Tagesgeld-Zins	korrigierter GKM-Zins	Kundenzins Haben
P 1	30	7,50%	6,75%	0,50%
P 2	100	7,50%	6,00%	5,80%
P 3	40	7,50%	5,70%	6,00%
P 4	30	7,50%	5,50%	7,50%
	200	7,50%	5,98%	5,30%

$FTM_{Ges} = -0{,}71\%$
$FTB_{Ges} = -1{,}42$

$ZKM_{Ges} = 2{,}11\%$
$ZKB_{Ges} = 4{,}42$

$ZKM_P = 0{,}68\%$
$ZKB_P = 1{,}36$

Konditionsmarge = 1,50%
Zinsüberschuß = 3,00

Durch die Einbeziehung der Mindestreservesätze verschlechtert sich die Zinskonditionsmarge der Passivseite um 0,42%-Punkte. Alle anderen Erfolgsbestandteile bleiben von dieser Korrektur der GKM-Zinssätze unberührt. Insgesamt sinkt die Konditionsmarge auf 1,50%-Punkte.

Kontrollrechnung:

Position	Verzinsung Restbetrag	Verzinsung Abzugsbetrag	ZKBp in Mio. Euro
P1	27 · 7% −	3 · 0,5% =	1,88
P2	92,3 · 0,7% −	7,7 · 5,8% =	0,20
P3	38 · 0% −	2 · 6% =	− 0,12
P4	30 · (−2%) −	0 =	− 0,60
S			**1,36**

Bei der Kontrollrechnung für den Zinskonditionsbeitrag Passiv werden die Passivpositionen gekürzt um die Mindestreserve und mit den in Aufgabe 2 gültigen Zinskonditionsmargen multipliziert. Die unverzinslich zu unterhaltende Mindestreserve kann zwar nicht im Aktivgeschäft ausgereicht werden, gleichwohl muß die Bank dem Kunden auch für diesen Teil seiner Einlage Zinsen zahlen. Folglich werden in der Kontrollrechnung die Zinskonditionsbeiträge um die mit dem Kundenzins zu bewertenden Mindestreservebeträge korrigiert.

Susanne Wähling

Rückversicherung

Aufgabe

Rückversicherung ist eine Möglichkeit für Versicherungsunternehmen, Risiken handhabbar zu machen.

a) Stellen Sie die unterschiedlichen Vertragsformen dar, die zwischen Erst- und Rückversicherer geschlossen werden können.

b) Entwickeln Sie ein einfaches Beispiel, das die Unterschiede der Vertragsformen verdeutlicht.

c) Welche Auswirkungen haben die unterschiedlichen Vertragsformen für Erst- und Rückversicherer?

Lösung

Rückversicherung ist die Überwälzung eines Teils des Risikos, das der Erstversicherer vom Versicherungsnehmer übernommen hat, auf ein zweites, mit dem Versicherungsnehmer nicht direkt in Verbindung stehendes Versicherungsunternehmen. Bei der Rückversicherung handelt es sich um einen selbständigen Versicherungszweig, der dem Bereich der Schadenversicherung zuzuordnen ist (auch, wenn Lebens- oder Unfallrisiken rückgedeckt werden), d.h., nach Eintritt des Versicherungsfalles wird der verursachte Schaden an Sachen oder sonstigem Vermögen bedingungsgemäß erstattet (konkrete Bedarfsdeckung), im Gegensatz zur Summenversicherung, bei der eine vereinbarte Geldsumme geleistet wird (abstrakte Bedarfsdeckung).

Eine Rechtsbeziehung zwischen dem Rückversicherer und dem Versicherungsnehmer besteht nicht (Unterschied zur Mitversicherung). Man spricht deshalb im Zusammenhang mit der Rückversicherung auch von der sekundären Risikoteilung. Die Rückversicherung wird ausdrücklich vom Geltungsbereich des VVG ausgenommen (§ 186 VVG), d.h., es gibt keine gesetzliche Grundlage für den Rückversicherungsvertrag. Als Grund wird angeführt, daß es sich bei den Vertragspartnern um Kaufleute handelt, die keinen besonderen Schutz benötigen und sich in der Materie auskennen. Rückversicherungen, die ausschließlich das Rückversicherungsgeschäft betreiben (professionelle Rückversicherer), werden nicht vom Bundesaufsichtsamt für das Versicherungswesen (BAV) beaufsichtigt.

Der Erstversicherer fragt in erster Linie Rückversicherung nach, um sein versicherungstechnisches Risikos (Abweichung des tatsächlichen Schadenverlaufes von dem statistischen Schadenverlauf, d.h. die Abweichung des effektiven Schadenbedarfs von dem erwarteten) zu vermindern. Aber die Rückversicherung übernimmt noch weitere Funktionen, u.a. Erweiterung der Zeichnungskapazität des Erstversicherers, Verteilung von Großrisiken (u.a. durch Weiterrückversicherung (Retrozession)), Stabilisierung von Bilanzergebnissen, Übernahme von Katastrophendeckungen, Leisten von Aufbauhilfe, Beratung, Service, Mitwirkung bei Sanierungsbemühungen.

a) Arten und Formen der Rückversicherung

Rückversicherungsverträge können unterschiedlich gestaltet sein. Je nachdem, ob Spitzenrisiken in einem inhomogenen Bestand oder eine Änderung der Schadenhäufigkeit im Klein- und Mittelschadenbereich abgesichert werden soll, gibt es verschiedene Vertragsformen.

1 Arten der Rückversicherung

Nach dem vertragsrechtlichen Kriterium, d.h. dem Kriterium der Entscheidungsfreiheit über die Übernahme bestimmter Risiken, unterscheidet man fakultative und obligatorische Rückversicherungsverträge.

Bei der fakultativen Rückversicherung handelt es sich um eine Einzelfalldeckung. Der Erstversicherer bietet dem Rückversicherung von Fall zu Fall ein Risiko zur Übernahme an, der Rückversicherer entscheidet ebenfalls von Fall zu Fall, ob er das Risiko übernimmt. Die obligatorische Rückversicherung bietet hingegen einen laufenden Rückversicherungsschutz. Der Rückversicherer ist verpflichtet, alle in dem Vertrag gedeckten Risiken automatisch zu akzeptieren, der Erstversicherer ist verpflichtet, alle entsprechenden Risiken in Rückversicherung zu geben. Der Rückversicherer hat vor Übernahme des Risikos nicht die Möglichkeit, das Risiko zu prüfen, so daß hier das Vertrauensverhältnis zwischen Erst- und Rückversicherer von besonderer Bedeutung ist.

Ergänzend gibt es noch die fakultativ-obligatorische Rückversicherung (open cover, für den Erstversicherer fakultativ, für den Rückversicherer obligatorisch) und die obligatorisch-fakultative Rückversicherung (für den Erstversicherer obligatorisch, für den Rückversicherer fakultativ).

2 Rückversicherungsformen

2.1 Proportionale Rückversicherung

Die proportionale Rückversicherung wird auch Summenrückversicherung genannt, da das zu versichernde Risiko zwischen Erst- und Rückversicherer nach einem festen Prozentsatz, gemessen an der Versicherungssumme, aufgeteilt wird. Entsprechend diesem Prozentsatz wird der Rückversicherer an Teil- und Totalschäden und der Originalprämie des Risikos beteiligt. Man unterscheidet zwischen der Quotenrückversicherung und der Summenexzedentenrückversicherung.

Quoten-Rückversicherung:

Der Rückversicherer übernimmt einen einheitlichen prozentualen Anteil (Quote) von jedem Risiko, das der Zedent in einem bestimmten Versicherungszweig zeichnet, und beteiligt sich in Höhe dieser Quote an allen anfallenden Schäden des rückversicherten Bestandes. Im Gegensatz zum Summenexzedenten wird die Höhe der einzelnen Versicherung nicht berücksichtigt.

Summenexzedenten-Rückversicherung:

Ebenfalls anteilsmäßige Aufteilung der Risiken. Die Proportion ist hier jedoch kein fester Prozentsatz, sondern ergibt sich daraus, daß der Selbstbehalt des Erstversicherers zur jeweiligen Versicherungssumme ins Verhältnis gesetzt wird. Der Zedent bestimmt einen absoluten Betrag als Selbstbehalt – hier auch als Maximum bezeichnet. Dieser wird entweder nach der Versicherungssumme oder nach dem wahrscheinlichen Höchstschaden (Probable Maximum Loss) festgelegt. Der Anteil des Rückversicherers ergibt sich aus dem den Selbstbehalt des Erstversicherers übersteigenden Betrag der Versicherungssumme in Relation zur Gesamtversicherungssumme des Risikos. Alle Schäden, auch Teilschäden und Schäden unterhalb des Selbstbehaltes, werden dem Verhältnis entsprechend aufgeteilt. Oft wird der Rückversicherungsanteil auf ein Vielfaches des Selbstbehaltes begrenzt. Der diesen nach oben begrenzten Summenexzedenten übersteigende Teil der Versicherungssumme (Superexzedent) fällt wieder an den Zedenten, der ihn durch einen weiteren Rückversicherungsvertrag rückversichern kann.

2.2 Nicht proportionale Rückversicherung

Die nicht proportionale Rückversicherung wird auch Schadenrückversicherung genannt, weil der Anteil des Rückversicherers sich ausschließlich durch die Höhe des Schadens bestimmt. Der Rückversicherer trägt je nach Vertragsform entweder den Teil eines Schadens oder bestimmter Schäden, der einen vorher vereinbarten Selbstbehalt (hier Priorität) des Erstversicherers übersteigt, oder den größten bzw. die der Anzahl nach festgelegten n größten Schäden eines abgegrenzten Zeitraumes

(Höchstschadenrückversicherung). An Teilschäden oder Schäden, die unter der Priorität liegen, wird der Rückversicherer nicht beteiligt.

Schadenexzedentenrückversicherung (Excess Loss):

Es wird eine Priorität vereinbart, bis zu der der Erstversicherer Schäden in vollem Umfang selbst trägt. Diese Priorität wird als absoluter Schadenbetrag pro Police (Erstversicherungsvertrag) oder pro Schadenereignis festgelegt. Sobald je nach Vertrag ein Schaden oder die Summe mehrerer Schäden aus einem Schadenereignis den als Priorität vereinbarten Betrag übersteigen, trägt der Rückversicherer den übersteigenden Betrag bis zu einem festgesetzten Übernahmemaximum (Haftungsstrecke). Oft werden mehrere Schadenexzedentenrückversicherungen nacheinander geschaltet, wobei die Summe aus Priorität und Haftungsstrecke die Priorität der zweiten Schadenexzedentendeckung bildet usw. Die Rückversicherung wird somit in verschiedene Haftungsabschnitte (Layer) geteilt.

Beispiel:		
	Prioriät des Erstversicherers	DM 100.000,--
	1. Haftabschnitt eines Rückversicherers	DM 400.000,--
	Priorität der zweiten Schadenexzedentendeckung	DM 500.000,--
	2. Haftabschnitt eines Rückversicherers	DM 1.000.000,--
	Priorität der dritten Schadenexzedentendeckung	DM 1.500.000,--
	3. Haftabschnitt eines Rückversicherers	unbegr. Haftung

Die Schadenexzedentenrückversicherungsverträge decken die prioritätsüberschreitenden Schäden, die bei einem Schadenereignis auf ein Risiko anfallen (Einzelschadenexzedenten), oder bei einem Schadenereignis auf eine definierte Mehrzahl von Policen oder Risiken anfallen (Kumulschadenexzedenten). Beim Kumulschadenexzedenten ist die Priorität so festzusetzen, daß sie von einem Schaden aus einer Police nicht erreicht werden kann.

Jahresüberschaden-Rückversicherung (Stop-Loss):

Es wird ebenfalls eine Priorität vereinbart, hier jedoch als Prozentsatz des Gesamtschadens eines Jahres in Relation zu Prämieneinnahmen. Die Rückversicherung tritt dann ein, wenn der Gesamtschaden den Schadensatz (Prioriät) übersteigt. Es handelt sich hier um eine Rückversicherungsform, bei der der Rückversicher die gesamte Schadenlast übernimmt, soweit sie eine bestimmte konstant bleibende Schadenquote übersteigt. Dieses kann nur funktionieren, wenn der Wahrscheinlichkeit, daß die Schadenquote über die Priorität steigt, auch eine bestimmte Wahrscheinlichkeit, daß sie darunter beleibt, gegenübersteht. Stop-Loss ist dann die geeignete Rückversicherungsform, wenn Schwankungen der Schadenquote eines Portefeuilles durch zufällige Schwankungen im Klein- und Mittelschadenbereich verursacht werden. Stop-Loss wird oft als der effektivste Rückversicherungsschutz angesehen, nirgends aber wird das Risiko so stark auf den Rückversicherer verlagert und die Schicksalsteilung zwischen Erst- und Rückversicherer so weitgehend aufgegeben. Der Preis für diesen Rückversicherungsschutz ist dementsprechend hoch. Der vom Rückversicherer zu übernehmende Schadenexzedent ist i. d. R. nach oben begrenzt und wird dann auch als Haftstrecke, Exposure oder Layer bezeichnet. Übersteigt ein Schaden die Summe aus Priorität des Zedenten und Haftstrecke des Rückversicherers, so geht dieser überschießende Betrag wieder zu Lasten des Erstversicherers, sofern er nicht durch einen weiteren Schadenexzedenten bzw. Stop-Loss-Vertrag rückversichert ist.

b) Beispiel zur Verdeutlichung der Unterschiede der Vertragsformen

Es wird von folgenden Vertragsformen ausgegangen:
- Quotenrückversicherung: Quote 50%
- Summenexzedentenrückversicherung: Selbstbehalt DM 100.000,--, Rückversicherungsanteil 9 Maxima
- Schadenexzedentenrückversicherung: Priorität DM 100.000,-- Haftungsstrecke DM 900.000,--

Es werden Verträge mit folgenden Versicherungssummen in Rückdeckung gegeben:
- I: Versicherungssummen DM 200.000,--
- II: Versicherungssummen DM 50.000,--
- III: Versicherungssummen DM 400.000,--

Versicherungstyp I	Anteil des Erstversicherers (in DM)	Anteil des Rückversicherers (in DM)
Schadenhöhe DM 10.000,--		
- Quote	5.000,--	5.000,--
- Summen	5.000,--	5.000,--
- Schaden	10.000,--	-----
Schadenhöhe DM 100.000,--		
- Quote	50.000,--	50.000,--
- Summen	50.000,--	50.000,--
- Schaden	100.000,--	-----
Schadenhöhe DM 150.000,--		
- Quote	75.000,--	75.000,--
- Summen	75.000,--	75.000,--
- Schaden	100.000,--	50.000,--
Schadenhöhe DM 200.000,--		
- Quote	100.000,--	100.000,--
- Summen	100.000,--	100.000,--
- Schaden	100.000,--	100.000,--

Versicherungstyp II	Anteil des Erstversicherers (in DM)	Anteil des Rückversicherers (in DM)
Schadenhöhe DM 10.000,--		
- Quote	5.000,--	5.000,--
- Summen	10.000,--	-----
- Schaden	10.000,--	-----
Schadenhöhe DM 50.000,--		
- Quote	25.000,--	25.000,--
- Summen	50.000,--	-----
- Schaden	50.000,--	-----

Versicherungstyp III	Anteil des Erstversicherers (in DM)	Anteil des Rückversicherers (in DM)
Schadenhöhe DM 10.000,--		
- Quote	5.000,--	5.000,--
- Summen	2.500,--	7.500,--
- Schaden	10.000,--	-----
Schadenhöhe DM 100.000,--		
- Quote	50.000,--	50.000,--
- Summen	25.000,--	75.000,--
- Schaden	100.000,--	-----
Schadenhöhe DM 150.000,--		
- Quote	75.000,--	75.000,--
- Summen	37.500,--	112.500,--
- Schaden	100.000,--	50.000,--
Schadenhöhe DM 200.000,--		
- Quote	100.000,--	100.000,--
-Summen	50.000,--	150.000,--
- Schaden	100.000,--	100.000,--
Schadenhöhe DM 400.000		
- Quote	200.000,--	200.000,--
- Summen	100.000,--	300.000,--
- Schaden	100.000,--	300.000,--

c) Wirkungen der unterschiedlichen Vertragsformen

Im folgenden werden tabellarisch die Wirkungen der einzelnen Vertragsformen dargestellt.

Quotenrückversicherung

Anwendung	* große Zahl gleicher Risiken mit gleichen Haftungsgrenzen; * Klein- und Mittelschadenbereich
Vorteile für Erstversicherer	* Rückversicherungsschutz auch bei Klein- und Mittelschäden; * Schutz vor Kumulschäden; * Schutz vor Änderungsrisiko

Nachteile für Erstversicherer	* Beteiligung an Großschäden; * keine Homogenisierung der Risiken; * keine Nivellierung der Risiken
Vorteile für Rückversicherer	* Beteiligung nur entsprechend dem prozentualen Anteil; * Kalkulation des Erstversicherers kann übernommen werden; * einfache Handhabung
Nachteile für Rückversicherer	* Beteiligung an allen Schäden auch Kleinstrisiken; * keine eigene Kalkulation

Summenexzedentenrückversicherung

Anwendung	* große Zahl ungleicher Risiken mit ungleichen Haftungsgrenzen; * Großschadenbereich
Vorteile für Erstversicherer	* Rückversicherungsschutz auch bei Klein- und Mittelschäden (wegen Teilschäden); * geringer Streuungskoeffizient; * Erweiterung der Kapazität; * Homogenisierung und Nivellierung der Risiken
Nachteile für Erstversicherer	* hoher Arbeitsaufwand, da für jedes Risiko Haftungs-, Prämien- und Schadenanteil des Rückversicherers zu berechnen sind
Vorteile für Rückversicherer	* Kalkulation des Erstversicherers kann übernommen werden; * relativ einfache Handhabung
Nachteile für Rückversicherer	* Belastung auch im Klein- und Mittelschadenbereich möglich; * keine eigene Kalkulation; * stärkere Schwankungen im Schadenverlauf

Schadenexzedentenrückversicherung

Anwendung	* Großschadenbereich bzw. Kumul vieler Einzelschäden;
Vorteile für Erstversicherer	* Schutz bei Großschäden; * Nivellierung; * geringer Arbeits- und Kostenaufwand
Nachteile für Erstversicherer	* stärkere Belastung bei vielen Teilschäden; * kein Schutz bei Klein- und Mittelschäden; * starke Schwankungen bei Schäden unterhalb der Priorität
Vorteile für Rückversicherer	* keine Belastung mit Klein- und Mittelschäden; * eigene Prämienberechnung
Nachteile für Rückversicherer	* starke Schwankungen im Schadenverlauf; * eigene Kalkulation ist arbeitsaufwendig

Stop-Loss

Anwendung	* Klein- und Mittelschadenbereich
Vorteile für Erstversicherer	* ist die Priorität überschritten, trägt der Rückversicherer die gesamte Schadenlast; * Kenntnis der Schadenquote im ungünstigsten Fall
Nachteile für Erstversicherer	* keine Gewinngarantie, da Erstversicherer sonst Interesse an korrekter Prämienkalkulation verliert
Vorteile für Rückversicherer	* Beteiligung nur, wenn Schadenquote überschritten ist
Nachteile für Rückversicherer	* Gefahr der Übernahme sicherer Verluste

2. Kommunale Finanzierung

Gerrit Brösel

Kommunale Finanzierung mit Bausparverträgen

Die Kommune G hat für eine geplante Investition im Zeitpunkt $t = 6$ einen Finanzbedarf von DM 10 Mio. ermittelt. Dem Bürgermeister der Kommune wird daraufhin von einem Finanzberater der Abschluß eines Kommunal-Bausparvertrages empfohlen. Der Berater betont, daß das Bauspardarlehen ein zinsgünstiges, über die gesamte Laufzeit im Zins festgeschriebenes Darlehen ist. Er erklärt, daß sich der Vertrag damit durch seine Kalkulierbarkeit auszeichnet, insbesondere wenn steigende Marktzinsen erwartet werden. Der Kommune wird somit folgendes Angebot unterbreitet:

Die empfohlene Bausparsumme des Vertrags beträgt DM 10 Mio. Mit Abschluß des Vertrages wird eine Abschlußgebühr von 1,0% der Bausparsumme fällig. Alle eingehenden Zahlungen werden zunächst auf die Abschlußgebühr angerechnet. Bei Annahme des Darlehensantrages wird weiterhin eine Darlehensgebühr in Höhe von 2,5% des Bauspardarlehens berechnet. Die Darlehensgebühr wird dem Bauspardarlehen zugeschlagen. Die Konditionen mit einem Guthabenzins von 2,5% p.a. und einem Darlehenszins von 4,5% p.a. erscheinen dem Bürgermeister sehr günstig. Der Bausparvertrag soll mit Sparbeträgen in Höhe von jeweils DM 800.000 bespart werden. Diese sind sofort ($t = 0$) und in den folgenden fünf Jahren ($t = 1, 2, 3, 4, 5$) zu leisten. Nach Erreichung der Zuteilungsreife wird die gesamte Vertragssumme (DM 10 Mio.) in $t = 6$ ausgezahlt. Das Darlehen wird ab dem siebenten Jahr mit sieben gleichen Jahresraten ($t = 7, 8, 9, 10, 11, 12$ und 13) annuitätisch getilgt.

Aufgabe

a) Konstruieren Sie die Zahlungsreihe für den Bausparvertrag! Ermitteln Sie hierzu das Bausparguthaben zum Zeitpunkt $t = 6$, den Darlehensbetrag der durch die Bausparkasse neben den Guthaben- und Zinszahlungen ausgereicht wird sowie die Annuität des Darlehens, die zur Zinszahlung und Tilgung notwendig ist! *Hilfsangabe:* Die Gemeinde hat keinen Anspruch auf Wohnungsbauprämien, vermögenswirksame Leistungen und Arbeitnehmer-Sparzulagen.

b) Betrachten Sie im Folgenden nur die Sparphase bis zur Auszahlung des Guthabens. Ermitteln Sie den internen Zins in der Ansparphase mit dem *Newton-Verfahren*! Geben Sie vorab eine Definition des internen Zins und würdigen Sie kurz die interne Zinsfußmethode kritisch! Erklären Sie gegebenenfalls auftretende Zinsdifferenzen zwischen internem Zins und Nominalzins!

c) Ein Mitglied des Gemeinderates der Kommune steht den Argumenten des Finanzberaters mit Skepsis gegenüber. Es ist abzusehen, daß die Kommune in den nächsten sechs Jahren ihren Kassenkredit, der einen Kreditrahmen von DM 8 Mio. hat, permanent zu mindestens 80,0% ausschöpfen wird. Die Darlehenszinsen des Kassenkredits betragen in dieser Zeit 9,0% p.a. Außerplanmäßige Tilgungen von Kommunaldarlehen sind nicht möglich, andere Investitionen sind nicht geplant. Die einzig mögliche Finanzierungsalternative für die Investition im Zeitpunkt t = 6 ist ein Kommunaldarlehen zu einen Zinssatz von 6,5% p.a. Ermitteln Sie mit Hilfe des Kapitalwertkriteriums, ob der Abschluß des Bausparvertrages bei den derzeitigen Bedingungen aus finanzwirtschaftlichen Gesichtspunkten zu empfehlen ist! Definieren Sie vorher kurz den Kapitalwert!

d) Während in den nächsten Jahren auf dem Gebiet der Kassenkredite keine Zinsänderungen zu erwarten sind, wird bei den Kommunaldarlehen eine Zinserhöhung "befürchtet". Ab welchem jährlichen Zinssatz der Alternativfinanzierung Kommunaldarlehen ist die Finanzierung mit dem Bausparvertrag die günstigere Variante? Alle anderen Variablen bleiben unverändert (ceteris paribus-Bedingung). Nutzen Sie hierzu das *Verfahren der linearen Interpolation*!

Lösung

a) Aus Sicht der Gemeinde ergibt sich die Zahlungsreihe des Bausparvertrages aus den Auszahlungen in der Ansparphase, der Einzahlung der Vertragssumme bei Zuteilungsreife und den Auszahlungen für Zinsen und Tilgung in der Darlehensphase.

Zur Ermittlung des Bausparguthabens werden die Zahlungen der Ansparphase jeweils mit dem Guthabenzins i = 2,5% auf den Zeitpunkt t = 6 aufgezinst. Dabei muß von der ersten Sparzahlung die geleistete Abschlußgebühr vor der Aufzinsung abgezogen werden. Das Bausparguthaben (BSG) entspricht deshalb der Summe der auf den Zeitpunkt t = 6 aufgezinsten Sparzahlungen (e_S) unter Berücksichtigung des Abzugs der Abschlußgebühr (AG) in t = 0. Die Zahlungen lassen sich als endlich vorschüssige Rente beschreiben. Deshalb ist eine Berechnung mit Hilfe des Rentenendwertfaktors (REF) einer endlich vorschüssigen Rente über n = 6 Perioden möglich:

$$\text{BSG} = e_S \cdot \text{REF} - \text{AG} \cdot (1+i)^n = e_S \cdot \frac{(1+i)^n - 1}{i} \cdot (1+i) - \text{AG} \cdot (1+i)^n$$

$$\text{BSG} = 800.000 \cdot \frac{1,025^6 - 1}{0,025} \cdot 1,025 - 100.000 \cdot 1,025^6$$

BSG = 5.121.974,77556 ≈ 5.121.974,78

Im Zeitpunkt t = 6 beträgt das Bausparguthaben DM 5.121.974,78.

Nachrichtlich wird in folgender Tabelle die Entwicklung des Bausparguthabens dargestellt:

Zeitpunkt t	Sparzahlungen (e_S)	Gebührenabzug (AG)	Bausparguthaben (BSG_t)
0	800.000,00	100.000,00	700.000,00
1	800.000,00		1.517.500,00
2	800.000,00		2.355.437,50
3	800.000,00		3.214.323,44
4	800.000,00		4.094.681,52
5	800.000,00		4.997.048,56
6	-		5.121.974,78

Die Höhe des Darlehens ergibt als Residualgröße nach Abzug des Bausparguthabens im Zeitpunkt t = 6 von der Bausparsumme:

	Bausparsumme	DM 10.000.000,00
./.	Bausparguthaben	./. DM 5.121.974,78
=	Bauspardarlehen	= DM 4.878.025,22

Die Höhe des Bauspardarlehen beträgt DM 4.878.025,22. Zur Berechnung der Annuität des Darlehens muß hierauf die Darlehensgebühr in Höhe von 2,5% des Bauspardarlehens aufgeschlagen werden:

	Bauspardarlehen	DM 4.878.025,22
+	Darlehensgebühr (2,5% von DM 4.878.025,22)	+ DM 121.950,63
	Grundlage der Ermittlung der Darlehensannuität	= DM 4.999.975,85

Bei der Ermittlung der Darlehensannuität (A) wird der aus Darlehen und Darlehensgebühr ermittelte Betrag über DM 4.999.975,85 auf die folgenden sieben Zeitpunkte (t = 7, 8, 9, 10, 11, 12 und 13) verteilt. Eine Annuität ist eine uniforme (gleiche Zahlungsbeträge), äquivalente (gleichwertig zum zu verteilenden Betrag) und äquidistante (zeitlich gleiche Abstände der Zahlungen) Zahlungsreihe. Sie wird gebildet durch Multiplikation des zu verteilenden Betrages mit dem Kehrwert der Summe der Abzinsungsfaktoren. Dieser Kehrwert wird auch als Annuitätenfaktor (AF) bzw. Wiedergewinnungsfaktor bezeichnet. Als Zinssatz wird i = 4,5% berücksichtigt.

$$A = 4.999.975,85 \cdot AF = 4.999.975,85 \cdot \frac{(1+i)^n \cdot i}{(1+i)^n - 1}$$

$$A = 4.999.975,85 \cdot \frac{1,045^7 \cdot 0,045}{1,045^7 - 1} = 4.999.975,85 \cdot 0,169701468$$

$$A = 848.503,24165 \approx 848.503,24$$

Die jährliche Annuität, die als Kapitaldienst Zins und Tilgung enthält, beträgt DM 848.503,24. Somit ergibt sich folgende Zahlungsreihe:

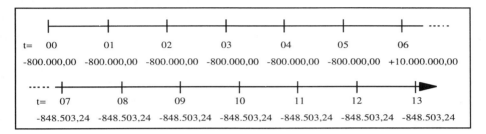

b) Der *interne Zins* (r) gibt die Verzinsung des gebundenen Kapitals an. Es ist der Kalkulationszinsfuß, der zu einem Kapitalwert (C) von 0 führt. Der interne Zins ist die Gesamtkapitalrentabilität der Investition (im Beispiel: Finanzinvestition). Zur Berechnung des internen Zinses wird der Kapitalwert gleich 0 gesetzt und die Gleichung nach r aufgelöst: $C = \sum_{t=0}^{T} \frac{e_t - a_t}{(1+r)^t} = 0$. Der interne Zins ist nicht immer eindeutig, eventuell auch nicht existent. Bei sich schneidenden Kapitalwertfunktionen haben unterschiedliche Kalkulationszinsfüße unterschiedlich vorteilhafte Alternativen zur Folge. Die Zielkriterien der internen Zinsfußmethode und der Kapitalwertmethode stimmen nicht überein.

Aufgrund der Schwierigkeiten der Auflösung der Gleichung n-ten Grades können Näherungswerte des internen Zinses durch das Newton-Verfahren oder das Verfahren der linearen Interpolation ermittelt werden. Die Gleichung des Newton-Verfahrens lautet: $r = r_0 - \frac{C(r_0)}{C'(r_0)}$. Unter Berücksichtigung der relevanten Zahlungsreihe ergeben sich folgende Berechnungen:

$$C = -800.000 - \frac{800.000}{(1+r)} - \frac{800.000}{(1+r)^2} - \frac{800.000}{(1+r)^3} - \frac{800.000}{(1+r)^4} - \frac{800.000}{(1+r)^5} + \frac{5.121.974,78}{(1+r)^6}$$

$$\frac{dC}{dr} = C' = \frac{800.000}{(1+r)^2} + \frac{1.600.000}{(1+r)^3} + \frac{2.400.000}{(1+r)^4} + \frac{3.200.000}{(1+r)^5} + \frac{4.000.000}{(1+r)^6} - \frac{30.731.848,68}{(1+r)^7}$$

r_0	C	C'	r_1
0,010000000	142.386,94513	−17.207.745,07404	0,018274585
0,018274585	4.878,17458	−16.042.515,18778	0,018578663
0,018578663	6,27580	−16.001.255,54954	0,018579055
0,018579055	0,00000		

Der interne Zins der Ansparphase beträgt ca. 1,858%. Die Abweichung zum Spar-Nominalzins (2,5%) ergibt sich aus der im Zeitpunkt t = 0 belasteten Abschlußgebühr.

c) Der Kapitalwert (C_0) ist die Summe aller auf den heutigen Zeitpunkt (hier: t = 0) abgezinsten Zahlungen. Er ist der Wert des betrachteten Objekts in t = 0.

$$C_0 = \sum_{t=1}^{T} \frac{e_t - a_t}{\prod_{\tau=0}^{t-1}(1+i_{\tau,\tau+1})} + e_0 - a_0 = \sum_{t=1}^{T} \frac{Z_t}{\prod_{\tau=0}^{t-1}(1+i_{\tau,\tau+1})} + Z_0$$

Vor der Berechnung des Kapitalwertes muß die Frage geklärt werden, welche Kalkulationszinssätze für die jeweiligen Perioden zwischen den Zeitpunkten zur Abzinsung der Zahlungen zu berücksichtigen sind. Entscheidend ist hierfür gemäß der Lenkpreistheorie das entsprechende Grenzobjekt und die daraus resultierenden endogenen Grenzzinsfüße. Aufgrund der Verschuldung der Gemeinde ergibt sich der endogene Grenzzins in den Jahren zwischen den Zeitpunkten t = 0 und t = 6 aus dem Sollzinssatz des Kassenkredites, da in dieser Zeit mit den Sparzahlungen auch der Schuldenstand dieses Kredites zurückgeführt werden könnte. In den Jahren zwischen den Zeitpunkten t = 6 und t = 13 ist die Alternative bzw. Opportunität die Aufnahme eines Kommunaldarlehens, welches mit 6,5% p.a. verzinst wird. Dieser Zinssatz stellt den Kalkulationszinssatz für diesen Zeitraum dar. Zur Veranschaulichung wird der Zeitstrahl mit der Zahlungsreihe und den jeweiligen Kalkulationszinssätzen der Perioden dargestellt:

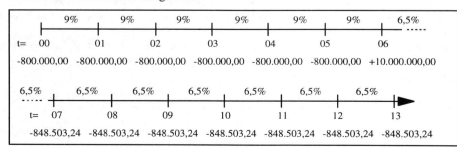

Berechnung des Kapitalwertes des Bausparvertrages:

$$C_0 = -800.000 \cdot \frac{(1+i_1)^6 - 1}{i_1 \cdot (1+i_1)^6} \cdot (1+i_1) - 848.503,24 \cdot \frac{(1+i_2)^7 - 1}{i_2 \cdot (1+i_2)^7} \cdot \frac{1}{(1+i_1)^6} + \frac{10.000.000}{(1+i_1)^6}$$

$$C_0 = -800.000 \cdot \frac{1,09^6 - 1}{0,09 \cdot 1,09^6} \cdot 1,09 - 848.503,24 \cdot \frac{1,065^7 - 1}{0,065 \cdot 1,065^7} \cdot \frac{1}{1,09^6} + \frac{10.000.000}{1,09^6}$$

$$C_0 = -723.856,92955 < 0$$

Der Abschluß des Bausparvertrages ist unter den gegebenen Bedingungen nicht vorteilhaft, da der Kapitalwert negativ ist.

d) Die notwendige Bedingung für die Vorteilhaftigkeit des Bausparvertrages ist ein Kapitalwert größer als null. Bei einem Kapitalwert gleich null ist es gleichgültig, ob der Bausparvertrag abgeschlossen wird oder nicht.
$C_0 \geq 0$

$$C_0 = -800.000 \cdot \frac{1,09^6 - 1}{0,09 \cdot 1,09^6} \cdot 1,09 - 848.503,24 \cdot \frac{(1+i_2)^7 - 1}{i_2 \cdot (1+i_2)^7} \cdot \frac{1}{1,09^6} + \frac{10.000.000}{1,09^6}$$

$$C_0 = 2.050.952,25811 - 505.934,75876 \cdot \frac{(1+i_2)^7 - 1}{i_2 \cdot (1+i_2)^7} \geq 0$$

Bei der *linearen Interpolation* wird ein Näherungswert des gesuchten Zinssatzes mit Hilfe eines Strahlensatzes bestimmt: $i_N = i_a - C_{i_a} \cdot \frac{i_b - i_a}{C_{i_b} - C_{i_a}}$

$i_a = 0,17$ $C_{i_a} = 66.483,81224$

$i_b = 0,065$ $C_{i_b} = -723.856,92955$

$i_N = 0,17 - 66.483,81224 \cdot \dfrac{0,065 - 0,17}{-723.856,92955 - 66.483,81224} = 0,161167354$

$C_{i_N} = 14.708,07407$

i_a	C_{i_a}	i_b	C_{i_b}	i_N	C_{i_N}
0,170000000	66.483,81224	0,065	-723.856,92955	0,161167354	14.708,07407
0,161167354	14.708,07407	0,150	-53.948,69629	0,158775015	307,25994
0,158775015	307,25994	0,155	-22.753,89243	0,158724718	2,72733
0,158724718	2,72733	0,157	-10.484,24622	0,158724269	0,01121
0,158724269	0,01121	0,158	-4.393,32183	**0,158724267**	0,00000

Dabei ergibt sich der Zinssatz von 15,8724267%. Wenn damit zu rechnen ist, daß der jährliche Zins von Kommunaldarlehen ab dem Zeitpunkt t = 6 *über* (!) diesen Zinssatz steigt, ist der Abschluß des Bausparvertrages zu empfehlen.

Literaturhinweise

BRÖSEL, G., HERING, TH., MATSCHKE, M.J.: Finanzierung und Organisation der Abwasserbeseitigung, erscheint demnächst in: ZögU.

HERING, TH.: Investitionstheorie aus der Sicht des Zinses, Wiesbaden 1995.

MATSCHKE, M. J.: Investitionsplanung und Investitionskontrolle, Herne/Berlin 1993.

PERRIDON, L./STEINER, M.: Finanzwirtschaft der Unternehmung, 8. Aufl., München 1995.

Gerrit Brösel

Wirtschaftlichkeit bei kommunalen Pflichtaufgaben

Die Abwasserbeseitigung ist eine öffentliche Pflichtaufgabe der Daseinsvorsorge. In Mecklenburg-Vorpommern und in anderen Bundesländern obliegt die Abwasserbeseitigungspflicht den Gemeinden im Rahmen der Selbstverwaltung. Aufgrund dieser Pflicht zählen die Hoheitsbetriebe der Abwasserbeseitigung gemäß § 68 Abs. 2 der Kommunalverfassung des Landes (KV M-V) zu den *nichtwirtschaftlichen* Unternehmen. Trotz dieser historisch bedingten Zuordnung sind diese Unternehmen nach § 68 Abs. 2 Satz 2 KV M-V *wirtschaftlich* zu führen.

Vor dem Hintergrund der notwendigen Erneuerung des Abwassersammlers in der Hauptstraße des D-Dorfes liegen dem Eigenbetrieb „Abwasserbeseitigung" die Planungsunterlagen eines ortsansässigen Ingenieurbüros zur Erneuerung der Entsorgungsleitung vor. Die dreispurige und einen Kilometer lange Hauptstraße des D-Dorfes zeichnet sich aufgrund ihrer geschlossenen Bebauung mit Wohn- und Geschäftshäusern durch eine hohe Belegungs- und Abnehmerdichte an Rohrleitungen und Kabeln aus. Der Abwasserkanal sowie Gas-, Fernwärme- und Trinkwasserleitungen sind derzeit separat unter der Fahrbahn verlegt. Telekommunikation- und Elektrizitätskabel verlaufen beidseitig der Fahrbahn unter den Gehwegen.

Den Mitarbeitern des Eigenbetriebs bieten sich zwei Wahlmöglichkeiten zur Erneuerung des Abwassersammlers. Die erste Variante ist die konventionelle Erdverlegung des Kanals in geschlossener Bauweise analog den gegenwärtigen Verhältnissen. Alternativ liegen die Planungen für den Bau eines begehbaren Leitungsganges (siehe Abbildung) für diesen Bauabschnitt vor. In diesem Sammelkanal können neben dem Abwasserkanal alle erforderlichen unterirdischen Ver- und Entsorgungsleitungen gemeinsam verlegt werden. Reservekapazitäten sind vorhanden.

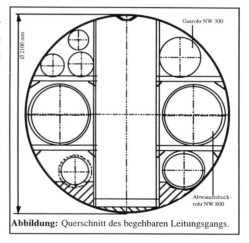

Abbildung: Querschnitt des begehbaren Leitungsgangs.

Aufgabe

a) In der KV M-V (und auch in den entsprechenden Gesetzen anderer Bundesländer) findet sich das Gebot, daß die Gemeinde ihre Haushaltswirtschaft nach den

Grundsätzen der *Wirtschaftlichkeit* und *Sparsamkeit* zu planen und zu führen hat. Erläutern Sie diese beiden Begriffe! Aus welchen Gründen ist im öffentlichen Dienst eine Wirtschaftlichkeitskontrolle unentbehrlich? Beziehen Sie sich dabei auch auf die Besonderheiten im Bereich der Abwasserbeseitigung!

b) Da auch die sogenannten *nichtwirtschaftlichen* Unternehmen nach dem Wirtschaftlichkeitsprinzip zu führen sind, ist hinsichtlich der vorliegenden Planungen für den Abwasserkanal der Hauptstraße des D-Dorfes die wirtschaftlichste Variante zu ermitteln. Gehen Sie dabei von folgenden Annahmen aus: Der Zins für Kommunaldarlehen, mit denen die Investitionen finanziert werden, beträgt 6,5% p.a. Der Eigenbetrieb erwartet eine jährliche Inflationsrate von 2%. Als einheitlicher Planungshorizont wird eine unendliche Investitionsdauer berücksichtigt. Auszahlungen für die Erstinvestition fallen im Zeitpunkt $t = 0$ an. Sämtliche Anlagenteile werden nach Ablauf ihrer Nutzungsdauer immer wieder erneuert. Reinvestitionen haben dabei die gleiche Nutzungsdauer wie die ersetzte Investition. Es sind identische Investitionen, die keiner realen Preissteigerung unterliegen und keine Änderung der Betriebskosten hervorrufen. Die inflationsbereinigten Auszahlungen für laufende Betriebskosten sind auszahlungsgleich und fallen jährlich nachschüssig sowie unendlich lange an. Folgende Zahlungsreihen liegen vor:

Variante A: Bei der konventionellen Erdverlegung betragen die Investitionsauszahlung für die Abwasserkanäle in $t = 0$ und in den folgenden Investitionszeitpunkten jeweils DM 4,4 Mio. Die geschätzte Nutzungsdauer der Kanäle von 110 Jahren wird eingehalten, wenn jeweils zur Hälfte der Nutzungszeit eine Sanierung durchgeführt wird. Die Auszahlung für die Sanierung beträgt jeweils DM 990.000. Unabhängig davon fallen, z.B. für die Instandhaltung und auftretende Mediengewinne (z.B. durch Infiltration von Grundwasser), Betriebskosten in Höhe von jährlich DM 20.000 an.

Variante B: Bei der alternativen Verlegung betragen die Investitionsauszahlungen für den Leitungsgang inklusive der Konsolen jeweils DM 7,63 Mio. Die Nutzungsdauer des Leitungsganges und der Konsolen von 150 Jahren wird eingehalten, wenn immer zur Hälfte der Nutzungszeit die Sanierungen mit den Auszahlungen von jeweils DM 1,7 Mio. durchgeführt werden. Im Leitungsgang sind außerdem die Betriebs- und Steuerungssysteme notwendig. Diese werden mit jeweiligen Investitionsauszahlungen von DM 30.000 alle 20 Jahre erneuert. Für die im Leitungsgang verlegten Abwasserkanäle fallen bei einer Nutzungsdauer von 100 Jahren im Zeitpunkt $t = 0$ und bei den Folgeinvestitionen Auszahlungen von jeweils DM 702.000 an. Eine Sanierung ist dabei nicht notwendig. Die jährlichen Betriebskosten für den Leitungsgang und den darin verlegten Abwasserkanal betragen DM 83.500. Darin enthalten sind unter anderem die Auszahlungen für Verwaltung, Versicherung und Instandhaltung des Leitungsgangs sowie für die Instandhaltung des Abwasserkanals.

Mit lokalen Versorgungsträgern wurden Vertragsverhandlungen über die Einbindung ihrer Leitungen in den Sammelschacht geführt. Dabei kam es zu folgenden Verträgen, die jeweils den Zustand und die Restnutzungsdauer der derzeit verlegten Einzelleitungen berücksichtigen: Ab dem dritten Jahr wird die Trinkwasserleitung in den Leitungsgang eingebunden. Für den Eigenbetrieb entstehen deshalb jährliche Einzahlungen aus der Benutzungsgebühr in Höhe von DM 70.000. Elektrokabel und Straßenbeleuchtung werden ab dem zehnten Jahr für insgesamt DM 55.000 jährlich sowie Gas- und Fernwärmeleitungen ab dem 15. Jahr für eine jährliche Gebühr von insgesamt DM 168.000 mit im Leitungsgang verlegt. Es wird angenommen, daß die Gebührenzahlungen unendlich, jährlich und vorschüssig erfolgen. Verlegung und Betrieb der Leitungen im Sammelschacht erfolgen durch die jeweiligen Versorgungsträger auf eigene Rechnung.

Vergleichen Sie die beiden Alternativen anhand des Kapitalwertkriteriums! *Hilfsangabe:* Bei den Zahlungen handelt es sich um Zahlungsreihen, die mit unendlich gleichbleibenden Renten vergleichbar sind. Schwerpunkt dieser Kapitalwertberechnung ist somit die Ermittlung der entsprechenden Rentenbarwertfaktoren, da sich die Zahlungen neben der Höhe auch in Zahlungsabständen, Startzeitpunkten sowie in Vor- oder Nachschüssigkeit unterscheiden.

c) Die derzeit laufenden Verhandlungen des D-Dorfes mit einem Telekommunikationsunternehmen stehen kurz vor dem Abschluß. Die Telekommunikationskabel sollen ab dem achten Jahr im Sammelschacht verlegt werden. Als Mitarbeiter der Kämmerei steht ihnen die Aufgabe zu, die jährlich zu fordernde Gebühr zu ermitteln, mit der eine Vorteilhaftigkeit des Leitungsganges gegeben ist.

d) Nach harten Verhandlungen zeigt sich das Telekommunikationsunternehmen zur Zahlung von DM 65.000 jährlich bereit. Trotzdem bittet Sie Ihr Bürgermeister noch um folgende Information: Welche weiteren Vorteile bietet der begehbare Leitungsgang gegenüber der herkömmlichen Verlegung?

Lösung

a) Die Prinzipien der Wirtschaftlichkeit und der Sparsamkeit folgen aus dem *Gemeinwirtschaftlichkeitsprinzip*, dem die Gemeinden unterliegen. Das *Wirtschaftlichkeitsprinzip* (auch Rationalprinzip oder ökonomisches Prinzip genannt) zielt auf die ökonomisch vernünftige Steuerung knapper Ressourcen. Es kann entweder als Maximum- oder als Minimumprinzip formuliert werden. Bei der Maximumvariante ist der höchstmögliche Erfolg mit gegebenem Ressourceneinsatz zu erzielen. Bei der Minimumvariante soll ein festgelegtes Ziel mit geringstmöglichem Faktoreinsatz erreicht werden. Für diesbezüglich motivierte Wirtschaftlichkeitsrechnungen ist auf das *Kapitalwertkriterium* zurückzugreifen. Speziell bei der Vorbereitung der Entscheidung zwischen Alternativen funktionsgleicher Abwasserbeseitigungsanlagen muß im Sinne des Minimumprinzips die Kapitalwertmethode verwendet werden. Aus dem *Sparsamkeitsprinzip* folgt für die Gemeinden die Verhaltensregel, von den Projekten, die den Grundsätzen der Wirtschaftlichkeit entsprechen, nur diejenigen durchzuführen, die unbedingt erforderlich sind.

Die Unentbehrlichkeit einer Wirtschaftlichkeitskontrolle ist unter anderem wegen fehlenden Wettbewerbsdrucks, der Gefahr politisch begründeter, überdimensionierter Prestigeobjekte und der fehlenden Anreizsysteme im öffentlichen Dienst gegeben. Bei der Abwasserbeseitigung ist außerdem, aufgrund fehlender Substitutionsmöglichkeiten, die unelastische Nachfrage hervorzuheben. Die Bürger können sich deshalb den Kosten von Maßnahmen nicht entziehen, die gegen das Wirtschaftlichkeitsprinzip verstoßen und mit Hilfe des Kostendeckungsprinzips auf die Gebühren umgelegt werden. Auch durch die technisch-wirtschaftlichen Merkmale der Abwasserbeseitigung, wie die Überlassungspflicht angefallenen Abwassers, den Anschluß- und Benutzungszwang, die hohe Kapitalintensität, die Leitungsgebundenheit und die begrenzte Speicherbarkeit, wird die Einhaltung der haushaltsrechtlichen Regelungen notwendig.

b) Da die Werte der Zahlungen real, also inflationsbereinigt sind, muß für den Kalkulationszins i auch der reale Wert berücksichtigt werden. Dieser sog. reale Zins errechnet sich unter Berücksichtigung des nominalen Zinses i_n und der Inflationsrate i_p durch folgende Formel: $i = \dfrac{1+i_n}{1+i_p} - 1$. Da kein vollkommener Kapitalmarkt gegeben ist, muß der Kalkulationszinssatz endogen, in Abhängigkeit von den vorhandenen Investitions- und Finanzierungsmöglichkeiten, bestimmt werden. Der endogene Kalkulationszinssatz entspricht dem Zins des Grenzobjekts und wird als endogener Grenzzinsfuß bezeichnet. Infolge der geplanten Finanzierung der Investition durch einen Kommunalkredit als einziges Finanzierungsmittel entspricht dieser dem Grenzobjekt. Entsprechend der Lenkpreistheorie wird auf den Sollzins des Kommunalkredites $i_n = 6{,}5\%$ als Nominalzins zur Berechnung des Kalkulationszinses zurückgegriffen. Als jährliche Inflationsrate gibt der Abwasserzweckverband $i_p = 2\%$ vor. Unter Berücksichtigung einer stabilen Zinsstruktur sind die Zinssätze für alle Perioden (Jahre) gleich und deshalb von t unabhängig. Hieraus ergibt sich ein Kalkulationszinsfuß i (folgende Berechnungen erfolgen mit dem genauen Wert) von:

$$i = \frac{1+i_n}{1+i_p} - 1 = \frac{1{,}065}{1{,}02} - 1 = 0{,}0441176470588234 \approx 0{,}044 = 4{,}4\%.$$

Der Kapitalwert K ist die Summe aller auf den heutigen Zeitpunkt abgezinsten Zahlungen Z:

$$K = \sum_{t=0}^{\infty} \frac{e_t - a_t}{(1+i)^t} = \sum_{t=0}^{\infty} \frac{Z_t}{(1+i)^t}.$$

Variante A: Bei der Berechnung des Kapitalwertes ist die Möglichkeit der Vereinfachungen der Berechnungsformeln gegeben. Die Investitionsauszahlungen der Kanäle sind wie eine gleichbleibende unendlich vorschüssige Rente zu betrachten, die in den Jahresabständen d gezahlt wird. Die Jahresabstände d entsprechen der jeweiligen Nutzungsdauer der Anlage. Der Rentenbarwertfaktor für diese Rente beträgt: $\frac{(1+i)^d}{(1+i)^d - 1}$. Dieser Faktor ist auch für die Sanierungsauszahlungen zu verwenden, da diese Auszahlungen auch in Jahresabständen d gezahlt werden. Da die erste Auszahlung erst im Jahr $\frac{d}{2}$ erfolgt, ist mit dem Abzinsungsfaktor $\frac{1}{(1+i)^{\frac{d}{2}}}$ eine Abzinsung auf t = 0 erforderlich: Die Betriebskosten können, da im Zeitpunkt t = 0 keine Zahlung fällig ist, wie eine gleichbleibende unendlich nachschüssige jährlich fällige Rente betrachtet werden. Deshalb kann hierbei auf die kaufmännische Kapitalisierungsformel $\frac{1}{i}$ zurückgegriffen werden. Damit ergibt sich folgender Kapitalwert K_A:

$$K_A = -4.400.000 \cdot \frac{1,044^{110}}{1,044^{110} - 1} - 990.000 \cdot \frac{1,044^{110}}{1,044^{110} - 1} \cdot \frac{1}{1,044^{55}} - \frac{20.000}{0,044}$$

$$K_A = -4.984.712,27654734 \approx -4.984.712,28.$$

Variante B: Bei der Variante B kann neben den bei der Variante A gewählten Vereinfachungen auch für die Einzahlungen aus den Nutzungsverträgen eine Formalisierung genutzt werden. Diese Einzahlungen können wie gleichbleibende unendlich vorschüssige jährlich fällige Renten betrachtet werden. Der Rentenbarwertfaktor für diese Renten $\frac{1+i}{i}$ ist, je nach dem Jahr t der geplanten Einbindung der Versorgungsleitung mit $\frac{1}{(1+i)^t}$ abzuzinsen. Es ergibt sich folgender Kapitalwert K_B:

$$K_B = -7.630.000 \cdot \frac{1,044^{150}}{1,044^{150} - 1} - 1.700.000 \cdot \frac{1,044^{150}}{1,044^{150} - 1} \cdot \frac{1}{1,044^{75}}$$

$$-702.000 \cdot \frac{1,044^{100}}{1,044^{100} - 1} - 30.000 \cdot \frac{1,044^{20}}{1,044^{20} - 1} - \frac{83.500}{0,044} + 70.000 \cdot \frac{1,044}{0,044} \cdot \frac{1}{1,044^3}$$

$$+55.000 \cdot \frac{1,044}{0,044} \cdot \frac{1}{1,044^{10}} + 168.000 \cdot \frac{1,044}{0,044} \cdot \frac{1}{1,044^{15}}$$

$$K_B = -5.983.241,17387564 \approx -5.983.241,17.$$

Da $K_A > K_B$ ist, dem Wirtschaftlichkeitsprinzip folgend, die konventionelle Erdverlegung der Variante A durchzuführen.

c) Zur Vorteilhaftigkeit der Variante B muß der Kapitalwert K_B größer als der Kapitalwert K_A der Variante A sein. Unter Rückgriff auf obige Werte ergibt sich deshalb:

$$K_A < K_B$$
$$-4.984.712,28 < -5.983.241,17 + x$$
$$x > 998.528,89.$$

Der Wert x entspricht der zur Vorteilhaftigkeit der Variante B notwendigen Erhöhung der Kapitalwertes K_B aufgrund des Vertragsabschlusses mit dem Telekommunikationsunternehmen. Durch Auflösung des Wertes x nach der gesuchten jährlichen Einzahlung e_{Tk}, die zur Vorteilhaftigkeit des Leitungsganges notwendig ist, ergibt sich:

$$x = e_{Tk} \cdot \frac{1+i}{i} \cdot \frac{1}{(1+i)^n} = e_{Tk} \cdot \frac{1,044}{0,044} \cdot \frac{1}{1,044^8} > 998.528,89$$

$$e_{Tk} > 998.528,89 \cdot 0,044 \cdot 1,044^7$$
$$e_{Tk} > 59.596,26.$$

Die erforderliche jährliche vorschüssige Einzahlung aus dem Vertrag mit dem Telekommunikationsunternehmen muß zur Vorteilhaftigkeit der Variante B größer sein als DM 59.596,26.

d) Im begehbaren Leitungskanal können alle Schäden rechtzeitig durch Sichtkontrolle erkannt werden. Dadurch werden Auszahlungen für Inspektionen und die Risiken von Grundwasserschäden durch Exfiltration gemindert. Der Sammelkanal bietet außerdem einen zusätzlichen Schutz vor Ex- und Infiltration. Durch den Leitungsgang ist ein zusätzlicher Schutz gegen Bodenerschütterung, Korrosion und andere externe physikalische und chemische Einwirkungen gegeben. Hierdurch kann die Nutzungsdauer der verlegten Leitungen verlängert werden. Aufgrund der durch Einschränkung der Erdarbeiten seltener erforderlichen Verkehrsumleitungen können volkswirtschaftliche Kosten und Umweltbelastungen gesenkt werden. Die Anpassung vorhandener bzw. die Aufnahme neuer, heute noch unbekannter Medienleitungen ist bei entsprechenden Kapazitäten möglich.

Literaturhinweise

BRÖSEL, G., HERING, TH., MATSCHKE, M.J.: Wirtschaftlichkeitsanalyse alternativer Organisationsformen der Abwasserbeseitigung am Beispiel eines Zweckverbands, erscheint demnächst in: ZögU.

HERING, TH.: Investitionstheorie aus der Sicht des Zinses, Wiesbaden 1995.

MATSCHKE, M. J.: Investitionsplanung und Investitionskontrolle, Herne/Berlin 1993.

MATSCHKE, M. J./HERING, TH.: Kommunale Finanzierung, München/Wien, 1998.

STEIN, D.: Schadensbehebung als Chance zur Durchsetzung neuer Kanalisationskonzeptionen, in: ZAU, 1. Jg. (1988), Sonderheft 1, S. 39-50.

Thomas Hering

Kommunale Gebührenkalkulation

Ein kommunaler Regiebetrieb im Zschopautal investiert in eine neue Kläranlage, deren Nutzungsdauer drei Perioden beträgt. Die Anlage kostet 15.000 Geldeinheiten (GE) und soll linear auf einen Restwert von null abgeschrieben werden. Das zu entsorgende Abwasservolumen beläuft sich in der ersten Periode auf 120 Mengeneinheiten (ME) und nimmt in jeder folgenden Periode um jeweils 10 ME zu. Die variablen Entsorgungskosten betragen zunächst 2 GE/ME und steigen in der dritten Periode auf 2,5 GE/ME. Für die Periode 1 fallen Fixkosten von 1.000 GE an (Löhne, Gehälter); im folgenden nehmen diese Kosten aber in jeder Periode um 10% (bezogen auf die Vorperiode) zu. Alle Kosten mit Ausnahme der Abschreibungen sind unmittelbar zahlungswirksam. Der Betrieb finanziert seine Investition vollständig mit einem Kommunalkredit, für den in jeder Periode 6% Zinsen fällig werden. Die Tilgung erfolgt am Ende der Laufzeit in einer Summe. Über Gebühreneinnahmen zurückfließende Abschreibungsgegenwerte können zwischenzeitlich für jeweils eine Periode zum Zins von 5% angelegt werden. (Habenzinsen aus der Zwischenanlage von Gebühreneinnahmen mindern die durch Gebühreneinnahmen zu deckenden Kosten.) Andere Finanzierungsquellen stehen nicht zur Verfügung. Eine vorzeitige Tilgung des Kredits ist ausgeschlossen.

Aufgabe

a) Welchen drei grundsätzlichen Prinzipien hat die kommunale Abwassergebührenkalkulation zu genügen?

b) Der Regiebetrieb strebt verbrauchsgerechte, d.h. in jeder Periode voll kosten- und ausgabendeckende Gebühren an. Ermitteln Sie die Abwassergebührensätze (in GE/ME) für die drei Perioden des Planungszeitraums! Wie hoch sind die in t = 1 und t = 2 zu tätigenden Geldanlagen?

c) Der Regiebetrieb möchte wissen, wie sich die Kalkulation ändert, wenn im Planungszeitraum von einem leistungsgerechten, d.h. konstanten Gebührensatz p (GE/ME) ausgegangen wird. Errechnen Sie p und die resultierenden Betriebsergebnisse der drei Perioden! Was muß für die Summe dieser Betriebsergebnisse gelten?

d) Inwiefern geht das Wirtschaftlichkeitsprinzip in die Gebührenkalkulation ein?

Lösung

a) Nach dem Haushalts- und dem kommunalen Abgabenrecht müssen Benutzungsgebühren zu einem ausgeglichenen Haushalt beitragen, nach betriebswirtschaftlichen Grundsätzen kostendeckend sein und dem Wirtschaftlichkeitsprinzip gerecht werden (Gemeinwirtschaftlichkeit).

b) Zusammenstellung der relevanten Daten:

	Periode 1	Periode 2	Periode 3
Abwassermenge	120	130	140
variable Kosten	240	260	350
fixe Kosten	1.000	1.100	1.210
Abschreibungen	5.000	5.000	5.000
Sollzinsen	900	900	900
Tilgung			15.000

Mit p_t sei der Gebührensatz der Periode t und mit F_t der in Periode t + 1 zu 5% anzulegende Geldbetrag bezeichnet. Dann gelten folgende Restriktionen:

	Haushaltsausgleich Auszahlungen = Einzahlungen	**Kostendeckung** Kosten = Leistungen
t = 0	15.000 = 15.000	
t = 1	$2.140 + F_1 = 120\, p_1$	$7.140 = 120\, p_1$
t = 2	$2.260 + F_2 = 130\, p_2 + 1{,}05\, F_1$	$7.260 = 130\, p_2 + 0{,}05\, F_1$
t = 3	$17.460 = 140\, p_3 + 1{,}05\, F_2$	$7.460 = 140\, p_3 + 0{,}05\, F_2$

Durch sukzessives Auflösen der Gleichungen resultiert: $p_1 = 59{,}5$, $p_2 = 53{,}92307692$, $p_3 = 49{,}71428571$, $F_1 = 5.000$ und $F_2 = 10.000$. Die Geldanlagen spiegeln die über Gebühren vereinnahmten kumulierten Abschreibungsgegenwerte wider.

c) Bei einem einheitlichen Gebührensatz p ist neben dem Haushaltsausgleich im allgemeinen keine periodengenaue Kostendeckung mehr möglich (die Lösung von Aufgabe b) ist eindeutig und führt zu keinem einheitlichen p!). Wegen des zwingend erforderlichen Haushaltsausgleichs muß das auf der folgenden Seite abgedruckte Gleichungssystem gelten. Daraus ergibt sich $p = 54{,}28657045$, $F_1 = 4374{,}388454$ und $F_2 = 9.390{,}362035$. Langfristig entsteht jedoch kein Eigenkapital, weil die Einzahlungen insgesamt lediglich die Auszahlungen decken und das Anlagevermögen voll

abgeschrieben wird. Das Betriebsergebnis ist im Gesamtzeitraum ausgeglichen, d.h., die einzelnen Betriebsergebnisse addieren sich zu null.

	Haushaltsausgleich
	Auszahlungen = Einzahlungen
t = 0	15.000 = 15.000
t = 1	2.140 + F_1 = 120 p
t = 2	2.260 + F_2 = 130 p + 1,05 F_1
t = 3	17.460 = 140 p + 1,05 F_2

Für die Betriebsergebnisse gilt:

t = 1:   120 · 54,28657045 − 7.140   = −625,61
t = 2:   130 · 54,28657045 + 0,05 · 4.374,388454 − 7.260   =   15,97
t = 3:   140 · 54,28657045 + 0,05 · 9.390,362035 − 7.460   =   609,64

Insgesamt ergibt sich −625,61 + 15,97 + 609,64 = 0.

d) Sofern für die Durchführung der Abwasserentsorgung mehrere verschiedene Gestaltungsmöglichkeiten bestehen, gebietet der Wirtschaftlichkeitsgrundsatz die Wahl der kostengünstigsten Alternative. Über das Kostendeckungsprinzip kommt es auf diese Weise auch zur Minimierung der von den Bürgern zu tragenden Gebührenlast.

Literaturhinweise

ADAM, D., HERING, TH.: Kalkulation von Abwassergebühren, in: ZögU, 18. Jg. (1995), S. 259-276.
MATSCHKE, M. J., HERING, TH.: Kommunale Finanzierung, München/Wien 1998.

Claudia Rothe

Wirtschaftlichkeitsuntersuchung kommunaler Wohngebietserschließungen anhand einer simulativen Risikoanalyse

Der Kleinstadt Hamsterberg werden für die kommenden Jahre hohe Haushaltsdefizite prognostiziert. Auf Ratschlag seiner Assistentin Benjamine Schnatter beabsichtigt der Bürgermeister Sven Platsch die Erschließung des Wohngebietes „Wühlmaus".

Aufgabe 1

a) Beschreiben Sie kurz die drei elementaren städtebaulichen Instrumente, die das Baugesetzbuch für die Baulandentwicklung vorsieht!

b) Welche finanziellen Konsequenzen sind mit einer Wohngebietserschließung verbunden? Versuchen Sie, die möglichen Zahlungsströme in zwei charakteristische Zeitabschnitte einzuordnen!

c) Stellen Sie die Verbundwirkungen, die dem Schlüsselzuweisungssystem zugrunde liegen, in einem funktionalen Zusammenhang dar!

Aufgabe 2

a) Erläutern Sie in Grundzügen das Verfahren der simulativen Risikoanalyse!

b) Benjamine Schnatter sind folgende sichere Daten für das Projekt Wohngebiet „Wühlmaus" bekannt: Im Zeitpunkt $t = 0$ fallen Erschließungskosten und Auszahlungen für den Kauf der Grundstücke an. Diese Investitionsauszahlungen a_0 belaufen sich insgesamt auf 10.000.000 DM. In der darauffolgenden Periode mögen alle Grundstücke veräußert werden, so daß der Gemeinde Einzahlungen aus Erschließungsbeiträgen und Grundstücksverkäufen e_1 in Höhe von 6.500.000 DM zufließen. Ferner vereinnahmt die Kommune ab dem Zeitpunkt $t = 1$ ein jährlich gleichbleibendes nivilliertes Aufkommen an der Grundsteuer B G^B in Höhe von 80.000 DM. Der Gemeindeanteil an der Einkommensteuer GA setzt sich aus der zusätzlichen Einwohnerzahl EW und einem Steuerbetrag SB in Höhe von 2.000 DM zusammen, mit dem jeder Einwohner zu erhöhten Einzahlungen aus dieser Haushaltsposition beiträgt. Alle Einwohner stellen bisher nicht Ortsangehörige dar und melden in der Periode $t = 1$ ihren Hauptwohnsitz in der Gemeinde Hamsterberg an. Ein erhöhtes Aufkommen am Gemeindeanteil an der Einkommensteuer kann die Kommune ab der Periode $t = 7$ verbuchen. Der für die Schlüsselzuweisungen relevante Grundbetrag G beziffert sich auf jährlich 1.750 DM pro zusätzlichem Einwohner. Die zusätzliche Einwohnerzahl EW und der Kalkulationszinsfuß i mögen als unsichere Größen in die Berechnung einfließen. Es wird ein unendlicher Betrachtungshorizont zugrunde gelegt.

Stellen Sie ein Entscheidungsmodell mit der Zielgröße Kapitalwert K für die Vorteilhaftigkeitsbestimmung der Wohngebietserschließung auf! Verwenden Sie dabei unter anderem die Formel für die Schlüsselzuweisungen aus Aufgabe 1 c)!

c) Die zusätzliche Einwohnerzahl EW weist eine Gleichverteilung im Intervall $350 \leq EW \leq 450$ auf. Des weiteren ist bekannt, daß der Kalkulationszinsfuß i folgender diskreter Wahrscheinlichkeitsverteilung gehorcht:

Kalkulationszins i	9 %	10 %	11 %	12 %
Wahrscheinlichkeit w	0,1	0,4	0,3	0,2

Stellen Sie die Wahrscheinlichkeitsverteilungsfunktionen F für die beiden Variablen graphisch dar!

d) Zeigen Sie, wie eine Simulation des Kapitalwertes K der Wohngebietserschließung durchgeführt wird! Bedienen Sie sich dabei des folgenden Ausschnitts einer Zufallszahlentabelle! Beginnen Sie bei der Zuordnung der Zufallszahlen für die Variable Einwohner EW mit der ersten Spalte bzw. für die Variable Kalkulationszins i mit der achten Spalte! Skizzieren Sie den grundsätzlichen Verlauf eines Risikoprofils RP(K) für die Zielgröße Kapitalwert K! Wie kann die Wahrscheinlichkeit, daß die Wohngebietserschließung vorteilhaft ist, abgeschätzt werden?

Zufallszahlentafel													
0,62	0,34	0,38	0,67	0,67	0,79	0,76	0,19	0,92	0,86	0,73	0,39	0,40	0,51
0,31	0,0,5	0,32	0,29	0,21	0,50	0,30	0,57	0,20	0,39	0,59	0,96	0,82	0,87
0,71	0,19	0,03	0,33	0,10	0,62	0,67	0,35	0,05	0,17	0,12	0,07	0,81	0,65
0,42	0,23	0,91	0,49	0,56	0,57	0,41	0,21	0,90	0,22	0,30	0,40	0,45	0,08
0,27	0,04	0,24	0,65	0,02	0,11	0,30	0,41	0,98	0,17	0,18	0,30	0,57	0,69
0,47	0,72	0,03	0,53	0,24	0,90	0,39	0,15	0,43	0,59	0,82	0,00	0,52	0,07
0,49	0,41	0,19	0,23	0,76	0,81	0,95	0,55	0,78	0,05	0,79	0,28	0,63	0,01
0,12	0,27	0,85	0,89	0,65	0,43	0,30	0,98	0,65	0,63	0,26	0,40	0,64	0,55
0,28	0,69	0,05	0,14	0,87	0,76	0,39	0,23	0,96	0,29	0,04	0,49	0,29	0,73
0,25	0,47	0,04	0,74	0,77	0,21	0,65	0,72	0,74	0,53	0,99	0,78	0,20	0,89
0,84	0,39	0,69	0,92	0,10	0,23	0,91	0,83	0,43	0,82	0,72	0,58	0,71	0,14
0,04	0,06	0,01	0,07	0,85	0,14	0,06	0,36	0,86	0,21	0,04	0,17	0,17	0,22
0,50	0,66	0,59	0,51	0,10	0,71	0,71	0,23	0,77	0,68	0,62	0,48	0,03	0,02
0,47	0,04	0,11	0,40	0,70	0,74	0,01	0,61	0,56	0,49	0,75	0,24	0,25	0,84
0,50	0,25	0,64	0,76	0,11	0,06	0,28	0,94	0,43	0,23	0,77	0,42	0,36	0,38

Lösung

Aufgabe 1

a) Im wesentlichen besteht der gesetzlich vorgeschriebene Baulandbereitstellungsprozeß aus drei hintereinandergeschalteten Stufen: der Bauleitplanung, der Bodenordnung und der Erschließung.

Den Ausgangspunkt für die Schaffung von Baurecht bildet die Bauleitplanung. Die Abwicklung der Bauleitplanung setzt sich aus zwei Planungsstufen zusammen: zum einen aus dem Flächennutzungsplan als vorbereitendem Plan und zum anderen aus dem Bebauungsplan als verbindlichem Bauleitplan. Der Flächennutzungsplan liefert in zeichnerischer Ausgestaltung die voraussichtliche und gewünschte städtebauliche Entwicklung des gesamten Gemeindegebietes. Neben anderen voraussehbaren Bodennutzungsarten sind in Grundzügen Ort und Lage des geplanten Wohngebiets darzustellen. Aus dem Flächennutzungsplan ist der Bauleitplan zu entwickeln. In ihm sind alle Regelungen bezüglich der baulichen Nutzung der Grundstücke oder der Grundstücksteile verbindlich festgesetzt. Der Bebauungsplan eines Wohngebietes beinhaltet z.B. die einzuhaltenden Nutzungsmaße, wie Lageort der Parzellen und der öffentlichen Flächen, aber auch die verbindlich vorgeschriebene Geschoßzahl des Wohnhauses, die höchstzulässige Zahl der Wohnungen in Wohngebäuden und die einzuhaltende Bauweise der zu errichtenden Häuser.

An die Bauleitplanung schließt sich die Bodenordung an. Auf der Grundlage des Bebauungsplanes sind die unbebauten Grundstücke durch Umlegung in der Weise neu zu ordnen, daß nach Lage, Form und Größe für die Einfamilienhausbebauung zweckmäßig gestaltete Grundstücke entstehen. Die Bodenordnung verwirklicht dabei sowohl die im Bebauungsplan dokumentierte Einteilung der Grundstücke als auch die Anordnung der im Wohngebiet liegenden Straßen, Wege und Plätze.

Die abschließende Erschließung des Baulandes stellt die kapitalintensivste Stufe der städtebaulichen Maßnahmen dar. Zu einer Erschließung im Sinne des Baugesetzbuches gehört, daß das Wohngebiet an das innere und äußere Straßen- und Wegenetz angeschlossen ist, mit Wasser, Gas, Wärme und Strom versorgt sowie das Abwasser abgeleitet wird. Ferner sind zur Schaffung eines akzeptablen Kleinklimas im Wohngebiet Grünanlagen und Kinderspielplätze anzulegen. Gegebenenfalls muß das Wohngebiet gegen schädliche Umwelteinwirkungen, wie z.B. Gewerbe- oder Verkehrslärm, geschützt werden.

b) Die Planungs- und Erschließungsphase ist durch Investitionszahlungen, die durch die Wohngebietserschließung verursacht wurden, und spätere finanzielle Rückflüsse charakterisiert.

Auszahlungen:
- Planungskosten;
- Erschließungskosten nach BauGB;
- Grundstückskauf;
- Infrastrukturaufwendungen (z.b. Stromleitungen und für Neubau oder Erweiterung von Kläranlagen oder gegebenenfalls Sportanlagen, Schulen).

Einzahlungen:
- Grundstückserlöse;
- Erschließungsbeiträge (die Gemeinde darf höchstens 90 % der Erschließungskosten auf die Käufer umlegen);
- Investitionszuschüsse;
- Anschlußbeiträge für die Herstellung der Gas-, Strom-, Wärme-, Wasser- und Abwasseranschlüsse.

Während die Planungs- und Erschließungsphase die Investitionsperiode bildet, fallen in der Siedlungsphase sowohl Einzahlungen aus Steuern und dem kommunalen Finanzausgleich als auch Unterhaltungsaufwendungen an.

Auszahlungen:
- Folgekosten zur Betreibung und Unterhaltung der Infrastruktureinrichtungen, die von den Wohngebietsbewohnern genutzt werden (z.b. Müllabfuhr, Straßenreinigung, Verwaltung).

Einzahlungen:
- Grundsteuer B;
- Gewerbesteuer;
- örtliche Verbrauch- und Aufwandsteuern;
- Gemeindeanteil an der Einkommensteuer;
- Schlüsselzuweisungen (siehe auch Aufgabe 1 c));
- Verwaltungs- und Benutzungsgebühren;
- Pachten/Erbbauzinsen.

c) Die Bundesländer überweisen ihren Gemeinden zur Stärkung der Leistungsfähigkeit Schlüsselzuweisungen S aus dem kommunalen Finanzausgleich. Der Zuweisungsbedarf ergibt sich aus der Differenz der Ausgangsmeßzahl AMZ, die den Finanzbedarf der Gemeinde widerspiegeln soll, und der Steuerkraftmeßzahl SMZ, die sich aus der kommunalen Steuerkraft ableitet. Falls der Finanzbedarf die Finanzkraft übersteigt, wird diese Finanzierungslücke allerdings nur zu einem bestimmten Prozentsatz, der in Mecklenburg-Vorpommern 70 v.H. beträgt, ausgeglichen. In Mecklenburg-Vorpommern ermittelt sich die Höhe der Ausgangsmeßzahl aus dem Produkt der Einwohnerzahl EW des vorvergangenen Jahres mit dem Grundbetrag G, der sich aus der jährlich zur Verfügung gestellten Schlüsselmasse ableitet. Die Steuerkraftmeßzahl ergibt sich aus der Summe des nivellierten Realsteueraufkommens des vorvorherigen Jahres (Grundsteuer A G^A und Grundsteuer B G^B, sowie der Gewerbesteuer Ge abzüglich der Gewerbesteuerumlage GeU) und des Aufkommens am Gemeindeanteil an der Einkommensteuer GA des vorvorherigen Jahres. Für die Schlüsselzuweisungszahlungen S läßt sich somit folgender Zusammenhang ableiten:

$$S = 0,7 \cdot \left(AMZ_t - SMZ_t \right)$$

$$= 0,7 \cdot \left(EW_{t-2} \cdot G - \left(G^A_{t-2} + G^B_{t-2} + Ge_{t-2} - GeU_{t-2} + GA_{t-2} \right) \right)$$

Falls sich bisher nicht ortsansässige Siedler EW in dem neuen Wohngebiet niederlassen, hat dies vielfältige Auswirkungen auf die Schlüsselzuweisungshöhe der Gemeinde. So bewirken zusätzliche Einwohner c.p. eine Erhöhung der Ausgangsmeßzahl AMZ. Da die Gemeinde erst mit 4-6-jähriger Verzögerung Einzahlungen aus dem Gemeindeanteil an der Einkommensteuer GA vereinnahmt, erhöht ein zusätzliches Aufkommen aus dieser Haushaltsposition mit einem 6-8-jährigen Verzug die Steuerkraftmeßzahl SMZ. Inwieweit die gesamte Schlüsselzuweisungshöhe S durch eine Wohngebietserschließung beeinflußt wird, hängt von der jeweiligen Stärke der Änderung beider Meßzahlen ab.[1]

Aufgabe 2

a) Grundgedanke der Risikoanalyse ist, aus der Wahrscheinlichkeitsverteilung der unsicheren Modellgrößen eine Wahrscheinlichkeitsverteilung der Zielgröße zu approximieren. Den Ausgangspunkt bildet die Auswahl der Zielgröße (z.B. Kapitalwert) und der als unsicher anzusehenden Modellgrößen (z.B. Nutzungsdauer). Die unsicheren Daten sind mit Wahrscheinlichkeitsverteilungen zu belegen. Hier können beispielsweise die Dreiecksverteilung, Gleichverteilung, Beta-Verteilung oder Normalverteilung herangezogen werden. Auf Basis der jeweiligen Verteilung werden für alle mit Unsicherheit behafteten Größen Zufallszahlen gezogen. Jede Zufallszahl bestimmt den Wert einer unsicheren Modellgröße. Das Ergebnis ist der von der berechneten Umweltsituation abhängige Kapitalwert. Da damit noch nicht die Wahrscheinlichkeitsverteilung der Zielgröße erzeugt ist, wird dieser Prozeß mehrmals wiederholt. Tendenziell bildet sich bereits nach einigen hundert Simulationsläufen eine

---

[1] Bedingt durch eine höhere zusätzliche Steuerkraftmeßzahl SMZ (z.B. durch ein hohes zusätzliches Aufkommen an der Grundsteuer B G^B oder dem Gemeindeanteil an der Einkommensteuer), besteht die Möglichkeit, daß die gesamten Schlüsselzuweisungen S der Gemeinde sinken, im Extremfall bis auf null Mark. Für die Beispielrechnung wird unterstellt, daß die Gemeinde bislang hohe Schlüsselzuweisungen vereinnahmte, so daß im Fall von höheren Steuerkraftmeßzahlen c.p. immer noch Schlüsselzuweisungen überwiesen werden.

stabile Wahrscheinlichkeitsverteilung des Kapitalwertes heraus. Abschließend erfolgt eine Auswertung der Simulation.

b) Der Kapitalwert K bestimmt sich durch die Abzinsung aller Ein- und Auszahlungsgrößen auf den Zeitpunkt t = 0. Da alle Einwohner Neuhinzuziehende darstellen, trägt jeder der Siedler mit einem Steuerbetrag SB in Höhe von 2.000 zu einem zusätzlichen Aufkommen am Gemeindeanteil an der Einkommensteuer GA bei. Die Zahlungen aus dieser Einnahmeart beginnen aufgrund der 6-jährigen Zeitverzögerung ab dem Zeitpunkt t = 7. Die Einbindung der isoliert dartstellbaren zusätzlichen Schlüsselzuweisungszahlungen S in die Kapitalwertberechnung gestaltet sich etwas komplexer. Zunächst beginnt der Zahlungsstrom im Zeitpunkt t = 3, da die neuen Einwohner zwei Jahre nach dem Einzug (t = 1) die Ausgangsmeßzahl erhöhen. Dementsprechend schlägt sich das erhöhte Grundsteueraufkommen G^B in der Steuerkraftmeßzahl nieder. Bis zur Periode t = 8 unterliegen die zusätzlichen Schlüsselzuweisungen keiner Änderung. Infolge der 2-jährigen Zeitverzögerung, mit dem der zusätzliche Gemeindeanteil an der Einkommensteuer in der Finanzkraft wirksam wird, steigt ab der Periode t = 9 die Steuerkraftmeßzahl, so daß ab diesem Zeitpunkt niedrigere jährlich gleichbleibende Schlüsselzuweisungszahlungen zu erwarten sind.

$$K = -a_0 + \frac{e_1}{(1+i)} + G^B \cdot \frac{1}{i} + \frac{GA_7}{(1+i)^6} \cdot \frac{1}{i} + \sum_{t=3}^{8} \frac{S_t}{(1+i)^t} + \frac{S_9}{(1+i)^8} \cdot \frac{1}{i}$$

$$= -a_0 + \frac{e_1}{(1+i)} + G^B \cdot \frac{1}{i} + \frac{EW \cdot SB}{(1+i)^6} \cdot \frac{1}{i}$$

$$+ \sum_{t=3}^{8} \frac{0{,}7 \cdot (EW \cdot G - G^B)}{(1+i)^t} + \frac{0{,}7 \cdot (EW \cdot G - (G + EW \cdot SB))}{(1+i)^8} \cdot \frac{1}{i}$$

$$= -10.000.000 + \frac{6.500.000}{(1+i)} + 80.000 \cdot \frac{1}{i} + \frac{EW \cdot 2.000}{(1+i)^6} \cdot \frac{1}{i} +$$

$$\sum_{t=3}^{8} \frac{0{,}7 \cdot (EW \cdot 1.750 - 80.000)}{(1+i)^t} + \frac{0{,}7 \cdot (EW \cdot 1.750 - (80.000 + EW \cdot 2.000))}{(1+i)^8} \cdot \frac{1}{i}$$

c)

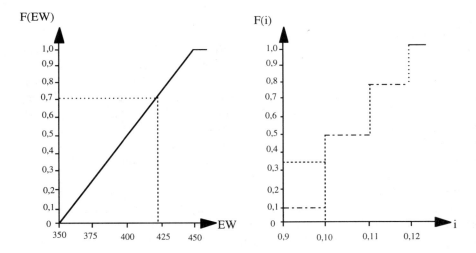

d) Die Vorgehensweise bei der simulativen Risikoanalyse soll beispielhaft am Simulationslauf Nr. 3 (vgl. Zufallszahlentabelle) gezeigt werden. Der Variablen EW wurde die Zufallszahl $Z_1 = 0{,}71$ zugeordnet. Diese Zufallszahl mit der Wahrscheinlichkeit der Verteilungsfunktion der Einwohner (vgl. Abbildung Aufgabe 2 c)) gleichgesetzt, ergibt eine zufällige Einwohnerzahl in Höhe von 421. Mit diesem Wert lassen sich der Gemeindeanteil an der Einkommensteuer GA_3 und die Schlüsselzuweisungen S_t berechnen. Analog dazu entspricht die in diesem Lauf gezogene Zufallszahl $Z_2 = 0{,}35$ einem simulierten Kalkulationzins in Höhe von $i = 0{,}1$. Unter Einbezug der sicheren Größen ergibt sich folgender Kapitalwert K für den 3. Simulationslauf:

$$K = -10.000.000 + \frac{6.500.000}{1{,}1} + 80.000 \cdot \frac{1}{0{,}1} + \overbrace{\frac{421 \cdot 2.000}{1{,}1^6}}^{GA_3} \cdot \frac{1}{0{,}1} +$$

$$\sum_{t=3}^{8} \overbrace{\frac{0{,}7 \cdot (421 \cdot 1.750 - 80.000)}{1{,}1^t}}^{S_t \text{ mit } 3 \leq t \leq 8} + \overbrace{\frac{0{,}7 \cdot (421 \cdot 1.750 - (80.000 + 421 \cdot 2.000))}{1{,}1^8}}^{S_9} \cdot \frac{1}{0{,}1}$$

$= 2.511.747$ DM

Die Werte aus den übrigen Simulationsläufen sind analog zu ermitteln. In der folgenden Abbildung ist zur Veranschaulichung des grundsätzlichen Vorgehens das Profil einer im Hinblick auf die Daten ähnlichen Planungssituation eingetragen. Von insgesamt 40 durchgeführten Simulationen liegen 4 Kapitalwerte (10 %) K im negativen Bereich; das heißt, die Wahrscheinlichkeit, daß die Erschließung des Wohngebietes vorteilhaft ist, liegt bei 90 % (36 positive Kapitalwerte).

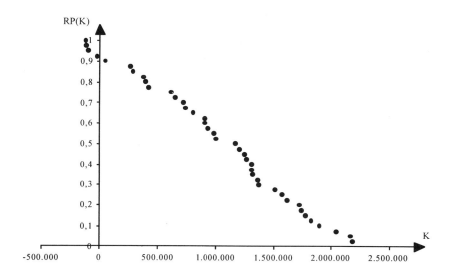

Die Durchführung von mehreren hundert Simulationsläufen, auf die im Beispiel verzichtet wurde, brächte eine stabilere Wahrscheinlichkeitsverteilung, so daß sich das Risikoprofil als annähernd stetiger Kurvenzug darstellte. In diesem Fall ließe sich die simulativ geschätzte Wahrscheinlichkeit für die Vorteilhaftigkeit der Investition direkt am Schnittpunkt des Risikoprofils mit der Ordinate ablesen.

Literaturhinweise

BADE, F.-J./JUNKERNHEINRICH, M./MICOSATT, G./SCHELTE, J.: Finanzielle Auswirkungen von Baulandausweisungen, Dortmund 1993.

BUSSE VON COLBE, W./LAßMANN, G.: Betriebswirtschaftstheorie, Bd. 3, Investitionstheorie, 3. Auflage, Berlin u.a. 1990.

MATSCHKE, M. J./HERING, TH.: Kommunale Finanzierung, München, Wien 1998.

IV. Bibliographie von Übungsbüchern zur Betriebswirtschaftslehre und Betrieblichen Finanzwirtschaft

Heiko Burchert

Bibliographie

1. Reine Übungsbücher zur Betriebswirtschaftslehre

ADAM, DIETRICH; KLAUS BACKHAUS, MATTHIAS BAUER, ACHIM DINGE, ULRICH JOHANN-WILLE, MARKUS VOETH UND MICHAEL WELKER, Koordination betrieblicher Entscheidungen. Die Fallstudie Peter Pollmann. 2. Aufl., Springer, Heidelberg, Berlin, 1999, 308 S., 39,90 DM.

BESTMANN, UWE UND PETER PREIßLER, Übungsbuch zum Kompendium der Betriebswirtschaftslehre. 2. Aufl., Oldenbourg, München, Wien, 1994, 380 S., 49,80 DM.

BIERLE, KLAUS, Grundlagen der Betriebswirtschaftslehre: Band II – Aufgaben und Lösungen. 7. Aufl., alpha, Saarbrücken, 1997, 372 S., 35,00 DM.

BITZ, MICHAEL, Übungen zur Betriebswirtschaftslehre. 4. Aufl., Oldenbourg, München, Wien, 1994, 351 S., 36,00 DM.

CORSTEN, HANS, Übungsbuch zur Produktionswirtschaft, Oldenbourg, München, Wien, 1998, 250 S., 39,80 DM.

DINKELBACH, WERNER UND ULRICH LORSCHEIDER, Übungsbuch zur Betriebswirtschaftslehre: Entscheidungsmodelle und lineare Programmierung. 3. Aufl., Oldenbourg, München, Wien, 1994, 300 S., 44,50 DM.

DYCKHOFF, HARALD ; HEINZ AHN UND RAINER SOUREN, Übungsbuch Produktionswirtschaft. Springer, Berlin, Heidelberg, 1999, 270 S., 29,80 DM.

EIERMANN, BERNHARD, Fallsammlung mit Lösungen. 8. Aufl., Gabler, Wiesbaden, 1996, 260 S., 38,00 DM.

GROB, HEINZ LOTHAR, Übungsfälle zur Betriebswirtschaftslehre. Vahlen, München, 1982, 246 S., 19,80 DM.

GROB, HEINZ LOTHAR, Fallstudien zur Betriebswirtschaftslehre. Werner, Düsseldorf, 1993, 384 S., 56,00 DM.

GÜNTHER, HANS-O. UND HORST TEMPELMEIER, Übungsbuch Produktion und Logistik. 3. Aufl., Springer, Berlin, Heidelberg, 1998, 242 S., 29,80 DM.

HOLLNSTEINER, KURT UND MICHAEL KOPEL, Übungsbuch zur Betriebswirtschaftlichen Optimierung. Oldenbourg, München, Wien, 1999, 340 S., 39,80 DM.

HOPFENBECK, WALDEMAR, Übungsbuch zur Allgemeinen Betriebswirtschafts- und Managementlehre. moderne industrie, Landsberg am Lech, 1997, 320 S., 48,00 DM.

JÖRS, BERND UND SABINE SCHLÖMER, Übungen zu quantitativen Methoden der Betriebswirtschaftslehre: Aufgaben und Lösungshinweise. S. Toeche-Mittler, Darmstadt, 1993, 120 S., 24,80 DM.

MÜLLER-MERBACH, HEINER, Übungen zur Betriebswirtschaftslehre und linearen Planungsrechnung. 2. Aufl., Vahlen, München, 1973, 144 S., 14,00 DM.

SCHIERENBECK, HENNER, Übungsbuch zu Grundzüge der Betriebswirtschaftslehre. 6. Aufl., Oldenbourg München, Wien, 1992, 609 S., 49,80 DM.

SCHMALEN, HELMUT, Übungsbuch zu „Grundlagen und Probleme der Betriebswirtschaft". 2. Aufl., Wirtschaftsverlag Bachem, Köln, 1996, 272 S., 24,80 DM.

SELCHERT, FRIEDRICH WILHELM, Einführung in die Betriebswirtschaftslehre: Aufgaben und Lösungen, Fragen und Antworten. 2. Aufl., Oldenbourg, München, Wien, 1993, 357 S., 39,80 DM.

THOMMEN, JEAN-PAUL UND ANN-KRISTIN ACHLEITNER, Allgemeine Betriebswirtschaftslehre. Arbeitsbuch. Gabler, Wiesbaden, 1999, 300 S., 68,00 DM.

WEBER, MANFRED, Kaufmännisches Rechnen von A-Z: Formeln, Rechenbeispiele und Tips für die Praxis. 4. Aufl., WRS-Verlag Planegg, 1995, 298 S., 39,90 DM.

WÖHE, GÜNTER; HANS KAISER UND ULRICH DÖRING, Übungsbuch zur Einführung in die Allgemeine Betriebswirtschaftslehre. 8. Aufl., Vahlen, München, 1996, 600 S., 38,00 DM.

ZDROWOMYSLAW, NORBERT U. A., Rechnungswesen: In Aufgaben, Klausuren und Lösungen. Oldenbourg, München, Wien, 1998, 304 S., 49,80 DM.

2. Reine Übungsbücher zu Teilen der Betrieblichen Finanzwirtschaft

ADELBERGER, OTTO L. UND HORST H. GÜNTHER, Fall- und Projektstudien zur Investitionsrechnung. Vahlen, München, 1982, 324 S., 48,00 DM.

BIEG, HARTMUT, Bankbetriebslehre in Übungen. Vahlen, München, 1992, 501 S., 38,00 DM.

BUBER, RENATE UND MICHAEL MEYER (Hrsg.): Fallstudien zum NPO-Management. Schäffer-Poeschel, Stuttgart, 1997, 350 S., 58,00 DM.

DETTMER, HARALD; THOMAS HAUSMANN, LUDWIG HIMSTEDT UND KLAUS STEFFENS, Arbeitsbuch zu Finanzmanagement: Band 1. Oldenbourg, München, Wien, 1996, 228 S., 49,80 DM.

HEINHOLD, MICHAEL, Investitionsrechnung: Studienbuch. 7. Aufl., Oldenbourg München, Wien, 1996, 222 S., 39,80 DM.

KRUSCHWITZ, LUTZ; ROLF O.A. DECKER UND CHRISTIAN MÖBIUS, Investitions- und Finanzplanung. Gabler, Wiesbaden, 1994, 265 S., 48,00 DM.

KRUSCHWITZ, LUTZ; ROLF O.A. DECKER UND MICHAEL RÖHRS, Übungsbuch zur Betrieblichen Finanzwirtschaft. 5. Aufl., Oldenbourg, München, Wien, 1998, 298 S., 49,80 DM.

LOCAREK-JUNGE, HERMANN, Aufgabensammlung zur Finanzwirtschaft. 3. Aufl., Dresden Univ. Press, Dresden, 1997, 84 S., 10,00 DM.

SCHÄFER, DOROTHEA; LUTZ KRUSCHWITZ UND MIKE SCHWALKE, Studienbuch Finanzierung und Investition. Walter de Gruyter, Berlin, 1995, 200 S., 38,00 DM.

SCHIERENBECK, HENNER, Ertragsorientiertes Bankmanagement: Band 3: Fallstudien mit Lösungen. 4. Aufl., Gabler, Wiesbaden, 1998, 578 S., 98,00 DM.

TIETZE, JÜRGEN, Einführung in die Wirtschaftsmathematik. 7. Aufl., Vieweg, Braunschweig, Wiesbaden, 1998, 618 S., 52,00 DM.

TIETZE, JÜRGEN, Übungen zur Finanzmathematik. 8. Aufl., Alano-Verlag, Aachen, 1998, 176 S., 16,00 DM.

TIETZE, JÜRGEN, Einführung in die Finanzmathematik: Lösungsbuch. 2. Aufl., Alano-Verlag, Aachen, 1997, 120 S., 14,80 DM.

3. Lehrbücher zur Betriebswirtschaftslehre mit Aufgaben und Lösungen bzw. Fallstudien

HANSSMANN, FRIEDRICH, Quantitative Betriebswirtschaftslehre: Lehrbuch der modellgestützten Unternehmensplanung. 4. Aufl., Oldenbourg, München, Wien, 1995, 512 S., 59,80 DM.

HOMBURG, CHRISTIAN, Quantitative Betriebswirtschafslehre. Strategische Konzepte. Mit Beispielen, Übungsaufgaben und Lösungen. 2. Aufl., Gabler, Wiesbaden, 1997, 641 S., 98,00 DM.

KREIS, RUDOLF, Betriebswirtschaftslehre: Band 1: Einführung und Managementlehre. 5. Aufl., Oldenbourg, München, Wien, 1998, 570 S., 98,00 DM.

KREIS, RUDOLF, Betriebswirtschaftslehre: Band 2: Innovations- und Wertschöpfungsprozeß. 5. Aufl., Oldenbourg, München, Wien, 1998, 402 S., 68,00 DM.

KREIS, RUDOLF, Handbuch der Betriebswirtschaftslehre. Oldenbourg, München, Wien, 1993, 1.086 S., 98,00 DM.

KÜCK, MARLENE (Hrsg.): Allgemeine Betriebswirtschaftslehre Grundlagen. 3. Aufl., Berlin-Verlag Arno Spitz, Berlin, 1998, 575 S., 54,00 DM.

LUGER, ADOLF E.; HANS-GEORG GEISBÜSCH UND JÜRGEN M. NEUMANN, Allgemeine Betriebswirtschaftslehre: Band 2: Funktionsbereiche des betrieblichen Ablaufs. 3. Aufl., Hanser, München, Wien, 1991, 383 S., 36,00 DM.

PIETSCHMANN, BERND P. UND DIETMAR VAHS, Einführung in die Betriebswirtschaftslehre: Lehrbuch mit Beispielen und Kontrollfragen. Schäffer-Poeschel, Stuttgart, 1997, 352 S., 39,80 DM.

RAU, THOMAS, Betriebswirtschaftslehre für Städte und Gemeinden. Vahlen, München, 1994, 567 S., 98,00 DM.

SLABY, DIETER UND RENÉ KRASSELT, Industriebetriebslehre: Anlagenwirtschaft. Oldenbourg, München, Wien, 1998, 240 S., 49,80 DM.

SCHNECK, OTTMAR, Betriebswirtschaftslehre. Eine praxisorientierte Einführung mit Fallbeispielen, Campus, Frankfurt am Main, 1997, 352 S., 44,00 DM.

VOETH, MARKUS; DIRK W. KLEINE UND CHRISTOPH REINKEMEIER, Fallstudien und Grundlagen der Betriebswirtschaftslehre, 2. Aufl., NWB-Verlag, Herne, Berlin, 1998, 39,80 DM.

4. Lehrbücher zu Bereichen der Betrieblichen Finanzwirtschaft mit Aufgaben und Lösungen bzw. Fallstudien

ADAM, DIETRICH, Investitionscontrolling. 2. Aufl., Oldenbourg, München, Wien, 1997, 538 S., 64,00 DM.

ALTROGGE, GÜNTER, Investition. 4. Aufl., Oldenbourg, München, Wien, 1996, 426 S., 59,80 DM.

BALTZER-FABARIUS, THOMAS, Investitions-Rechnung: Einführung mit Fragen, Aufgaben und Lösungen. Schäffer-Poeschel, Stuttgart, 1996, 250 S., 39,80 DM.

BECKER, HANS PAUL, Bankbetriebslehre. 2. Aufl., Kiehl, Ludwigshafen, 1994, 495 S., 48,00 DM.

BEIKE, ROLF, Devisenmanagement: Grundlagen, Prognose und Absicherung. S+W, Hamburg, 1995, 338 S., 36,00 DM.

BEIKE, ROLF UND ANDREAS KÖHLER, Risk-Management mit Finanzderivaten: Studienbuch mit Aufgaben. Oldenbourg, München, Wien, 1997, 216 S., 39,80 DM.

BERNECKER, M. UND S. SEETHALER, Grundlagen der Finanzierung. WISOrium. Oldenbourg, München, Wien 1998, 130 S., 24,80.

BETGE, PETER, Bankbetriebslehre. Springer, Berlin, Heidelberg, 1996, 540 S., 55,00 DM.

BETGE, PETER, Investitionsplanung: Methoden, Modelle, Anwendungen. 3. Aufl., Gabler, Wiesbaden, 1998, 327 S., 59,80 DM.

BRAUNSCHWEIG, CHRISTOPH, Investitionsrechnung mit Unternehmensbewertung. Oldenbourg, München, Wien, 1998, 266 S., 49,80 DM.

BREUER, WOLFGANG, Unternehmerisches Währungsmanagement: Eine anwendungsorientierte Einführung. Mit Übungsaufgaben. Gabler, Wiesbaden, 1997, 341 S., 58,00 DM.

BUSSE, FRANZ-JOSEPH, Grundlagen der Betrieblichen Finanzwirtschaft: Finanzwirtschaft, Finanzmanagement, Finanzcontrolling. 4. Aufl., Oldenbourg, München, Wien, 1996, 680 S., 78,00 DM.

DÄUMLER, KLAUS-DIETER, Grundlagen der Investitions- und Wirtschaftlichkeitsrechnung. 9. Aufl., NWB, Herne, Berlin, 1998, 368 S., 39,80 DM.

DÄUMLER, KLAUS-DIETER, Investitionsrechnung – Leitfaden für Praktiker. 2. Aufl., NWB, Herne, Berlin, 1996, 176 S., 42,00 DM.

DÄUMLER, KLAUS-DIETER, Anwendung von Investitionsrechnungsverfahren in der Praxis. 4. Aufl., NWB, Herne, Berlin, 1996, 393 S., 48,00 DM.

DÄUMLER, KLAUS-DIETER, Betriebliche Finanzwirtschaft. 7. Aufl., NWB, Herne, Berlin, 1997, 640 S., 48,00 DM.

DETTMER, HARALD UND THOMAS HAUSMANN, Finanzmanagement: Band 1: Problemorientierte Einführung. 2. Aufl., Oldenbourg, München, Wien, 1998, 340 S., 49,80 DM.

DETTMER, HARALD; JÜRGEN ROTHLAUF, NORBERT ZDROWOMYSLAW UND THOMAS HAUSMANN, Finanzmanagement: Band 2: Problemorientierte Darstellung. Oldenbourg, München, Wien, 1997, 254 S., 39,80 DM.

DROSSE, VOLKER, Investition: Intensivtraining. 2. Aufl., Gabler, Wiesbaden, 1998, 179 S., 20,00 DM.

DROSSE, VOLKER UND ULRICH VOSSEBEIN, Finanzierung: Intensivtraining. Gabler, Wiesbaden, 1999, 140 S., 20,00 DM.

DRUKARCZYK, JOCHEN, Investition und Unternehmensbewertung: Grundlagen für Studium und Praxis. Gabler, Wiesbaden, 1996, 250 S., 36,00 DM.

DRUKARCZYK, JOCHEN, Unternehmensbewertung. 2. Aufl., Vahlen, München, 1998, 446 S., 49,50 DM.

FAHRHOLZ, BERND, Neue Formen der Unternehmensfinanzierung. C. H. Beck, München, 1998, 320 S., 148,00 DM.

FISCHER, EDWIN O., Finanzwirtschaft für Anfänger. 2. Aufl., Oldenbourg, München, Wien, 1997, 292 S., 49,80 DM.

FISCHER, EDWIN O., Finanzwirtschaft für Fortgeschrittene. 2. Aufl., Oldenbourg, München, Wien, 1997, 282 S., 59,80 DM.

FRÜHWIRTH, MANFRED, Handbuch der Renditeberechnung. Oldenbourg, München, Wien, 1997, 214 S., 49,80 DM.

GANS, BERND; WOLFGANG LOOSS UND DIETER ZICKLER, Investitions- und Finanzierungstheorie: Lehr- und Übungsbuch für das Grundstudium. 2. Aufl., Vahlen, München, 1974, 128 S.

GARHAMMER, CHRISTIAN, Grundlagen der Unternehmensfinanzierung: Ein praxisorientiertes Lehrbuch mit Aufgaben und Lösungen. Gabler, Wiesbaden, 1996, 270 S., 62,00 DM.

GARHAMMER, CHRISTIAN, Grundlagen der Finanzierungspraxis: Mit Aufgaben und Lösungen. 2. Aufl., Gabler, Wiesbaden, 1999, 350 S., 52,00 DM.

GEHRKE, NORBERT; MARTIN NITSCHE UND OLAF SPECHT, Informationssysteme im Rechnungswesen und der Finanzwirtschaft. Kiehl, Ludwigshafen, 1997, 262 S., 36,00 DM.

GOETZE, UWE UND JÜRGEN BLOECH, Investitionsrechnung: Modelle und Analysen zur Beurteilung von Investitionsvorhaben. Springer, Berlin, 1993, 432 S., 45,00 DM.

GRÄFER, HORST; ROLF BEIKE UND GUIDO SCHELD, Finanzierung: Grundlagen, Institutionen, Instrumente und Kapitalmarkttheorie. 3. Aufl., Erich Schmidt Verlag, Berlin, 1998, 484 S., 44,00 DM.

GROB, LOTHAR, Einführung in die Investitionsrechnung: Eine Fallstudiengeschichte. 2. Aufl., Vahlen, München, 1995, 373 S., 48,00 DM.

GRÖßL, LOTHAR, Betriebliche Finanzwirtschaft: Sicherung des Unternehmensbestandes als Aufgabe der Finanzwirtschaft. Mit 86 Wiederholungsfragen. 4. Aufl., expert, Renningen, 1999, 180 S., 42,00 DM.

HAUSCHILDT, JÜRGEN; GERD SACHS UND EBERHARD WITTE, Finanzplanung und Finanzkontrolle: Disposition – Organisation. Vahlen, München, 1981, 190 S., 34,00 DM.

HOLTHAUSEN, HUBERT, Versicherungslehre 2: Teil 1 und Teil 2. 3. Aufl., Verlag Versicherungswirtschaft, Karlsruhe, 1998, 323 S., 39,00 DM. Lösungsheft 201 S., 25 DM.

JACOB, HERBERT UND KAI-INGO VOIGT, Investitionsrechnung: Mit Aufgaben und Lösungen. 5. Aufl., Gabler, Wiesbaden, 1997, 196 S., 64,00 DM.

JAHRMANN, F.-ULRICH, Finanzierung. 3. Aufl., NWB, Herne, Berlin, 1995, 440 S., 48,00 DM.

KOCH, PETER UND HUBERT HOLTHAUSEN, Versicherungslehre 1. 3. Aufl., Verlag Versicherungswirtschaft, Karlsruhe, 1998, 323 S., 39,00 DM. Lösungsheft 56 S., 15 DM.

KLEINEBECKEL, HERBERT, Finanz- und Liquiditätssteuerung. 5. Aufl., Haufe, Freiburg, 1998, 200 S., 148,00 DM.

KREIS, RUDOLF, Betriebswirtschaftslehre: Band 3: Finanz- und Rechnungswesen. 5. Aufl., Oldenbourg, München, Wien, 1998, 536 S., 98,00 DM.

KRUSCHWITZ, LUTZ, Investitionsrechnung. 7. Aufl., Oldenbourg, München, Wien, 1998, 462 S., 59,80 DM.

MANZ, KLAUS UND ANDREAS DAHMEN, Finanzierung. Kompaktstudium Wirtschaftswissenschaften, Band 6, 2. Aufl., Vahlen, München, 132 S., 24,00 DM

MICHEL, REINER M., Taschenbuch Investitionscontrolling: Know-how der Investitionsrechnung. Sauer, Heidelberg, 1992, 200 S., 35,00 DM.

MÖSER, HEINZ DIETER, Finanz- und Investitionswirtschaft in der Unternehmung. 2. Aufl., moderne industrie, Landsberg am Lech, 1993, 349 S., 58,00 DM.

MÜLLER-HEDRICH, BERND, Betriebliche Investitionswirtschaft. 8. Aufl., expert, Renningen, 1997, 271 S., 44,00 DM.

OLFERT, KLAUS, Finanzierung. 9. Aufl., Kiehl, Ludwigshafen, 1997, 494 S., 39,80 DM.

OLFERT, KLAUS, Investition. 6. Aufl., Kiehl, Ludwigshafen, 1995, 450 S., 39,80 DM.

PFLAUMER, PETER, Investitionsrechnung: Methoden, Beispiele, Aufgaben, Übungsfälle mit Mathcad. 3. Aufl., Oldenbourg, München, Wien, 1998, 260 S., 39,80 DM.

PREIßLER, PETER R. (Hrsg.): Finanzwirtschaft. 2. Aufl., moderne industrie, Landsberg am Lech, 1990, 223 S., 48,00 DM.

RAUTENBERG, HANS GÜNTER UND HERBERT VORMBAUM (Hrsg.): Finanzierung und Investition. 4. Aufl., VDI, Düsseldorf, 1993, 167 S., 48,00 DM.

SCHMID, HANS, Geld, Kredit und Banken: Ein modernes Lehrbuch für Unterricht und Selbststudium. 3. Aufl., Haupt, Bern, 1997, 420 S., 76,00 DM.

SCHMIDT, REINHARD H. UND EVA TERBERGER, Grundzüge der Investitions- und Finanzierungstheorie: Eine anwendungsorientierte Einführung. Mit Übungsaufgaben. 4. Aufl., Gabler, Wiesbaden, 1997, 498 S., 68,00 DM.

STÖTTNER, RAINER, Investitions- und Finanzierungslehre: Eine praxisorientierte Einführung mit Fallbeispielen. Campus, Frankfurt, New York, 1998, 428 S., 44,00 DM.

SÜCHTIG, JOACHIM, Finanzmanagement: Theorie und Politik der Unternehmensfinanzierung. 6. Aufl., Gabler, Wiesbaden, 1995, 673 S., 124,00 DM.

SPREMANN, KLAUS, Wirtschaft, Investition und Finanzierung. 5. Aufl., Oldenbourg, München, Wien, 1996, 752 S., 98,00 DM.

STOCKER, KLAUS, Internationales Finanzrisikomanagement: Ein praxisorientiertes Lehrbuch mit Übungen und Lösungen. Gabler, Wiesbaden, 1997, 364 S., 59,80 DM.

THIELMANN, KARL-HEINZ, Finanzierung: Mit Übungsaufgaben und Lösungen. 2. Aufl., WRW-Verlag, Köln, 1997, 68 S., 7,80 DM.

VOLLMUTH, HILMAR J., Finanzierung. Hanser, München, Wien, 1994, 324 S., 48,00 DM.

WAHL, DETLEF, Finanzmathematik: Theorie und Praxis. Schäffer-Poeschel, Stuttgart, 1998, 239 S., 48,00 DM.

WARNECKE, HANS J.; HANS-J. BULLINGER, ROLF HICHERT UND ARNO A. VOEGELE, Wirtschaftlichkeitsrechnung für Ingenieure. 3. Aufl., Hanser, München, Wien, 1996, 264 S., 44,00 DM.

WEINRICH, GÜNTER UND ULRICH HOFFMANN, Investitionsanalyse: Unter Anwendung eines Tabellenkalkulationsprogramms. Hanser, München, Wien, 1989, 187 S., 36,00 DM.

WÖHE, GÜNTER UND JÜRGEN BILSTEIN, Grundzüge der Unternehmensfinanzierung. 8. Aufl., Vahlen, München, 1998, 407 S., 32,00 DM.

Die Autoren des Bandes

van Aubel, Peter: Dipl.-Kfm., geb. 1967, Wissenschaftlicher Mitarbeiter, Lehrstuhl für Betriebswirtschaftslehre, insbes. Finanzwirtschaft, Fakultät Wirtschaftswissenschaften der Technischen Universität Dresden. Arbeits- und Forschungsgebiete: Wertpapieranalyse und Portfoliomanagement, Bonitätsrisiko und Rating, Zinsstrukturen.

Bernhardt, Jürgen: Dipl.-Kfm., geb. 1966, Wissenschaftlicher Mitarbeiter, Lehrstuhl für Betriebswirtschaftslehre, insb. Marketing, Rechts- und Staatswissenschaftliche Fakultät der Ernst-Moritz-Arndt-Universität Greifswald. Arbeits- und Forschungsgebiete: Anreizgestaltung, Führungs- und Organisationsforschung, Strategische Unternehmensplanung.

Bielicka, Grazyna: Dipl.-Kff., geb. 1971, Wissenschaftliche Mitarbeiterin, Lehrstuhl für Betriebswirtschaftslehre, insb. Finanzierung und Investition, Wirtschaftswissenschaftliche Fakultät der Heinrich-Heine-Universität Düsseldorf. Arbeits- und Forschungsgebiete: Unternehmensbewertung, Unternehmensplanung, Baufinanzierung, Transformationsprozeß.

Brösel, Gerrit: Dipl.-Kfm., geb. 1972, Prüfungsassistent (Abteilung Prüfung Industrie), PwC Deutsche Revision, Niederlassung Schwerin. Arbeits- und Forschungsgebiete: Wirtschaftsprüfung, Steuerrecht, Finanzwirtschaft, Betriebswirtschaftslehre der Gemeinden.

Burchert, Heiko: Dr. rer. pol., Dipl. Ing. oec., geb. 1964, Wissenschaftlicher Assistent, Lehrstuhl für Allgemeine Betriebswirtschaftslehre und Betriebliche Finanzwirtschaft, insb. Unternehmensbewertung, Rechts- und Staatswissenschaftliche Fakultät der Ernst-Moritz-Arndt-Universität Greifswald. Arbeits- und Forschungsgebiete: Betriebliche Finanzwirtschaft, Betriebliche Transformationsprozesse, Gesundheitsökonomie, Organisationstheorie.

Buscher, Udo: Dr. rer. pol., Dipl.-Kfm., geb. 1966, Wissenschaftlicher Assistent, Lehrstuhl für Betriebswirtschaftslehre, insb. Produktionswirtschaft, Fakultät Wirtschaftswissenschaften der Technischen Universität Dresden. Arbeits- und Forschungsgebiete: Produktionsplanung und -steuerung, prozeßorientiertes Beschaffungsmanagement, interorganisatorisches Logistikmanagement.

Dechant, Hubert: Dr. rer. pol., Dipl.-Volksw./Dipl.-Betriebsw. (FH), geb. 1964, Mannesmann Arcor Eschborn, Spezialist für Wirtschaftlichkeitsrechnungen.

Dilger, Alexander: Dr. rer. pol., Dipl.-Vw., geb. 1968, Wissenschaftlicher Assistent, Lehrstuhl für Betriebswirtschaftslehre, insb. Personal- und Organisationsökonomie, Rechts- und Staatswissenschaftliche Fakultät der Ernst-Moritz-Arndt-Universität Greifswald. Arbeits- und Forschungsgebiete: Betriebliche Mitbestimmung, Insolvenzen, Personalökonomie, Spieltheorie.

Fallgatter, Michael J.: Dr. rer. pol., Dipl. Kfm., geb. 1965, Wissenschaftlicher Assistent, Lehrstuhl für Organisation, Personal und Unternehmensführung, Fakultät der Wirtschaftswissenschaften, Universität Bielefeld. Arbeits- und Forschungsgebiete: Unternehmensgründung, Organisationsplanung und -kontrolle, Wirtschaftstheorie.

Fischer, Renate: Mag. rer. soc. oec., geb. 1974, Universitätsassistentin am Institut für Wirtschaftswissenschaften, Betriebliche Finanzierung, Geld- und Kreditwesen an der Universität Klagenfurt. Arbeits- und Forschungsgebiete: Unternehmensbewertung, Finanzanalyse, Kapitalmarkttheorie.

Glöckner, Peter-Michael: Koch, geb. 1950, Künstler im Bund Bildender Künstler (BBK) Niedersachsen-Lüneburg, Galerie „Blutbuche" in Mengebostel/Lüneburger Heide. Arbeitsgebiete: Graphik, Hinterglasmalerei, Illustrationen.

Greve, Malte: Dipl.-Kfm., geb. 1969, Wissenschaftlicher Mitarbeiter, Lehrstuhl für Allgemeine Betriebswirtschaftslehre und Betriebliche Finanzwirtschaft, insb. Unternehmensbewertung, Rechts- und Staatswissenschaftliche Fakultät der Ernst-Moritz-Arndt-Universität Greifswald. Arbeits- und Forschungsgebiete: Finanzmanagement, Unternehmensbewertung, Öffentliche Betriebswirtschaftlehre.

Hering, Thomas: Dr. rer. pol., Dipl.-Kfm., geb. 1967, Wissenschaftlicher Assistent, Lehrstuhl für Allgemeine Betriebswirtschaftslehre und Betriebliche Finanzwirtschaft, insb. Unternehmensbewertung, Rechts- und Staatswissenschaftliche Fakultät der Ernst-Moritz-Arndt-Universität Greifswald. Arbeits- und Forschungsgebiete: Investitions- und Finanzierungstheorie, Unternehmensbewertung, Unternehmensplanung, Betriebswirtschaftslehre der Gemeinden.

Hoffjan, Andreas: Dr. rer. pol., Dipl.-Kfm., geb. 1967, Wissenschaftlicher Assistent, Lehrstuhl für Betriebswirtschaftslehre, insb. Controlling, Wirtschaftswissenschaftliche Fakultät der Heinrich-Heine-Universität Düsseldorf. Arbeits- und Forschungsgebiete: Public Management, Strategisches Kostenmanagement, Verhaltensorientiertes Controlling, Risikobereinigte Erfolgsmessung.

Johannwille, Ulrich: Dipl.-Kfm., geb. 1968, Wissenschaftlicher Mitarbeiter, Institut für Industrie- und Krankenhausbetriebslehre, Wirtschaftswissenschaftliche Fakultät der Westfälischen Wilhelms-Universität Münster. Arbeits- und Forschungsgebiete: Investitionstheorie, Kapitalmarkttheorie, Komplexitätsmanagement.

Kasperzak, Rainer: Dr. rer. pol., Dipl.-Ök., geb. 1963, Wissenschaftlicher Assistent, Lehrstuhl für Allgemeine Betriebswirtschaftslehre, insbesondere Wirtschaftsprüfung, Philipps-Universität Marburg. Arbeits- und Forschungsgebiete: Wirtschaftsprüfung, Rechnungslegung, Unternehmensbewertung.

Klingelhöfer, Heinz Eckart: Dipl.-Wirtschaftsing., geb. 1966, Wissenschaftlicher Mitarbeiter, Lehrstuhl für Allgemeine Betriebswirtschaftslehre und Betriebliche Finanzwirtschaft, insb. Unternehmensbewertung, Rechts- und Staatswissenschaftliche Fakultät der Ernst-Moritz-Arndt-Universität Greifswald. Arbeits- und Forschungsgebiete: Investitions- und Finanzierungstheorie, Produktion, Betriebliche Umweltökonomie (insb. Entsorgung), Gesundheitsökonomie.

Koch, Lambert T.: Dr. rer. pol., geb. 1965, Wissenschaftlicher Assistent, Lehrstuhl für Volkswirtschaftstheorie I, Wirtschaftswissenschaftliche Fakultät der Friedrich-Schiller-Universität Jena. Arbeits- und Forschungsgebiete: Außenwirtschaftsökonomik, Entwicklungsökonomik, Evolutorische Wirtschaftspolitik, Markt-, Preis- und Wettbewerbstheorie.

Kram, Stefan: Dr. rer. pol., Dipl.-Kfm., geb. 1963, stellvertretender Leiter Vorstandssekretariat, Leiter Controlling, Rechnungswesen und Strategisches Marketing der Kreissparkasse Bernburg. Arbeits- und Forschungsgebiete: Bankbetriebliche Steuerungsinstrumente, Bankbetriebliche Leistungspolitik.

Linde, Rainer: Dr. rer. nat., Dipl.-Kfm., geb. 1951, Wissenschaftlicher Mitarbeiter, Lehrstuhl für Allgemeine Betriebswirtschaftslehre, insbesondere Finanzierung und Banken, Wirtschaftswissenschaftliche Fakultät der Friedrich-Schiller-Universität Jena. Arbeits- und Forschungsgebiete: Mathematische Methoden der Finanzierung, Spiel- und Entscheidungstheorie, Stochastische Prozesse der Kapitalmarkttheorie.

Maltry, Helmut: Dr. rer. pol., Dipl.-Math., geb. 1956, Akademischer Oberrat, Lehrstuhl für Allgemeine Betriebswirtschaftslehre und für Wirtschaftsprüfung, Wirtschafts- und Sozialwissenschaftliche Fakultät der Universität zu Köln. Arbeits- und Forschungsgebiete: Internes und Externes Rechnungswesen, Controlling.

Nadvornik, Wolfgang: o. Univ.-Prof. Dr. rer. soc. oec., geb. 1956, Institut für Wirtschaftswissenschaften, Betriebliche Finanzierung, Geld- und Kreditwesen an der Universität Klagenfurt. Arbeits- und Forschungsgebiete: Unternehmensbewertung, Finanzanalyse, Rechnungslegung.

Niederöcker, Bettina: Dipl.-Kff., geb. 1970, Wissenschaftliche Mitarbeiterin, Fachgebiet Finanzwirtschaft/Investition, Institut für Betriebswirtschaftslehre, Fakultät für Wirtschaftswissenschaften, Technische Universität Ilmenau. Arbeits- und Forschungsgebiete: Betriebliche Finanzwirtschaft, neoinstitutionalistische Finanzierungstheorie, Innovationsfinanzierung in KMU.

Olbrich, Michael: Dr. rer. pol., Dipl.-Kfm., geb. 1972, Wissenschaftlicher Mitarbeiter, Lehrstuhl für Allgemeine Betriebswirtschaftslehre und Betriebliche Finanzwirtschaft, insb. Unternehmensbewertung, Rechts- und Staatswissenschaftliche Fakultät der Ernst-Moritz-Arndt-Universität Greifswald. Arbeits- und Forschungsgebiete: Unternehmungsbewertung, Unternehmungsprüfung, Internationale Finanzierung.

Reicherter, Matthias: Dipl. oec., geb. 1970, Wissenschaftlicher Mitarbeiter, Lehrstuhl für Allgemeine Betriebswirtschaftslehre und Betriebliche Finanzwirtschaft, insb. Unternehmensbewertung, Rechts- und Staatswissenschaftliche Fakultät der Ernst-Moritz-Arndt-Universität Greifswald. Arbeits- und Forschungsgebiete: Unternehmungsbewertung, Investitions- und Finanzierungstheorie, Bank- und Finanzwesen.

Riddermann, Friedrich: Dipl.-Kfm., geb. 1968, Wissenschaftlicher Mitarbeiter, Lehrstuhl für Betriebswirtschaftslehre, insbes. Finanzwirtschaft, Fakultät Wirtschaftswissenschaften der Technischen Universität Dresden. Arbeits- und Forschungsgebiete: Finanzinnovationen und Kapitalmarkteffizienz, Risikomanagement und Risikocontrolling derivativer Finanzinstrumente, OTC-Handel, Informationssysteme in der Finanzwirtschaft.

Rollberg, Roland: Dr. rer. pol., Dipl.-Kfm., M. Sc., geb. 1965, Wissenschaftlicher Assistent, Lehrstuhl für Betriebswirtschaftslehre, insb. Produktionswirtschaft, Fakultät Wirtschaftswissenschaften der Technischen Universität Dresden. Arbeits- und Forschungsgebiete: Produktionsplanung und -steuerung, industrielles Beschaffungsmanagement, integrierte Unternehmensplanung, prozeßorientierte Unternehmensführung.

Rothe, Claudia: cand. rer. pol., geb. 1975, Lehrstuhl für Allgemeine Betriebswirtschaftslehre und Betriebliche Finanzwirtschaft, insb. Unternehmensbewertung, Rechts- und Staatswissenschaftliche Fakultät der Ernst-Moritz-Arndt-Universität Greifswald. Arbeits- und Forschungsgebiete: Betriebswirtschaftslehre der Gemeinden.

Schmelz, Michael: Dipl.-Ök., geb. 1965, Wissenschaftlicher Mitarbeiter, Lehrstuhl für Allgemeine Betriebswirtschaftslehre, insbesondere Wirtschaftsprüfung, Philipps-Universität Marburg. Arbeits- und Forschungsgebiete: Wirtschaftsprüfung, Rechnungslegung, Unternehmensbewertung, Bankcontrolling, Beratungsqualität.

Schünemann, Gerhard: Prof. Dr. sc. oec., geb. 1944, Lehrstuhl für Betriebswirtschaftslehre, Rechnungswesen und Controlling im Fachbereich Maschinenbau an der Fachhochschule Stralsund. Arbeits- und Forschungsgebiete: Anwendung chaostheoretischer Erkenntnisse in der Betriebswirtschaftslehre, Investitionscontrolling, ökonomische Aspekte des Umweltschutzes, Rechnungswesen.

Steinrücke, Martin: Dr. rer. pol., Dipl.-Kfm., geb. 1965, Wissenschaftlicher Assistent, Lehrstuhl für Produktions- und Investitionstheorie, Fernuniversität Hagen. Arbeits- und Forschungsgebiete: Produktionstheorie, Produktionsplanung, Operations Research, Investition und Finanzierung.

Terstege, Udo: Dr. rer. pol., Dipl.-Kfm., geb. 1960, Wissenschaftlicher Assistent, Lehrstuhl für Allgemeine Betriebswirtschaftslehre, insb. Bank- und Finanzwirtschaft, Fernuniversität Hagen. Arbeits- und Forschungsgebiete: Investitions- und Bewertungstheorie, betriebliche Finanzwirtschaft, Plazierungs- und Emissionsverfahren, Institutionen des Finanzmarktes, ökonomische Analyse des Rechts.

Wähling, Susanne: Dr. rer. pol., Dipl.-Ökonomin, geb. 1963, Wissenschaftliche Assistentin, Institut für Versicherungsbetriebslehre, Universität Hannover. Arbeits- und Forschungsgebiete: Gesundheitsökonomie (insb. Krankenversicherung, Arzneimittelmarkt), Versicherungstheorie, Rückversicherung.